U0043333

分裂的世界？

21世紀全球區域化崛起

主編

蘇宏達 張景安

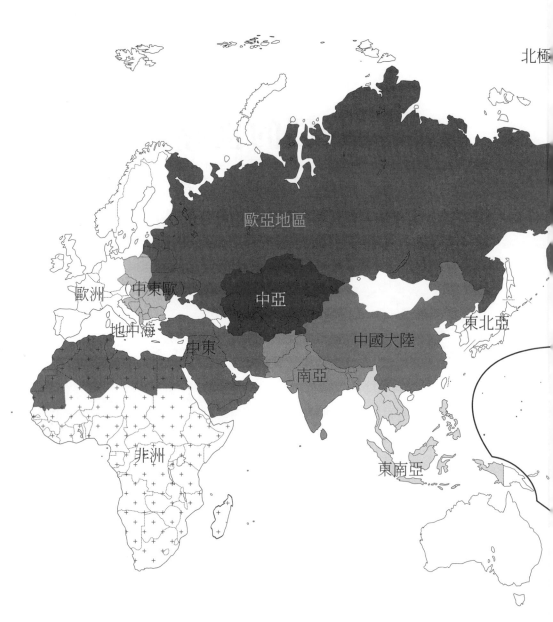

北極

歐亞地區

歐洲　　中東歐

中亞

地中海

中東

東北亞

中國大陸

南亞

非洲

東南亞

北美洲

拉丁美洲

洋洲

目次

表目次

圖目次

作者群簡介（依文章排序）

蘇宏達

法國巴黎索爾邦大學國際關係史博士，現任國立臺灣大學政治學系莫內講座教授、社會科學院院長，臺灣歐洲聯盟中心主任；2015年獲選歐洲科學與藝術學院院士。主要研究領域為歐洲聯盟、亞洲區域主義與跨國合作。

卓忠宏

西班牙馬德里康普登斯大學政治學博士。現任淡江大學外交與國際關係學系教授、淡江大學歐盟莫內教學模組負責人、歐洲研究協會理事。主要研究領域為歐盟治理、比較區域主義以及區域貿易協定。

洪美蘭

烏克蘭基輔大學國際經濟關係學系經濟學博士，現任國立政治大學國際事務學院俄羅斯所教授。主要研究領域為轉型經濟學；中國大陸、歐亞國家經濟；國際經濟關係。

楊三億

波蘭華沙大學國際關係博士，現任國立中興大學國際政治研究所教授。主要研究領域為歐洲聯盟整合、中東歐國家安全、中小型國家安全策略、外交決策分析。

徐斯勤

美國科羅拉多州丹佛大學政治學博士，現任國立臺灣大學政治學系教授。主要研究領域為國際關係、比較政治。

徐遵慈

東吳大學法律研究所碩士，現任中華經濟研究院臺灣東南亞國家協會研究中心主任。主要研究領域為國際組織、國際經貿法、亞太區域研究、性別議題。

林賢參

日本青山學院大學國際政治經濟學研究科國際政治學博士，現任國立臺灣師範大學東亞學系教授。主要研究領域為日本外交與安全保障政策、中共對外戰略、印太區域安全、中日關係。

胡方維

國立臺灣大學政治學研究所博士生，主要研究領域為國際關係、大洋洲區域研究及海洋事務與海洋法。

冷則剛

美國維吉尼亞大學國際關係博士，現任中央研究院政治學研究所研究員，國立政治大學政治系合聘教授。主要研究領域為全球治理，中國大陸外交政策，文化政策與治理。

盧業中

美國喬治華盛頓大學政治學系博士，現任國立政治大學外交學系教授兼系主任。主要研究領域為國際關係理論、中美外交關係、美國外交政策、族群衝突。

馮慕文

國立政治大學社會科學學院亞太研究博士，現任國立政治大學外交學系助理教授。主要研究領域為國際政治經濟學、國際關係及公共外交、亞太與拉丁美洲研究。

方天賜

英國倫敦政治經濟學院國際關係博士，現任國立清華大學通識教育中心副教授兼印度中心副主任、臺灣印度研究協會理事長。主要研究領域為印度對外關係、中印關係、臺印關係、外交政策研究等。

嚴震生

美國普渡大學政治學博士，現任國立政治大學國際關係研究中心兼任研究員。主要研究領域為比較政治、國際關係、美國政治、非洲政治。

張景安

英國愛丁堡大學伊斯蘭與中東所博士，現任國立政治大學阿拉伯語文學系副教授。主要研究領域為中東研究、難民、移民、離散和跨國主義。

Contributors (In order of appearance)

Hung-Dah Su is Professor and Jean Monnet Chair of the Department of Political Science and Dean of Social Sciences at National Taiwan University and Director-General of the European Union Centre in Taiwan. His research focuses on the EU, Asian regionalism and international cooperation.

Chung-Hung Cho is Professor of the Department of Diplomacy and International Relations and Jean Monnet Module Leader at Tamkang University. His research focuses on the EU governance, the comparative regionalism and regional trade arrangements.

Mei-Lan Hung is Professor of the Graduate Institute of Russian Studies at National Chengchi University. Her research focuses on international economic relations, economy in China and Eurasia and transition economics.

San-Yi Yang is Professor of the Graduate Institute of International Politics at National Chung Hsing University. His research focuses on European Union integration, Central and Eastern European countries security, medium and small states security strategy and foreign policy analysis.

S. Philip Hsu is Professor of the Department of Political Science at National Taiwan University. His research focuses on international relations and comparative politics.

Tsun-Tzu Hsu is Director of the Taiwan ASEAN Studies Center at Chung-Hua Institution of Economic Research. Her research focuses on international organizations, international trade law, dispute settlement, gender and development issues.

Hsien-Sen Lin is Professor of the Department of East Asian Studies at National Taiwan Normal University. His research focuses on Japan's foreign and defense policy, China's foreign policy, Indo-Pacific regional security and Sino-Japan's relations.

Fong-Wei Hu is doctoral student of the Department of Political Science at National Taiwan University. Her research focuses on international relations, Pacific (Oceania) studies, marine affairs and the law of the sea.

Tse-Kang Leng is Research Fellow of the Institute of Political Science at Academia Sinica, and Professor of the Political Science at National Chengchi University. His research focuses on global governance, Chinese foreign policy and local governance of cultural policy.

Yeh-Chung Lu is Professor and Chair of the Department of Diplomacy at National Chengchi University. His research focuses on international relations theories, US-China diplomacy, US foreign policies and ethnic conflicts.

Fabricio A. Fonseca is Assistant Professor of the Department of Diplomacy at National Chengchi University. His research focuses on international political economy, international relations and public diplomacy, with special emphasis in the study of the Asia-Pacific and Latin America.

Tien-Sze Fang is Associate Professor of the Center for General Education and Deputy Director of the India Studies Center at National Tsing Hua University. His research focuses on India's foreign relations, China-India relations, Taiwan-India relations and foreign policy studies.

Chen-Shen Yen is Research Fellow of the Institute of International Relation at National Chengchi University. His research focuses on comparative politics, international relations, American politics and African politics.

Ching-An Chang is Associate Professor of the Department of Arabic Language and Culture at National Chengchi University. His research focuses on Middle East, refugees, migration, diaspora and transnationalism.

主編序

　　2020年11月，中華民國國際關係學會召開會員大會，並以「面對一個去全球化的亞洲與世界？」為年度主題，舉行大型研討會，發表百餘篇論文，共同檢視全球化的現況、評估去全球化的可能和發展方向。辯論的焦點包括：「全球化是否已戛然而止？還是只減速變形？」、「若全球化不再能帶動世界經濟成長，也不再是左右國際佈局的最重要因素，那麼取而代之的動力又是什麼？」

　　經過反覆辯論，迄今大部份學者都同意：歷經金融風暴以來的一連串危機，川普刮起的排外風潮，加上美中衝突、新冠疫情和俄國侵烏，全球化即使持續存在，也失去了原有的動力，取而代之的是各地的區域化和集團化。亞太十五國共建「區域全面經濟夥伴協定」（Regional Comprehensive Economic Partnership, RCEP），是區域化的傑作；美歐先後推出印太戰略，強調「志同道合」（like-minded）的夥伴們則是後者的極致。然不論是區域或集團化，都著重更深入且全面地研究全球各個區域內的跨國關係、合縱連橫，以及區域間的連結，區域化暨區域研究遂趁勢再興，成為今後國際關係研究的新顯學。

　　然而，國內的國際關係研究向來聚焦理論模型、美中臺以及兩岸關係，也發展出東亞地區和歐洲整合兩個區域研究，但對其它的地區僅有個別學者的努力和零散的著述，無法支撐臺灣企業擴及全球五大洲的商業需求，滿足年輕世代探索世界各角落的好奇，也不能建立臺灣全球區域研究的社群。尤其，區域研究者必須學習當地語言、瞭解當地文化、熟稔對方生活方式、建立在地人脈，非長期投入和有系統地規劃不能成功。不發展區域研究，我們就極易因語言、文化、知識和人脈，被侷限在自己和周邊的區域，走不出去。

　　有鑑於此，中華民國國際關係學會遂成立區域暨區域化研究委員會，籌劃推動國內的相關研究，著手規劃學術專書，並與臺灣大學社會科學院合作，出版了這本中文世界第一本全球區域暨區域化研究專書。

　　本書集合了國內研究各區域的一流學者，從全球視野、國際政經和地緣政治角度，逐一解釋歐盟、環地中海、歐亞聯盟、中東歐、中國大陸、東南亞、東北亞、南太平洋、北極區、北美洲、拉丁美洲、南亞、非洲以及中東等十四個地區的區域政經、區域化發展，以及跨區域互動。除了描述各區域的政經現況外，各章也剖析該區域最重要的跨國組織、各國合縱連橫和最重要議題，同時在附件中條列延伸閱讀文獻，最重要的研究機構、學術期刊和資料庫，既饗讀者，亦攜後進，期能開創國內全球區域和區域化研究新時代。

　　全書共四篇十四章。第一篇四章關注大歐洲地區；第二篇四章聚焦大亞太地區；第三篇三章論述北極和南北美洲；第四篇三章則檢視環印度洋的南亞、中東和非洲三個區塊。

　　蘇宏達的〈歐洲整合與歐盟研究最新發展分析〉，先以兩個大軸線將整個歐洲按種族、宗教、文化和政治分成四個主要的次區域，然後論述歐洲區域研究的興起與發展，認為歐洲研究可以分為以整個歐洲跨國關係為對象的歐洲區域研究，以歐洲各國合作為標的之歐洲合作研究，以及針對1950年《舒曼宣言》啟動以歐洲整合、歐洲共同體和歐洲聯盟為範疇的歐盟研究。歐盟研究發展迄今近八十年，經歷過1945-1965以及1985-2005兩個黃金廿年而卓然有成。早期歐盟研究由美國學派主導，著重理論辯論和大歷史解釋；1990年代以後，歐洲學派興起，長於單一市場、共同政策、公民意見分析；2010年前後，亞洲社群開始茁壯，特別專注跨區域主義之比較和歐亞關係。作者認為，亞洲的歐盟研究學者可以在理論辯論、環境、性別、雙邊關係上加以發揮，結合對亞洲區域主義的觀察，與歐美社群展開對話，共同豐富歐盟暨全球區域研究。

　　卓忠宏的〈地中海區域研究〉，涵蓋了歐、亞、非三洲濱地中海的全部國家。依據作者描述，地中海區域建制向由地中海北岸的歐洲國家主導，其中法國和西班牙扮演最重要的角色。早在1970年代，當時的歐洲共同體即和北非國家簽署雙邊貿易協定以及巴塞隆納公約，建立南北兩岸政治、貿易、社會、安全和環境的交流平臺，並在1995年擴大成為包括所有歐盟會員國和其它地中海沿岸國家的巴塞隆納進程之多邊合作架構。2010年，在法國積極推動下，所有環地中海國家和歐盟全體會員國共同創建地中海聯盟（Union for Mediterranean），矢志推動各國在政治、經濟和文化三個領域的交流合作。歐盟最初動機是追求貿易利益和政治合作，卻因情勢變遷而愈來愈重視跨地中海各國在移民、環境、能源等非傳統合安全的合作。據作者分析，歐盟的地中海政策堪稱完整，但內部缺乏足夠的共識和動力。尤其，隨著歐盟不斷擴大，各會員國立場互異，德國、法國的地緣考量和針對地中海的認知也不完全一致，成為各國在地中海聯盟架構下推動區域整合的最大挑戰。

　　洪美蘭撰述的〈俄羅斯在歐亞地區運作區域化組織〉一章，詳細分析了前蘇聯瓦解後，俄羅斯的區域整合大戰略。作者認為，俄羅斯的區域整合以鄰近國家為目標，同時推動經貿和安全兩個領域的跨國整合，而整個策略和進程又受到俄羅斯掌權者作為、與西方關係以及國際大環境變遷的左右。1990年代成立的獨立國協和集體安全條約，都極鬆散，直至普欽掌權後，俄羅斯才積極推動歐亞區域大整合，於2002年改集體安全條約為組織，並擁有國際法人地位；2010年簽署《歐亞經濟共同體條約》，2015年成立歐亞經濟聯盟，仿效歐盟建立跨國的行政、立法和司法體制，同時與中國大陸的一帶一路計畫對接，形成俄中聯合的一帶一盟，並在2018年擴大發展成為大歐亞夥伴關係，進一步發展俄羅斯與其它亞太國家的經貿投資關係。然而，俄烏戰爭完全打亂了普欽的佈局，甚至可能根本解構他原欲透過上述兩個區域整合來達到鞏固國土安全、強化國際地位、發展國內經濟的三大目標。

　　楊三億的〈中東歐國家的區域整合路徑〉，具體而微地分析了夾在俄羅斯與西歐強權之間中東歐廿國面對區域整合的抉擇和路徑。作者首先將中東歐再細分為四個小區域，由北往南分別是波羅的海三國、中歐四國、東歐三國以及巴爾幹半島十國。近代歷史上，中東歐廿國正好處於東邊俄羅斯與西方歐洲強權的交界，本身實力不足與任一方對抗，彼此立場也不一致，因此如何周旋兩方、求存發展，一直考驗著中東歐各國領袖的智慧。面對俄羅斯主導的歐亞經濟聯盟和德法領導的歐洲聯盟，除白俄羅斯以外的中東歐十九國全數選擇了後者，不是加入為會員國，就是成為候選國或申請國，但都盡力與俄羅斯維持友好關係並自俄國進口大量的天然氣，兩面討好的求存之道昭然若揭。但是，俄烏戰爭徹底打破了此一平衡，並進一步裂解了中東俄廿國：波羅的海三國和波蘭斷然採取強烈反俄立場，白俄羅斯、塞爾維亞、摩爾多瓦、波士尼亞和匈牙利明顯親俄，其它國家則在兩端間游移，充份呈現夾在強權間不同小國的多元策略，成為區域整合研究中小國策略的最佳實例。

　　徐斯勤主筆的〈中國大陸崛起與區域主義〉，則是比較中國大陸—東協自由貿易協定、區域全面經濟夥伴協定以及一帶一路倡議，來探討中國大陸發動和參與區域建構的動機、所產生的影響，以及其中的理論意涵。作者指出，中國大陸發動區域建構，並不止於經貿利益的考量，而都有深遠的戰略佈局，包括對本身發展階段的評估，以及不同的自我定位。與東協簽署自由貿易協定，主要是因應亞洲金融風暴和中共入世後經濟急速擴張的需要；區域全面經濟夥伴協定，則是2008年金融海嘯後北京針對美國跨太平洋夥伴協定的回擊；一帶一路倡議更是習近平上任後有所作為的新外交路線實踐。透過一波又一波的區域建構，中國大陸獲得了可觀的經貿利益，大幅提升了國際地位，樹立了有中國大陸特色的區域主義，卻也引發美國、日本、澳洲甚至歐盟的反制，使得亞洲整合成為各方強權角逐的國際舞臺。

　　徐遵慈的〈邁向東協共同體：東南亞整合進程、議題與挑戰〉，完整呈現了東協區域建構的歷程、現況和挑戰。在全球各地區域建構中，東協最獨特的，就是一種內外兼顧、同時並行的路線，既致力內部整合，又與境外強權逐一建立夥伴關係。作者首先逐一剖析2015年成立的東協政治安全、經濟貿易和文化社會三個共同體的內涵、運作、成就，接著檢視東協與中國大陸、日本、韓國、印度、美國、俄羅斯和歐盟等七個境外強權間的夥伴關係，最後指出東協這種內外兼顧整合路線所面臨的幾項挑戰。最大的挑戰來自東協堅持共識決集體領導以及政經分離的東協模式，已愈來愈難應付複雜多變的國際情勢。而更大範圍的亞太或印太區域經濟整合進程，不但可能搶奪東協的中心地位，也已實際分裂了東協。新冠疫情更證明東協面臨重大挑戰時，極仰賴境外強國支援，而且是八仙過海、各顯神通，距離一個真正鞏固的東協政經文化共同體，仍相當遙遠。

林賢參的〈東北亞區域政經發展與安全情勢〉，著重解析東北亞為何遲遲無法推動區域整合的原因，並眺望願景。異於東南亞，東北亞五國的經貿互賴程序極高，與歐盟和北美類似，卻始終未有任何區域建構，僅有中日韓三國於2012年成立「三方合作秘書處」（Trilateral Cooperation Secretariat, TCS），總部設於首爾，負責推動文化、青年等軟性的交流合作。依據作者分析，該區域整合遲遲無法推動，一是歷史情結，缺乏互信；二有領土爭議，糾紛不斷；三是北韓核試，安全緊繃。結果，東北亞區域整合始終停留在只聞樓梯響的階段。與其它關於東北亞區域的著作不同，作者特別分析了蒙古的角色和可能的催化作用，並認為在中日韓三國遲遲無法進行整合時，蒙古推動的第三鄰國政策和中蒙俄經濟走廊有可能異軍突起，意外成為推動東北亞區域整合的新動力。

胡方維的〈大洋洲區域化進程與重要議題探討〉，逐一分析了廣大南太平洋島國的區域整合發展過程、議題特色和強權較勁。這片座落於太平洋西南方的廣闊海域上，散佈著數以千計、大小不一的島嶼。紐澳以外，共有十三個獨立島國，以及美、法、澳、紐等在該區域的屬地或海外行省，再被劃分為四個次海域。由於大部份島國面積狹小、人口稀少、彼此距離遙遠，加上長期被域外強權佔領殖民，南太平洋的區域整合始終擺脫不了美、法、澳等西方強權的介入。美、法、英、荷、澳、紐等六國於1947年推動成立南太平洋委員會（South Pacific Commission），1977年更名太平洋共同體（Pacific Community），成員包括該海域廿二個國家及屬地，是南太平洋最重要的區域組織。為了抗衡境外強權的介入，當地島國領袖於1971年決定成立南太平洋論壇（South Pacific Forum, SPF），2000年改為太平洋島國論壇（Pacific Islands Forum, PIF），僅限該海域國家加入，與境外強權改建立夥伴關係，且不限於原殖民母國。兩個組織的身份、路線、策略相互競合，直接左右該海域國家的議題設定和國際發聲，成為廿一世紀左右南太平洋最重要的發展。

　　冷則剛執筆的〈北極政治與區域治理〉，闡述了北極區域政治崛起的背景、現況和博弈。隨著氣候暖化、科技進步和大國競爭的加劇，原本冰封而遠離塵囂的北極成了兵家必爭之地，各國競相探勘三條可能的北極航海線，尋找豐富的天然資源，甚至力圖掌握這個美歐亞三洲的極地樞紐。1996年成立的北極理事會（Arctic Council）是目前該區域最重要的國際組織，成員包括環北極區八國以及十三個區域外的觀察員。極地八國中，瑞典、挪威、冰島、芬蘭、丹麥等北歐五國在創設治理建制中最為活躍，堅持依據海洋法公約和極地準則，推動建置北歐標章，並結合美加，形成西方集團，主導理事會。俄國為了抗衡，支持中國大陸入會。美國眾議院甚至在2022年2月通過的《美國競爭法案》中，要求美國政府支持臺灣成為北極理事會觀察員，直接將北極引入兩岸競合。大國在北極地區的競合，方興未艾。

　　盧業中分析從《北美自由貿易協定》（NAFTA）到《美墨加協定》（USMCA）的北美區域整合之轉變。由於美國是全球霸權，作者特別探討了霸權與區域整合的互動關係，認為在一個霸權超強的區域中，整合其實是霸權意志的展現，一旦啟動，周邊其它國家容易陷入加入不見得會獲得足夠利益，但孤懸其外預期的損失將遠遠超過參加的成本，故多會選擇順從霸權而加入。這也正是1990年代加拿大總理不顧所屬政黨反對而加入《北美自由貿易協定》，當時墨西哥政府主動要求加入的背景。基於同樣理由，加拿大和墨西哥也不得不屈從川普壓力，重新談判並大幅修改原條文，甚至植入不得與任一非市場經濟國家簽署貿易協定的毒丸條款，明白切斷與中國大陸可能的經濟協議，北美遂呈現一種以美國霸權為核心的幅射型區域整合和集團化。

　　馮慕文梳理了廿至廿一世紀拉丁美洲及加勒比海區域的整合。他先指出，該地區是全世界最早嘗試區域整合的國度，但兩百年來卻坎坷顛跛、成效不彰，證明相近的語言、類似的傳統以及共同歷史的親切感並不足以打造一個成功的區域整合。在經濟社會上，主張自由開放與堅持統制經濟路線對立；在外交上，有的親美，有的反美，導致各國就應否共織一個拉美共同體，還是宜參與美國主導的泛美體系，躊躇不定；在貿易關係上，除了南錐共同體成員外，所有國家主要貿易夥伴均在區域外。凡此種種，都讓涵括南美洲全體的區域整合困難重重，由理念相近、地理毗鄰國家共組的次區域組織反而蓬勃發展、前仆後繼，成為拉美區域化的一大特色。

方天賜的〈南亞區域化歷程及挑戰〉著重分析南亞次大陸八國間的合縱連橫與區域整合。作者先論述南亞最重要的區域整合機制：南亞區域合作組織（SAARC），認為該組織能同時獲得向來敵對的印度和巴基斯坦支持，本身即為南亞整合的一大成就；成立以後持續擴大，涵蓋了整個地區的八個國家，同時在2006年正式成立南亞自由貿易區。但是，礙於產業結構和保護主義，區域內的貿易互賴仍低，僅佔總體貿易額5%。大區域整合進展不易，南亞各國的次區域整合和跨區域合作則蓬勃發展，成為該地區域整合的一大特色。印度、孟加拉、不丹和尼泊爾四國建立BBIN四國合作機制，推動次區域經濟整合，頗具成效，又結合斯里蘭卡和東協的泰國緬甸，創設孟加拉灣合作倡議，開發多領域的跨區域合作。印度同時聯合泰國，提出恒河湄公河合作計畫，企圖展開兩大流域間旅遊、文化和交通的整合。巴基斯坦則與中國大陸合作，共建中巴經濟走廊，希冀能攀附這個連結中國大陸和印度洋的經濟能源大動脈，魚躍龍門。印度更積極呼應南非倡議的環印度洋聯盟，爭取該環印度洋合作話語權。

嚴震生的〈廿一世紀非洲區域化與區域整合〉，從宏觀歷史切入，追溯非洲區域主義思想的濫觴，然後詳細分析非洲各殖民地獨立後共建的第一個區域組織：非洲團結組織（Organization for African Unity, OAU）。這個由非洲第一代革命家創設的區域組織，有著強烈的民族主義和建國色彩，推崇去殖民化、尊重主權、互不干涉、和平解決爭端以及堅持不結盟等五大原則，企圖在冷戰時左右逢源，攫取最大利益。非洲團結組織重政治、輕經貿，加上非洲幅員遼闊、差異巨大，遂在各次區域出現不同的經濟整合運動，最著名的包括東非共同體、西非經濟共同體、南部非洲發展共同體等。冷戰結束後，自由民主風潮席捲全球，堅持不干涉不結盟的團結組織遂蛻變成為致力維持非洲和平、各國憲政體制以及人民基本權利的非洲聯盟（African Union），甚至可以組織維和部隊介入會員國衝突，同時推動非洲發展新夥伴計畫和同儕評鑑機制，企圖在發展非洲各國經濟時，建立各國內部的善治、甚至民主，在2018年簽署建立全非洲大陸自由貿易區。這些機制都獲得美國歐盟、甚至中國大陸支持，但是否能因此達到民主富裕的目標，尚待時間考驗。

　　張景安〈中東區域主義之發展與挑戰〉，是以東起伊朗西至茅利塔尼亞、北自土耳其南達南蘇丹的中東十六國和北非八國為範疇，詳細察考中東北非區域主義的發展。作者先追溯該地區自土耳其統治、歐洲強權瓜分殖民再到戰後獨立建國的過程，以及因此產生的認同變化和對區域主義之影響。阿拉伯聯盟（League of Arab States）成立於泛阿拉伯主義高漲的1945年，企圖建立一個阿拉伯民族大聯盟，共同致力各國發展經濟、彼此扶持幫助。石油輸出國家組織（Organization of the Petroleum Exporting Countries）成立於1960年，初期的目的是搶奪被歐美跨國公司壟斷的石油開採和販售權，1970年代以後則成為挾石油抗衡西方的南方國家組織。海灣合作理事會（Gulf Cooperation Council）成立於1981年，是以沙烏地阿拉伯為首的海灣各國因應伊朗什葉派革命和兩伊戰爭而誕生的區域組織，成員均為富裕的產油產氣國，外交上大多支持美國。由於經濟型態特殊，區域內的經濟整合成就有限，反而是恐怖主義和難民問題讓區域內各國不得不放下成見，協調合作，在全球各區域整合中獨樹一幟。

　　上述十四篇專章均係各作者多年鑽研該區域和區域化研究之成果與心得，經約半年的撰寫，於民國111年3月發表初稿、6月研討會提出全文報告，然後依評論文意見改寫，於7月交稿，10月初再依主編意見修正後送出版社專家編委會審查，再依編審會意見修改於112年5月完稿付梓。全文附錄均條列延伸閱讀文獻及全球各區域研究重要期刊、智庫，冀能以嚴謹的態度，深入淺出的論述，清楚解析全球區域和區域化的脈絡、現況及趨勢，拓展國人視野。

蘇宏達、張景安謹識於臺北

第一篇

歐洲地區

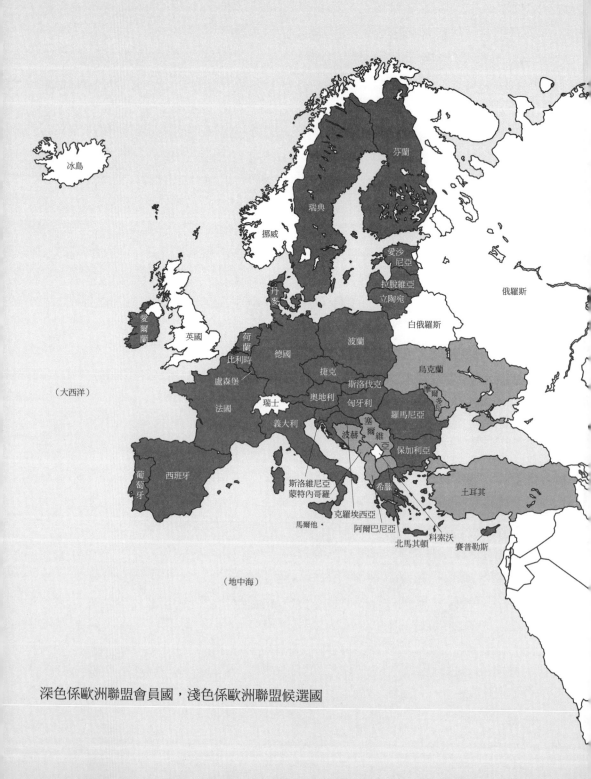

冰島

芬蘭

瑞典

挪威

愛沙
尼亞

拉脫維亞

立陶宛

俄羅斯

丹麥

荷蘭

波蘭

白俄羅斯

愛爾蘭

英國

比利時

德國

盧森堡

捷克

斯洛伐克

烏克蘭

（大西洋）

法國

瑞士

奧地利

匈牙利

摩爾多瓦

羅馬尼亞

義大利

波赫

塞爾維亞

保加利亞

葡萄牙

西班牙

斯洛維尼亞
蒙特內哥羅

希臘

土耳其

馬爾他

克羅埃西亞

阿爾巴尼亞

科索沃

北馬其頓

賽普勒斯

（地中海）

深色係歐洲聯盟會員國，淺色係歐洲聯盟候選國

1

歐洲暨歐洲聯盟研究的最新發展分析

蘇宏達

摘要

　　歐洲是當前區域化最深最廣的地區，歐盟研究向執全球區域暨區域化研究的牛耳。深入瞭解歐盟，不但有助掌握歐洲地區錯綜複雜的國際關係及其對全球的影響，也有助探討其它地區的區域化發展。本章從歐洲區域和次區域概念界定切入，論述歐洲區域研究的發展，然後聚焦歐盟研究，分析其歷史脈絡、學派興衰、議題分布與價值特色，並探究亞洲學者如何在全球歐盟研究中創建優勢、定位自己。最後在附錄中條列國內外歐盟研究的重要資訊。

　　關鍵字：歐洲聯盟、歐洲統合、莫內、共同市場

壹、前言

　　與所有區域的界定類似，歐洲的地理疆界，有大致的說法，但無完全一致的定論。不過，大部份學者都同意，歐洲係指俄羅斯烏拉山與烏拉河以西，高加索山脈和地中海、黑海以北，大西洋東岸以東，北極海以南的大陸及周邊島嶼，與亞洲西伯利亞、外高加索毗鄰，與中東和非洲大陸遙遙相望，是歐洲研究的地理疆界。其中，俄羅斯和土耳其因為部份領土屬於歐洲，又是左右局勢的重要國家，也常常成為歐洲研究的對象。而丹麥的格陵蘭、西班牙的加那利島以及英國、法國、荷蘭在全球的海外領域和屬地（如位於太平洋的法屬大溪地、在加勒比海的荷屬蓋亞那、在南大西洋的英屬福克蘭群島等），一般則被摒除在歐洲研究範疇之外，僅在一些特殊議題或事件上才被提及。譬如，2020-2021年間歐盟和會員國制定印太戰略時，位於印度洋和太平洋的法國海外屬地就成了強化歐盟在該地區話語權的重要支撐。[1]

　　歐洲土地達一千萬方公里，約等於中國大陸或美國的面積，人口約七億五千萬，是美國的兩倍或中國大陸的二分之一。因此，整個歐洲的平均人口密度約每平方公里70人，高於美國的30人，而低於中國大陸的140人。依據聯合國席次分配的次區域界定，歐洲可再區分為波蘭、捷克和匈牙利以東的東歐，德法荷比盧為主的西歐，地中海北岸的南歐，以及包括斯堪地那半島、英國、愛爾蘭和冰島的北歐。[2]不過，這個次區域係按1950年代冷戰國際結構來劃分，不僅與廿一世紀的歐洲情勢相左，也無助學術研究的分類歸納。

　　從歷史發展、文化結構和種族分佈來看，整個歐洲可以由兩條軸線先劃分成四個次區域。由萊茵河口逆流而上到阿爾卑斯山再順著多瑙河由西向東滙入黑海，形成一條先南北後西東的軸線，就是當年羅馬帝國長時間的北方邊界，將歐洲分隔成屬羅馬文明的南方與日耳曼蠻族的北方。另一條軸線，由北

1　French Ministry for Europe and Foreign Affairs. 2021. "France's Indo-Pacific Strategy." in https://www.diplomatie.gouv.fr/IMG/pdf/en_dcp_a4_indopacifique_022022_v1-4_web_cle878143.pdf. Latest update 2 June 2022.

2　United Nations Secretariat. "Classification and definition of regions." in https://esa.un.org/MigFlows/Definition%20of%20regions.pdf. Latest update 2 June 2022.

而南，大致上沿著東正教與天主教的分界，將歐洲切割成東西兩塊。兩條軸線交叉形成的第一象限是東歐，係東斯拉夫人居住的空間，以俄羅斯為主體，再加上周邊的白俄羅斯、烏克蘭和摩達維亞；第二象限則是日耳曼民族和西斯拉夫民族共構的中歐，其中德國、荷蘭、奧地利、盧森堡、比利時北部和瑞士大部份地區屬日耳曼族，波蘭、捷克、斯洛伐克屬西斯拉夫。在中歐的西斯拉夫族與東歐的東斯拉夫族同根同源，卻因為信奉天主教而愈傾向西方，與俄羅斯為主體的東斯拉夫族分道揚鑣，甚至水火不容；第三象限則以拉丁文化為主體，包括法國、比利時南半部、瑞士法語區、義大利、西班牙和葡萄牙，是當年羅馬帝國的核心地帶，因此擁有大量的羅馬古蹟和文化遺產，也是現今歐洲天主教信仰的大本營和教宗駐地；第四象限則是位於歐洲東南的巴爾幹半島，是歐亞非三大洲的交界處，因此成為四鄰移居和入侵的地帶：斯拉夫人南下追逐溫暖氣候並定居下來，形成了南斯拉夫一族，以塞爾維亞為主，向來親近俄羅斯；而當年征服多瑙河出海口並定居黑海西岸的羅馬將士及家屬，在帝國崩解後續留當地，與當地人融合，形成了今日的羅馬尼亞，語言文化與義大利相近；1453年鄂圖曼帝國消滅東羅馬帝國後，繼續征服巴爾幹半島各民族，遂引入伊斯蘭文化，形塑今日穆斯林佔多數的阿爾巴尼亞和科索沃，成為基督文明圈中的兩座孤島；十七世紀，以奧地利為核心的哈布斯堡王朝興起，開始蠶食鄂圖曼巴爾幹領土，德意志文化遂大量進入本地區。希臘則是歐洲文明之母，孤懸於巴爾幹南端的愛琴海邊。各方勢力交相侵，加上地勢崎嶇破碎，巴爾幹長期呈現中小型國家並立，個個尋求境外強權撐腰的結構，遂衝突不斷，宿有歐洲火藥庫之名。而屬於土耳其的伊斯坦堡和鄰近地區原來是東羅馬帝國的首府和京畿，註記了回教和基督教文明千年衝突的傷痕。市區的索菲亞博物館（Hagia Sohpia）原是東羅馬帝國主教堂聖索菲亞，鄂圖曼征服東羅馬帝國後，不但將原君士坦丁堡更名伊斯坦堡，在該主教堂大殿內加掛「惟真主阿拉」和「穆罕莫德是最偉大先知」兩塊大匾，甚至在教堂對面興建更雄偉的藍色清真寺，壓制原基督教堂；現任艾爾敦總統更在2020年同意在索菲亞博物館中舉行伊斯蘭教禮拜，高調向西方示威。

　　四個象限以北，還可以劃分出兩個次區域。一個是德國以北，包括丹麥、芬蘭、瑞典、挪威和冰島的北歐。除了芬蘭以外，北歐四國以維京文化為主體，傳統上崇拜強者掠奪和冒險犯難的海盜精神。十七世紀，丹麥一度統治挪威、冰島和格陵蘭，甚至登陸北美，雄踞北海；瑞典則擊敗俄羅斯彼得大帝，稱霸大北方；挪威海盜更持續侵擾北海沿岸各地，攻城掠地。惟十八世紀後，俄羅斯帝國興起於東方，法國、德國先後稱雄歐洲，大英帝國又主宰海洋，北歐各國遂被迫退縮一角，在亂世中力圖自保。另一個次區域則是英倫三島，和巴爾幹半島類似，在歷史長河中，英倫三島也是四方覬覦和侵佔的焦點。一般咸認最早居住在英倫三島的是塞爾特人，堪稱本地的原住民。西元一世紀，羅馬兵團征服英格蘭，建立倫敦城，並在與蘇格蘭的交界處構築了約一百公里的哈迪恩牆（Hadrian's Wall），類似小長城。五世紀羅馬帝國崩解後，日耳曼蠻族三大部落入侵英倫三島，建立了央格魯—薩克遜族的部落統治。1066年法國諾曼大公渡海征服英倫三島，開啟了英國王朝統治，同時引入大量的古法文，與原有的央格魯—薩克遜語文混融，發展成日後的英語。原住民塞爾特族則在外敵一次又一次壓境下不斷後撤，退至今日的威爾斯和愛爾蘭，並在文字語言屢遭摧毀的困境中，用大量的歌舞儀式記載並延續民族香火。同樣處於強鄰環伺的衢地，英倫三島各族卻成功融合成大不列顛民族，共同向外擴張。在這六大次區域之外，還有一個特殊的集團，被認為是亞洲匈奴或中亞匈人的後裔。他們的先祖越過烏拉山抵達歐俄平原，一度建立龐大的勢力，短暫地控制了今日的中歐和東歐大部份地區。但在五世紀末潰敗並被日耳曼蠻族逐一消滅後，其存留的後代形成南北兩支：北支在今日波羅的海周邊的芬蘭和愛沙尼亞，南支則是佔據喀爾巴阡盆地平原的匈牙利，均在歐洲各大民族區塊中獨樹一幟。

　　歐洲研究或歐洲區域研究，就是以上述地理範疇為對象的學術分析，但是又隨著歷史的演進而衍生出不同的界定。本章的目的就是要呈現歐洲暨歐洲聯盟（以下稱歐盟）研究的發展脈絡、研究特色、社群分佈，以及對全球區域研究、國際關係研究的重要性和無可取代的獨特性。第二節論述歐洲研究的不同脈絡，第三節分析歐盟研究的最新發展和特色，第四節則闡釋歐盟研究的價值以及社群分佈，最後，在結論中檢視歐洲暨歐盟研究70年來的演進以及未來的展望。

貳、歐洲暨歐盟研究的興起與發展

最廣義的歐洲研究，含括了所有以歐洲國家、民族或情勢為對象的文學、語言、歷史、社會等的研究分析。不過，作為全球區域化與區域研究專書的一章，本文所指稱的歐洲研究必須具備兩個條件：一是屬於國際關係學門的學術研究，因此排除了專注藝術、文學、考古、社會、心理等領域學者的專論；二是涉及整個歐洲地區或若干歐洲國家間跨國互動的情事，與以個別國家、民族為核心的國別研究區隔，避免區域研究成為另類的國家外交史敘述。在這兩個前提下，本文所指稱的歐洲研究，可以區分為三類：歐洲區域研究（area study of Europe）、歐洲合作研究（European cooperation study），以及歐洲聯盟或歐洲整合研究（European Union study or European integration study）。

一、歐洲區域研究

歐洲區域研究，堪稱是最廣義的歐洲研究，以整個歐洲區域內國家間的互動關係為研究對象，一般以1815年納也納和會為起點，分為三個時期。1815年至一次大戰，歐洲霸權鼎盛，當時的國際關係研究幾乎就等同歐洲強權間的爭戰妥協，歐洲區域研究也幾乎等同於國際關係研究，研究核心是歐洲協調（Concert of Europe）和聯盟體系。歐洲協調不僅用於解決區域事務，更是全球治理的核心。一戰結束後的凡爾賽峰會和不久成立的國際聯盟，等於是歐洲協調的制度化，是歐洲主宰全球的象徵，是歐洲區域研究第二期。兩次大戰之間，歐洲大國不僅不能有效處理全球事務、捍衛和平，也無力維持歐洲本身的秩序。日本在東亞崛起，美國國力高漲深入太平洋和大西洋，蘇聯建立了第一個以無產階級專政為核心的共產國度，都直接挑戰歐洲列強建立的既有秩序。與此同時，歐洲國家間的關係愈來愈受到境外情勢和外部強權的左右。這個時間，歐洲區域研究的核心是如何維繫國際聯盟體系並維護和平。二戰結束，進入第三期，歐洲殖民帝國逐步瓦解，全球進入兩極體系，而歐洲正處於對抗的最前線。此時期的歐洲區域研究則以東西二元關係為研究核心，主要關注以前蘇聯為首的共產集團與美國支持的西歐國家間之互動關係。1975年美國、加拿大和歐洲卅一國簽署赫爾辛基最後議訂書，正式拉開東西方低盪序幕，並成立歐洲安全合作會議（Conference on Security and Cooperation in Europe, CSCE），做為整個歐洲低盪、和解甚至合作的共同平臺。冷戰結束後，歐洲東西二元互動關係的架構並未完全鬆動，只是內涵更為豐富，由原先侷限於軍事、戰略、安全、外交等面向，擴大到經貿、社會、教育、文化等領域，歐洲安全合作會議也改制為歐洲安全合作組織（Organisation for Security and Cooperation in Europe, OSCE），更制度化。而原有東西方界線，由冷戰時的易北河東移一千公里至不含波羅的海三國的前蘇聯西界。2022年2月俄羅斯全面入侵烏克蘭後，研究焦點又倏忽限縮到與軍事安全有關的議題。

二、歐洲合作研究

本章係以歐洲整合（European integration）指稱1952年以來的共同體及歐盟建構，以歐洲合作（European cooperation）指稱歐盟以外的其它歐洲跨國合作。因此，歐洲合作係指，以建立包括全部或大部份歐洲國家之合作機制為目標的政治運動，很長一段時間甚至也將英國排除在外。當代歐洲合作思想發軔於1860年代的德語地區，在德意志民族統一運動高漲時，部份人士高舉康德思維和自由主義為旗幟，在主張建構統一而自由德意志民族國家的同時，提出仿效美國的歐洲合眾國（United States of Europe）願景，期能實現長久歐洲和平的夢想。不過，德意志民族最後是貫徹鐵血政策、高舉民族主義大旗，先後擊敗強鄰後完成統一，遂激發了歐洲全境各國民族主義，根本壓制了歐洲合作思想的發展。要等到一次大戰結束後，人人渴望和平，合作思想才趁勢復甦。1923年前奧匈貴族卡列基（Coudenhove-Kalergi）出版泛歐運動（Pan Europe）一書，主張展開德法和解合作，建構一個以歐陸為範疇的歐洲政治聯盟，團結各國抵擋來自東方蘇聯的共產主義威脅，同時抗拒來自大西洋彼岸美國的野蠻資本主義。「如果歐洲國家不團結，那麼我們不是遭紅軍用大炮佔領，就是被美國用金錢併購。」有趣的是，卡列基的歐洲合作藍圖不包括英國，因為他認為英國人不是歐洲人，也無心加入，但可以成為歐洲的夥伴，互助共榮。[3]卡列基不僅出書論述，更周遊列國，尋求實踐夢想，終獲當時法國外交部長德里安（A. Briand）和德國外交部長史特斯曼（G. Stresemann）的聯袂支持。德法遂於1930年初在日內瓦國際聯盟理事會議上正式提案，主張在國際聯盟架構下建立以兩國和解合作為基礎的歐洲政治聯盟，是為歐洲合作的第一次具體嘗試。

　　十年後，羅馬尼亞裔的英國學者米塔尼（D. Mitrany）研究國際聯盟發表功能主義（functionalism），批評國際聯盟過份強調政治關係，缺少足夠的經濟和技術機構，因此不易推動有效的國際合作來確保和平。他因此主張透過跨國經濟和技術層面合作，降低政治意涵，才能達到真正的國際合作和跨國和解。[4]他的主張，直接啟發了二次大戰末期關於聯合國專門機構，尤其是世界銀行、國際貨幣基金和國際貿易組織的設計，係跨國整合理論的濫觴。不過，米塔尼雖然提出功能主義，啟發了戰後的新功能主義，但他始終倡議以全球為範疇的國際合作，反對以地理疆界為標準的區域合作或整合。

　　二次大戰結束以後，歐洲合作研究進入第三個時期，分三個途徑。最先展開的是傳統的聯盟（alliance）研究。1948年英、法、荷、比、盧五國簽約成立西方聯盟（Western Union），同時設立專責研究所，是戰後歐洲合作研究的開端。1949年美國、加拿大與英法等十個歐洲國家簽署北大西洋公約，並在1951年以後發展出聯合作戰指揮體系，接續成為歐洲的聯盟體系之主軸。1954年，西德同時加入由西方聯盟改制的西歐盟聯（West European Union, WEU）及北約組織（North Atlantic Treaty Organization, NATO），激起前蘇聯結合其它共產主義國家籌組華沙公約組織（Warsaw Pact），分庭抗禮，並成為聯盟研究的另一個主軸。1963年開始定期召開的慕尼黑安全會議（Munich Security Conference），則是北約各國針對歐洲安全議題的重要論壇。1990-1991年，德國統一、華沙公約解散、蘇聯消失。在莫斯科主導下，部份前蘇聯國家於1992

3　R. Coudenhove-Kalergi. 1923. *Pan-Europe*. Paris: Presses universitaires de France.

4　D. Mitrany. 1943. *A Working Peace System*. Chicago: Quadrangle Books.

年簽署了《集體安全條約》（Collective Security Treaty），並於2002年在普京強力推動下建構集體安全組織，儘管不若北約來的重要，但仍然繼續成為聯盟研究的一個主軸。

　　歐洲合作的第二個路徑，發軔於1946年9月邱吉爾在瑞士蘇黎士大學的著名演講，他公開呼籲歐洲和解，建構歐洲合眾國。在他的鼓舞下，歐洲各國支持整合的政、商、學、媒等人士計八百餘人於1948年5月群聚荷蘭海牙，召開大會，由邱吉爾主持，通過決議，共同推動歐洲合作。選擇海牙，是基於1897和1907年兩次世界和平大會均在此召開，也是國際聯盟國際法院的駐地，極具和平和解象徵。十月，一個以泛歐洲合作為理想的跨國組織「歐洲運動」（European Movement）誕生，成為在歐洲社會倡議和論述歐洲合作的重要力量。一年後，英法等十國簽署倫敦條約，成立歐洲理事會（Council of Europe），設總部於法國史特拉斯堡，希冀透過合作路徑推動歐洲的民主發展、文化交流和人權保護。同時在比利時布魯日建立歐洲學院（College of Europe），開啟設專校推動歐洲合作研究的先例。1950年歐洲理事會各會員國又簽署《歐洲人權保護公約》（European Convention on Human Rights），設置歐洲人權法院（European Court of Human Rights），成為全球透過區域合作實現人權保護的先驅和典範，也成為歐洲合作研究中的一大焦點。冷戰結束後，原屬共產統治的中東歐各國紛紛申請入會，俄羅斯也在1996年加入，使得歐洲理事會正式成為涵蓋整個歐洲大部份國家的合作組織。惟2022年俄羅斯因入侵烏克蘭被逐出，歐洲理事會又倏忽回到以西方及其盟友為成員的團體了。

　　隨著時間推移，北約和歐洲理事會都逐漸躍出傳統國際合作的模式：北約創設後不到一年，韓戰爆發，遂建立聯軍指揮部，直接統領會員國全部或部份的武裝力量，超越傳統的軍事聯盟。歐洲理事會架構下建立的歐洲人權法院，在人權保護上漸漸發展出對會員國的直接管轄權，判決效力亦優於國家法律，形成一個以全歐洲為範疇的區域人權保護體系。

三、歐洲聯盟研究

　　歐洲研究的第三個路徑則是歐洲共同體研究、歐盟研究或歐洲整合研究，

也是最狹義的歐洲研究，係以1950年5月9日《舒曼宣言》發布後所創建的歐
洲共同體和歐洲聯盟為研究對象。為便於論述，本章均以歐盟研究指稱之。隨
著歐盟的茁壯、擴大，歐盟研究也快速發展，並形成國際關係和全球區域研究
中一個極亮眼的次領域，遠遠超過前述另兩個歐洲研究路徑。首先，1952年煤
鋼共同體誕生後，歐洲通訊社（Agence Europe）隨即創設，開始每日報導、
分析共同體及後來的歐盟各機構所有事務、政策、行動，七十年來從未間斷，
為歐盟研究累積了大量的珍貴資料。目前有英、法、德等八國語言，採線上及
紙本發行。接著，1958年美國學者哈斯（E. Haas）出版 *The Uniting of Europe*
專書，分析歐洲煤鋼共同體的建構以及對國際合作的意義，並大膽提出新功能
主義（neofunctionalism），指出透過一個接著一個領域整合的溢出效應，歐洲
將形成一個統一的經濟圈，甚至可能進一步啟動政治統一工程，建構永久的
區域和平與繁榮。[5]專司刊登研究共同體的英文期刊 *Journal of Common Market
Studies*（JCMS）和法文期刊 *Revue Trimestrielle du Droit Européen*（RTDE）先
後於1962和1965年創設，成為歐盟研究最重要的專屬發表園地。1963年歐
洲執委會決定在各會員國建立歐洲資料中心（European Documentation Centre,
EDC），直接提供各類官方文件供當地民眾索取參閱。接著，1972年歐盟決定
在義大利翡冷翠創設歐洲大學（European University Institute），建立專研歐洲
共同體和歐洲聯盟的碩博士學位。1987年，歐盟成立世界歐洲共同體研究協會
（European Community Study Association World），透過一國一協會的建構，開始
打造一個研究歐盟的全球體系。1990年，歐盟推出莫內（Monnet）行動計畫，
正式在全球各大學推動歐盟研究；1998年開始在歐盟以外推動設立歐盟中心，
鼓勵歐盟研究。2001年創設莫內講座，成為全球歐盟研究的最高學術榮譽。歐
盟研究協會、歐盟中心，再加上莫內計畫和莫內講座，遂串接成一個遍及全球
的歐盟研究網絡。

---

5 E. Haas. 1958. *The Uniting of Europe: Political, Social and Economic Forces 1950-1957*. Standford:
Standford University Press.

參、歐盟研究的最新發展[6]

歐盟研究伴隨著歐盟的發展而不斷地壯大豐富。論述歐盟的發展，一般常以各個共同體和歐盟創立的條約為分期的標準。（表1.1）

表1.1 歐洲聯盟演進大事記

年代	條約	重要性
1952	《巴黎條約》	成立歐洲煤鋼共同體
1958	《羅馬條約》	成立歐洲經濟共同體 成立歐洲原子能共同體
1970	《達維儂報告書》	開啟歐洲政治合作
1986	《單一歐洲法》	建構單一市場
1993	《馬斯垂特條約》	成立歐洲聯盟
2009	《里斯本條約》	將經濟共同體併入歐洲聯盟

但是，以簡單時序陳述歐洲聯盟的發展，不易呈現和歐盟研究發的關聯性。因此，筆者從歐盟發展對歐盟研究影響的角度出發，將歐盟發展區分為四個階段。（表1.2）因為，歐盟本身的發展以及在全球影響力的升降，都直接左右甚至塑形了歐盟研究的發展。

一、歐洲共同體研究的興起與美國學派

1945年至1965年間，是歐盟研究的萌芽階段。1950年5月9日法國外交部長舒曼發布宣言，1952年歐洲煤鋼共同體成立，1958年歐洲經濟共同體和原子能共同體同時成立，1960年代共同農業政策、關稅同盟發展順利，各國一度討論建構政治聯盟，歐洲法院更在1963年和1964年做出兩個重要的條約解釋，

6　本節關於美國、歐洲和亞洲學派論述係參考下述文章改寫更新。H. Su. 2020. "EU Studies in Asia." In *European Dream and Reluctant Integration in the 21st Century*. Taipei: NTU Press, 263-288.

表1.2 歐盟演進對歐盟研究的影響

年代	起迄事件	歐盟演進	歐盟研究
1945-1965	二戰結束到空椅危機	歐洲共同體誕生並茁莊	歐盟研究誕生與茁壯
1965-1985	空椅危機到單一歐洲法倡議	歐洲共同體擴大但發展遲緩	歐盟研究發展陷入瓶頸
1985-2005	單一歐洲法到歐洲憲法被否決	歐洲聯盟誕生並快速擴張壯大	歐盟研究呈現極快速發展
2005-現今	歐洲憲法被否決之後	歐洲聯盟發展因接二連三危機而放緩	歐盟研究發展呈現停滯甚至衰退

建立直接效力（direct effect）和優先適用（primacy）兩大原則，確立歐盟法律位階優於會員國法律，奠定了歐盟超國家法律體系的基礎。而原先抗拒共同市場而另組歐洲自由貿易協會（European Free Trade Association, EFTA）的英國，也在1961年政策大轉彎，公開要求加入共同市場。歐盟之父莫內（J. Monnet）更於1955年創設歐洲合眾國行動委員會（Action Committee for the United States of Europe），結合各國議會、黨團、工會，推動歐盟建構，形成一股支持歐盟的龐大社會力量。伴隨共同體的成功建立和共同市場的順利展開，歐盟研究也隨之誕生並迅速發展。會員國內的大學紛紛開始設立歐盟研究課程，許多學者也先後以歐盟為研究議題。

　　這個時間的歐盟研究，歐美不同，然各有特色。在歐洲，歐盟研究深受法國學派影響，大多置於歷史和法律學門之下，前者專注分析歐盟的發展過程、各國的縱橫捭闔，論述多呈現歷史解釋和策略分析；後者則鑽研歐洲法院的判決、法理以及可能的影響，是典型的法學論述。由於著重實務分析，歐洲學者顯少提出理論論述，而是在策略辯論上大放異彩，主要有三條路線。第一條是莫內路線，用以指稱歐盟之父莫內從舒曼計畫以降致力歐盟建構的心得和路線，特色是不談政治，專注經濟，尤其是產業整合，認為只有低調地將一個又一個的重要產業整合起來，才可能打造一個全面的跨國經濟整合，奠定政治整合的基礎。但是，政治整合並不一定要等待經濟整合的成果，而是要掌握時機、適時推動。因此，1950-1952年間，因應韓戰爆發後的緊張情勢，莫內即順勢推動建構歐洲政治共同體和歐洲聯軍；1969年海牙峰會後，莫內即主張建立歐洲政府，並成為日後歐盟高峰會的藍圖。第二條是荷比盧路線，代表歐洲中小型國家的立場。由於本國市場狹小，產業規模不及德法同業，因此主張摒棄莫內產業個別逐一整合的路線，直接建構一個全面流通的共同市場。荷比盧也反對德法雙方在沒有其它歐洲國家參與的情況下主導歐盟建構。依據這些思維，荷比兩國外長遂在1955年梅西納外長會議時提議直接建立共同市場，催生了日後的《羅馬條約》。第三條路線則是戴高樂主義，以法國總統戴高樂為代表人物，堅持政治合作與經濟整合應齊頭並進，不可偏廢，但反對任何超國家建構，主張在各會員國部長組成的理事會中維持一致決，不同意依條約過渡到多數決。而德法兩國是歐洲整合的火車頭，凡事應兩國先行協商達成共識再邀其它會員國參與討論，因此德法在1963年簽訂兩國友好合作條約，搭建一個在歐盟之外的雙邊合作平臺。

　　在美國，第一代研究歐盟的學者大多都有歐洲移民的背景，遂發揮本身文化、語言、人脈的優勢，在歷史或國際關係學門中解析歐盟。而美國當時國際關係學界關於現實主義與自由主義的激辯也直接影響了美國歐盟研究的發展，主要辯論的焦點包括：當時歐洲共同體的發展是否能歸類於一般的國際合作，還是屬於一個嶄新的現象？會員國可以一直主導共同體建構，還是後者漸漸會形成一個自外於會員國的自主發展的驅力？面對歐洲的共同體建構，我們需要一個新的理論去解釋嗎？這三個問題，環環相扣，幾乎是美國國際關係學界現實主義和自由主義辯論的新戰場。前者以哈佛大學歐洲研究中心創辦人霍夫曼（S. Hoffman）為首，認為共同體的出現只是傳統國際合作的翻新，一切都操控在會員國，尤其是強權手中。當共同體符合各國利益時，就會茁壯發展；相反地，當會員國，尤其是強權，認為共同體已經危害到國家利益時，就會掣肘、阻擋甚至削弱共同體。因此，霍夫曼認為，歐盟建構和傳統的國際合作大同小異，其進退成敗，完全可以用現實主義來詮釋，根本不需要一個特別的理論。[7]
柏克萊大學教授哈斯則持完全相的論點，主張歐洲共同體建構已經完全超出傳統國際合作的範疇，朝著超國家體的方向前進；即使是由國家發動，不斷壯大的共同體將產生自身的生命力，也終會脫開會員國的掌控。因此，傳統的現實主義已無法提供滿意的答案，必須提出一套新的解釋。他遂參考米塔尼功能主義的提出新功能主義，以「溢出」（spill-over）來解釋並預測共同體建構，認為一個接著一個的產業領域整合，最後將會形成一個區域的全面經濟整合，甚至會進一步帶動政治整合，在國際社會建構一個新的超國家政治體。[8]

在共同體研究上，美歐學者各有所長，許多主張甚至相互輝映：莫內路線與新功能主義的精神和內涵極為類似，而霍夫曼論述幾乎合理化了戴高樂路線。不過，對後世歐盟研究的影響，當時美國學者和學派明顯超越了歐洲。為什麼呢？

第一，美國是當時的超強，影響力遍佈全球，而美國國際關係學者的論述也隨著美國的勢力擴張，深入了當時非共產世界每一個角落和學術界，大大地塑形了當地的國際關係研究社群。歐盟研究當然不例外。

第二，彼時法文是歐盟官方工作語言，也是當地歐盟研究相關辯論出版的主要語言，加上另三個官方語言德文、義文和荷文，無形中限制了歐洲學者思維的海外輸出，約制了歐盟研究中歐洲學派的國際影響力。

第三，歐洲列強在戰後不僅撤離亞洲，而且將整個東亞摒除在《隆梅協議》所選定的亞非加集團之外。在1960-1970年代亞洲各國快速經濟起飛時，當時的歐洲共同體和各會員國並沒有給予東亞國家優惠的貿易待遇，也未提供優渥的獎學金吸引青年學子前往，因此無法在當地建立知歐友歐的知識社群。相反地，戰後美國視東亞為反共前哨，遂給予大量的援助和支持，包括將東亞盟邦納入貿易優惠待遇之中，同時提供大量的獎學金吸引東亞菁英前往，遂在當地培育了強大的友美社群。

7　Stanley Hoffmann. 1966. "Obstinate or Obsolete? The Fate of the Nation-State and the Case of Western Europe." *Daedalus* 95(3): 862-915.

8　Haas, Ibid.

　　最後，美國學者在理論辯論中通常會給自己的論述建立新的命名。這些新命名可以形成極有助於推銷論述和作者的利器。在霍夫曼和哈斯的辯論中，後者提出新功能主義的新命名，影響力遂大增。待霍夫曼弟子莫拉維席克（A. Moravcsik）重新整理恩師論述並加以修正、命名為自由政府間主義後，一舉超越前輩，幾與哈斯並列。敢於且精於命名，遂讓美國學者的歐盟研究如虎添翼、行銷全球。反觀彼時歐洲學者，多憚於標新，因此顯少提出新命名，也減少了輸出海外的機會。

　　不過，1965年中後，歐洲整合情勢急轉直下，也直接衝擊才興起的歐盟研究：6月，法國總統戴高樂發動空椅危機、癱瘓共同體運作。儘管1966年初各會員國達成盧森堡妥協，恢復共同體運作，但實際上凍結了依條約採行多數決的體制，續用一致決，嚴重制約了共同市場的建構。1966年，法國片面退出北約軍事組織，並強迫北約總部遷離法國；1967年戴高樂再度否決英國入會申請，終致會員國領袖間互信蕩然無存，歐洲整合幾陷入停頓。雖然戴高樂1969年4月下野後，共同體六國年底即召開海牙峰會，揭示深化廣化並進的大戰略，確立英國等國入會、政治合作和經貿整合等方向，但整個1970年代全球動盪，歐洲各國自顧不暇，也無心突破框架，空椅危機的廿年歐洲整合遂呈現停滯或蝸行。儘管1970年建立了政治合作機制，1973年英國偕愛爾蘭、丹麥入會，1974年開始建立定期高峰會，1979年歐洲議會舉行第一次人民直選，但較諸美蘇和解、美蘇中三角關係、中東情勢、能源危機、裁軍限武，甚至新興的G峰會研究，歐盟研究已不再受國際關係主要學者和學派的青睞。1978年，哈斯發表整合理論過時了一文，認為整個國際情勢丕變，當初新功能主義所倡議的環境已不復存在，因此認為區域整合和歐盟研究前途黯淡。[9]哈斯和其它同屬泛新功能主義者遂不再特別關注歐洲整合的發展，轉以廣泛的國際合作、人權價值等為研究對象。儘管歐陸學者仍然隨著歐洲整合的進程不斷發表論文、著述，但歐盟研究在主流的國際關係研究中沈寂了廿年。

9　E. Haas. 1975. *The Obsolescence of Regional Integration Theory*. Berkeley: Institute of International Studies.

二、歐洲學派的壯大

要等到1980年代初，法德領袖提出《單一歐洲法》（Single European Act, SEA），力倡歐洲再整合並於1985年12月盧森堡峰會正式達成協議後，歐盟研究才復甦再起而且一飛沖天。

單一歐洲法於1987年生效後，歐洲共同體加速建構單一市場和經濟暨貨幣聯盟，並在1992年底以前完成了所須305條法律。惟建構過程中，1989-1991年間歐洲地緣政治發生根本改變，中東歐各國結束共黨統治建立民主政體、德國統一、華沙公約終止、蘇聯崩解。為了因應新局，各會員國展開討論建構政治聯盟並達成「先深化再擴大」的共識，遂於1991年簽署《馬斯垂特條約》，建立一個包括政治聯盟和經濟貨幣聯盟在內的歐洲聯盟。1993年11月1日歐洲聯盟正式誕生。

歐洲領袖的通力合作，不僅改變了歐洲整合的樣貌，根本重塑了整個歐洲的地緣政治。而歐洲整合所代表的和解、和平、共榮等價值，更迎合冷戰結束以後國際社會的期盼，加上趨向統一的歐洲在全球事務影響力大增，遂吸引大量學者投入歐盟研究，創造了歐盟研究的第二個黃金廿年。

這個黃金廿年，橫跨了波斯灣戰爭、冷戰結束、亞洲金融風暴、九一一恐攻和美國攻打伊拉克，至2005年6月《歐洲憲法條約》（European Constitutional Treaty）遭否決才中止，大大地豐富了歐盟研究。

首先，歐盟官方有意識地強化和推廣歐盟研究。1987年《單一歐洲法》一生效，歐盟即決定成立世界歐洲共同體研究協會，並以一國一協會的原則，在會員國和第三國成立各國歐洲共同體研究協會，建構一個全球的歐盟研究學術網絡，每兩年在歐洲召開全球會員大會。1990年，歐盟正式提出莫內計畫，支持在全球各大學的歐盟研究。2001年，莫內計畫中增設莫內講座，成為國際社群中歐盟研究的最高榮譽。1995年創設 *Journal of European Integration History*，以英法德三種語言刊登關於歐洲聯盟史的研究論文。2001年再創立 *Asia Europe Journal*，鼓勵研究歐盟與亞洲的關係。

1998年開始，歐盟在全球擇頂級大學合作設立歐盟中心（EU Centre），專責在當地推動歐盟研究。這個計畫始於1994年的大西洋議程，原始的目的是加強北美頂級大學的歐盟教學和研究，期使美國和加拿大下一代的菁英更瞭解歐洲聯盟，並形成更鞏固的美歐團結。在美國和加拿大成立歐盟中心後，2001年歐盟又在紐西蘭和澳洲成立歐盟中心，2004年在日本成立東亞第一個歐盟中心，並在接下來的十年內於韓國、臺灣、新加坡以及俄羅斯成立歐盟中心。該等中心都是由歐盟官方和當地頂級大學或大學聯盟共同創立，受歐盟正式委任於當地推動歐盟研究。

其次，歐盟在全球地位水漲船高，遂激起歐洲學者大量投入歐盟研究，其它國家政府紛紛強化對歐研究，提供獎學金鼓勵本國學生赴歐留學，並在學成回國後帶回歐洲學者的觀點，成為此時期新成立各國歐洲研究單位的主力。以臺灣為例：1991年我國中央研究院原美國研究所更名為歐美研究所，並成立歐盟重點研究計畫；1996年，北京大學成立歐洲研究中心；1997年，泰國朱拉隆功大學成立東南亞第一個歐洲研究中心；同年，嘉義南華大學也成立了我國第二個歐洲研究所；1999年，淡江大學歐洲研究所設立亞洲第一個歐洲研究博士班。這些新興的歐洲研究，遂成為歐洲知識社群輸出論述的最佳據點。即是向來對歐洲整合報持懷疑態度的英國政府，也在新任工黨首相布萊爾的主導下，倡議建立歐洲共同防衛政策，同時在國內推動歐盟研究，甚至於1998年推動成立歐洲改革中心（European Reform Centre）智庫，積極參與歐洲整合的大辯論。

第三，隨著1995年瑞典、芬蘭、奧地利加入歐盟，以及歐盟日益涉入全球事務，歐盟官方工作語言發生巧妙的變化，英語逐漸在各級會議和場合取代法語，至2003年底已形成絕對的優勢。[10] 結果，愈來愈多的非英語系歐洲學者發表英文論文，出版英文書籍，大大提昇了歐洲學者在全球歐盟研究的影響力。

最後，1985年《單一歐洲法》所掀起的歐洲整合，不僅要建構一個單一市場，而且建立了一個接一個的共同政策、打造共同貨幣、推動共同外交、甚至要形成共同防衛，等同進入整合深水區。面對新情勢，學者不僅要深入理解在塑形共同政策時的各國立場和內部決策，而丹麥人民一度公投否決《馬斯垂

---

10 B. Hinizdo. 2005. "More Languages, Less French? The Enlarged EU and the Status of French as an EU Language." *Perspectives* 24: 61-68.

特條約》和主張脫歐的英國獨立黨出現，更意味歐盟研究必須時時審查各國民意如何左右歐盟的未來，不能僅停留在大歷史的解釋上。歐洲學者顯然較美國學者更能細緻地瞭解會員國在各領域的國內決策，及時掌握民意趨向，遂在歐盟研究上大放異彩。例如：2002年，英國學者曼納斯（Ian Manners）提出異於傳統政軍強權或美國學者約瑟夫奈所謂軟權力的規範性權力理論（normative power），用以描述分析歐盟在全球的影響力，即被廣泛引用和辯論；德國學者哈伯瑪斯（Jürgen Habermas）提出憲政主權（constitutional sovereignty）和跨國民主論，用以解釋歐盟制憲和整合運動；愛爾蘭學者拉芬（Brigid Laffan）提出三支柱制度主義，用以解構歐盟治理的運作，從學理上支撐了歐盟的超國家建構。

三、亞洲社群的崛起

　　1985年《單一歐洲法》掀起的歐洲整合的新高潮，在2003-2004年達到顛峰。2000年5月9日，德國副總理兼外長費雪（J. Fischer）在洪堡大學歐洲日演講中倡議建立歐洲聯邦，將歐盟理事會和歐洲議會改制為兩院制的議會，引發歐洲各界大辯論。8月，法國總統席哈克訪問德國，在下議院演講時回應費雪倡議，主張先制定一部類似憲法的法典，再徐圖前進。最後法德領袖獲致共識，聯袂向歐盟峰會提案，要求召開大會，討論制定歐洲憲法條約，正式揭開歐盟制憲序幕。制憲分兩階段：先召開由各會員國及候選國政府暨議會代表組成的大會，由法國前總統季斯卡主持，全程公開，凝聚共識，制定草案。再交由當時十五個會員國代表組成的政府間會議閉門協商，制定憲法條約，送各國簽署後按本國憲法程序批准才生效。2004年7月，各國正式簽署憲法條約，原定2005年底前完成批准存放生效，惟2005年5月底和6月初先後遭到法國和荷蘭公投否決。儘管之後在德國新任總理梅克爾的穿梭協調下，各國達成妥協，制定《里斯本條約》，並於2009年12月正式生效。但是，憲法條約遭否決挫敗已經重擊了歐洲整合運動以及歐盟在全球的聲譽。之後，歐盟更遭到歐債、恐攻、難民、俄烏衝突、英國脫歐、俄國侵烏等接連不斷危機的衝擊，迄今未歇。

　　制憲失敗加上危機不斷，讓各方對歐洲整合的樂觀態度戛然而止，也迫使原來高速發展的歐盟研究不再擴張。然而，此時亞洲的歐盟研究社群卻悄然興起，並開始提出異於歐美的觀點論述。

　　亞洲社群能在新世紀初興起，首先歸功於前廿年亞洲各國對歐盟研究的重視和投資。在1980年代中期以前，亞洲學界對歐洲的研究多屬國別研究，散佈於不同的語文學系，以歐洲整體和歐洲整合為核心的教研單位如鳳毛麟角，僅淡江大學在1971年成立臺灣第一個歐洲研究所，上海復旦大學在1979年創立大陸第一個歐洲研究所，日本在1980年成立亞洲第一個歐洲研究協會，北京中國社會科學院在1981年成立大陸第二個歐洲研究所。隨著《單一歐洲法》掀起全球歐盟研究風潮，亞洲各國遂在1990年代大量建置歐盟研究單位：1994年，韓國成立亞洲第二個全國歐盟研究協會；1997-1998年間，菲律賓、馬來西亞和越南先後在頂級大學或研究院建立歐盟研究。1999年，一個整合亞洲各國歐盟研究協會的區域組織，亞太歐盟研究協會（European Union Studies Association Asia Pacific, EUSAAP）正式成立，並創建 *Asia-Pacific Journal of European Union Studies* 期刊，積極鼓勵亞洲學者發表歐盟研究論文，標示亞洲社群的崛起。亞洲開發銀行更在歐元誕生後成立專責研究所，深入探討歐洲經濟暨貨幣聯盟，同時研議發行共同亞幣的可行性。

　　在這之中，歐盟也給予亞洲社群大量的支持。1996年5月，歐盟與中國大陸簽約，正式啟動雙方的高教合作，尤其著重推動大陸的歐盟研究。此後十年，歐盟直接挹注近三千萬歐元，支持中國大陸近一百項涉及歐盟的研究計畫，大大擴張了當地的歐盟研究。1997年，亞歐基金會（Asia Europe Foundation, AEF）成立，總部設於新加坡，專司促進亞歐雙方公民、社會和學術交流，並創立 *Asia Europe Journal*，打造區域歐盟研究社群European Studies in Asia (ESiA)，積極鼓勵亞洲學者從事歐盟研究。接著，2001年起歐盟開始在紐西蘭、澳洲、日本、韓國、臺灣、新加坡建立歐盟中心，形成另一個推動歐盟研究的亞太區域網絡，同時在香港和澳門成立歐盟研究計畫，與其它歐盟中心搭建連結。港澳係因地位特殊，為顧及北京反應而捨中心名稱，取名「計畫」。

　　較諸美國學界手握主導國際關係和理論研究主軸，歐洲學派有就近觀察深入分析之優勢，亞洲學者在歐盟研究上遂呈現三個方向：

　　首先，是亞洲人對歐盟的認知研究。自2004年開始，在歐盟的支持下，亞太各國歐盟研究社群展開了為期十多年的認知調查，探討亞洲人民對歐盟的理解、評價和期待，然後進行跨國和跨時間比較，企圖理解歐盟在亞太地區的形象並分析其原因。長期的研析比較呈現，大部份亞洲菁英都歡迎歐盟涉入亞洲事務，但認為，歐盟對亞洲的態度和策略過份看重中國大陸而忽視其它國家。但有趣的是，中國大陸的菁英卻以為，歐盟對於中國大陸並未給予應有的尊重，常常屈就華盛頓壓力而憚於和北京進一步交往。

　　其次，是亞洲學者開始探索亞洲國家的歐洲政策。在亞歐關係研究中，長期是以研究歐盟和歐洲主要強權的亞洲政策為重點，幾乎沒有分析亞洲國家對歐政策的學術研究。即是亞洲國家政府和學者，也急於瞭解歐盟和歐洲強權對本國的態度、政策，鮮少論述本國對歐盟的策略。就以政策白皮書而言，歐盟自1994年以降，均定期發佈亞洲政策，甚至還針對個別國家草擬說帖。反觀亞洲各國，中國大陸僅發布三次歐洲政策白皮書，日本兩次。亞洲社群興起後，開始重視亞洲國家歐洲策略研究，在歐盟研究中建立了一個新主題。[11]

　　第三，亞洲社群連結了歐盟研究和亞洲區域主義。當歐盟因憲法條約被否決而陷入低潮，之後又遭一連串危機而自顧不暇時，亞洲區域主義卻朝氣蓬勃。東南亞國協因受歐盟制憲啟發而決定推動東協憲章，並在2008年正式通過，2009年生效，不但創建立了政治安全、經濟、社會文化三個共同體，還通過人權宣言，建立人權委員會，同時仿效歐盟制度，在雅加達設置東協「常駐代表委員會」，提升議事效率。另外，在中國大陸、日本和東協的共同努力下，東亞各國連同紐澳印度，先建立了東協加X體系，然後籌建東亞峰會，最往展開「區域全面經濟夥伴協定」談判，而於2019年簽約，2021年正式生效，等同一個區域大整合。與此同時，由美國發動、日本接棒的「全面進步跨太平洋夥伴協定」（Comprehensive and Progressive Trans-Pacific Partnership,

11　H. Su ed. 2014. *Asian Countries' Strategies toward the European Union in an Inter-regionalist Context*, Taipei: NTU Press.

CPTPP）也生效運作；由大陸主導的上海合作組織結合一帶一路，也與俄羅斯的亞歐經濟聯盟合作，展開歐亞大陸經濟大整合。亞洲區域主義方興未艾，遂成為亞洲歐盟研究社群的另一個關注焦點，企圖釐清歐盟發展路徑和成敗原因，以為亞洲區域整的合的啟發和借鏡。

四、21世紀重要議題

惟2017年以降，全球情勢和歐洲地緣政治發生劇變：英國脫歐、川普上任、2050淨零、全球大疫，以及俄國侵烏等等，都徹底改變了歐洲整合的內外環境，也影響到歐盟研究的走向。為了審視最新的歐盟研究議走向並預判未來發展，筆者就以 *Journal of Common Market Studies* 為對象，分析2017年至2022年5月，所有期刊544篇論文的主題。由於每一篇論文可能涉及一個以上的研究主題，因此筆者先收集各篇的關鍵字，計2003字次，加以初步分類。由於關鍵字並無任何規範而由作者自由界定，因此還必須經過比對研判，排除不合宜（如歐洲聯盟）或過份僻孤字136筆，建立有效字次庫共1867筆，然後分類、綜整過去六年的研究重心，再據此研判今後歐盟研究的議題分布。

在1867個有效關鍵字次中，1038個屬於歐盟的共同政策或相關研究，佔全部關鍵字次55.60%；其次是涉及歐盟治理、整合過程等傳統的理論辯論，計415字次，佔22.22%；接下來，有三個議題各佔約百字次。計有111字次涉及歐盟機構的研究，110字次係歐盟與第三國關係研究，102字次則是針對2010年以降各個危機的分析，分別佔5.94%、5.90%和5.46%；最後，有65字次係解析國家次級團體對歐盟的影響，佔3.48%。（表1.3）

從上述統計可以清楚看到，歐洲學者最擅長的歐盟政策分析穩居第一，而源於美國的理論辯論仍居第二，然後是關於歐盟各機構，以及歐盟與第三國關係的研究。進一步檢視政策分析和理論辯論兩大領域，筆者發現：政策分析中，最受注目的是歐盟治理運作，單以治理為關鍵字即達113次字，若將規範（regulation）37個、決策（policy-making）17個和開放方法（open method）二個為關鍵字者也納入，合計為169，佔總數9.05%。再查看理論辯論中，數量居首的關鍵字為民主（democracy）、民意（public opinion）、民主赤字

表1.3　2017-2022年*Journal of Common Market Studies*論文關鍵字分布

排名	主題	數量	百分比
1	歐盟共同政策	1038	55.60%
2	整合理論辯論	415	22.22%
3	歐盟各機構	111	5.94%
4	歐盟與第三國關係	110	5.90%
5	2010年以降危機處理	102	5.46%
6	非國家行為者影響	65	3.48%
7	個人為主體之研究	14	0.75%
8	歐盟與其它國際組織	12	0.65%
	小計	1867	100%
9	不納入統計	136	XXX
	合計	2003	XXX

來源：作者整理統計

註：統計資料中不包括專刊。

（democratic deficit）和民主正當性（democratic legitimacy），分別有53、43、14和25個字次，合計135字次，佔總數7.20%。若將二者跨領域合併，達304筆，佔16.25%，凸顯歐盟的治理結構、民主正當性和公眾意見愈來愈受到重視並成為研究焦點。治理議題以外，在政策領域，最受重視的依序是移民54筆，共同外交50筆、貿易46筆、單一市場40筆，社會政策32筆、共同安全與防衛27筆，以及歐盟公民26筆。其中，共同外交研究若再加上歐盟與第三國關係110筆，合計達160筆，佔總數8.60%。而眾所注目的環保和氣候變遷，合計僅19筆，排名落後，頗叫人意外。在理論辯論領域裡，民主辯論後依序是：極右派和疑歐論合計39筆，歐盟認同32筆，規範性權力29筆，福利國家和社會正義26筆。

至於在歐盟機構研究111筆中，議會佔46筆，執委會佔33筆，理事會12筆。對歐洲議會關注上升，也的確呼應前述各界對歐盟民主正當性的辯論以及對公民意見的重視。但是，對於處決策核心的理事會僅12筆關鍵字，實出乎意料。筆者研判，此應與理事會議向來採閉門議事、資料不易取得有關。議會代表人民，向來資料會議公開，議員或黨團也樂於接受訪談。執委會實質上代表歐盟面對社會和媒體，致力改善官僚形象，營造親民口碑，又在各會員國設有代表處，也不排斥與學者對話討論。理事會則大權在握，又代表各國政府，不必直接面對民意，因此學者向來不易取得資料，增加了研究的困難度。

依據上述的統計，筆者發現：

第一，關於歐盟治理和民主正當性的辯論，仍是歐盟研究當前和未來的焦點。但是，亞洲學者切入這個議題，應該考慮納入亞洲區域治理或民主正當性討論，才易立足。

第二，歐盟共同外交安全政策和對外關係仍受重視，但審視110筆歐盟與第三國關係的論文關鍵字，主要集中在歐盟周邊國家，竟無一涉及東亞或東亞國家。這應是亞洲歐盟研究學者可以發揮貢獻的區塊。

第三，涉及環保氣候議題19筆，而性別議題也才21筆，然審視這兩個議題的未來性，具有極大潛力，而且俱有全球性和跨國性，非常值得亞洲學者投入。

第四，在理論辯論中，區域主義13筆、超國家主義12筆、政府間主義19筆、功能和新功能主義9筆、建構主義3筆、制度主義11筆，合計不過67筆，佔總數3.6%。顯見，大理論辯論已不是當前美歐歐盟研究的主軸。然而，理論研究具有超時空的的特性以及通則適用啟迪的價值。在美歐學者疲於鑽研理論時，亞洲學者也可以嘗試以亞洲區域主義的經驗和事例為本，與美歐學者就整合理論進行對話，開創下一波區域主義和整合理論辯論的高潮。

肆、歐盟研究的意義與社群分佈

歐洲是現代文明的搖籃，並隨著大航海向全球輸出。舉凡當代的政治制度、法律體系、經濟分工、社會組織、各級學校，乃至思想哲學、服飾美學等等，無一不來自歐洲。換言之，今天全球各民族其實都已歐化了，只是程度不同。因此，深入歐洲區域研究，等同強化對自己思維行為的瞭解。何況，戰後的歐洲整合和歐洲聯盟，是廿世紀後半葉國際關係最驚艷的成就，不僅開啟了歐洲各國的和解，也創設了區域整合的新模式和跨國合作的新境界。

一、對國際關係研究而言

伴隨歐洲聯盟的發展，歐盟研究也為整個國際關係研究注入了不同面向的活水，大大地豐富了這個學門學科。

首先，歐盟研究一方面延續了國際關係中現實主義和自由主義的大辯論，但又同時壯大了後者。僅管歐盟始於各國簽署的國際條約，但歷經七十年發展，早已展現自我強大的主體性和生命力，遠超過現實主義將國際組織視為強權器皿的論調，被創設時的價值引導，朝著理想前進，完全體現自由主義者國際合作是有機體的論點。

其次，歐盟研究具體呈現了區域合作的價值。米塔尼提出功能主義時，主張以功能為主軸，堅決反對區域合作，認為功能和區域互相矛盾。因為，強調功能就是要抹除政治疆界，而區域就是先劃下政治疆界，分別你我，還未展開功能合作就製造敵對。但歐盟研究具體展現以區域為範疇的功能合作不但可行，而且可大可久，並成為其它區域合作的典範。

第三，歐盟研究引領了區域主義的誕生，也刺激了其它區域整合運動，並成為全球區域化和區域研究的標竿和前導。歐盟的政策、行動、成敗乃至於理論辯論、方法論等，都成為其它研究地區區域主義的重要參考。

第四，歐盟研究壯大了全球和平與和解研究。戰後歐洲各國，尤其是德法和解，是廿世紀國際關係和平建構上最偉大的成就之一。儘管戰後歐洲的和平安定實有賴於美國的保護和美蘇鬥而不破的冷戰格局，但是美國和北約可以保護歐洲免於外部威脅和攻擊，卻無法強迫歐洲各國人民和解融合。歐盟經驗即是這種跨國和解融和的具體實踐，而歐盟研究就是透過嚴謹的學術分析論述這個過程和成果，甚至將之理論化，行銷全球。

最後，歐盟研究推升了國際關係中的價值研究。歐盟並不具備美國稱霸全球的軍事力量和野心，又自詡為規範強權，遂在國際社會和對外行動中特別重視價值和行為準則。而歐盟內部又時時激盪辯論各項議題，歐盟遂成為國際關係中價值的創設者和捍衛者，歐盟研究也在各議題上披上厚重的價值外衣。

二、研究社群分佈

全世界最重要的歐盟研究社區群有三個系統。第一個是歐盟官方推動建構的世界歐盟研究協會系統，現有48個國別協會會員以及亞太和拉美兩個區域協會會員。疫情前，每兩年在布魯塞爾舉行年會，包括學術研討會、會員大會，以及和歐盟官員的交流論壇。但不開放學者自由報名，所有會議均採邀請出席制。第二個是美國的歐盟研究協會。儘管該協會名義上是只是美國的國家協會，但每兩年舉辦一次的年會仍吸引到全球重要學者出席，各大出版社也會在會場擺攤，總部所在的匹茲堡大學更建構了全球最大的歐洲檔案資料庫，因此獨立形成一個體系。第三個是當代歐洲研究大學協會（University Association for Contemporary European Study, UACES），總部設於倫敦，每兩年舉行一次年會，是歐洲學者參與最多的另一個社群。

上述三個網絡之外，還有一個區域性的歐盟研究網絡：亞太歐盟研究協會，總部設在紐西蘭基督城，成員包括紐西蘭、澳洲、日本、韓國、中國大陸、臺灣、香港、澳門、印度、印尼和泰國，每年舉行一次年會，是亞太地區最重要的歐盟研究社群，也是世界歐盟研究協會內最活躍的區域團體。

在國內，重要的歐盟研究機構是中研院歐美所的歐盟重點研究計畫。主要的教學單位包括：淡江大學歐洲研究所、師範大學歐洲文化暨觀光研究所，以及文藻外語大學歐洲研究所。而最重要的學術社群是由歐盟官方和以臺大為首的七校聯盟共同創設的臺灣歐盟聯盟中心，成員包括臺大、政大、輔大、淡江、中興大學、中山大學和東華大學，形成一個全臺網絡，共同推動臺灣的歐盟教學和研究，包括設立大學部歐盟研究學程，研究所歐盟研究碩士學位，並與歐洲頂級大學共創雙學位，鼓勵留學歐洲同時接待來臺歐洲研究生。臺灣歐盟中心更受歐盟委任，於2019年成為歐盟高階文官的全球第廿一個海外培育基地（EU Fellowship），2023年成為歐盟伊拉斯莫斯計畫國家據點（Erasmus Plus National Focal Point）。臺灣歐盟中心並與外交部外交暨國際事務學院合作，共創臺灣歐盟論壇，每兩個月舉辦一次，探討歐盟最新發展；與歐洲商會合作，共創臺灣歐盟環境與科技論壇，每半年舉行一次，討論最新的環境與科技議題，並探討雙方可能的合作；每季舉辦臺灣歐洲文化論壇，討論歐洲文化和雙方文化交流。這些論壇均登錄於公務人員終身學習計畫。此外，每年五月至六月，舉行全國歐盟研究研究生論文發表會；下半年，與其它協會（如中華民國國際關係學會）合作，舉辦歐盟研究論文發表會。臺灣歐盟中心也與大陸中國歐洲學會簽署備忘錄，自2011年起每年輪流在兩地舉行兩岸歐盟研究學術論壇，由雙方學者發表論文，交流切磋。由臺灣歐盟中心和臺大出版中心合作的臺灣歐盟研究叢書，迄今已出版歐盟研究中英文專書十四本，是國內最完整的歐盟研究書系之一。

歐盟研究的重要英文學術期刊，包括涵蓋幾乎歐盟各個面向的 *Journal of Common Market Studies* 以及 *Journal of European Integration*，二者惟一的差別是後者也接受法文文章。而另一個重要期刊 *European Journal of Public Policy* 比較策重共同政策研究；*Common Market Law Review* 和 *European Law Journal* 則是專注歐盟法的兩大期刊；*Journal of European Integration History* 則是鑽研歐盟歷史、根據檔案來研究的文章，也接受法文和德文論文；*Asia Europe Journal* 則以亞歐關係為重點，*Asia-Pacific Journal of European Union Study* 則特別呈現亞洲學者的歐盟研究成果。

重要的資料庫包括歐盟三大官方資料庫：一是歐盟民調（Eurobarometer, EB），主要有標準民調（Standard EB）、特別民調（Special EB）和即時民調（Flash EB）。標準民調每半年一次，特別民調則針對特定議題，二者都是訪員調查。即時民調則是針對重大事件的立即電話訪查。二是歐盟統計局（Eurostat），等同我國的主計總處，提供整個歐盟具體的統計數據。三是歐盟法庫（EUR-Lex），提供了歐盟所有條約、法律和決定。這三個官方資料庫是歐盟研究都必備的寶庫。

另外還有兩個重要的資料庫：一是歐洲通訊社自1953年以來每日報導分

析的累積，現在已有線上版，透過付費，可以直接檢索歐盟過去七十年的各個事件、行動、政策。目前僅能透過中研院歐美所圖書館上線使用。一是美國歐盟研究學會所在匹茲堡大學建構的歐洲整合檔案（Archives for European Integration），收集了全球各地歐盟研究報告、論文，然後免費提供所有讀者。

在布魯基爾，有幾個智庫對歐盟研究很有幫助。第一個是歐洲對外關係協會（European Council on Foreign Relations, ECFR），係一個同時連結倫敦、巴黎、柏林、馬德里、羅馬、華沙和索菲亞等七地的歐盟外交研究社群。第二個是歐洲政策中心（European Policy Centre, EPC），總部就位於布魯塞爾舒曼廣場旁，與歐盟機構關係密切，專注研究歐盟的各項政策。第三是歐洲政策研究中心（European Centre for Policy Studies, ECPS），特別著重歐盟社經議題，以及與東鄰的關係。第四個是歐洲亞洲研究所（European Institute on Asian Studies, EiAS），專門研究亞歐關係，尤其著重歐盟對華政策。此外，巴黎的法國國際關係研究所（Institu Français des Relations Internationales, IFRI），柏林的政治科學基金會（Stiftung der Wissenschaft und Politik, SWP），倫敦的皇家國際關係研究院（Royal Institute of International Affairs, Chatham House），也都特別著重研究歐盟和會員國的對外關係。

三、研究路徑分佈

早期的歐盟研究著重大歷史和條約談判的解釋，到了單一歐洲法倡議後開始做政策研究和跨國比較。千禧年後，全球各地區域主義盛行，跨區域主義和區域間主義研究又異軍突起，歐盟研究路徑遂呈現多元並行、百花齊放的圖樣，各有所長。（圖1.1）

傳統的現實主義從國家主導、利益算計的角度解釋歐盟，而政府間主義承襲現實主義，只是在研究歐盟時加入了制度選擇的框架。而自由政府間主義則在各國利益形塑和立場選擇時，加入國內各團體較勁的前提。

新功能主義仍然以利益為核心，但提出溢出概念解釋利益界定的變化可能脫離原來會員國政府的初衷而進一步鞏固既有的區域建構。而制度主義雖然不否認國家的主導地位，但主張有形無形的制度大大地制約了會員國權力，甚至

图1.1 歐盟研究路徑

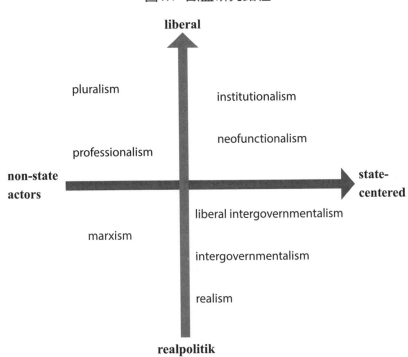

可能因此主導整合方向，違逆原來會員國的意志。而專業主義則否定會員國政府完全主導的地位，而認為，在歐洲整合進入愈來愈專業的領域時，真正的主導者是專家和知識社群，而不是政治人物。而多元主義則認為，歐盟境內的議題團體和非政府組織很容易因共同的價值和關懷而跨國結合，進而推升了歐洲整合。

　　上述所有主流理論又同時受到兩個理論的挑戰。一個是批判理論，主張去除西方中心主義，不再以西方的觀點衡量其它地方的區域主義，也不再以歐盟經驗衍生出來的模式和標準去對待其它的區域組織。另一個是建構主義，堅持所有對歐盟和區域主義的解釋都必須先解決認知的問題，否則，一切論述都會因虛假而錯誤百出。

伍、結論

　　歐洲整合不僅在歐洲開創了新時代，也帶動了全球區域主義和區域建構的風潮。順勢而起的歐洲區域研究，則開闢了國際關係研究中的新領域，在全球化浪潮和國家行為之間開拓一片廣闊的研究空間。在歐洲區域研究中，最廣義的是指稱在地理歐洲內所發生、包括大部份國家在內的跨國交往，當前最具體的研究對象是歐洲安全合作組織。第二層的歐洲區域研究，則是包括地理歐洲內一部份國家的合作，有的結成軍事聯盟，如北約、前華沙公約；有的則組織政經合作，如歐洲理事會、歐洲自由貿易協會等。第三個層級則是歐盟研究。異於其它區域合作，歐盟自始即以建立聯邦的歐洲為目標，並建構了一個超國家體系，在全球獨樹一幟並影響巨大，是歐洲區域研究中的主體。

　　歐盟研究七十多年來隨著歐盟的發展起起伏伏，在1945-1965第一個黃金廿年中，建立了研究主體，提出新功能主義，由美國學者主導。在1985-2005第二個黃金廿年中，歐洲學派快速崛起並擅於共同政策分析和國內民意調查。2005年後，歐盟危機不斷，亞洲學者漸嶄頭角，提出亞洲觀點的歐盟研究論述。展望未來，亞洲學者可以在理論辯論、環境性別議題、歐亞關係等議題上加以發揮，再結合對亞洲區域主義的觀察，與美歐學者就歐盟研究展開對話，共創下一個區域研究的高峰。

附錄一：深入閱讀書單

蘇宏達、周弘(編)，2018，《廿一世紀歐洲聯盟的對外關係》，臺北：臺灣大學出版中心。

蘇宏達編，2012，《歐洲統合的歷史發展與理論辯論》，臺北：臺灣大學出版中心。

東尼‧賈德著，黃中憲譯，2013，《戰後歐洲六十年 1945—2005》（Postwar: A History of Europe since 1945）卷 1-4，臺北：左岸文化。

Hungdah Su. 2020. *European Dream and Reluctant Integration in the 21st Century.*

Taipei: National Taiwan University Press.

附錄二：歐盟研究重要期刊、機構

1　歐盟研究的重要英文學術期刊

    1.1　Journal of Common Market Studies

    1.2　Journal of European Integration

    1.3　European Journal of Public Policy

    1.4　European Law Journal

    1.5　Common Market Law Review

    1.6　Journal of European Integration History

    1.7　Asia Europe Journal

    1.8　Asia-Pacific Journal of European Union Study

    1.9　Revue Trimestrielle de Droit Européen（法文）

2　歐盟研究的重要中文期刊

    2.1　歐美研究（中研院歐美所）

    2.2　政治科學論叢（臺大政治系）

    2.3　問題與研究（政大國關中心）

    2.4　歐洲研究（北京中國社科院歐洲所）

3　國際重要的歐盟研究學會

    3.1　European Union Study Association World, EUSA World.

    3.2　European Union Study Association, EUSA

    3.3　University Association for Contemporary European Study, UACES

    3.4　European Union Study Association Asia-Pacific, EUSA AP

    3.5　European Community Study Association Taiwan, ECSA Taiwan

4　國際重要的歐盟研究智庫

    4.1　European Council on Foreign Relations, ECFR

    4.2　European Policy Centre, EPC

    4.3　European Centre for Policy Studies, ECPS

    4.4　European Institute on Asian Studies, EiAS

    4.5　Institu Français des Relations Internationales, IFRI

    4.6　Stiftung der Wissenschaft und Politik, SWP

    4.7　Royal Institute of International Affairs, Chatham House

5　專注歐盟研究的高等教育機構

   5.1　European University Institute

   5.2　College of Europe

6　國內重要的歐盟教學研究機構

   6.1　臺灣歐洲聯盟中心

   6.2　臺灣大學－巴黎第二大學政治學雙聯碩士（中、法文）

   6.3　臺灣大學－捷克查理大學政治學雙聯碩士（英文）

   6.4　臺灣大學－法國波爾多大學政治學院政治學雙聯碩士（英文）

   6.5　中央研究院歐美研究所

   6.6　師範大學歐洲文化暨觀光研究所

   6.7　文藻外語大學歐洲研究所

   6.8　淡江大學外交與國際關係學系歐洲研究碩士班

   6.9　南華大學國際事務與企業學系歐洲研究碩士班

7　大陸重要的歐盟教學研究機構

   7.1　中國社會科學院歐洲研究所

   7.2　中國歐洲學會

   7.3　中國歐盟研究會

   7.4　中國國際問題研究院歐洲研究所

   7.5　人民大學歐洲問題研究中心

   7.6　复旦大學歐洲問題研究中心

   7.7　四川大學歐洲問題研究中心

   7.8　清華大學中歐關係研究中心

   7.9　北京大學歐洲研究中心

   7.10　武漢大學歐洲問題研究中心

8　歐盟研究重要資料庫

   8.1　Eurobarometer, EB

   8.2　Eurostat

   8.3　EUR-Lex

   8.4　Agence Europe

   8.5　Archives for European Integration

附錄三：專有名詞英文、中文對照表

英文	中文
Council of Europe	歐洲理事會
Concert of Europe	歐洲協調
Conference on Security and Cooperation in Europe, CSCE	歐洲安全合作會議
Constitutional sovereignty	憲政主權
Direct Effect	直接效力
European Communities	歐洲共同體
European Constitutional Treaty	歐洲憲法條約
European Convention on Human Rights	歐洲人權保護公約
European Court of Human Rights	歐洲人權法院
European integration	歐洲整合
European movement	歐洲運動
European Union	歐洲聯盟
Functionalism	功能主義
Munich Security Conference	慕尼黑安全會議
Neofunctionalism	新功能主義
Normative power	規範性權力
North Atlantic Treaty Organization, NATO	北大西洋公約組織
Organisation for Security and Cooperation in Europe, OSCE	歐洲安全合作組織
Pan Europe	泛歐運動
Primacy	優先適用

英文	中文
Single European Act	單一歐洲法
Spill-over	溢出
United States of Europe	歐洲合眾國

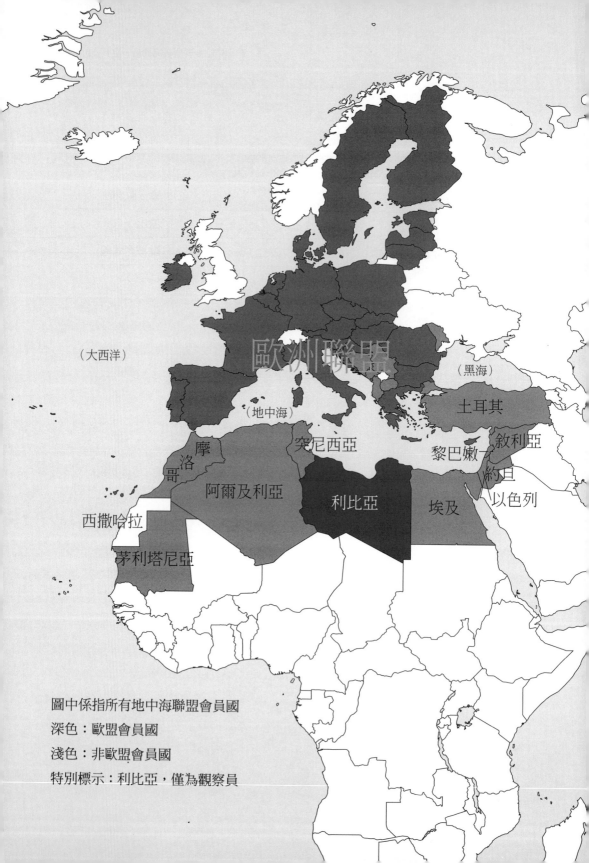

（大西洋）

歐洲聯盟

（黑海）

土耳其

（地中海）

突尼西亞

敘利亞

黎巴嫩

摩洛哥

約旦

以色列

阿爾及利亞

利比亞

埃及

西撒哈拉

茅利塔尼亞

圖中係指所有地中海聯盟會員國

深色：歐盟會員國

淺色：非歐盟會員國

特別標示：利比亞，僅為觀察員

2

地中海區域研究：安全思維的轉變[1]

卓忠宏

摘要

本文以地中海區域建構——「地中海聯盟」為研究基礎，分析冷戰後地中海安全環境的建構。地中海聯盟值基於兩項主軸：一是1995年「巴塞隆納進程」建構出政治、經濟、社會面向的合作，偏向「傳統安全」的議題如自由貿易區的建構、內部政治矛盾與衝突，近期焦點轉向如茉莉花革命以及伊斯蘭國恐怖主義造成大規模移民難民流動；另一是1976年〈巴塞隆納公約〉，1995年重新修訂，主導能源安全、綠色能源開發、環境污染防治等「非傳統安全」事務。這類議題以往並非主軸，然因近年來歐洲在氣候變遷與污染防治蔚為主流，加上俄烏戰爭帶來能源安全的省思，反而賦予地中海聯盟合作的新契機。

文章以環境建制的五種變遷模式，輔以國際建制轉型三個主要變數——權力結構的轉變、內部矛盾衝突，以及非政府組織與知識社群的角色，分析地中海區域安全建制的過程。據此思考地中海周邊國家如何透過跨國合作與機制建立起環地中海國家合作的新模式。

關鍵詞：地中海區域、地中海聯盟、巴塞隆納進程、巴塞隆納公約、環境建制

---

1 本文係由下列論文更新改寫而成：卓忠宏，2011，〈歐盟南向政策之發展與爭辯〉，《政治科學論叢》，48:1-32；卓忠宏，2016，〈移民與安全——歐盟移民政策分析〉，《全球政治評論》，56:47-73。

壹、前言

　　地中海作為世界文明起源地，孕育出埃及、希臘、伽太基、羅馬、鄂圖曼等帝國文明。在古羅馬帝國強盛時期，統治領域橫跨地中海兩岸。地中海在當時被羅馬帝國視為「我們的海」（Mare Nostrum），也有的稱之為「內海」、「大河」（El Rio Grande）。隨著歷史演變與發展，地中海兩岸之間鴻溝越來越大：政治上，成為法、義、英帝國與殖民地的臍帶關係，如法屬之摩洛哥、阿爾及利亞、突尼西亞、敘利亞、黎巴嫩，義大利與利比亞，以及英屬的埃及、馬爾他、塞普路斯、巴勒斯坦、約旦等國；經濟上，呈現殖民式核心與邊陲的依賴關係：文化上，分野明顯，基督與伊斯蘭教文明的隔閡至今常被視為地中海兩岸衝突與誤解的主因。現今無論從政治、經濟或文化角度來看，地中海東岸與南岸（中東與北非國家）長期以來被視為非歐洲地區，地中海從羅馬帝國時期「內海」變成歐洲南部的一條天然疆界（blue frontier）。[2]

　　從地緣政治觀點來看，地中海構成歐、亞、非三洲交通要道，戰略地位重要。從直布羅陀海峽到蘇伊士運河，維繫著西方通往東方的重要航道。冷戰時期，北約從葡萄牙、義大利、希臘及土耳其建立起一道堅強的地中海防線，目的在防衛蘇聯從黑海、博斯普魯斯海峽與達達尼爾海峽進入地中海的安全威脅。但在冷戰對抗的環境中，地中海區域的緊張性遠低於中東歐地區。到1991年，蘇聯的瓦解，歐洲對地中海戰略安全環境從歷史聯繫、地緣政治的考量，進一步擴展到經貿的往來、公民保護與交流，再延伸到地中海域環境污染防治、水資源生態保護、能源轉型等多方位的發展。

　　本文以環地中海國家為研究範圍，分析冷戰後地中海安全環境的建構。2010年環地中海國家開啟區域建構——「地中海聯盟」（Union for Mediterranean）成員包含42個國家：

2　Malcolm Anderson and Eberhard Bort. 2001. *The Frontiers of the European Union*. New York: Palgrave, 128.

1. 歐洲聯盟成員國：原本僅限於5個南歐地中海成員（西、法、義、希、馬爾他），後擴張至歐盟27個會員國；
2. 歐洲地中海非歐盟會員國：波士尼亞赫塞哥維納、蒙特內哥羅、阿爾巴尼亞、摩納哥；
3. 北非：毛利塔尼亞、摩洛哥、阿爾及利亞、突尼西亞、利比亞、埃及；
4. 中東：以色列、約旦、黎巴嫩、敘利亞及巴勒斯坦地區。

　　地中海聯盟植基於兩主軸：一是1995年「巴塞隆納進程」（Barcelona Process）建構出政治、經濟、社會面向的合作，偏向「傳統安全」的議題與自由貿易區的建構、內部矛盾與衝突。近期焦點轉向如茉莉花革命以及伊斯蘭國恐怖主義造成大規模移民難民流動；另一是1976年《巴塞隆納公約》（Barcelona Convention），1995年重新修訂，主導能源安全、綠色能源開發、環境污染防治等「非傳統安全」事務。這類議題以往並非主軸，然因近年來歐洲在氣候變遷與污染防治蔚為主流，加上俄烏戰爭帶來能源安全的省思，反而賦予地中海聯盟合作的新契機。

　　本文以Young提出環境建制的五種變遷模式分析地中海區域建制的過程，及其在地中海聯盟架構下推動的區域安全建構。[3]環地中海國家近年發展已逐漸選擇擱置高爭議難達成共識的「傳統安全」領域，以低敏感、共識度高的「非傳統安全」事務取而代之，藉此作為推動環地中海周邊國家合作的新架構。Young同時以國際建制轉型三個主要變數——權力結構的轉變、內部矛盾衝突，以及非政府組織與知識社群的角色，分析地中海國家之間權力衝突、國家利益分歧，以及國家採納知識社群建議所作出政策改變等因素影響。[4]據此思考歐盟、地中海聯盟國家、非政府組織與知識社群跨層次互動，如何透過跨國合作與機制建立成功地將地中海安全議題形成政策的例子，作為歐盟南向地中海政策分析的新模式。

---

3 Oran R. Young. 2010. *Institutional dynamics: Emergent patterns in international environmental governance.* Cambridge, MA: MIT Press, 8-13.

4 *Ibid.*

貳、地中海區域建制

　　地中海區域公共事務議題具有明顯的跨國性特徵，問題的性質也趨向複雜，許多新型安全概念因此應運而生。除地中海周邊國家，許多非國家行為體，如國際組織、非政府組織、跨國企業對經濟、環境議題具有越來越高的影響力。此一發展趨勢讓安全研究從過去聚焦在「國家」層次，開始向上轉移（upward）至區域或全球層次、往下轉移（downward）到地方組織、團體，以及向外轉移（sideward）到非政府組織。[5]因此這類型跨國事件應該從哪一層次或哪些國家機關來負責？有無國際制度（international institutions）來因應？爾後開啟以合作取代對抗、用和平解決國際衝突的方式，並透過跨國合作與機制建構作為因應安全威脅的新思維。若從Young提出環境建制的五種變遷模式，以此分析地中海區域建制的過程：[6]

　　一、進步發展（progressive development）：一些建制初期發展目標明確，雖然對問題解決的能力尚未成熟。此時期多以公約、議定書等法律規範來約束行為者遵守成員共同的權益；

　　二、間斷均衡（punctuated equilibrium）：在度過「進步發展」的穩定前進時期，建制會碰到一些關鍵的突發事件（triggering episodes），挑戰機制的能力，檢視是否能適時彈性調整。此類如區域衝突、利益擴張的分配不均、外來行為者遊說政府機構。

　　三、發展受阻（arrested development）：意謂機制脫離當初成立的本意，進而造成進一步發展的障礙。原因在於前期設定之法律規範無法迫使成員遵守。此時的機制有可能跳脫出政治的混沌不明，進入另一個進步發展時期。也可能陷入無法預期的阻礙，發展受阻。

　　四、轉換（diversion）時期：建制重新設定導向，回歸原始目標，可能反映出對生態系統相關知識的成長，或主要行為者對價值、規範認知的轉變。一

---

5 Pierre, Jon and B. Guy Peters. 2000. *Governance, Politics and the State*. New York: St. Martin's Press, 83-91.

6 Oran R. Young, op. cit., 8-13.

且「轉換」發生，機制可能重新設定出一些議程，對環境轉變帶來一些新的制度性安排。

五、瓦解（collapse）：上述「轉換」時期也有可能陷入僵局，無明確發展方向，使機制面臨正式制度的瓦解或陷入「停滯」（dead letter）的處境。

回顧地中海周邊國家合作，多由北方歐洲國家主導帶動。歐洲自二次大戰後建立歐體／歐盟，在1960年代開啟對外關係。歐體/歐盟地中海政策的沿革，排除歐體在1980年代兩次南擴（1981年希臘、1986年西班牙與葡萄牙加入）以及2004年5月馬爾他與塞普勒斯加入歐盟之外，可概分為四個階段（參閱表2.1）：

第一，回顧歐體與南地中海國家雙邊關係，「進步發展」階段始於1960年代中期至1970年代初期所簽署之雙邊協定，主要分為三種類型：[7]

1. 1963年歐體與土耳其簽署聯繫協定（association agree-ments）建立關稅同盟。
2. 歐體分別與摩洛哥、突尼西亞（1969年）、馬爾它（1970年）以及塞普勒斯（1972年）締結有限度聯繫協定（limited association agreements）。
3. 其餘國家如以色列在1964年、黎巴嫩在1965年以及埃及在1972年則分別與歐體簽訂合作範圍不等的貿易協定（trade agreements）。[8]

1970年代初期，歐體與南地中海國家在上述的雙邊貿易協定為基礎展開經貿談判。但鑒於雙邊協定缺乏政治性合作，1972年歐體執委會制定一系列的「全方位地中海政策」（Global Mediterranean Policy），將雙邊合作範疇從單純的經濟貿易協定延伸到政治、安全、社會等三項領域。究其緣由，在於英國、愛爾蘭、丹麥三國申請加入歐體（1973年正式加入），促使歐體重新檢討會員

7　Feliu, Laula and Mónica Salmón. 2000. "La Dimensión sur de la UE: Políticas para el Mediterráneo." en Ester Barbé (coord.), Política Exterior Europea, Barcelona: Editorial Ariel, S.A., 192.

8　協定的內容允許地中海夥伴國的工業製成品（不包括紡織產品）免關稅進入歐盟，對這些國家進入歐盟的農產品提供普遍性優惠關稅（GSP）。這一階段所實施的貿易優惠基本上是單向優惠措施，即歐盟提供貿易優惠關稅，相對南地中海國家則不須開放內部市場。

表2.1 歐盟地中海政策發展與內涵

建制過程	年代	政策發展	內　涵
進步發展 間斷均衡	1960年代中期至1970年代	「雙邊貿易協定」、「全方位地中海政策」、「巴塞隆納公約」	1. 簽訂合作範圍不等的雙邊貿易協定 2. 雙邊合作範疇從單純之經貿聯繫，延伸到安全、政治、社會、環境治理等議題
	1980年代	加強與地中海沿岸國家之合作	1. 歐體往南擴大，希臘（1981年）以及西班牙、葡萄牙（1986年）三國先後加入歐體 2. 歐體允諾增加對南地中海區域經濟援助，同時協助北非摩洛哥、阿爾及利亞、突尼西亞、利比亞、毛利塔尼亞五國籌組「阿拉伯馬格里布聯盟」
發展受阻	1995年	「巴塞隆納進程」及「巴塞隆納公約」換約	1. 歐盟與南地中海國家雙邊關係由以往貿易合作對象，提升為政治安全、經濟以及社會文化的「平等夥伴關係」 2. 加入環境污染治理相關政策
	2005年	歐盟─地中海國家元首高峰會	2005年11月在西班牙巴塞隆那召開，制訂出繼續推動「巴塞隆那進程」的「五年工作計畫」
轉換	2010年	「地中海聯盟」	包含地中海政治聯盟、經濟聯盟與文化聯盟三個概念
停滯？	現今發展	？	地中海環境治理、難民處理、能源轉型

資料來源：作者整理製表。

國與前殖民地之間的政經聯繫，尤其是英國與大英國協成員的關係。之後，1975年歐體與非洲、加勒比海、太平洋等國家（Africa, Caribbean and Pacific）簽署《洛梅協定》（Convention of Lome），以多邊談判架構取代歐洲母國與前殖民地原有的雙邊合作模式，並由歐洲提供非加太國家貿易優惠措施及技術援助。依照此模式，歐體與地中海南岸國家以雙邊協定的模式完成換約手續，包括：以色列（1975年）、摩洛哥、突尼西亞（1976年）、埃及、黎巴嫩、約旦、敘利亞、巴勒斯坦（1977年）以及阿爾及利亞（1979年）九國先後與歐體達成新一代合作協定（cooperation agreements）。唯土耳其例外，仍維持聯繫協定之合作關係。[9] 此外，新一代洛梅合作協定將合作架構延伸至財政援助與技術合作，依照南地中海各國就合作協定的履約情況，作為歐體提供經濟援助及貸款的評估標準。[10] 隨後在1973年與1979年爆發的以、阿戰爭及因戰爭引發的石油危機。這些突發事件使得地中海周邊國家衝突加劇，原建構初步的經貿合作呈現「間斷均衡」現象。儘管事後歐盟與阿拉伯國家展開政治性對話管道，加強與中東地區之合作，以維持該區域之和平與穩定，但結果不盡如意。

歐體地中海政策另一項發展屬於環境治理的污染防治議題。依照Young提出環境建制五階段，歐盟專注地中海環境治理其實是伴隨著歐盟南向地中海政策的發展。[11] 環地中海地區對歐體具有重大的經濟、政治、安全和戰略意義。早在1972年歐體制定出系統性的「全方位地中海政策」，將雙邊合作範疇從狹隘之經濟貿易協定延伸到安全、政治、社會等領域。只是初期歐體重點在於能源、安全、貿易、移民、反恐。環境治理議題並非雙邊交流重點。

歐盟對地中海環境治理的初始階段始於1972年6月在斯德哥爾摩召開的首屆聯合國人類環境會議，會中列舉環境保護領域內國際和國內活動所應遵循的26項原則，其中包括確立主權國家有關環境保護的責任和義務，被視為是國際環境法的基礎。隨後，由「聯合國環境規劃署」（United Nations Environment Programme, UNEP）出面組織地中海沿岸國家聯合處理地中海污染問題。地中海沿岸國家相繼成立環境研究中心和環境保護機構，一方面採取法律措施，簽訂一些防污公約和議定書；另一方面聯合進行調查研究、監測分析，並設立汙水處理場，進行有效的防治工作。[12] 直到1976年在西班牙巴塞隆納簽訂《地中

9 Charlotte Bretherton and John Vogler. 1999. *The European Union as a Global Actor*. London & New York: Routledge, 152-153.

10 Laula Feliu y Mónica Salmón, op. cit., 193.

11 Pamela Lesser. 2009. "Greening the Mediterranean: Europe's Environmental Policy toward Mediterranean Neighbors." *Mediterranean Quarterly* 20(2): 27.

12 Francesco Saverio Civili. 2010. "The Land-Based Pollution of the Mediterranean Sea: Present State and Prospects." *IEMed Mediterranean Yearbook*, 241-245; and http://e-info.org.tw/node/74687#sthash.9N7Nb5V9.dpuf

海污染防治公約》（Convention for the Protection of the Mediterranean Sea against pollution），又名《巴塞隆納公約》（Barcelona Convention），於1978年正式生效。該公約目的在保護地中海免於污染，在聯合國環境規劃總署的支持與協助下，地中海國家與歐體一起執行史無前例的區域海洋整治方案。[13] 目前共有22個締約國。[14]

　　第二，從1970晚期至1980年代初，雙方關係發展明顯受到巴基斯坦與以色列緊張關係的制約，地中海政策機制很快面臨「間斷制衡」的階段。此外，西撒哈拉問題等一些區域內的衝突也成為地中海周邊國家深化合作的障礙。即使是結合地中海周邊國家「集體行動」處理低爭議性的環境議題，也變得遙不可及。

　　1980年代歐體政策重點在地中海南擴計畫。隨著希臘（1981年）以及西班牙、葡萄牙（1986年）三國先後加入歐體，南地中海國家擔憂希、西、葡三國的入盟會衝擊到自身在歐體享有的貿易優惠待遇。同時，歐體於1986年公佈《單一歐洲法》（Single European Act, SEA），開啟歐洲單一市場的建構。地中海南岸國家擔心歐洲單一市場會產生貿易轉移的負面效應，部分南地中海國家思考申請加入歐體，如摩洛哥與土耳其於1987年、塞普勒斯以及馬爾它在1990年分別提出入會申請。四國中，唯摩洛哥被視為非歐洲國家遭到歐體拒絕。摩洛哥申請入會被拒之後，歐體允諾增加對南地中海區域經濟援助，協助北非摩洛哥、阿爾及利亞、突尼西亞、利比亞、毛利塔尼亞等五國籌組「阿拉伯馬格里布聯盟」（the Arab Maghreb Union），加強南地中海國家區域內的合作，以減緩歐體持續的深化與廣化對後者的衝擊。[15]

　　第三，1990年代冷戰結束，中東歐地區成為歐體及北約下一波政策重點。就地緣政治觀點，南歐為維持歐體內部南北政、經的平衡，於歐盟東擴同時大

---

13 *Ibid.*; M. Gavouneli. 2008. "Mediterranean Challenges between Old Problems and New Solutions." *The International Journal of Marine and Coastal Law* 23(3): 477.

14 簽署「巴塞隆納公約」22個締約方為：歐體/歐盟、法國、西班牙、義大利、摩納哥、馬爾它、克羅埃西亞、斯洛文尼亞、波士尼亞與赫塞哥維、蒙特內哥羅、阿爾巴尼亞、希臘、土耳其、塞普路斯、摩洛哥、阿爾及利亞、突尼西亞、利比亞、埃及、以色列、黎巴嫩、敘利亞。

15 Laula Feliu y Mónica Salmón, op. cit., 194.

力推動歐盟「南向」政策，加強泛地中海區域的政經合作，推動歐盟全球貿易自由化的目標。1989年西班牙、義大利兩國聯手提議召開「地中海安全合作會議」（Conferencia sobre la Seguridad y la Cooperación en el Mediterráneo），並獲得法國、葡萄牙支持。1990年3月法、義、西、葡、馬爾它與「阿拉伯馬格里布聯盟」五國在羅馬舉行「五＋五」聚會，討論雙邊合作架構以及自由貿易區的可行性。此項政策在1992年歐體里斯本高峰會議中達成共識。會中歐體承諾加強與地中海南岸國家關係，將歐盟地中海戰略佈局擴至整個地中海區域。並責付歐盟執委會就維護地中海區域安全與穩定、促進經濟發展、降低失業率、解決來自南岸之非法移民、建立地中海自由貿易區等提出相關政策。此一宣示促成1995年巴塞隆納第一屆地中海會議。歐盟15國與中東北非12國會後發表「巴塞隆納進程」（Barcelona Process）共同宣言（或稱《巴塞隆納宣言》，Barcelona Declaration）。歐盟15國與南地中海12國強調以雙邊協定為基礎，建立起歐盟－地中海夥伴關係（The Euro-Mediterranean Partnership）多邊合作範疇。內容包括三項：致力於區域的和平與穩定；建立跨地中海自由貿易區；增進區域間社會、文化交流與人民的相互理解。[16]「巴塞隆納進程」主軸非常明顯，植基於三項合作架構：政治安全、經貿合作與社會文化交流。歐盟與南地中海國家從以往母國與殖民地的經貿合作對象提升為平等的夥伴關係。[17]

　　1995年建構的「巴塞隆納進程」，成為1990年代中期至今歐盟地中海政策的主要指導方針。然實際發展卻面臨「發展受阻」階段。但此時期「發展受阻」應侷限在解釋政治、經濟面向。主要原因還是在歐盟與北非國家舊有的安全爭議，以及經濟發展差異，導致雙邊在自由貿易（農、工產品）市場開放的僵局。但若從社會以及經濟面向衍生出來環保措施就得到不少國家的支持。[18]此時的機制陷入政治與經濟前景的混沌不明，進入另一個改走環保的「轉換」時期。在歐盟主導下，於1995年完成《巴塞隆納公約》換約，重啟地中海周

---

16 Emilie Beaudoin et al. 2021. The Union for the Mediterranean. URMUN, 25-26.

17 European Commission. 2001. *The Barcelona process: The Europe-Mediterranean partnership, 2001 review.* Office for Official Publications of the European Communities, 1-25.

18 S. Dessus and A. Suwa, *op. cit.*, 20-22.

邊國家在環保方面的合作。1996年歐盟制訂「地中海經濟發展援助計劃」第一期（Mediterranean Economic Development Aids, MEDA I）主導六項區域經濟合作優先項目：工業、環保、水資源運用、資訊、能源以及交通運輸。歐盟透過MEDA I計畫及歐洲投資銀行（European Invest Bank）資金援助，協助南地中海國家經濟轉型、區域經濟合作及環境與公眾健康的研究。有關環境保護，通過案例有約旦及摩洛哥兩國。此外，所有夥伴國（除敘利亞外）獲得歐洲投資銀行優惠貸款執行環保計畫。[19]爾後逾2000年制訂的「地中海二期援助計畫」（MEDA II）內容包括防洪、污染控制、特別保護區、歷史遺跡和污染防治的科研等。在聯合國環境規劃署支持與協助下，地中海國家與歐體攜手合作地中海環境治理行動，成為具有代表性的區域海洋方案這類型的區域援助計畫。為南地中海國家的環境治理提供了充裕資金，著手處理綜合水資源管理、廢棄物管理、生物多樣性威脅、海洋污染、綜合海岸帶以及沙漠化管理。[20]

第四，在「巴塞隆納進程」與《巴塞隆納公約》雙主軸推動下，環地中海國家從經貿聯繫、發展援助、到環境污染防治等多方面合作。除環境治理略有成效外，在政經方面的進展依舊有限。[21]於是在法國推動下，提議將地中海國家夥伴關係提升為「聯盟」形式，由歐盟會員國與地中海沿岸國家共43國組成（英國脫歐後，現為42國），包括政治、經濟與文化三個聯盟概念，開啟制度化合作。

2008年3月春季峰會上歐盟各國正式通過了法國主導推動的「地中海聯盟」行動計劃，並責付歐盟執委會擬定相關政策。事後，歐盟執委會對地中海聯盟的組織架構提出初步構想，包括：

1. 設置共同主席制，由地中海南北兩岸各一個國家擔任，處理高峰會事宜；

---

19 European Commission. 2000. *The Barcelona process, five years on 1995-2000.* Office for Official Publications of the European Communities, 23.

20 Pamela Lesser, op. cit., 28-29.

21 Emilie Beaudoin et al., op. cit., 5.

2. 設置聯合秘書處，以及歐盟地中海常駐代表委員會（a permanent committee of Euro-Mediterranean representatives）；

3. 歐盟地中海高峰會，每兩年召開一次；

4. 每年定期外交部長會議、相關議題部長級會議、資深官員委員會（Association Committee of senior officials）；

5. 成立「歐盟—地中海議員代表大會」（Euro-Mediterranean Parliamentary Assembly）。

　　雙邊合作議題除保障對地中海周邊區域政治與經濟方案既有的承諾外，另在相關領域強化合作，如：促進經濟成長、區域經濟整合、就業與凝聚等計畫。涵蓋領域包含再生能源合作開發、公民保護與運輸、環境治理等。期望藉此整合「巴塞隆納進程」與《巴塞隆納公約》過去的二分法，以地中海「聯盟」形式提升歐盟與地中海鄰國的夥伴關係。[22]

　　2008年7月，雙邊在巴黎舉行地中海聯盟高峰會。按巴黎峰會結論，地中海聯盟成立的初始階段分別從六個面向強化區域性發展計畫：第一、地中海污染防治。此計畫由歐洲投資銀行集資20億歐元，共44項工程計畫，預計在2020年完成地中海沿岸國家流入地中海的污水處理設施；第二、建設連接毛利塔尼亞、摩洛哥、阿爾及利亞、突尼西亞和利比亞五國海港的「馬格理布阿拉伯高速公路」，以及連接北非到歐洲的天然氣輸氣管線；第三、公民保護計畫；第四、地中海再生能源開發合作計劃。從歐洲連結北非的輸電網路基礎設施，採雙向發展，開發北非太陽能輸送歐洲，同時也可將法國核能電力輸往北非；第五、歐盟－地中海高等教育合作。計畫提供南地中海國家青年學子到歐洲進修的機會，並加強科研合作、設置研究機構；最後、鼓勵歐洲的中小企業到南地中海國家投資之倡議。相關資金由歐洲聯盟、參與國家、私人企業、參與夥伴和國際金融機構分攤支付。此外，各國就中東和平進程、打擊恐怖主義、文化交流與對話等議題作出了明確的承諾。敘利亞和諸多地中海南岸的專

---

22 European Commission. 2008. "Barcelona Process: Union for the Mediterranean." Reference: IP/08/774, 2008/05/21.

制國家也就民主、人權等普世價值的改善與重視作出了保證。[23]

　　與過去歐盟地中海政策不同，新的地中海聯盟架構不但銜接「巴塞隆納進程」10多年以來的政治、經濟、社會三項合作架構，偏向「傳統安全」的合作，更加強「非傳統安全」事務的治理，將主導地中海污染防治的「巴塞隆納公約」納入地中海聯盟合作範疇。地中海聯盟結合「巴塞隆納進程」與「巴塞隆納公約」等現有政策機制的二合一功能，完成重要的「轉換」階段。非傳統安全治理或可促使地中海國家暫時擱置歷史糾葛，為功能「停滯」已久的地中海聯盟注入新動力，進而發展出區域合作的新架構。

參、地中海區域安全新架構——非傳統安全

　　縱觀「地中海聯盟」的屬性，涵蓋地中海北岸的歐洲、南岸的北非、東岸的近東等國，總人口超過七億人。歷史上雖同屬古羅馬帝國領土，之後在基督文明與伊斯蘭文明兩大勢力的左右下，地中海兩岸國家在政治民主的穩定度、經濟發展水平、多元文化的展現，各方面差距頗大。成員之間要如何放下解決區域內長久存在的紛爭達成共識，這是地中海聯盟所必須正視之難題。

　　然而地中海聯盟成立至今，南地中海地區薄弱的區域整合和政策高度阻礙了地中海區域經濟的發展，各國環境治理體系的效率也有很大的差異。地中海周邊國家如何善用區域建構的平臺——地中海聯盟進行有效合作與提升治理能力？目前，地中海各國探討未來區域合作的具體方式和途徑，明顯放棄高爭議、難以達成共識的政治安全領域。以低敏感、共識度高的難民處理、環境治理、能源合作取而代之，期待找到能確實推動區域合作的切入點。以下就聯盟「權力結構的轉變」、「內部利益矛盾」以及「外部力量」這幾項變數逐一說明：

---

23 Mark Mardell. 2008. "A new Med voyage." *BBC News* July 14.

一、權力結構轉變

　　地中海聯盟結合地中海沿岸不同發展程度的國家進行整合，跨越以地理疆界作為劃分的區域集團迷思，打破以經濟發展程度近似國家所組成之歐洲區域建構模式。也正因如此，地中海南北兩岸關係呈現一種不對稱的互賴關係，主要議題的處理一向是「北」帶動「南」，由歐洲國家帶動南地中海周邊國家。此處國家權力大小的判定仍是以影響力為主要評斷標準。以兩個主導歐盟南向地中海政策發展的國家──法國與西班牙，加上另一區域大國義大利。三國在地理上鄰近地中海南岸國家，各有其政經利益考量，又有前殖民地的歷史聯繫：

　　法國推動成立的地中海聯盟意在彰顯法國的大國地位及其在地中海區域的影響力。一方面結合原地中海政策框架的雙頭馬車「巴塞隆納進程」與《巴塞隆納公約》，從分治到合而為一，為陷入瓶頸的地中海發展注入一股新動力。

　　法國做為地中海聯盟計劃的發起國，本意在建設地中海沿岸國家成為一個政治、經濟和文化聯盟。原本僅限於5個南歐國家和5個北非國家所組成的「五＋五」區域聯盟，[24]之後進一步擴及「巴塞隆納進程」的11個地中海夥伴國。法國初期構想是排除非地中海沿岸的歐盟國家，結合西、葡、義這些在地中海立場近似的國家，加上與北非國家、近東之黎巴嫩、敘利亞的歷史聯繫，能理所當然成為聯盟領袖，擴大其在歐、非兩大洲的影響力。同時可平衡歐盟中東歐擴大後，德國在歐洲逐漸增強的影響力。[25]另一方面是藉由歐盟財政援助，化解區域衝突，推動中東和平，促進北非馬格理布國家合作，解決彼此長期對立狀況。期望藉由聯盟的成立，強化法國在地中海區域的影響力，扮演歐

---

24 早在1990年在法國倡議下成立一個地中海區域聯盟，成員包括5個南歐國家（法國、葡萄牙、西班牙、義大利及馬爾他）和5個北非國家（毛利塔尼亞、摩洛哥、阿爾及利亞、突尼西亞和利比亞），又稱5＋5西地中海論壇（5＋5 West Mediterranean Forum），這論壇會隨地中海局勢發展舉行不定期聚會，但並無實質進展。B. Khader y H. A. Fernández. 2020. "Treinta años de políticas mediterráneas de la UE (1989-2019): un balance." Documento de trabajo 7/2020, Real Instituto Elcano, 24 de abril de 2020, 18.

25 Carlos Echeverría Jesús. 2008. "El lanzamiento de la Unión para el Mediterráneo y sus consecuencias geopolíticas." *Real Instituto Elcano.* ARI 128/2008, 2008/10/17; and John Laughland. 2008. "What Is Really Behind the Mediterranean Union?" *The Brussels Journal* in http://www.brusselsjournal.com/node/3083. Latest update 5 May 2022.

洲與法語非洲之間橋樑角色，使法國處於擴展歐－非雙邊關係的制高點。[26]

　　然而，地中海聯盟的發展卻與法國最初提出的構想大相逕庭：首先，聯盟參與國數目激增。德國認為法國倡議的地中海聯盟有反制德國之意圖，且運用歐盟共有的資金，僅有少數歐盟地中海會員國和其前殖民地受惠。自此，「地中海聯盟」成員一次性擴展到歐盟所有會員國和地中海周邊國家，甚至包括亞得理亞海（the Adriatic Sea）沿岸國家；其次，改變地中海聯盟的主導權。原本法國提案由地中海南北兩岸的各一個國家輪流擔任聯盟主席，任期2年。首屆聯盟共同主席由法國人和埃及人共同擔任。但歐盟執委會依照《里斯本條約》，將歐盟對外關係權限交由歐盟外交安全政策最高代表兼執委會副主席處理，配合地中海南岸國家代表分權負責「地中海聯盟」事宜，讓法國企圖主導該聯盟的期望落空。[27]

　　西班牙自加入歐體／歐盟後，從融入歐洲統合出發，西班牙逐漸找到發揮自身影響力的著力點。西班牙長期以來是歐盟地中海政策之推動者，尤其是推動「巴塞隆納進程」，同年完成《巴塞隆納公約》換約，成為1990年代中期至今歐盟地中海政策的主軸。一方面西班牙有其地理戰略位置的優勢，又可拉攏歷史文化近似的國家，藉由歐盟平臺強化環地中海國家之聯繫。另一方面藉由後者強化西班牙在歐盟的區域定位。[28] 2010年地中海聯盟總部在巴塞隆納正式成立運作。2011年西班牙接替法國擔任地中海聯盟輪值主席，藉此優勢強化南地中海與歐盟的互動。同時強調未來地中海聯盟功能應正視地中海區域恐怖主義擴張、非法移民以及氣候變遷等新難題。[29]

　　義大利雖屬地中海強權，但對地中海關注遠不如法、西兩國積極。就歷

26 Carlos Echeverría Jesús. 2008. "El lanzamiento de la Unión para el Mediterráneo y sus consecuencias geopolíticas." *Real Instituto Elcano,* ARI 128/2008, 17 October 2008; John Laughland. 2008. "What Is Really Behind the Mediterranean Union?" *The Brussels Journal* in http://www.brusselsjournal.com/node/3083. Latest update 7 May 2022; and Michael Nash, op. Cit., 475-780.

27 Honor Mahony. 2008. "Brussels to keep control of 'Mediterranean Union'." in http://euobserver.com/?aid=26184. Latest update 5 may 2022; Elitsa Vucheva. 2008. "EU leaders agree to weakened Mediterranean Union plan." in http://euobserver.com/9/25835 Latest update 5 May 2022.

28 Michael Nash, op. cit., pp. 475-780.

29 Iván Martín. 2010. "The Priorities of Spain's EU Presidency in the Mediterranean: Ideal and Reality." *ARI 34/2010, Real Instituto Elcano.* 16 February. 1-8.

史、文化和地緣關係，利比亞曾經是義大利的殖民地長達半個世紀，直到1947年獨立。義大利依然和利比亞保持相當堅固的關係，而且義大利是為數不多的與格達費政權建立正常外交關係數個國家之一。兩國關係反映在對利比亞能源依賴以及在移民處理上。2018到2019年義大利民粹政府統治期間採取強硬的反移民立場，其中部分戰略是投入資金和訓練利比亞海岸護衛隊阻斷移民偷渡，並將移民遣返利比亞。[30]近期則因俄烏戰爭導致能源爭奪，義大利開啟利比亞新油管合作計畫，將提供義大利2.5%所需，[31]以及歐盟公布綠色新政後致力於能源轉型，成為義大利強調與地中海國家合作的新起點。[32]

其次，地中海在政治、軍事和經濟上有其重要的地緣戰略，基督與伊斯蘭教文明的發源地。南岸北非與東岸近東國家又是法國、義大利與英國傳統勢力範圍。然而地中海南岸國家對西歐並無立即且直接性的軍事威脅，導致二戰後歐洲戰略思維集中在防堵東邊的共產集團。長期以來歐洲對地中海集體安全防衛缺乏危機意識，執行的成效也不佳。冷戰結束至今，歐盟的安全戰略依舊延續地緣政治思維。隨著歐盟與北約雙雙東擴，歐盟政治重心逐漸往東偏移的趨勢，並成功地將其政經疆界推至俄國邊境。2004年5月及2007年歐盟相繼進行第五次擴大，共有十個中東歐國家及兩個地中海島國順利加入歐盟。儘管歐盟這一波擴大包含兩地中海島國馬爾他以及塞普勒斯，將地中海面向納入東擴議題，但兩國經濟體過小，影響力有限，難以平衡歐盟內部重心東移的政治傾向。[33]因此1989年在西、義聯合提議下召開的地中海安全合作會議；1992年里斯本高峰會決議加強與南地中海聯繫；1995年制訂「巴塞隆納進程」與《巴塞

30 MSF. 2022. "Italy-Libya agreement: Five years of EU-sponsored abuse in Libya and the central Mediterranean." in https://www.msf.org/italy-libya-agreement-five-years-eu-sponsored-abuse-libya-and-central-mediterranean. Latest update 5 May 2022.

31 Stephen Jewkes. 2022. "Italy gas flows from Libya to restart on Thursday." in https://www.reuters.com/article/italy-gas-libya-idUSL8N2UJ4CA. Latest update 5 May 2022.

32 Alessandro Berti. 2021. "Re-Discovering Italy's Mediterranean Vocation." *IAI COMMENTARIES* 21/61, December 2021, 1-7.

33 Rina Weltner-Puig. 2003. "The changing international context of the Euro-Mediterranean Partnership: The impact of the twin enlargement processes of the EU and NATO on the Mediterranean region." In *Beyond Enlargement : The new members and new frontiers of the enlarged European Union,* eds. Barbé and Johansson-Nogués. Institut Universitari d'Estudis Europeus, 208-234.

隆納公約》修改；2005年巴塞隆納舉辦第一屆歐盟－地中海高峰會；2008年巴黎地中海聯盟高峰會；2015年義大利召開有關區域安全穩定「地中海對話」（Mediterranean Dialogues）機制等一系列發展。[34]法、西、義這些南歐國家出發點就是歐盟往「東擴」的大趨勢下，提出另類「南向」發展之戰略思考。「東擴」與「南向」反映出歐盟會員國企圖維持內、外權力均衡狀態。[35]換言之，環地中海國家合作隱含歐盟東擴及南部地緣彼此政治實力的消長，以及會員國在歐盟內部的相對實力。

然隨著中東歐國家被陸續納入歐盟與北約集團，歐盟東部邊境呈現穩定發展，直到2014年及2022年俄烏衝突再起。在南部邊境，歐洲則飽受北非區域衝突與政治動亂的困擾，加上恐怖主義興起、大規模毀滅性武器擴散以及北非地區與敘利亞亞非法移民湧入歐洲等問題，地中海成為影響歐洲安全穩定的主要變數，自然引發歐洲對地緣政治衝突的關注。[36]

二、內部利益矛盾

北非國家擁有豐富的石油、天然氣資源、廉價的勞工，這對能源與勞動力短缺的歐盟國家來說具有莫大的吸引力。2017-2018年歐盟貨物出口就占地中海區域內出口貿易95%，其次是土耳其2.3%、北非國家1.8%（主要是阿爾及利亞油氣供應以及摩洛哥製造業）。[37]以南地中海國家僅佔歐盟總貿易額5%來看，未來市場開發潛力無窮，成立跨地中海自由貿易區符合歐盟長期發展的目標。另一方面，地中海南岸國家可望借助歐盟更多資金和技術，實行產業結構的調整，確保經濟永續發展及國際競爭。歐盟宣布在2021到2027年期間預計投資30億歐元幫助南地中海國家在人類發展、善治、法治；經濟發展、數位

34 Alessandro Berti, op. cit., p. 5.

35 Franciso Javier Raya. 1999. "A Review of the Barcelona Conference and a Summary of EU Policy Objectives." In *The European Union and Developing Countries,* ed. Carol Cosgrove-Sacks. New York: ST. Martin's Press, Inc., 198-199.

36 Bichara Khader, op. cit., 66-67.

37 OECD. 2021. "Preface by the Union for the Mediterranean." in *Regional Integration in the Union for the Mediterranean: Progress Report*, OECD Publishing, Paris, 25.

轉型；和平與安全；移民；因應氣候變遷、能源的綠色轉型。[38]換言之，歐盟與中東北非國家無論就地理近似與經濟互補的功能來看，都具有合則兩利的優勢。

然而地中海聯盟提供的這種南、北經濟合作模式並未得到成員國的善意回應。主因是地中海周邊國家的內部矛盾造成彼此合作意願興趣缺缺。地中海周邊國家關係錯綜複雜，政治上的摩擦不少，如：阿爾及利亞與法國的殖民統治仇恨；摩洛哥與西班牙領土與漁業權爭執；北非各國之間的領土爭議；希臘與土耳其歷史情仇與領土糾紛；以色列與阿拉伯世界難解的宿怨；以及利比亞、敘利亞內戰。[39]這些恩怨情仇造成地中海聯盟內部的撕裂，也成為各國深化合作的障礙，遑論進一步授權給地中海聯盟機制處理共同事物；另一方面是主權的敏感性限制了國家在地中海治理過程中作用的發輝。地中海聯盟就如同歐盟勢力之往南延伸。在提供南地中海國家經濟援助時，歐盟慣於將法治、人權和社會議題掛勾。從1900年代中期開始，歐盟與南地中海國家簽訂的經貿合作協定，常依受惠國之人權與民主發展狀況作為援助之條件，提供長期和多元之合作發展計畫，藉由經濟互賴伴隨社會的凝聚等等作法。這是歐盟運用貿易與發展援助政策，將經濟力量轉化成政治影響力的慣用模式，卻也產生過度干涉受援國內政的疑慮。[40]對照茉莉花革命後近東北非國家現今的亂象，歐盟熱心推廣的民主與人權顯得格外諷刺。因此，南地中海開發中國家在接受歐盟經濟援助的同時往往態度十分謹慎。國家間的不瞭解與不信任，導致合作經常破局。這些衝突與矛盾牽涉國際多方角力的因素，並非歐盟一己之力得以解決。歐盟處理區域問題的立場，有時與美國又存有明顯分歧。在在顯示出歐盟為基礎建構起的地中海多邊合作機制在處理區域衝突的局限性。[41]

環地中海國家除上述內部矛盾，近來最大衝突點在於大規模的難民潮湧入

---

38 European Commission. 2021. *Renewed Partnership with the Southern Neighborhood Economic and Investment Plan for the Southern Neighbors,* 9 February, SWD (2021) 23 final.

39 Emilie Beaudoin et al. op. cit., 6-18.

40 卓忠宏，2011，〈歐盟南向政策之發展與爭辯〉，《政治科學論叢》，48：132

41 Bichara Khader. 2008. "Unión Mediterránea: ¿bonitas palabras o buena idea?" *Política Exterior* 22(122): 66-67.

歐洲。2010年底茉莉花革命至今，引發南地中海突尼西亞、利比亞、埃及、伊拉克、阿富汗、敘利亞等國大批移民湧入歐洲，多數出於經濟原因逃離，也有尋求政治庇護的難民。據統計，2016年單單敘利亞一國逃出的難民就有約450萬人，佔敘利亞總人口的六分之一，還有700萬人在敘利亞國內流離失所。[42]面對大規模移民潮造成的邊界控管與社會失序兩大問題，歐盟因應的作法大致可分為兩類：

移民／難民危機議題延燒至今問題依舊。主因在歐盟各國之間不乏以難民相關的國際條約義務為基礎各自解讀，難以統整各國對難民的立場。其中又以1951年聯合國《難民地位公約》（Convention Relating to the Status of Refugees）受到較多討論，包括「不遣返原則」（prohibition of expulsion or return, refoulement）、照顧義務，進而從制度面限制反對難民的會員國遵守國際法義務。然「難民地位公約」定義，限於遭到人為政治迫害的「政治難民」（種族、宗教、國籍、特定社會團體的成員、政治見解不同），尚未包括因為天災、戰爭或其他經濟社會因素的「戰爭難民」或「經濟難民」。[43]

面對難民問題難解，主因在歐洲各國立場不同調。會員國對大規模移民解讀不同，接受度不同，所受的衝擊不同，採取的政策彈性自然有所差異：一類是在第二次大戰後面臨國家經濟重建需求的國家，招募外國勞工作為「經濟儲備」以解決國內勞力短缺的困境。此類如德國引進土耳其勞工、法國與阿爾及利亞人簽署的勞工協議都屬此類。這些外來移工對歐洲戰後經濟重建功不可沒。如今，歐洲正面臨人口老化與出生率下滑的危機，部分國家思考有計畫地收容地中海移民／難民並予以適當的職業訓練，便於轉換成正式的勞動力。這是德國、瑞典主張收容難民的考量；南歐國家如義大利、西班牙、葡萄牙等，其經濟狀況並不允許大規模地收容難民，但響應教宗呼籲天主教社會一個教區至少收容一個難民家庭的作法，民間開始自發性提供金錢與物資給予當地教會

---

[42] Amnesty International. 2015. "Syria's refugee crisis in numbers." in https://www.amnesty.org/en/latest/news/2016/02/syrias-refugee-crisis-in-numbers. Latest update 10 May 2022.

[43] 公約第一條第2項第1款對難民的定義是：「具有正當理由畏懼由於種族、宗教、國籍、屬於特定社會團體的成員身分或具有某種政治見解的原因，受到迫害，因而留在其本國之外，並且由於其畏懼，不能或不願接受本國保護的任何人。」無論請求庇護者具有國籍、或無國籍都適用。

收容難民；中東歐國家如波蘭、捷克、斯洛伐克、匈牙利、羅馬尼亞等，則大多以宗教文化差異性為由排斥難民，認為伊斯蘭移民會威脅到以基督教文明為根基的歐洲社會。但究其背後緣由，也可能是這些國家高失業率和疲弱的經濟窘境。中東歐國家在加入歐盟後，在共同市場勞工自由流通情況下，已經進一步調和境內的勞工結構。高技術、有競爭力的勞工轉往高福利、工業化程度高的國家移動已是趨勢。剩下的多是不願離鄉背井、或低技術、低競爭力的勞工，在面對歐盟市場的競爭，同時面臨來自第三國移民的雙重衝擊下，所產生的自我防衛心態。[44]

換言之，德國、瑞典發展經驗中，從「勞動儲備」角度將外籍移工視為經濟助益，偏向經濟「推拉理論」的解釋；南歐國家則從「人道關懷」、「人類安全」角度，將移民／難民看作「弱勢者」。不因宗教文化差異而產生排擠，包容性強，屬於「多元文化主義」的出發點；中東歐國家從經濟競爭與文化差異的雙重考量，將移民／難民視為「競爭者」與「外來者」，偏向「社會安全」與「認同安全」的面向思考。這或許可解釋面對來自南地中海的跨國移民潮，會員國之間對移民／難民立場為何如此分歧，且呈現出如此特殊對比的情形。[45]

三、外部力量——知識社群與非政府組織的角色

影響地中海政策外部因素的層面比較多元。知識社群（Epistemic Communities）途徑強調國家利益的非系統性起源，以及國際權力分配下相互持續性的合作。依照Haas對知識社群之劃分：[46]對特定問題有共同的了解並確定其因果關係；設定或框架議題（issue framing）以利政策辯論；提出因應策略或建議；大部分以跨國組織形式，透過國際與國內兩個層面來影響決策過程。這在氣候變遷、地中海污染防制、生態保護、再生能源開發這些議題，知

---

44 Daniela Huber, and Maria Cristina Paciello, *op. cit.*, 3-6.

45 有關地中海移民與難民爭議或請參閱：卓忠宏，2016，〈移民與安全：歐盟移民政策分析〉，《全球政治評論》，56: 47-73。

46 Peter M. Haas. 1992. "Introduction: Epistemic Communities and International Policy Coordination." *International Organization* 46(1): 12-15.

識社群扮演功能與角色就很突出。若將近年歐盟推出的重點政策其實跟地中海區域合作息息相關：一是歐盟對氣候變遷問題的重視，在國際環境會議和論壇常扮演幕後推手，並把環境問題的解決提到歐盟相關部門重要的議事日程。歐盟執委會主席馮德萊恩（Ursula Gertrud von der Leyen）於2019年12月提出「歐洲綠色新政」（European Green Deal）將因應氣候變遷、污染防制；二是俄烏戰爭加速歐盟能源轉型決心以及再生能源開發等作為未來施政方針。[47]

　　首先、地中海污染防治是歐洲最早期進行的環境治理項目。其概念是在聯合國及其附屬機構「聯合國環境規劃署」推動的「區域海洋計畫」（Regional Seas Programme）中衍生出來的。[48]然而，單純的外部因素存在並不必然會阻止或促成國家之間出現有效的協調。主要是在「聯合國環境規劃署」推動與金援下，由各國科學家與政府官員組成地中海環境研究中心和環境保護機構的「知識社群」。1975年2月由地中海周邊國家推動的「地中海行動計畫」（Mediterranean Action Plan），在這框架計畫下陸續簽署《巴塞隆納公約》、1976年《海洋傾倒廢棄物公約》（dumping from ships and aircraft）、《油污緊急處理公約》（oil spill emergencies），以及1980年「陸地資源污染防治」（control pollution from land-based sources）等。至1985年，幾乎所有地中海國家都建立起環境保護「知識社群」網絡，由高度專業化的技術專家組成為環境治理提供資訊與政策建議。[49]這類跨國家知識社群對國家政策協調起重要作用，對知識的理解可以大幅降低政治菁英對新政策或制度之疑慮。最重要與關鍵性發展莫過於2008年提議成立的地中海聯盟將前述階段主導地中海環境治理《巴塞隆納公約》以及戰略、經濟與社會交流的「巴塞隆納進程」結合為一。在「轉換」階段跟全球／歐盟環保意識崛起，跟知識社群、民眾參與熱度有關，明顯強化地中海環境治理，選擇擱置其他爭議議題。

---

47 European Commission. 2019. *The European Green Deal sets out how to make Europe the first climate-neutral continent by 2050, boosting the economy, improving people's health and quality of life, caring for nature, and leaving no one behind.* Press release, 11 December 2019.

48 M. Gavouneli, op. cit., 478

49 M. Gavouneli, op. cit., 478-479; Peter M. Haas. 1989. "Do Regimes Matter? Epistemic Communities and Mediterranean Pollution Control." *International Organization* 43(3): 381.

　　計畫初始是在2008年通過的地中海「海岸區整合管理議定」（Protocol on Integrated Coastal Zone Management, ICZM Protocol），將管轄範圍從地中海周邊國家領海延伸到成員國家陸地邊界，將海洋環境生態管理擴展到陸地，採取相對處理（commensurate imposition）的方式約束主權國家的行為。隨後，歐盟執委會於2009-2010年間投入7900萬歐元援助地中海聯盟。其中的5900萬用於水資源管理與污染整治計畫、再生能源及永續運輸基礎設施計畫：2200萬元用於水資源管理，將解決海洋污染及由氣候變遷造成的缺水問題；500萬用於地中海太陽能計畫；3200萬交由歐洲投資銀行與「歐盟－地中海投資夥伴機構」（Facility for Euro-Mediterranean Investment and Partnership. FEMIP），由此機構評估解決污染、發展太陽能與建設永續運輸基礎設施計畫；2011年則通過《保護地中海防止污染公約草案》與《開發大陸棚和海床草案》（近海草案，於2012年正式生效）。這兩項是草案是全球首次關切地中海環境汙染與開發，同時提倡建立一種資源合作且全面的地中海管理方式。2012年2月完成「保護地中海海洋環境與沿海地區草案」的制訂，以藍色經濟概念建立海洋防護措施，實現一個乾淨、健康與繁榮的地中海環境。具體措施如：簽約國政治承諾保障地中海與沿海地區的永續發展；在地中海建立持續性、良好治理的海洋保護區工作網絡，以爭取在2020年實踐海洋保護區達10%的目標；採取法律約束方式，努力遏制持久性有機污染物、垃圾等陸地污染物所造成的海洋污染，並透過區域行動計畫，減少來自近海與海上活動所造成的污染；促進「海岸區整合管理法案」實施，鼓勵所有締約國簽署此草案；通過現行條約的實施與通過附屬《聯合國海洋法公約》的多邊條約之制訂，促進海洋生物多樣性的永續發展；從社會經濟學角度，於2014年完成海洋環境狀況報告的籌備工作。以此作為同年在巴西舉行的聯合國永續發展大會（里約+20）的基礎；[50]2013年通過一項《管理海洋垃圾的區域性計畫》，將海洋垃圾污染與影響減至最小的地區，也同時提高民眾對該問題的意識。計畫也將協助歐盟會員國符合「海洋策略架構倡議」（Horizon 2020 Initiative）所規定，於2020年前處理80%地中

---

50 保護海洋地中海國家承諾藍色經濟，環境資訊中心，available at: https://e-info.org.tw/node/74687. Latest update 2 September 2022.

海域污染來源，包括工業廢棄物、都市廢水及污水排放，建立監管系統與工作小組。以此作為地中海各國處理海洋垃圾提供了共同架構，也使得該公約成為第一個通過此類計畫的區域性海洋公約；[51]2019年地中海區域論壇出版第一份《地中海氣候與環境變遷報告》（report on climate and environmental change in the Mediterranean area），據此定調綠色經濟與環境治理作為地中海國家未來10年重點合作項目。

　　此外，非政府組織也在全球環境治理中扮演重要的角色。非政府組織在環境保護工作方面比政府組織或政府間國際組織更加靈活主動，尤其是一些深入社會基層的組織。主要是因為非政府組織具有「非官方」及「跨國界」的特性，正好符合處理全球化環境問題的特點。當然，一些勢力強大的環境非政府組織與特定社會階層的利益結合，強調經濟發展和工業化國家的要求不應犧牲環境保護，對開發中國家的社會利益和國家主權構成威脅，從而增強了西方的主導優勢，加深和激化了南北利益的不均衡矛盾。

　　其次是俄烏戰爭迫使歐盟加速能源轉型與尋找能源替代市場的需求。俄羅斯是全球前三大石油、天然氣出口大國。歐盟有三成原油以及四成天然氣來自俄羅斯。[52]俄烏開戰至今，西方已經對俄羅斯祭出第5輪制裁；將俄羅斯踢出SWIFT支付系統，但不包括俄羅斯聯邦儲備銀行Sberbank，俄羅斯與歐洲能源企業重要貸款銀行俄羅斯天然氣工業銀行Gazprom也未受制裁；首度禁運44億美元的俄羅斯煤炭，但保留3個月過渡期；歐盟執委會原打算禁止3500艘俄國船隻入港，後來限縮到只剩三分之一。[53]現今歐盟已經對俄羅斯實施多輪制裁，在2022年底逐步實施石油禁運，降低對俄羅斯天然氣進口。但歐盟各國家對俄羅斯能源依賴程度不一，相關提案在歐盟內部很難形成共識。美國雖然承諾增加對歐洲天然氣的供應，但僅能彌補俄羅斯提供歐洲天然氣總量的10%。

51 Potocnik welcomes plan to cut marine litter in the Mediterranean, available at: http://wwwrecyclingportal.eu/artikel31867shtml. Latest update 2 September 2022.

52 Ninian Carter. 2022. "Reducing dependency on Russian oil more powerful than sanctions." *Graphicnews*. in https://www.graphicnews.com/en/pages/42394/ukraine-eu-dependence-on-russian-oil-and-gas. Latest update 15 May 2022.

53 European Commission. Ukraine: EU agrees fifth package of restrictive measures against Russia. Press release 8 April 2022.

在美國宣佈對俄羅斯石油、天然氣、煤炭制裁，其實也等於變相地對歐洲制裁。如今歐洲開始與卡達洽簽能源新合約外，也積極與阿爾及利亞、利比亞洽商天然氣供應來源，同時加速其再生能源的轉型。[54] 南地中海提供的能源選項成為歐盟尋找俄羅斯油氣來源的替代市場。

地中海聯盟結合了《巴塞隆納公約》數十年來地中海環境治理功能，污水處理、太陽能計畫、能源基礎建投這些問題，多年來已經透過歐盟環境政策、能源政策、發展合作政策中展開合作的項目，真正創新性合作並不多。儘管都是歐盟及其會員國主導進行，如地中海污染處理，由歐洲投資銀行集資20億歐元，幫助南地中海國家建設汙水淨化設施與排放管。德國主力開發北非太陽能源。西班牙與摩洛哥合作建造貫穿直布羅陀海峽的海底隧道與基礎設施等等。[55] 對比地中海聯盟區域合作計畫中，有關建立連接北非天然氣到歐洲的輸氣管，以及發展地中海太陽能計劃，利用把北非的陽光發展太陽能輸送歐洲。取代俄羅斯能源市場以及再生能源的開發合作，預告著地中海國家合作轉型的新契機。

肆、結論

從「巴塞隆納進程」、《巴塞隆納公約》至「地中海聯盟」建制發展至今，涵蓋歐洲、亞洲、非洲的環地中海周邊國家，不僅超越了政治、經濟、地理疆界的限制，跨越歐洲基督文明或阿拉伯回教文明的文化隔閡。

首先、地中海聯盟是一個包含政治、經濟和文化的多邊合作機制：政治對話機制的建立是為了消弭地中海周邊國家的紛爭；教育與文化的交流則是促進各國人民的理解與融合；地中海自由貿易是歐盟追尋的核心利益。近年來更是從政治、經濟議題的主軸逐漸轉換到移民、環境、能源非傳統安全的合作。

其次、地中海治理屬於區域性質，法國、西班牙、義大利扮演積極的角

---

54 Katharina Buchholz. 2022. "What Alternatives Does Europe Have to Russian Gas." *Statista*. in https://www.statista.com/chart/27004/main-gas-exporting-countries-pipeline-lng/. Latest update 15 May 2022.

55 Mark Mardell, op. cit.

色，但跨國性的議題使得國家面臨局限性和不足。法、西、義這三個地中海區域強權既是地中海聯盟規則的制定者，也是規則的維持與執行者。但近10多年發展，南歐國家陸續遭逢債務危機、難民湧入、新冠疫情的困擾，自顧不瑕。對照前述地中海聯盟在「發展受阻」、「轉換」階段，陷入混沌不明「停滯」狀況。恰似說明以強權國家為首建立的國際建制仰賴強權存在才能維持。但強權國力一旦衰退、不支持甚至無法繼續領導，由強權所維持的穩定秩序就會隨之式微。

第三、在具體實踐過程中，地中海區域建構模式可以概括為：政府間國際組織（歐盟及地中海聯盟）的推動、各主權國家積極參與、跨國知識社群及非政府組織協助三者之間存在互動與合作。由外而內（外部力量影響國家政策）、由下而上（國家在政府間國際組織的協調合作）形成了一個以區域、主權國家、非政府組織組成的地中海治理模式。

最後，面對國際建制轉型三個主要變數，地中海治理關鍵不在於政治權力大小，而是各國解決問題的「意願」與「能力」。地中海區域治理因國家之間矛盾爭執，影響各國政府合作意願。復因經濟發展與政府認知的差異，影響解決問題的能力。除全球環境議題的高度複雜之外，國家之間權力衝突、國家利益的考量，以及國家採納知識社群建議所作出應對措施的成本等因素影響，都是造成政策不確定性的原因。

在現今國際關係中，考驗著國家如何在地緣政治與地緣經濟競逐中尋找出最佳的平衡點。歐盟的地中海政策內涵其實頗完整、頗具系統性，但實際運作卻有不少落差。在歐盟決策過程，德法軸心深具影響力，但兩國利益不同使得歐盟對外關係發展的行為能力也削弱了。隨歐盟會員國不斷增加，內部矛盾也不斷擴大。遑論一個包含42國的地中海聯盟，內部成員的糾葛更形複雜，要達成一致共識展開一致行動難度頗高。或如近期歐洲局勢發展，地中海聯盟或許能跳脫過去數十年之發展瓶頸在非傳統安全議題合作，發展出地中海區域新的制度性安排並作為環地中海國家合作新模式。

附錄一：深入閱讀書單

蘇宏達與周弘主編，2018年，《廿一世紀歐洲聯盟的對外關係》，臺北：臺灣大學出版中心。

Beaudoin, Emilie et al. 2021. The Union for the Mediterranean, URMUN.

Choucair Vizoso, Julia et al. 2021. "A Euro-Mediterraneanea Green Deal? Towards a green economy in the Southern Mediterranean." *European Institute of the Mediterranean*, 1-96.

European Commission. 2021. *Renewed Partnership with the Southern Neighborhood Economic and Investment Plan for the Southern Neighbors*, 9 February, SWD(2021) 23 final.

European Commission. 2021. *The Barcelona process: The Europe-Mediterranean partnership*, 2001 review, Office for Official Publications of the European Communities, 1-25.

Young, Oran R. 2010. *Institutional dynamics: Emergent patterns in international environmental governance,* Cambridge, MA: MIT Press.

附錄二：地中海區域研究重要期刊、機構

期刊

Mediterranean Politics; Mediterranean Quarterly

機構

Union for the Mediterranean

Barcelona Centre for International Affaires

Real Instituto Elcano

Italian Institute for International Political Studies

常用網站：

www.medpol.unepmap.org.

附錄三：專有名詞英文、中文對照表

英文	中文	西班牙文
Arab Maghreb Union	阿拉伯馬格里布聯盟	
Barcelona Convention	巴塞隆納公約	
Barcelona Process	巴塞隆納進程	
Conference of the Security and cooperation in the Mediterranean	地中海安全合作會議	Conferencia de la Seguridad y cooperación en la Mediterráneo
Convention of Lomé	洛梅協定	Convención de Lomé
Convention for the Protection of the Mediterranean Sea against Pollution	地中海污染防治公約	
European Green Deal	歐洲綠色新政	
Facility for Euro- Mediterranean Investment and Partnership, FEMIP	歐盟－地中海投資夥伴機構	
Mediterranean Economic Development Aids, MEDA	地中海經濟發展援助計劃	
Union for Mediterranean / Mediterranean Union	地中海聯盟	Unión Mediterránea
United Nations Environment Programme, UNEP	聯合國環境規劃署	

俄羅斯

白俄羅斯

哈薩克

烏丝別
土庫
曼克   吉爾吉斯

（太平洋）

亞美尼亞   塔吉克

（印度洋）

同屬歐亞經濟聯盟及集體安全組織國家：

俄羅斯，哈薩克，白俄羅斯，亞美尼亞，吉爾吉斯

僅為集體安全組織會員國：塔吉克

俄羅斯在歐亞地區運作「區域化組織」的發展與變遷

洪美蘭

摘要

俄羅斯國土橫跨歐亞大陸，使其將歐亞地區視為其勢力範圍，長期主導該區域的政經發展，形成所謂的「大斯拉夫主義」。本文以俄國在歐亞地區所主導的區域化組織為探討標的，除了透過區域整合（regional integration）「廣化」和「深化」之研究途徑，歸納解析俄國與這些組織成員的互動關係外，亦將應用經濟整合理論來評析現行歐亞區域中最主要正在運作進行的兩條區域經濟整合路線——「歐亞經濟聯盟」以及「大歐亞夥伴關係」下的「一帶一盟」，藉此掌握該地區經濟整合發展之脈動和其政經效應，同時獲悉歐亞地區的「區域化組織」在雙邊、區域多邊和域外強權等三個不同層次卻又相互影響的交織下，致使該地區之區域整合較難以深化合作之完整歷程。

關鍵詞：俄羅斯、歐亞經濟聯盟、一帶一盟、大歐亞夥伴關係

壹、前言

　　歐亞（Eurasia）區域概念源起於1989年起蘇聯、東歐國家人民走上街頭抗議，要求放棄共產專制，引發所謂「蘇東波」效應，終至蘇聯解體和這些國家紛紛從共產計畫經濟體轉型為自由競爭的市場經濟，[1]由共產黨一黨專政轉變為多黨民主政體後，[2]過去冷戰時期以「東歐、蘇聯」稱呼歐洲地區的共產國家，因深具地緣政經意涵，隨著該地區的政經變化，逐漸轉變為以「歐亞」區域來指稱，因為這些國家位處橫跨歐亞地區，而早自1880年代的奧地利地理學家Eduard Suess就首次提出「Eurasia」這個地理術語。因此，許多探討該區域的研究單位或學術期刊紛紛亦引用歐亞稱之。[3]

　　因此，廣義而言，歐亞區域國家，泛指冷戰時期的所有東歐國家，以及蘇聯瓦解後由其原本的十五個加盟共和國獨立出來的新興主權國家。值得注意的是，冷戰時期所稱的東歐，因具有指稱歐洲共產國家之特殊地緣政經意涵，故自從1989年「蘇東波」後，波蘭、捷克、匈牙利等許多原東歐國家多改自稱為「中歐」國家，[4]當時的國際組織，如國際貨幣基金（International Monetary Fund, IMF）所出版的「世界經濟總覽」（World Economic Outlook）中之國家分類，乃將冷戰時期的歐洲共產國家稱為所謂的「中東歐國家」（Central and Eastern European Countries, CEECs）。[5]然而，隨著歐洲聯盟（以下簡稱歐盟）東擴後，位處於歐盟東部的烏克蘭、白羅斯、[6]摩爾多瓦等國家，逐漸被稱為東

1　1989年起的「蘇東波」後這些「後共國家」及當時形成的許多新興主權國家之經濟轉型發展，請詳參：吳玉山，1996，《遠離社會主義：中國大陸、蘇聯和波蘭的經濟轉型》，臺北市：正中；洪美蘭，2002，《經濟激進轉型策略-中東歐之經驗與啟示》，台北：翰蘆出版社；The World Bank. 1996. *World Development Report 1996: From Plan to Market*. Washington, D.C.: The International Bank for Reconstruction and Development.

2　參閱：洪茂雄，2019，《東歐國家轉型面面觀》，台北：新學林。

3　例如：荷蘭Leiden University-Russian and Eurasian Studies；阪神大學歐亞研究所；Journal of Eurasian Studies (Eurasia, that includes the CIS region and its close neighboring countries)等。

4　參閱：洪美蘭，前揭書，頁3-5。

5　參閱：International Monetary Fund (IMF). 2001. *World Economic Outlook*. Washington, D.C.: IMF, 186-192.

6　白羅斯這個過去被慣稱「白俄羅斯」的國家，為了彰顯國家主權形象，區別外界將其與俄羅斯聯想，該國駐中國大陸大使館在2018年正式公告中文譯名為白羅斯。

歐，形成了新的東歐概念。故歐亞區域國家出現了另一個狹義的範疇，即歐盟以東的歐亞國家，而這些國家多以斯拉夫民族為主。其中，俄羅斯因過去為蘇聯的主要主體，且國家領土橫跨歐亞大陸，使其發展出獨特的「歐亞主義（Eurasianism）」思維，即「強調斯拉夫文化優越性與獨特性，非歐非亞，具有獨特的文化價值」。在歐亞主義概念下，俄羅斯一直將地理上的歐亞地區視為其勢力範圍，由俄國主導該地區的政經發展，形成所謂的「大斯拉夫主義」。故本文亦將以俄國在狹義的歐亞地區所主導的「區域化組織」為探討標的。

　　換言之，本文將透過歸納分析近年來俄國在歐亞地區所主導的區域化組織。除了以區域整合的成員「廣化」，以及整合領域和其整合程度的「深化」之研究途徑瞭解俄國與這些組織成員的互動關係外，亦將應用經濟整合理論來評析討論現行歐亞區域中最主要正在運作進行的兩條區域經濟整合路線——「歐亞經濟聯盟」（Eurasian Economic Union, EAEU），以及「大歐亞夥伴關係」（Greater Eurasian Partnership）下的「一帶一盟」（One Belt One Union），藉此掌握該地區經濟整合發展之脈動和其政經效應。因為經濟整合在學理上針對國家間不同的經濟整合情況，有其嚴謹的階段性整合定義，例如依據巴拉薩・貝拉（Bela Balassa）對經濟整合之定義，一般將經濟整合依整合內容分為六個階段：優惠貿易協議（Preferential Trade Arrangement, PTA）、自由貿易區（Free Trade Area, FTA）、關稅同盟（Customs Union, CU）、共同市場（Common Market, CM）、經濟同盟（Economic Union, EU）、完全經濟整合（total economic integration）。[7] 依據不同階段的經濟整合將對參與整合的經濟體產生相應的效應，如在貿易整合階段因會員國間降低或消除彼此的貿易障礙而產生貿易創造（trade creation effect）、貿易轉向（trade diversion effect）和貿易偏向（trade deflection effect）的短期經濟效應；會員國隨著經濟整合發展，長期而言亦將形成諸如：藉由整合使其區域內的生產面演變為國際分工而獲得「生產效率化」、「規模經濟」和再投資等之類的動態效果（dynamic effect），裨益彼此的經濟成長。

7　See: Bela Balassa. 1991. "Economic Integration." *The World of Economics*. London：Palgrave Macmillan, 176.

貳、歐亞地區「區域化組織」的發展背景與進程

一、從蘇聯到獨立國家國協

蘇聯瓦解後，原處於單一國家政經體制下的十五個加盟共和國紛紛獨立，成為國際上的新興主權國家，但也致使彼此間逐漸出現國與國之藩籬問題，如攸關人民跨國往來的護照，以及關稅、配額之國家貿易障礙等。因此，1991年12月8日俄羅斯總統葉爾欽（Boris Yeltsin/Борис Ельцин）、烏克蘭領導人克拉夫丘克（Leonid Kravchuk/Леонід Кравчук）和白羅斯總統舒什克維奇（Stanislav Shushkevich/Станіслаў Шушкевіч）簽署了廢止1922年成立的蘇聯並成立獨立國家國協（以下簡稱獨協，Commonwealth of Independent States, CIS）條約。除拉脫維亞、立陶宛、愛沙尼亞和喬治亞[8]外，蘇聯其他11個共和國（亞塞拜然、亞美尼亞、白羅斯、哈薩克、吉爾吉斯、摩爾多瓦、俄羅斯、塔吉克、土庫曼、烏茲別克、烏克蘭）於1991年12月21日元首峰會上通過《建立獨協國家聯合體宣言》。[9]

獨協成立至今的大事記請參見文末附錄一。從獨協運作中可發現，其最重要的成果如1993年9月簽署的《建立經濟聯盟條約》，致力於形成商品、服務、勞動力和資本自由流動為基礎的共同經濟空間；經濟活動監管方法的趨同；以及貨幣、稅收、價格、海關、對外經濟政策等之協調；[10]以及1994年3月獨協獲得聯合國大會授予觀察員地位。然而，由於獨協成員並未積極進行經濟整合，多僅就涉及之經濟問題進行協商，故從成立至今，若以經濟整合理論的階段論來檢視，獨協僅達成最初階段的優惠貿易協議。分析獨協國家之所以整合困難，成為非常鬆散的區域化組織，關鍵因素在於成員國彼此間存在著諸

8　喬治亞是以其英文譯音再中譯而來，若以其俄文發音直接中譯，應為格魯吉亞，較忠於其原來的俄文發音之音譯，但因台灣已慣譯為喬治亞，而該國也未曾對其中譯名稱有過任何宣示或表示異議，故本文仍採慣譯喬治亞稱之。

9　История создания, Содружество Независимых Государств (СНГ), https://cis.minsk.by/cis30. Latest update 23 April 2022.

10　Создание Содружества Независимых Государств (СНГ), Статкомитет СНГ, http://www.cisstat.com/20cis/20cis_main.htm. Latest update 23 April 2022.

多問題，例如：除了亞塞拜然和亞美尼亞因領土紛爭曾爆發武裝衝突的兩亞領土問題外；烏茲別克、吉爾吉斯與塔吉克間也存在著領土爭議，因為被列入烏茲別克的撒馬爾罕與布哈拉當地居民其實是塔吉克人佔多數；烏茲別克與塔吉克常因水資源利用而爭論，烏茲別克認為塔吉克興建水壩發電將影響其棉田灌溉；而哈薩克與烏茲別克亦因爭奪地區大國地位而意見分歧。[11]

　　由於在獨協框架下，經濟整合進程未見成果。因此，獨協中期待更深化彼此經貿往來的白羅斯、哈薩克、吉爾吉斯、俄羅斯、塔吉克五國於2000年10月簽署《建立歐亞經濟共同體條約》。甚至在獨協中最積極希望維繫和深化彼此經貿關係的，俄羅斯、哈薩克和白羅斯在2010年12月9日簽署了關於創建共同經濟空間的文件。三國並在2011年11月18日在莫斯科簽署整合的下一階段文件：《歐亞經濟整合宣言》、《歐亞經濟委員會條約》，[12]正式朝邁入「歐亞經濟聯盟」努力。

二、由獨協到「歐亞經濟聯盟」

　　從獨協朝「歐亞經濟聯盟」深化發展的過程中，俄羅斯、哈薩克和白羅斯從2012年1月1日起宣布，基於世界貿易組織（以下簡稱世貿，World Trade Organization, WTO）的規範和原則，《歐亞經濟整合宣言》過渡到下一階段──共同經濟空間。2014年5月29日《歐亞經濟聯盟條約》在阿斯塔納簽署，隔年1月1日，「歐亞經濟聯盟」開始運作。[13]然而，事實上歐亞經濟聯盟早在1994年哈薩克總統於莫斯科大學演講時即已經提出，但直到普欽在2012年第三度參選俄羅斯總統時才被列為主要發展方向。2012年普欽對外呼籲獨協國家學習歐盟等區域經濟整合組織，建立「歐亞經濟聯盟」，透過區域經濟整合深化彼此經濟合作。

　　俄國在積極推動「歐亞經濟聯盟」之際，當然也拉攏過去蘇聯的前三大

---

11 中亞五國中，烏茲別克人口最多，自視甚高，但哈薩克則是目前中亞國家中經濟發展狀況相對較佳者。

12 Страны Содружества Независимых Государств, Статкомитет СНГ, http://www.cisstat.com/rus/cis.htm, Latest update 23 April 2022.

13 Ibid.

加盟共和國之一──烏克蘭，期望它能加入。然而，烏克蘭2013年底廣場（Maidan）革命[14]後，基輔政權確定棄俄國主張的「歐亞經濟聯盟」而與歐盟於2013年11月29日簽署「自由貿易協定」，加入歐盟的經濟整合。甚至於2018年4月16日在當時烏克蘭總統波羅申科（Petro Poroshenko/Петро Порошенко）提議下，烏克蘭欲退出與獨協的所有協議（但那些被認為「對烏克蘭經濟有用」的協議除外，例如相互承認教育資格或與獨協的過境協議），接著簽署了所有烏克蘭特使從獨協的法定機構中撤出之法令。[15]烏克蘭總統澤倫斯基（Volodymyr Zelenskyy/Володимир Зеленський）2021年2月簽署關於烏克蘭退出在獨協體系內締結的國際條約，包含1991年12月25日在明斯克簽署的《民用航空和空域使用協定》，以及1992年5月15日在塔什干簽署的《領空使用協定》。[16]烏克蘭積極脫俄入西的政策，已經使其與獨協國家之經濟關係日益薄弱，更遑論與「歐亞經濟聯盟」之切割，和其在2022年初宣示要加入「北大西洋公約組織」（以下簡稱北約，North Atlantic Treaty Organization, NATO），引發俄國2月24日對其發動「特別軍事行動」之俄烏武裝衝突。[17]

三、由「歐亞經濟聯盟」擴至與「一帶一路」對接的「一帶一盟」

「歐亞經濟聯盟」根據《歐亞經濟聯盟條約》成立，為具有國際法人資格的區域經濟整合之國際組織。現有成員國為亞美尼亞、白羅斯、哈薩克、吉爾吉斯和俄羅斯聯邦。成員國透過組成歐亞經濟聯盟，確保商品、服務、資本和勞動力的自由流動，以及在經濟部門中執行協調或統一的政策。目的在於全面

---

14 基輔市中心的廣場（Maidan/ Майдан）在1991年烏克蘭獨立後稱為獨立廣場（Maidan Nezalezhnosti/ Майда́н Незале́жност ）但在2013年的這次革命後改稱為歐洲廣場（Євромайдан），以紀念烏克蘭面西參與歐盟之轉變。

15 Kyiv. 2022. "Ukraine withdraws all envoys from CIS bodies." in https://www.kyivpost.com/ukraine-politics/ukraine-withdraws-envoys-cis-bodies.html. Latest update 23 April 2022.

16 Украина выходит из двух соглашений, заключенных в рамках СНГ – Указ Президента, Президент Украины, https://www.president.gov.ua/ru/news/ukrayina-vihodit-z-dvoh-ugod-ukladenih-u-mezhah-snd-ukaz-pre-66733. Latest update 23 April 2022.

17 烏克蘭欲入北約，俄國視為北約東擴，威脅其國家安全，並指稱西方背信，因為俄國認為歐美曾承諾北約不東擴。詳參：馮紹雷，2022，〈歐美是否承諾過北約不東擴？來自史料和親歷者的佐證〉，觀察者網頁，https://www.guancha.cn/FengShaoLei/2022_01_12_621904_s.shtml，2022/1/12。

現代化、合作和提高國民經濟競爭力，為穩定發展創造條件，以提高成員國人民的生活水準。[18]該整合組織對國際經濟最重要的部分，主要在於石油、天然氣和發電等類型的能源產出和蘊藏生產部分重要工業的礦產原物料，如鋼鐵、鉀肥、生鐵等。

歐亞經濟聯盟成立至今的大事記請參見文末附錄四。[19]從其運作中可發現，至今其最重要的成果為，依據歐亞經濟委員會理事會2021年9月14日第80號決定「歐亞經濟聯盟對外經濟活動統一商品命名法和歐亞經濟聯盟統一關稅」後，歐亞經濟聯盟已經達成一致對外關稅，故目前處於經濟整合的關稅同盟階段。[20]

在俄國積極拉攏獨協國家運作歐亞經濟聯盟的同時，中國大陸也於2013年提出「絲綢之路經濟帶」概念和計畫成立「亞洲基礎設施投資銀行」（簡稱亞投行，Asian Infrastructure Investment Bank, AIIB）。俄國初期對於中國大陸提出「一帶一路」倡議反應冷淡，因為其認為「絲綢之路經濟帶」概念將與其主導推動的「歐亞聯盟」（Eurasian Union, EAU）形成競爭。中國大陸推動與中亞合作形成的「絲綢之路經濟帶」將影響俄國與中亞國家之整合，產生排擠的競爭效果。再者，雖然絲綢之路經濟帶的規劃除了著重在中亞外，也途經俄國西部，但絲綢之路經濟帶雖可促進中亞和俄國西部繁榮，卻將使遠東、西伯利亞被邊緣化，不利於遠東、西伯利亞的發展，惡化俄國區域經濟發展失衡問題。[21]

然而，歐美2014年3月基於烏克蘭克里米亞半島公投加入俄羅斯聯邦對俄實施經濟制裁後，普欽乃加速落實其早在其擔任總理任內就提出「東向政策」。加上中國大陸亦在境外積極推動建立亞投行，促使英國於2015年3月參

18 Общеэкономические Показатели, Евразийский Экономический Союз, http://www.eaeunion.org/#about-info. Latest update 10 February 2022.

19 Хронология развития, Евразийский Экономический Союз, http://www.eaeunion.org/#about-history. Latest update 10 February 2022.

20 Сервисы – Единый Таможенный Тариф, Евразийская Экономическая Комиссия, http://www.eurasiancommission.org/ru/act/trade/catr/ett/Pages/default.aspx. Latest update 26 May 2022.

21 俄國區域經濟發展失衡的緣由與其問題，請參閱：洪美蘭，2008，《經濟均衡發展策略 ─ 歐洲轉型國家之案例與啟示》，台北：翰蘆出版社，頁246-296。

加亞投行後，中國大陸主導的亞投行快速成型，讓中國大陸「一帶一路」倡議計畫，因有資金到位優勢，而儼然變成確實可行之策略。故當中國大陸積極與俄方溝通，如：習近平2015年5月訪問俄國，參加紅場慶祝衛國戰爭閱兵時，獲得「絲綢之路經濟帶」與「歐亞聯盟」對接的俄方承諾。雙方2015年5月8日在莫斯科發表《中華人民共和國與俄羅斯聯邦關於絲綢之路經濟帶建設和歐亞經濟聯盟建設對接合作的聯合聲明》，達成中國大陸「一帶一路」倡議與俄國大陸主導的「歐亞經濟聯盟」對接合作，形成所謂的「一帶一盟」。歐亞大陸的經濟整合擴至與中國的「一帶一路」倡議合作，形成繼「上海合作組織」（以下簡稱上合組織，Shanghai Cooperation Organization, SCO）之後，另一個中國大陸與歐亞國家進行區域化跨境合作的主要平臺。一帶一盟合作下，中國大陸與歐亞經濟聯盟在2017年10月完成雙邊的經貿合作協議談判，2018年5月簽署經貿合作協定，此將有利於中國大陸與歐亞聯盟會員國間擴展彼此之經貿。

四、由「一帶一盟」擴至「大歐亞夥伴關係」

事實上，雖然俄國同意將「歐亞經濟聯盟」與「一帶一路」倡議對接為「一帶一盟」，但俄國並未放棄其對區域整合之主導力與主控權，此從普欽總統在同意中俄主導的區域化組織對接合作之際，同時在2015年的國情咨文中提出建立「大歐亞夥伴關係」（Greater Eurasian Partnership）概念可獲悉。普欽當時表示，得益於「歐亞經濟聯盟」與「一帶一路」對接後，與越南建立自由貿易區，[22] 加深俄羅斯與東協合作方面已達成原則性協議，進一步深化歐亞經濟整合的一定前提已經形成。普欽提醒，以購買力平價而言，歐亞大陸國家幾乎佔世界經濟的三分之一。他提議上合組織、歐亞經濟聯盟、東協國家可以共創可能的經濟夥伴關係。在初期這一夥伴關係可專注於投資保護、優化跨境貨物運輸程序、共同制定下一代技術產品的技術標準，以及相互開放服務和資本市場准入。[23] 建立大歐亞夥伴關係也是俄羅斯認為可與中國大陸「一帶一路」倡議

22「歐亞經濟聯盟」與越南在2016年簽訂自由貿易協定，並於當年10月5日正式生效。

23 列昂尼德・科瓦契奇，2021，〈俄中或成大歐亞夥伴關係主要建設者〉，SPUTNIK，https://big5.

對等的俄國發展戰略。

　　換言之，俄國除了與中國大陸合作外，亦著眼於自行發展與東協國家合作的管道，將歐亞大陸的區域化經貿整合藉由擴至「大歐亞夥伴關係」後，拓展和發展與東亞國家的經貿關係，以落實其東向政策，善用和掌握中國大陸與東亞國家經濟崛起契機，裨益俄國經濟發展。且近年來俄國官方的對外表述也強調「大歐亞」的概念，顯示俄國已經逐漸從過去「重歐」轉為加強開展東方市場，更遑論俄烏武裝衝突後，歐美對俄加大經濟制裁，未來俄國的對外市場，「由歐洲轉向亞洲」之趨勢將更加顯著。

五、其他政治、軍事合作的區域化組織

　　「上海合作組織」（以下簡稱上合組織）是2001年基於反恐成立，原本主要是聚焦於政治、軍事合作的區域化組織，但後來在中國大陸積極主導下，成員國間加強了許多經貿層面的合作，如中國大陸推動「貿易暨投資便捷化」和力促成立上合組織開發銀行，不過，俄國多採取保留態度。[24] 如建立開發銀行案從2016年11月3日上合組織成員國政府首腦（總理）理事會第90號決議建立，但至2021年6月3日由塔吉克主持建立上合組織開發銀行和上合組織發展基金（專門帳戶）問題專家視頻會議，最終仍也只獲得再繼續討論的結果。[25] 顯見「上海合作組織」成為中、俄在中亞競逐的平臺。其中，中國大陸引巴基斯坦加入，而俄國力薦印度參與，亦是中、俄在該組織中相互競爭的結果。在印度和巴基斯坦加入後，上合組織擴大為一個從北冰洋到印度洋的歐亞大陸中部之合作機制，成為銜接中國大陸「一帶一路」與俄羅斯大歐亞夥伴關係、落實「一帶一盟」對接的重要平臺。[26]

　　事實上歐亞地區國家在安全領域的協商合作早自1992年5月15日亞美

---

sputniknews.cn/politics/202104221033553789/，2022/5/4。

24 有關上海合作組織之成立與其互動，詳參：上海合作組織官網，2021，http://chn.sectsco.org/，2021/9/29。

25 上海合作組織官網，2021，〈關於建立上合組織金融機構的專家會議召開〉，上海合作組織官網網頁，http://chn.sectsco.org/news/20210604/759593.html，2021/6/4。

26 參閱：楊雷，2017，〈俄羅斯大歐亞夥伴關係倡議的形成、實踐及其影響〉，《歐亞經濟》，6. https://kknews.cc/zh-tw/finance/9xaq885.html，2022年5月4日。

尼亞、哈薩克、吉爾吉斯、俄羅斯、塔吉克和烏茲別克在烏茲別克首府塔什干（Toshkent/ Ташкент）簽署「集體安全條約」後，就逐漸擴展為「集體安全組織」（以下簡稱集安組織，Collective Security Treaty Organization, CSTO/ Организация Договора о Коллективной Безопасности, ОДКБ），[27]成為該地區最重要的軍事和安全領域之合作組織。現有組織成員包括：亞美尼亞、白羅斯、哈薩克、吉爾吉斯、俄羅斯聯邦和塔吉克。

「集體安全組織」成立至今的大事記請參見文末附錄三。從其運作中可發現，2002年5月14日集體安全委員會在莫斯科通過決定，賦予《集體安全條約》國際性的區域組織地位，使該組織得以區域化的地區性協議名義參與國際組織。故在2002年10月7日批准組織章程後，2003年12月集體安全條約組織章程在聯合國秘書處登記，並在2004年獲得聯合國大會觀察員地位。[28]集體安全條約組織成員國元首於2007年簽署《集體安全條約組織維和活動協定》後，該協定於2009年生效並在聯合國秘書處登記。為參與維和行動，常設集體安全條約組織維和部隊成立。集體安全條約組織的維和部隊既可以在集體安全理事會決定的本組織職責範圍內使用，也可以在聯合國安理會授權下在該組織的境外使用。[29]其中2022年1月10日集體安全條約組織以視頻會議召開安全委員會特別會議，討論哈薩克局勢和使該國局勢正常化的措施，決定派出維和部隊至哈薩克進行援助，[30]因為哈薩克政府在調漲其國內天然氣價格後引發內部激烈動亂，而哈薩克總統托卡耶夫（Kassym-Jomart Tokayev）以抗議「組織化」定

---

27 От Договора к Организации, Организация Договора о коллективной безопасности, https://odkb-csto. org/25years/. Latest update 24 April 2022.

28 See: Международные организации - Организация Договора о Коллективной Безопасности, Министерство иностранных дел Республики Армения, https://www.mfa.am/ru/international-organisations/1. Latest update 24 April 2022.

29 Е.Ф. Довгань, А.А. Розанов, "Организация Договора о коллективной безопасности", Минск, «Ковчег», op. cit.

30 10 января в формате видеоконференции состоялась внеочередная сессия Совета коллективной безопасности ОДКБ, Обсуждалась ситуация в Республике Казахстан и меры по нормализации обстановки в стране, Организация Договора о коллективной безопасности, https://odkb-csto.org/ news/news_odkb/10-yanvarya-v-formate-videokonferentsii-sostoitsya-zasedanie-soveta-kollektivnoy-bezopasnosti-odkb-p/?clear_cache=Y#loaded. Latest update 24 April 2022.

義為外力煽動的恐怖主義為名，請求派維和部隊鎮壓[31]。而該組織因應現代安全的挑戰與威脅情況，早在2016年將打擊恐怖主義和極端主義列為集體安全條約組織活動的主要內容之一，同時也積極落實相關的區域內治安合作，如「2015-2020年禁毒戰略」的反毒政策。[32]

　　總結上述，歐亞地區目前的區域化組織主要分為兩個層面，一是在經貿方面的整合合作；另一個是在軍事和安全領域的協調合作組織。其中，經貿層面的整合合作也已經發展出以「歐亞經濟聯盟」為主軸，外加擴至與中國大陸合作的「一帶一盟」和加強與東亞國家合作之「大歐亞夥伴關係」，形成這兩個路徑同時發展之區域化經濟整合、合作現象。下文將針對這兩條路徑的發展與其效應進行深入分析。

參、歐亞區域的經貿整合

一、「歐亞經濟聯盟」運作的機制與整合成效

　　俄國普欽總統呼籲獨協國家組成「歐亞經濟聯盟」之目的乃是著眼於，包括俄國在內的這些獨協國家，雖然已經轉型為市場經濟體，且參與國際經濟多年，然而這些國家的經濟結構始終未見變化，仍多維持過去之經濟生產結構為主，譬如，以俄國為例，其雖曾被列為金磚國家，但其經濟結構仍是以依賴能原物料出口為主，其他產業發展顯然滯後，形成二元性的不均衡經濟結構狀態[33]。因此，普欽冀圖透過將俄國和周邊國家組成為一個區域化的「歐亞經濟聯盟」，以利擴大各國的內部市場，形成一個區域內自由流通的大市場，達成吸引外資，裨益該地區的產業發展。同時利用該地區位於歐亞交界之地理位置，將「歐亞經濟聯盟」發展為連接歐亞的經濟橋梁，作為西邊區域經濟整合體 -

---

31 有關「集體安全條約組織」的軍事組織，請詳參該組織官網：Collective Security Treaty Organisation. 2022. "The CSTO Structure." in https://en.odkb-csto.org/structure/. Latest update 24 April 2022.

32 Е.Ф. Довгань, А.А. Розанов, "Организация Договора о коллективной безопасности", Минск, «Ковчег», op. cit.

33 俄羅斯形成二元性經濟結構的原因，請詳參：洪美蘭，2008，前揭書，頁284-288。

歐盟，以及東方區域化經濟組織，如中國大陸崛起後與東協發展出「東協加
一」（ASEAN+1）之自由貿易區（FTA）[34]的連結，藉此界定出俄國在世界經濟
的地位，即作為連接歐亞經濟橋梁之角色。

　　有別於一般區域經濟整合的發展，多從先完成區域內的自由貿易後，才擴
至對外採取一致關稅的「關稅同盟」，「歐亞經濟聯盟」的創始國－俄羅斯、
哈薩克和白羅斯三國於1995年簽署《關稅同盟》（Treaty on the Customs Union）
確定推動歐亞整合後，[35]於2010年1月1日在「歐亞經濟共同體」框架下不但取
消三國內部邊境的通關和海關管制，達成貨物自由流通，即區域內完全取消
關稅外，亦同時建立關稅同盟，對外的共同關稅也開始生效。隔年，即2011
年11月簽署《歐亞經濟整合宣言》後，又宣布深化經濟整合至下一階段－共
同經濟空間，也就是從「關稅同盟」邁向「共同市場」階段。2012年1月1日
三國啟動「商品、服務、資本和勞動力」四大自由流通的單一經濟區（Single
Economic Space），完成「共同市場」階段後，於同年2月在莫斯科設立總部的
歐亞經濟委員會開始運作。在2014年5月簽署《歐亞經濟聯盟條約》後，揭示
彼此的經濟整合已經從過去建立「歐亞經濟空間」的「共同市場」層次，將更
進一步深化為經濟「聯盟」。總結，「歐亞經濟聯盟」從2010年達成內部自由
貿易後，短短五年內就已朝向經濟整合理論中的最後第二個階段－「經濟同盟」
前進，也就是說未來將致力於促使成員國的經濟政策協調一致，如俄國希望討
論貨幣整合議題。

　　俄羅斯、哈薩克和白羅斯在深化彼此經濟整合的同時，也進行廣化，也就
是積極拉攏新成員。2014年10月10日亞美尼亞簽署加入歐亞經濟聯盟條約，
同年12月23日吉爾吉斯亦於莫斯科簽署了加入條約，雖然俄國曾希望烏克蘭
也能加入，但烏克蘭在2014年與歐盟簽FTA，選擇參與了西方的經濟整合區。
這不但是普欽致力於「為俄羅斯塑造有利的外部環境，促進俄國經濟持續成

---

34 2011年11月第19屆東協高峰會議通過「東協區域全面經濟夥伴架構協議」（ASEAN Framework for
Regional Comprehensive Economic Partnership, RCEP）後，歷經多年協商，中國大陸與東協、日本、
韓國、澳大利亞、紐西蘭等15個成員所形成之區域全面經濟夥伴協定（RCEP）於2022年1月1日生
效。

35 See: Евразийский экономический союз, op. cit.

長發展和重回世界霸權」的所謂「普欽主義」（Putinism）經濟實踐上的一大挫敗，從區域經濟整合理論而言，亦確實將影響俄國經濟，因為從「歐俄貿易」、「歐烏貿易」和「俄烏貿易」的三邊貿易商品結構分析發現，確實極可能發生俄國認為的，歐烏自由貿易將使歐盟商品經由「俄烏自由貿易」的免關稅途徑進入俄國，使俄國對歐商品實施的關稅保護失效，產生貿易偏向效果，損害俄國經濟。故自2014年歐烏簽署自由貿易協議後，俄國即以其主導的「俄、白、哈關稅同盟」解除與烏國的自由貿易，藉此採取保護措施，而烏克蘭也因此事件導致克里米亞公投後加入俄羅斯聯邦，以及在克里米亞效應下2014年5月11日烏東頓涅茨克（Donetsk）與盧甘斯克（Lugansk）也仿效自治公投，形成烏東地區分離自治的動亂，國家分裂，最後演變為俄國侵烏。

2015年「歐亞經濟聯盟條約」正式生效，原本在「歐亞經濟共同體」框架下所達成之對外關稅同盟的整合協議亦必須隨著該組織成員的廣化而擴至新成員國，故在2021年9月達成「歐亞經濟聯盟」所有會員國之關稅同盟，目前則致力於達成在2025年前建立內部商品、服務、資金與勞動力自由流通之「單一經濟區」目標，落實「共同市場」階段。而對區域外國家的經貿政策方面，則以符合WTO規範為準，因為除了白羅斯及哈薩克外，其他成員皆已經是WTO會員。此外，提供摩爾多瓦、烏茲別克和古巴歐亞經濟聯盟觀察員地位，也已經與越南、新加坡、伊朗和塞爾維亞完成自由貿易協定（詳參文末附錄四）。

「歐亞經濟聯盟」現行組織架構（參見下圖3.1）為：歐亞經濟最高理事會（The Supreme Eurasian Economic Council）；歐亞政府間理事會（The Eurasian Intergovernmental Council）；歐亞經濟執委會（Eurasian Economic Commission）分為提案委員會（Commission council）以及執行部（Commission board）；總部設於明斯克的歐亞經濟聯盟法院（The Court of The Eurasian Economic Union）。

從現行歐亞經濟聯盟的組織可知，其運作機制中最重要的是位於莫斯科的常設單位－「歐亞經濟執委會」，因為該組織不只負責經濟整合的落實，亦具有「提案委員會」，兼具規劃會員國經濟整合發展政策之責。歐亞經濟執委會的前身即是關稅同盟執委會。執委主席下設由部長組成的各合作領域之委員

圖3.1　「歐亞經濟聯盟」(EAEU)現行組織架構

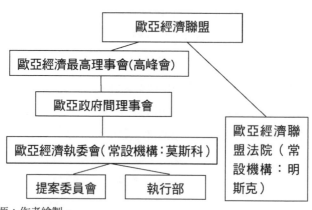

資料來源：作者繪製。

會，如「整合與總體經濟委員會」負責經濟政策協調整合；「經濟和金融政策委員會」推動共同的金融市場；執掌關稅優惠的「貿易委員會」；有關統一技術法規、統一食品安全檢驗與動植物防疫檢疫（sanitary and phytosanitary, SPS）政策則由「技術法規委員會」負責；另有「工業和農工綜合體委員會」；「海關合作委員會」；「能源和基礎設施委員會」；「競爭和反壟斷法規委員會」；「內部市場信息化，信息和通信技術委員會」等。[36]

　　目前成員國對歐亞經濟聯盟未來的主要整合領域存在一些歧見，例如白羅斯和哈薩克希望加速形成共同能源市場，但俄國主張其他產業整合應優先於戰略性產業，以及俄國希望加速貨幣統一，但其他國家如哈薩克表示經濟結構不同反對。哈薩克原本希望與俄加速形成共同能源市場後，其可獲得中亞經俄至歐盟的能源運輸管道，但如今俄國侵烏，歐盟制裁抵制進口俄國能源後，哈薩克勢必將重新評估。

---

36 See: ibid.

二、「一帶一盟」、「大歐亞夥伴關係」下的中、俄競合

　　蘇聯瓦解後，俄國主導歐亞國家發展區域化組織，以恢復彼此的聯繫關係，在便民和互利經濟發展的同時，亦達成鞏固其勢力範圍的目的。然而，在此過程中，當然也面臨其他強權希望藉歐亞國家已轉型為市場經濟體、自由民主國家與其開展正常的經貿關係之挑戰。如歐盟在蘇聯瓦解後，為了協助該地區經濟轉型提出包含俄國在內的塔西斯（Technical Assistance for Common Wealth of Independent States, TACIS）計畫；美國租借吉爾吉斯、烏茲別克的軍事基地等。歐亞國家與歐美西方國家互動後，逐漸形成強化自我主體性的表現，故在歐亞地區除了俄國主導的區域化組織外，也出現其他無俄國參與的區域化組織，如1997年以論壇形式開始的古阿姆集團（Organization for Democracy and Economic Development – GUAM）；[37]以及歐盟2009年提出組成的「東方夥伴」（Eastern Partnership）[38]等。

　　在中國大陸崛起後，俄國主導歐亞國家區域化發展的進程中，除了來自歐美的外部挑戰，又增添了來自中國大陸的磁吸效應影響。如當俄國積極主導發展「歐亞經濟聯盟」的同時，中國大陸也提出「一帶一路」倡議，對歐亞經濟聯盟形成挑戰，特別是在中亞地區，造成中、俄在當地主導區域經濟整合之「不對稱競爭」，因為中國大陸崛起後的經濟狀態，相對於俄國，對歐亞國家在參與區域整合上的選擇而言，顯然較具吸引力，因為中國大陸比俄國更具廣大市場之商機，甚至中亞國家在與中國大陸合作「一帶一路」倡議下有可能獲得來自中國大陸的投資。因此，雖然歐亞國家在「歐亞經濟聯盟」下，因彼此貿易障礙消除，而獲得俄國與歐亞經濟聯盟國家間貿易量增加的「貿易創造」效果；以及在中俄貿易障礙如關稅尚存，而歐亞經濟聯盟國家間無貿易障礙的情況下，俄國從中國大陸進口相對於中亞國家更低成本之進口品在加上關稅後價

---

37 烏茲別克在1999年加入後變成GUUAM，但2002 年烏茲別克宣布暫停參與，並於 2005 年退出後又恢復為 GUAM。參見：《ГУАМ: История и институциональное становление》，Organization for Democracy and Economic Development – GUAM, https://guam-organization.org/guam-organizatsiya-za-demokratiyu-i-ekonomicheskoe-razvitie-istoriya-i-institutsionalnoe-stanovlenie/. Latest update 10 June 2022.

38 《Eastern Partnership Summit》, the Czech Presidency of the EU Council. in https://web.archive.org/web/20150924002854/http://www.eu2009.cz/event/1/3553/index.html. Latest update 10 June 2022.

格可能高於中亞進口品，形成中亞國家取得「貿易轉向效果」帶來的貿易利得；甚至在中國大陸與中亞經貿合作下，可能發生中國大陸商品借由中亞轉入俄國，造成俄國對中國大陸原本設定的貿易障礙無效之「貿易偏向」效果。故綜合區域經濟整合的所有貿易效果來看，在中國的磁吸效應下，俄國同意將「歐亞經濟聯盟」擴至「一帶一盟」後，實質上對俄國和歐亞經濟聯盟國家而言，反而是有利的，因為「歐亞經濟聯盟」的關稅同盟協議，不僅會對中國大陸採取一致性關稅而獲得保護區域內市場的效果，同時所有歐亞經濟聯盟國家又可獲得出口至中國大陸的商機。

　　除了從區域經濟整合的貿易效果評估可知，「歐亞經濟聯盟」擴至「一帶一盟」的效益促使俄國同意與中國大陸對接合作外，2013年11月的烏克蘭事件使俄國被歐美經濟制裁後，以及中國大陸成功地組成亞投行等因素，也都成為中、俄不對稱競爭轉為良性化發展的催化劑，致使俄國與中國大陸達成「一帶一盟」。不過，表面上中、俄化競爭為合作，但事實上在俄國提出結合亞投行、上合組織、金磚等多邊合作下，建立跨歐亞地區之「大歐亞夥伴關係」（the greater Eurasian partnership）[39]倡議後，可見中、俄對歐亞大陸上的區域化發展，乃是競合，[40]而非合作。例如，普欽在2017年參加亞太經濟合作會議（Asia-Pacific Economic Cooperation, APEC）峰會前特別投書香港「大公報」，宣傳俄國的「大歐亞夥伴關係」提議時，就在文中提到，歐亞經濟聯盟與亞太國家中，除了中國大陸外，已與越南簽屬自由貿易協定，歐亞經濟聯盟亦希望與其他亞太國家發展自由貿易關係。故2017年6月「歐亞經濟聯盟」與印度在「聖彼得堡國際經濟論壇」（St. Petersburg International Economic Forum）上簽署啟動雙邊自由貿易協定談判之聯合聲明。2019年10月「歐亞經濟聯盟」與塞爾維亞和新加坡也都分別達成了自由貿易協定，現在亦積極與韓國、蒙古、伊朗及以色列等國洽簽自由貿易協定。

---

39 相對於當時美國積極在亞太地區推動TPP，「大歐亞夥伴關係」被稱為俄羅斯版的TPP。

40 目前中俄競合主要表現在「上海合作組織」中的中亞國家以及印度和巴基斯坦參與上合組織；俄國主導金磚國家的「新開發銀行」（New Development Bank BRICS），相對於中國大陸「一帶一盟」下有亞投行等。

　　換言之，俄國希望透過「歐亞經濟聯盟」與其他國家，特別是東亞國家自闢彼此的自由貿易關係。如此一來，俄國不但可藉歐亞經濟聯盟廣化為大歐亞夥伴，以鞏固中亞國家參與其主導的區域整合，且俄和中亞國家也可搭中國大陸與他國經濟整合圈，如區域全面經濟夥伴協定，順勢將歐亞經濟聯盟國家的商品推展到其他地區，符合普欽將歐亞經濟聯盟設定為連繫歐亞經濟圈的橋樑角色。甚至因可藉由「一帶一盟」下中國大陸與歐亞經濟聯盟間的經貿優惠條件，以及中國大陸與東協間的自由貿易，形成兩個區域經濟圈間可能產生的「貿易偏向」效果（參見下圖3.2），使既有存在於東協和歐亞經濟聯盟間的貿易保護措施無效，而促使尚未與歐亞經濟聯盟簽署自由貿易的國家，加速評估考量與歐亞經濟聯盟達成自由貿易關係，形成俄國所謂的「大歐亞夥伴關係」。

圖3.2　「一帶一盟」和「歐亞經濟聯盟」下的「貿易偏向效果」

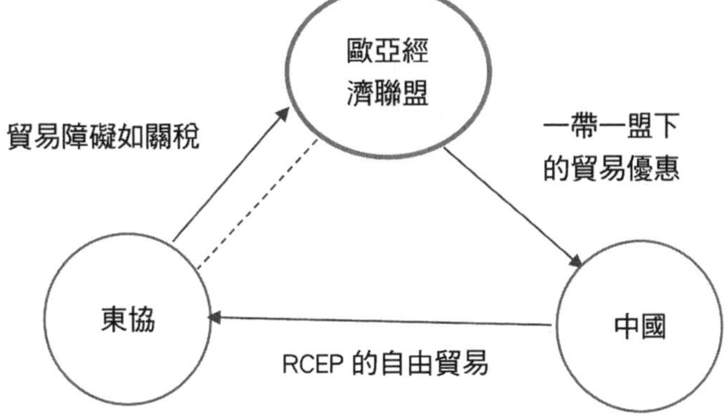

資料來源：作者自行繪製。

　　其次，分析中國大陸與歐亞經濟聯盟國家的貿易商品（參見下圖3.3）亦發現，雙邊經濟具有比較利益的互補性，「一帶一盟」合作確實可獲取經濟整合的短期經貿效果，即貿易創造效果，裨益雙邊經濟成長，雖然同時亦可能因歐亞聯盟成員國間的經濟結構同質性或高替代性產品而將產生競爭效果，帶來經濟衝擊或影響，但長期而言，將形成專業分工，提生生產效率，裨益歐亞經

圖3.3 中國大陸與歐亞經濟聯盟成員國的商品貿易結構

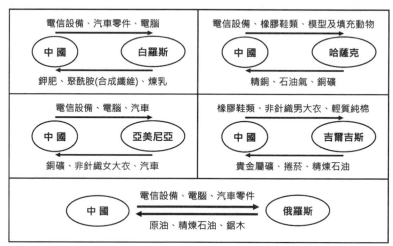

資料來源：

1. The Observatory of Economic Complexity (OEC). 2022. "China (CHN) and Belarus (BLR) Trade." in https://oec.world/en/profile/bilateral-country/chn/partner/blr. Latest update 14 October 2020.

2. OEC. 2022. "China (CHN) and Kazakhstan (KAZ) Trade." in https://oec.world/en/profile/bilateral-country/chn/partner/kaz. Latest update 14 October 2020.

3. OEC. 2022. "China (CHN) and Armenia (ARM) Trade." in https://oec.world/en/profile/bilateral-country/chn/partner/arm. Latest update 14 October 2020.

4. OEC. 2022. "China (CHN) and Kyrgyzstan (KGZ) Trade." in https://oec.world/en/profile/bilateral-country/chn/partner/kgz. Latest update 14 October 2020.

5. OEC. 2022. "China (CHN) and Russia (RUS) Trade." in https://oec.world/en/profile/bilateral-country/chn/partner/rus. Latest update 14 October 2020.

6. 轉引自卓泠安，2021，〈俄羅斯與中國「一帶一盟」合作之研究（2015-2019年）〉，政治大學碩士論文：頁73。

濟聯盟成員國的長期經濟發展。

不過，首先當然也得回應中國大陸對於「一帶一盟」合作的期望。歐亞經濟執委會於2017年列出39個與「一帶一路」合作的重點項目，主要包括「西歐—中國大陸西部」高速公路、「莫斯科—喀山」高鐵和「烏茲別克—吉爾吉斯—中國大陸」鐵路等裨益區域發展的基礎建設。然而，這些基礎建設計畫，在中、俄的競合下，多停留在紙上談兵階段。如以企圖縮短目前須耗時七天搭西伯利亞鐵路才能連結北京至莫斯科的「莫斯科—喀山」高鐵案為例，其問題主要在於俄國對於造價太高與客流量等問題，多次推延而難以落實此投資建設案，雖然俄國也曾冀圖引進其他外資與中國大陸競爭，希望降低投資經費，但至今仍未有定案。所幸中國大陸推出的「中亞班列」，首發已在2021年5月從武漢至哈薩克，並計畫武漢與中亞五國間形成一週一列的常態化列車。

　　俄國侵烏後，規劃逾25年，從中國大陸到歐洲和中東的最短路線－「中國大陸－吉爾吉斯－烏茲別克」鐵路，在今（2022）年5月30日吉爾吉斯總統賈帕洛夫（Sadyr Japarov）接受吉爾吉斯國家通訊社「卡巴新聞社」（Kabar）訪問時對外宣布，他向俄羅斯總統普欽解釋，吉國需要「中吉烏鐵路」就像需要「空氣和水」後，終於在俄羅斯不再反對下，完成可行性研究後，可望於2023年開工。吉國期待成為此物流通到的過境國，帶來工作、資金，促進經濟繁榮，擺脫無法償還外債的擔憂。[41]相對於吉爾吉斯和烏茲別克，白羅斯和哈薩克在面對中國大陸和俄國競合時，則較能善用中、俄競合情結，獲得兩面收利之效，特別是在投資方面。

　　普欽2021年4月向俄國聯邦會議發表國情咨文時表示，莫斯科一貫優先考慮與金磚國家、上合組織、獨協和集安組織的國家夥伴擴大交流，發展物流運輸走廊為「大歐亞夥伴關係」打造可靠的基礎設施框架。大歐亞倡議的最重要特徵在於應基於平等和考慮共同利益的原則。此外，該倡議不會廢止已存在的區域化整合進程，也不會與其抵觸。大歐亞夥伴關係將東協、歐亞經濟聯盟、RCEP等區域化結構視為未來歐亞統一經濟機制的現成部件和節點。「夥伴關係」的任務是將這些部件和節點組裝起來，而不損害現有的有效機制。普欽在此次國情咨文中強調，歐亞經濟整合目前最重要部分是建立現代化的物流運輸走廊，這將有助於歐亞大陸貿易的發展。他表示，基於現有的莫斯科-聖彼得堡高速公路到2024年將建成從波羅的海到烏拉爾貫穿整個歐洲部分的安全高速交通。莫斯科－喀山高速公路將延伸至葉卡捷琳堡，該項目將在三年內落實。莫斯科－喀山高速公路將成為「歐洲－中國大陸西部」大型運輸走廊的一

---

41 中央通訊社，2022，〈俄方不再反對，中吉烏鐵路計劃明年開工〉，中央通訊社網頁，https://www.cna.com.tw/news/acn/202206020118.aspx，2022/10/13。

部分，全長794公里，將耗資6500億盧布（約合人民幣553.5億元）。[42]中國大陸表示可以參與建設這一高速公路，因為其不但符合「一帶一路」倡議的概念，[43]亦可藉此參與投資俄國的基礎建設。

　　目前中國大陸到歐洲的大部分貨物通過蘇伊士運河海路運輸。此物流途徑耗時——從中國大陸東部港口到漢堡的集裝箱要花費40至45天，但海運成本很低。在中國大陸提出「一帶一路」倡議後，推動「中歐班列」，故現在歐亞物流多出一條鐵路運輸路線可供選擇，據中國大陸對外宣稱，可將中國大陸到歐洲的貨物運輸時間縮短至兩周，但鐵路運輸比海運貴得多。而俄國提出現階段歐亞經濟聯盟所計畫擴建「莫斯科－喀山高速公路」和「莫斯科－聖彼得堡高速公路」後，目的即在於連結兩條擴建後的高速公路，形成歐亞物流運輸的第三條路徑選擇，形成與中國大陸「一帶一路」倡議下「中歐班列」互別苗頭的競爭物流途徑。

　　中國大陸是俄羅斯第一大貿易夥伴，連續10年佔俄羅斯貿易額的16％左右。隨著亞太地區特別是東亞地區成為引領世界經濟發展的重要引擎之一，俄羅斯也一直在積極拓展亞洲市場，加強與中國大陸在內的亞太地區合作。2020年中國大陸與東協及日、韓、澳、新15國簽署RCEP協議，再加上東協超越美歐成為中國大陸第一大貿易夥伴，讓俄羅斯看到了其中蘊含的巨大商機。隨著俄羅斯在全球價值鏈中的發展，參與亞洲貿易倡議對於確保俄羅斯產品的競爭力將變得越來越重要。因此，未來可以期待在區域組織框架內加強關於貿易制度對接的談判。這樣一來，大歐亞夥伴關係就可成為概念性「傘」，在此框架內為歐亞大陸的所有參與者創建統一的遊戲規則。[44]

　　反觀，中國大陸對於大歐亞夥伴關係的態度，目前是樂於將其與「一帶一路」對接合作，因為其不但在經貿上可擴大歐亞大陸國家和東亞國家的合作，從長遠而言，由於俄羅斯的大歐亞夥伴關係倡議與中國大陸的「一帶一路」倡

---

42 列昂尼德‧科瓦契奇，前揭文。

43 中國大陸的「一帶一路」倡議源自2013年9月中國大陸國家主席習近平訪哈薩克納扎爾巴耶夫（Nursultan Nazarbayev）大學時，在演講中提出共建「絲綢之路經濟帶」，即"一帶"；10月訪東協國家時再提出「21世紀海上絲綢之路」，即"一路"。

44 列昂尼德‧科瓦契奇，前揭文。

議在目標和主要路徑上存在較多的一致性，二者的對接將對國際關係格局的調整產生深遠影響，如有利於中俄合作，挑戰美國世界領袖國家地位，建立多極化世界格局。[45]

如今俄國侵烏，歐美擴大對俄經濟制裁，更讓俄國轉向東方市場，對中國大陸的倚賴將加深。譬如，外界原預期軍事霸權－俄羅斯對烏克蘭採取的「特別軍事行動」，在雙方軍力和實力懸殊的不對稱情況下，俄國很快地可以取得勝利，但隨著軍事行動的拖延和僵局，不僅嚴重損害俄羅斯作為「高端武器出口國」的形象，過去進口俄國武器的印度意識到，俄國武器所產生的嚇阻作用早已大不如前，實用性大幅下降，且俄羅斯日漸依賴中國大陸通訊技術和設備的趨勢，也讓印度大為反感。早在北歐電信設備大廠愛立信（Ericsson）和諾基亞（Nokia）今年宣布退出俄國市場前，中國大陸電信大廠華為（Huawei）及中興通訊（ZTE）已在俄國持有大量的電信牌照。而臺灣半導體大廠臺積電加入西方制裁、停止向莫斯科供貨時，中國大陸企業也迅速地將俄國市場拿下。上述種種跡象都讓新德里認為，使用俄羅斯的技術已不再安全，官方機密甚至可能因此流入北京當局手裡。[46]

然而，俄國因入侵烏克蘭，被歐美制裁，資產被凍結之際，曾希望中國大陸能增加雙邊經貿活動以盧布結算之期待，被中國大陸以「俄國經濟體太小，中國無法持有過多盧布」回應後，俄國也體認到應當多開闢市場。故其積極開闢主要出口品──如天然氣的其他買家，如阿富汗、巴基斯坦等。[47]

因此，儘管中、俄達成「一帶一盟」合作，但從俄國的角度而言，一如歐亞經濟執委會將歐亞經濟聯盟定位為「大歐亞夥伴關係」的中心，重視與中國「一帶一路」倡議融合，加強與歐亞國家合作，藉此作為區域穩定的機制，以掌握中國大陸崛起和東亞國家整合之經濟發展商機，同時保有俄國主導發展的主動權與主控權。因此，「歐亞經濟聯盟」除了與中國大陸合作「一帶一盟」

45 參閱：楊雷，前揭文。

46 陳艾伶，2022，〈不再相信俄羅斯和西方！烏俄戰爭促使印度加速邁向「技術自主」、積極與中型國家合作〉，風傳媒，https://www.storm.mg/article/4355238?page=1，2022/05/29。

47 但卻出現與伊朗競爭之局面。參見：自由時報，2022，〈鐵桿翻臉！俄氣低價賣阿富汗、伊朗客戶被搶氣炸〉，自由時報網頁，https://ec.ltn.com.tw/article/breakingnews/3935473，2022/10/13。

外，亦自我擴大與其他國家發展自由貿易關係。也就是在歐亞大陸的區域經濟整合發展，俄國強調以「歐亞經濟聯盟」為主軸，廣化為與東亞國家合作發展「大歐亞夥伴關係」，以利達成俄國與其主導的「歐亞經濟聯盟」成為連接東、西方區域經濟圈的國際經濟橋梁角色，作為其世界定位。

肆、結論

　　從上文歸納整理分析現行歐亞地區「區域化組織」之進程與變化可知，雖然蘇聯瓦解後基於經濟社會聯繫需求，早在1991年即成立獨協，以及因應安全領域的協商合作之需，亦自1992年就簽署「集體安全條約」。然而，這些協議邁向「組織化」，形成「區域組織」顯然是在2012年普欽第三度參選總統時，呼籲學習歐盟，才逐漸促成歐亞的區域整合圈。也就是說，在所謂「普欽主義」確立後，俄國積極主導下，該地區的區域性協議才比較具體地朝「組織化」發展，進而形成「區域化組織」。

　　再者，從上文分析現行歐亞區域化的組織和其運作機制中亦可發現，如「歐亞經濟聯盟」的政策規劃與執行之常設機構——「歐亞經濟執委會」設於莫斯科，以及「歐亞經濟聯盟」從自由貿易邁向關稅同盟、共同市場的進程也是由俄羅斯、白羅斯和哈薩克簽訂所謂「三國領駕協議」而促成；以及「中、吉、烏」高鐵案在最近俄國同意下才有望開工等，諸如此類者皆顯示出俄國對歐亞區域組織的主導性。故俄國繼承蘇聯國際地位的強權角色仍未改變，俄羅斯若欲介入歐亞國家事務，則當地的國情和國際局勢仍會受其掌控與影響。換言之，俄國主導歐亞國家發展區域化組織，以恢復彼此的聯繫關係，便民和互利經濟發展的同時，雖未見到「霸權理論」中所謂提供國際公共財之效果，但亦達成鞏固其勢力範圍的目的。

　　截至目前，歐亞大陸最主要運作中的區域化組織有兩個層面，一是軍事安全協調合作之「集體安全組織」，被外界解讀為俄國版的北約；另一個是經濟整合組織。後者，俄國強調以「歐亞經濟聯盟」為主軸，基於中國大陸崛起，欲掌握東亞區域整合和經濟發展商機，雖與中國大陸達成「一帶一盟」對接合作，但仍提出「大歐亞夥伴關係」以取得俄國主導發展的主動權和主控權。故強調「歐亞經濟聯盟」除了將與中國大陸進行「一帶一盟」合作外，亦應自我擴大與其他國家發展自由貿易關係。因此，歐亞地區目前最主要正在運作進行中的兩條「區域經濟整合」路線：一是「歐亞經濟聯盟」；另一個是在「大歐亞夥伴關係」下的「一帶一盟」。

從區域整合的「廣化」角度而言，分析歐亞區域化組織之會員可見，主要是在俄國主導，哈薩克與白羅斯的積極參與下逐漸發展形成。也就是說，此三國是歐亞區域化的創始國。例如，以經濟整合的「歐亞經濟聯盟」為例，即可發現，該組織的創始會員國正是俄國、哈薩克與白羅斯，廣化後，塔吉克參與「歐亞經濟共同體」，吉爾吉斯、亞美尼亞則更進一步已加入「歐亞經濟聯盟」。但俄國原本期待的烏克蘭卻棄俄國主導之「歐亞經濟聯盟」而選擇與西邊的歐盟簽自由貿易協議，使「普欽主義」主義受挫。其次，若以軍事安全領域協調合作的「集體安全組織」來看，其成員則並未廣化，反而是曾參與的亞塞拜然、格魯吉亞和烏茲別克後來退出。

因此，從分析俄國主導的歐亞區域組織成員可見其與俄國關係的情況（參閱下圖四）。歐亞國家中，除了中立國土庫曼外，白羅斯、哈薩克、吉爾吉斯、塔吉克和亞美尼亞對於歐亞區域化組織之參與度較高，顯示其與俄國的互動關係較佳，故如下圖四，這些國家標示在較近於「以俄國為中心」之內圈位置，特別是提出「歐亞經濟聯盟」概念的哈薩克，以及從獨立至今積極與俄國經濟整合的白羅斯。白羅斯因為其原為蘇聯生產體系中主要生產民生用品的國家，但其民生產品的國際競爭力至今多無法與競爭激烈的其他市場經濟體競爭，故其出口地仍有賴俄國等獨協國家市場為主，因此，「對內自由化」但「對外採取保護主義」的歐亞「區域經濟整合」，對白羅斯而言，相當有利。

其次，烏茲別克和亞塞拜然則與俄國保持關係，皆有基於自我的國家利益而退出參與組織之情況，如俄國與亞塞拜然在能源出口上的實質利益競爭、俄國對亞美尼亞與亞塞拜然的納哥諾卡拉巴克地區（Nagorny Karabakh）之納卡問題支持亞美尼亞的傾向等。最後，與俄國關係顯然趨於淡化的則是已經表態參與西邊區域整合的烏克蘭和喬治亞（參見下圖3.4），甚至雙邊關係曾出現交

圖3.4　俄國與歐亞區域組織成員關係

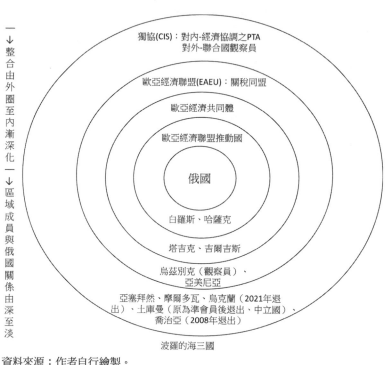

資料來源：作者自行繪製。

惡狀態如2008俄喬之戰和現今的俄國侵烏。

　　俄國主導歐亞區域組織的廣化進程中，除了對鄰邦進行廣化外，亦擴大組織與其他地區國家合作和進行國際參與部分。譬如「歐亞經濟聯盟」除了與中國大陸達成「一帶一盟」整合外，亦自我擴大與其他國家合作，目前主要是與東協和中東國家發展自由貿易關係。也就是說在歐亞大陸的區域經濟整合發展，俄國強調以「歐亞經濟聯盟」為主軸，廣化為與東亞國家合作發展「大歐亞夥伴關係」，以利達成俄國與其主導的「歐亞經濟聯盟」成為連接東、西方區域經濟圈的國際經濟橋梁角色，作為其世界定位，此規劃充分展現出俄羅斯國際佈局的戰略眼光，雖然俄國主導模仿歐盟所形成之經濟整合圈，依現狀而言，其規模尚小，經濟整合深化的情況也才處於關稅同盟階段。不過，俄國透過將其主導的區域組織進行國際參與，如「獨協」和「集體安全組織」皆已取得聯合國觀察員地位，擴大了俄國主導的區域化組織參與國際之機會，具有提高其國際影響力的效能，如集體安全條約組織的維和部隊可在聯合國安理會授權下在該組織的境外使用。

最後，從以上內文分析歐亞區域整合的「深化」階段進程發展亦可獲悉俄國與歐亞區域組織成員國關係的親疏情況，幾乎與從區域整合的「廣化」角度分析所得之結果完全吻合（詳參如上圖3.4）。譬如，與俄國關係最密切的哈薩克、白羅斯，不但是最早與俄國達成關稅同盟的歐亞國家，且其與俄國的整合領域亦是同時跨經濟整合和軍事安全層面。而與俄國互動關係較佳的吉爾吉斯、塔吉克和亞美尼亞也是與俄國同時進行跨經濟和軍事兩個領域的整合，但其與俄國經濟整合的關稅同盟則是在2021年才達成。至於與俄國有實質能源出口利益競爭的亞塞拜然，以及與俄國關係緊張至交惡而發生武裝衝突的喬治亞和烏克蘭，不但未加入俄國主導的經濟整合組織，甚至早就退出軍事安全的合作組織－集體安全組織，以及連原本參與該地區組織關係最鬆散的「獨協」運作體系，也在與俄關係惡化後退出「獨協」（詳參如上圖3.4）。

因此，總合分析歐亞區域整合的「深化」和「廣化」可知，歐亞「區域化」組織的發展關鍵在於「俄國主導」，以及區域化後產生的「整合效益」。如以集安組織的效能而言，2020年9月亞美尼亞與亞塞拜然因納卡領土爭議再起的兩亞衝突後，在俄國調解停火後，已派遣維和部隊進駐納卡地區；而2022年元旦起哈薩克人民抗議天然氣價格調漲引發的內部激烈動亂，在俄國依集體安全條約組織派維和部隊鎮壓，也發揮了集安組織的功能。

不過，在「俄國主導」歐亞區域整合的同時，歐亞國家回應俄國所主導的區域化組織，也就是其參與這些組織的情況，進而展現出其與俄國關係之親疏，如上文圖四所歸納的結果，從內文分析可知，此結果主要是受到雙邊、區域多邊和域外強權等三個不同層次卻又相互影響，而形成其最終回應俄國所主導的區域化組織之態度。譬如：獨協組織之所以難以深化整合，主要是歸咎於獨協內部分成員間存在著領土爭議、資源利用、民族糾紛、區域大國地位的競爭等彼此雙邊關係所牽制；歐亞經濟聯盟的成型與發展則不但是基於俄國、白羅斯、哈薩克等希望深化彼此的經貿關係，其發展亦受到域外強權如歐盟、美國和中國大陸之影響。雖然烏克蘭「脫俄入西」和喬治亞也傾向於面西，使歐亞經濟聯盟廣化受挫，但中國大陸這個域外強權卻與俄羅斯形成競合關係，反而使歐亞經濟聯盟發展為「一帶一盟」，同時俄國也提出「大歐亞夥伴關係」來強化其與東亞國家區域合作的主導性。因此，歐亞地區的區域化，在俄國主導下，易因雙邊、區域多邊和域外強權等三個不同層次卻又相互影響的交織下，致使該地區之區域整合較難以深化合作。

　　然而，若從區域化後產生的「整合效益」而言，即區域經濟整合若能帶來實質的經濟效益，則將較能促使歐亞國家深化其整合合作。從內文分析可知，在中國大陸崛起和東亞區域經濟圈發展的趨勢下，俄國主導的「歐亞經濟聯盟」確實可從擴至「一帶一盟」和「大歐亞夥伴關係」進程中，獲取更多的「貿易創造」效果，以及可能產生「貿易轉向」和「貿易偏向」效果。而從長期的經濟效益而言，確實能裨益區域內國家的經濟發展，甚至達成俄國計畫主導「歐亞經濟聯盟」成為連接東、西方區域經濟圈之橋梁角色目標。然而，俄國侵烏使歐美對俄採取幾乎是全方位的經濟制裁，以商業孤立方式施壓，故俄國原欲扮演連接東、西方經濟的橋梁角色地位，顯然又出現變數和挑戰。因此，未來俄國侵烏的結果不但將攸關著俄國和歐亞大陸國家的經濟發展，以及該地區的區域化發展，亦將決定未來的世界經濟格局與國際架構。

附錄一：深入閱讀書單

洪美蘭，2002，《經濟激進轉型策略——中東歐之經驗與啟示》，臺北：翰蘆出版社。

洪美蘭，2008，《經濟均衡發展策略——歐洲轉型國家之案例與啟示》，臺北：翰蘆出版社。

吳玉山，1996，《遠離社會主義：中國大陸、蘇聯和波蘭的經濟轉型》，臺北市：正中。

Bela Balassa. 1991. "Economic Integration." *The World of Economics*. London: Palgrave Macmillan.

E. Vinokurov & A. Libman. 2012. *Eurasian Integration: Challenges of Transcontinental Regionalism*, London: Palgrave Macmillan.

Eastern Europe, Russia and Central Asia. 2021. London: Europa Publications.

International Monetary Fund (IMF). October 2001. *World Economic Outlook*, Washington D.C.: IMF.

Hung Mei-Lan, S. Yachin, O. Granovskaya. 2020. Между конфронтацией и интеграцией: перспективы новой расстановки сил в Азиатско-Тихоокеанском регионе (Between integration and confrontation: to the prospects of a new power distribution in the Asia Pacific region). Владивосток (Vladivostok): Дальневосточный федеральный университет (Far Eastern Federal University).

Interstate Statistical Committee of the Commonwealth of Independent States, http://www.cisstat.com, April 23, 2022.

Евразийский экономический союз. 2022. http://www.eaeunion.org/?lang=en. Latest update 10 February 2022.

附錄二：俄羅斯在歐亞地區研究重要期刊、機構

（一）重要期刊：

Eastern Europe, Russia and Central Asia, London, England: Europa Publications.

《歐亞經濟》，北京：中國社會科學院俄羅斯東歐中亞研究所。

（二）重要資料庫：

上海合作組織

Carnegie Moscow Center

Содружество Независимых Государств (СНГ)

Евразийский Экономический Союз

（三）研究單位：

Harvard University, Davis Center for Russian and Eurasian Studies.

中國社會科學院俄羅斯東歐中亞研究所

上海華東師範大學俄羅斯研究中心

政治大學俄羅斯研究所

附錄三：專有名詞英文、中文對照表

英文	中文
Central and Eastern European Countries (CEECs)	中東歐國家
Collective Security Treaty Organization (CSTO)	集體安全組織（集安組織）
Common Market (CM)	共同市場
Commonwealth of Independent States (CIS)	獨立國家國協（獨協）
Customs Union (CU)	關稅同盟
Eastern Partnership	東方夥伴
Eurasian Economic Commission	歐亞經濟執委會
Eurasian Economic Union (EAEU)	歐亞經濟聯盟
Greater Eurasian Partnership	大歐亞夥伴關係
North Atlantic Treaty Organization (NATO)	北大西洋公約組織（北約）
One Belt One Union	一帶一盟
Organization for Democracy and Economic Development (GUAM)	古阿姆集團
Preferential Trade Arrangement (PTA)	優惠貿易協議
Putinism	普欽主義
Regional Comprehensive Economic Partnership (RCEP)	區域全面經濟夥伴協定
Shanghai Cooperation Organization (SCO)	上海合作組織（上合組織）
Technical Assistance for Common Wealth of Independent States (TACIS)	塔西斯計畫
The Court of The Eurasian Economic Union	歐亞經濟聯盟法院
The Eurasian Intergovernmental Council	歐亞政府間理事會
The Supreme Eurasian Economic Council	歐亞經濟最高理事會

附錄四

一、獨協成立至今大事紀

1991/12	• 11個共和國簽署《成立獨協協定》，確定蘇聯解體，獨協成立。 • 30日舉行第一次國家元首會議，獨協總部設立於白羅斯首都明斯克。
1993/1	• 在明斯克通過了組織創始文件《獨協憲章》。
1993/9	• 獨協國家元首簽署《建立經濟聯盟條約》，將協調一致的經濟政策以及發展共同經濟空間。
1994/3	• 聯合國大會授予獨協觀察員地位。
1995	• 簽署關於深化四國（白羅斯、哈薩克、吉爾吉斯、俄羅斯）經濟和人道主義領域整合協定。
2000/10	• 白羅斯、哈薩克、吉爾吉斯、俄羅斯、塔吉克五國元首簽署了《建立歐亞經濟共同體條約》。
2005/8	• 土庫曼不但未批准過「獨協憲章」，且在2005年8月26日的獨協喀山元首峰會上宣布，它將改變身份以"聯繫國"身分參與獨協
2008/8	• 喬治亞總統米哈伊爾・薩卡什維利提議退出獨協，後由議會通過確定退出，雖然喬治亞在1993年12月3日已批准《獨協憲章》。

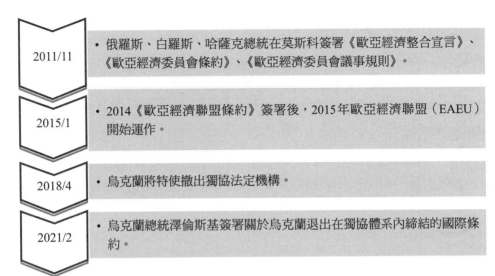

資料來源：作者依據Основные Вехи, Исполнительный комитет Содружества Независимых Государств, https://cis.minsk.by/site/about-cis, extracted on April 23, 2022自行整理編譯。

二、歐亞經濟聯盟大事紀

1994	• 哈薩克總統納扎爾巴耶夫(Nursultan Ábishuly Nazarbaev/Нурсултан Абишевич Назарбаев)首次提出了組建歐亞國家聯盟概念。
1995	• 白羅斯、哈薩克和俄羅斯聯邦簽署關稅同盟協定，旨在消除各方經濟體間經濟自由互動的障礙，確保貨物自由交換和公平競爭，以及最終保障締約方經濟的可持續發展。
1996	• 白羅斯、哈薩克、吉爾吉斯和俄羅斯聯邦總統在莫斯科簽署關於深化經濟和人道主義領域的整合協定。
1998	• 塔吉克加入關於深化經濟和人道主義領域的整合協定。
1999	• 白羅斯、哈薩克、吉爾吉斯、俄羅斯聯邦和塔吉克總統在莫斯科簽署《關稅同盟和共同經濟空間條約》。
2000	• 白羅斯、哈薩克、吉爾吉斯、俄羅斯聯邦和塔吉克總統在阿斯塔納成立歐亞經濟共同體。
2003	• 白羅斯、哈薩克、俄羅斯聯邦和烏克蘭總統在雅爾達簽署《建立共同經濟空間協定》。各方政府已開始著手制定歐亞經濟空間的法律框架，以創建一個確保商品、服務、資本和勞動力自由流動的單一經濟空間。
2006	• 歐亞經濟共同體成員國元首決定加強由白羅斯、哈薩克和俄羅斯聯邦以"三國領駕協定"形式組建關稅同盟工作。
2007	• 10月6日在杜尚別簽署關於建立單一關稅區和組建白羅斯、哈薩克和俄羅斯聯邦的關稅同盟協議。

2010	• 共同關稅稅率生效，取消內部邊境的通關和海關管制，貨物在三國間保證通行暢通。
2011	• 關稅同盟國家領導人簽署《歐亞經濟整合宣言》，宣布轉型到整合建設的下一階段——共同經濟空間。總統們並簽署了歐亞經濟委員會條約。
2011/12	• 三國總統通過《關於構成白羅斯、哈薩克和俄羅斯聯邦共同經濟空間的國際條約生效決定》，確定2012年1月1日起生效歐亞經濟空間協議。
2012	• 構成白羅斯、哈薩克和俄羅斯聯邦共同經濟空間法律基礎的國際條約生效，為貨物和服務、資本和勞動力的自由流動奠定了基礎。 • 2月於莫斯科設立總部的歐亞經濟委員會開始運作。
2014	• 關稅同盟和歐亞經濟空間的成員國總統在歐亞經濟最高理事會會議上簽署《歐亞經濟聯盟條約》（EAEU）。
2014/10	• 亞美尼亞簽署加入歐亞經濟聯盟條約。
2014/12	• 白羅斯、哈薩克和俄羅斯聯邦總統與吉爾吉斯總統於莫斯科簽署加入歐亞經濟聯盟條約。
2015	• 歐亞經濟聯盟條約生效。
2016	• 歐亞經濟聯盟與越南自由貿易協定生效。
2017	• 簽署和批准歐亞經濟聯盟海關法條約。

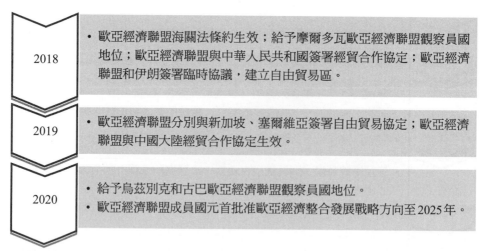

2018	・歐亞經濟聯盟海關法條約生效；給予摩爾多瓦歐亞經濟聯盟觀察員國地位；歐亞經濟聯盟與中華人民共和國簽署經貿合作協定；歐亞經濟聯盟和伊朗簽署臨時協議，建立自由貿易區。
2019	・歐亞經濟聯盟分別與新加坡、塞爾維亞簽署自由貿易協定；歐亞經濟聯盟與中國大陸經貿合作協定生效。
2020	・給予烏茲別克和古巴歐亞經濟聯盟觀察員國地位。 ・歐亞經濟聯盟成員國元首批准歐亞經濟整合發展戰略方向至2025年。

資料來源：作者依據Хронология развития, Евразийский Экономический Союз, http://www.eaeunion.org/#about-history, extracted on April 24, 2022自行整理編譯。

三、集體安全組織大事紀

年份	事件
1992/5	• 亞美尼亞、哈薩克、吉爾吉斯、俄羅斯、塔吉克和烏茲別克在塔什干簽署集體安全條約。 • 亞塞拜然、白羅斯和喬治亞在1993年加入。
1999	• 亞美尼亞、白羅斯、哈薩克、吉爾吉斯、俄羅斯和塔吉克簽署了關於延長集體安全條約的議定書。 • 亞塞拜然、喬治亞和烏茲別克退出該條約。
2001	• 組建了約5,000人的中亞集體安全區集體快速部署部隊（КСБР ЦАР）。
2003	• 集體安全條約組織章程在聯合國秘書處登記，隔年獲得聯合國大會觀察員地位。
2002/5	• 集體安全委員會在莫斯科通過決定，賦予《集體安全條約》以區域組織地位參與國際。 • 10月批准組織章程
2006	• 烏茲別克短暫恢復成員資格。
2007	• 集體安全條約組織成員國元首《集體安全條約組織維和活動協定》。該協定於2009年生效並在聯合國秘書處登記。
2009/2	• 集體安全條約組織集體快速反應部隊（КСОР）成立，能夠執行軍事和特種任務。
2012/6	• 烏茲別克宣布退出集體安全組織條約。
2022/1	• 組織集體安全委員會特別會議討論哈薩克局勢，並派維和部隊增援。

資料來源：作者依據 От Договора к Организации, Организация Договора о коллективной безопасности, https://odkb-csto.org/25years/, extracted on April 24, 2022 自行整理編譯。

（波羅的海）

愛沙尼亞

拉脫維亞

立陶宛

白俄羅斯

波蘭

捷克

斯洛伐克

匈牙利

烏克蘭

摩爾多瓦

羅馬尼亞

克羅埃西亞

波赫

塞爾維亞

保加利亞

（黑海）

北馬其頓

科索沃

斯洛維尼亞

蒙特內哥羅

阿爾巴尼亞

中東歐國家的區域整合路徑：
俄烏戰爭觀察

楊三億

摘要

在所有區域整合的相關研究中，中東歐國家整合研究一直是一個重要的參考焦點，主因是這一區塊國家歷經後冷戰時期轉型並在強權激烈競爭的環境下，艱辛地選擇向西或向東進行整合。

本文發現，第一，冷戰結束後初期這一群組國家受外生因素影響而重新定位策略選擇，多數中東歐國家選擇向西靠攏的整合路徑。第二，俄烏戰爭爆發衝擊這一群國家既有的整合路徑，各國回應立場並不一致。第三，中東歐國家面對戰爭威脅的看法相當分歧，這與傳統外界刻板印象的觀察也不太一致。

關鍵詞：中東歐國家、區域整合、俄烏戰爭、路徑依賴

壹、前言

　　自冷戰結束以來，歐洲東西強權對立的兩極體系似已不復存在，冷戰結束讓既有的區域組織開始向外擴張，並開啟了很長一波的區域整合潮流，在推進這些區域整合組織的進程中，歐洲聯盟與歐亞經濟聯盟是歐陸板塊兩個重要的核心組織，夾在兩大組織的中東歐國家在其區域整合策略上呈現了不同的路徑。這些國家北起波羅的海、南至黑海與亞得里亞海，在這一片廣大的歐陸土地中各自開展出不同的整合路徑。

　　從過往歷史經驗來看，中東歐國家受東西強權的影響甚深，過往第一次與第二次世界大戰中東歐地區都是主要的戰爭區域，1914年6月28日一名具有強烈民族主義的塞爾維亞族學生於波士尼亞首府塞拉耶佛，開槍打死奧匈帝國皇儲費迪南大公，從此揭開第一次世界大戰序幕，巴爾幹半島是世界大戰火藥庫之名不脛而走；德國1939年9月1日首先砲擊了原先屬於德國領土的波蘭格但斯克（Gdansk）城市，從此揭開了第二次世界大戰序幕。無論是中東歐北端波蘭或是南端的塞爾維亞，從大戰開打觀點來看，中東歐區域與歐洲安全或世界局勢緊緊相繫。二次大戰結束，歐洲雖迎來得之不易的和平，不過冷戰時期兩極體系對立也隨之開啟，以美國為首的西方陣營與蘇聯為首的共產主義國家近45年彼此相互軍事對立，這期間中東歐國家站在東西冷戰的最前線、兼受共黨極權統治，實際上仍是受控制的區域。

　　冷戰結束後中東歐國家擺脫共黨統治，開啟這些國家向西或向東的整合之路，不過這些國家雖可採取獨立自主的外交策略選擇，但主要政策走向還是依附在親歐或親俄兩大選項。對這一群國家來說，選擇加入由西歐國家主導的區域整合組織或以俄國為主導的區域整合組織是天然選項，由於過去飽受戰爭摧殘，中立或不結盟選項實難成為這些國家有意義的策略選項。由於中東歐區域素為強權競爭敏感地帶，因此這一群國家加入哪一方區域整合組織，這些政策決定將牽動強權在此區域的權力平衡狀態。

　　最後，這一群國家選擇向西或向東整合路徑近年來已逐漸明朗，不過2022年2月24日爆發的俄國與烏克蘭間軍事衝突，使得歐洲地區安全受到極大影響，不僅戰爭當事國俄國與烏克蘭，幾乎所有歐洲國家都直接或間接受該場戰爭波及，與俄烏戰爭地緣緊密相連的中東歐國家影響更是深遠。

貳、後冷戰時期中東歐國家區域整合路徑

本文以中東歐國家的區域整合路徑為主題進行探索，並界定中東歐區域所在的國家為研究標的，根據經濟合作暨開發組織（Organization for Economic Cooperation and Development, OECD）的定義，中東歐地區乃是以北起波羅的海、東至俄國、西鄰德國、南抵黑海與巴爾幹半島的廣大地帶，這個分界線兼有地理與政治上的意涵，從地緣上看，如果歐洲大陸東以烏拉山為界，那麼北起挪威的Kinnarodden一路向下延伸至立陶宛的Girija、匈牙利的Tállya、再到塞爾維亞的Kruševac，這一線剛好位處於東西歐的分界線，本文特重歐洲大陸的中部偏東這一區塊，北歐地區不在討論之列。

由於中東歐國家位處兩大核心組織中間地帶，因此本文將中東歐國家外交政策納入中小型國家策略選擇分析框架進行分析，分析夾在歐俄間這一群組國家親歐或親俄的路徑選擇。傳統上親歐或親俄的選擇多以抗衡（balancing）、扈從（bandwagoning）或避險（hedging）角度觀之，抗衡是中小型國家為鞏固安全環境、面對敵對強權時所採取的生存之道，專注在如何確保生存的想法，這是一種抗衡決定論。抗衡決定論從國家生存的角度出發，理解到敵對強權不可能放棄對本國的宰制目標，所以願意採取高度對抗敵對強權的方式來保存國家安全。

相對於抗衡選項，對威脅來源採取相對順從的合作態度則稱為扈從，是一種與敵對強權擴大交往的作法，敵對強權透過經濟誘因或軍事保障的方式讓扈從國願意拋棄對抗政策，從而使中小型國家免遭敵對強權的軍事對峙風險。

敵對強權願意提供誘因給中小型國家，這一些國家也願意投向有敵意的強權，內部因素政治菁英的選擇有其關鍵。政治菁英在面臨外部壓力與內部反對派共同挑戰，選擇與敵對強權合作可穩固政治地位，這在若干民主化程度不高

的國家尤其重要；此外，透過扈從敵對強權的好處是獲得誘因，例如敵對國市場准入與戰略資源供應，都可以藉由扈從敵對國的方式在聯盟框架下進行跨國利益分配，也可以在關鍵時刻獲得來自敵對國的奧援。

　　抗衡與扈從是中小型國家採取明確的選邊站策略，這可以解釋中小型國家面對高壓的外部環境時經常採取的兩種極端做法，不過在國際安全相對穩固的環境中，夾在強權中的國家多半會採取一種較為模糊、試圖在敵對強權與聯盟強權間遊走的避險策略、也就是俗稱的兩面討好策略。此種左右逢源的交好策略，乃是希望盡可能在政經與安全利益上獲得兼顧，藉此極大化生存空間，因此也常以中間策略作為描述。

　　上述抗衡、扈從或避險選項是多數理解中小型國家策略選擇的起點，圖4.1假定中東歐國家冷戰結束後的策略起點在中間位置，這一群國家於獲得完整的獨立地位後開啟各自策略選擇。中東歐國家向光譜右方移動的策略乃是決定抗衡敵對強權，而其方式是採取避險式抗衡（A1）或全然式抗衡（A2）；向左方移動的策略則是決定親善敵對強權、而其方式是採取避險式扈從（A3）或全然式扈從（A4），避險策略的主要精神在於中小型國家透過軍事或經濟的交互親善策略遊走在強權間，避免在這兩大領域中採取純然的抗／扈策略選擇。本文首先將視野集中在這一群國家的區域整合政策發展，也就是將焦點集中在中東歐國家如何在歐洲聯盟與歐亞經濟聯盟兩大區域組織進行整合，下文我們會就此點進行探索。

　　除了抗衡、扈從、避險等策略選擇外，本文理解中東歐國家外交政策的另一種觀察角度是路徑依賴（path dependency），這個看法乃是從歷史制度主義（historical institutionalism）出發，由此理解政治制度或政策作為在歷史關鍵時刻及其後續路徑發展的關聯。[1] 路徑依賴的產生有很強的經濟理性邏輯，Paul A. David 與 W. Brian Arthur 在其研究中指出無論起始點是採用利潤極大化的制度設計或歷史偶發事件，憑藉著當下的優勢相對地位，讓組織得以獲得廣泛的

1　Paul Pierson and Theda Skocpol. 2002. "Historical Institutionalism in Contemporary Political Science" *Political science: The state of the discipline* 3(1): 1-32.

圖4.1　中小型國家安全策略選擇

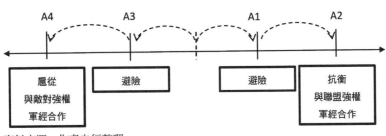

資料來源：作者自行整理

競爭優勢，從而使組織運作持續壯大。[2] 此種因為報酬遞增而不斷增強的路徑效果與沉沒成本（sunk cost）也高度相關，由於慣性作用下不斷產生自我增強的效果，因此就會讓組織或政策持續保持在既有的軌道上，要改變此種路徑，相對來說組織將付出較大代價。[3]

中東歐國家後冷戰時期擺脫束縛、各自有其外交政策走向，影響這些國家政策走向因素可能是內部政治發展或為因應外部環境威脅等。不過隨時間推移這些國家的策略作為可能大致底定，但也可能出現路徑改變的現象。從路徑依賴角度來說，原先預期政策或制度將會隨時間推移而使路徑演化過程朝深化方向邁進，隨時間增加而使報酬逐漸遞增，這會讓國家改變策略選擇的成本逐步加大。所以如果路徑選擇產生變化，那麼這就代表影響該國外交政策的變因也甚為巨大。

要解釋中東歐國家策略選擇變動成因，國際體系變遷（change in international system）與政府偏好（government preferences）是兩種解釋方式。首先從國際體系變遷的角度來看，國際體系變動代表權力結構出現變化，國際政治權力向特定國家流動而改變了原有的權力結構，同為兩極體系下的美蘇強權在後冷戰時期展現了有別於以往的權力分配，不過此種權力的流動並非以普遍、均

2　Brian Arthur. 1989. "Competing Technologies, Increasing Returns, and Lock-In by Historical Events." *The Economic Journal* 99(394): 116-131.

3　Brian Arthur. 1994. *Increasing Returns and Path Dependence in the Economy*. MI: University of Michigan Press.

衡的方式展開，不同區域權力結構的重組表現出不同形式。蘇聯瓦解後的俄國在中亞依然保有相對優勢，在高加索地區遭遇若干挑戰，但在東歐與巴爾幹半島地區卻有顯著衰退。對中小型國家來說，權力結構的調整過程對這些國家策略選擇帶來變動的關鍵時刻，在那些俄國保有優勢地區，這一群組國家的變動幅度較小；相對的，權力結構修正越明顯，中小型國家策略選擇的幅度也就越大。

　　第二個解釋中東歐國家策略選擇變動的解釋方式是政府偏好，這是一種由內改變國家對外政策方向、從而使對外政策出現漸進或根本性的改變的內生因素詮釋方式。[4] 政府偏好改變的原因很多，例如因選舉結果而改變執政力量的形式，又或者因政治暴力／革命形式而使原先執政者下臺、新執政者上臺的劇變。影響內生因素的關鍵是民主化程度高低：在民主化程度較高的國家多以選舉方式作為改變執政者的主要形式，但在那些民主化程度較低的國家，縱有選舉形式，政權遞嬗過程可能伴隨暴力方式，這就使政府偏好可能在很短的時間內出現重大改變。

參、中東歐國家的區域整合進程：歐洲聯盟與歐亞經濟聯盟

　　我們把地理分界搭配國際政治疆界交互查看，可以發現中東歐區域還可以再區分為幾個次區域：第一區是波海三國區，也就是愛沙尼亞、拉脫維亞、立陶宛，這一區塊位處俄國與北歐的交會地帶，因此兼有斯堪地納維亞與斯拉夫兩地的文化性格。第二區是維斯格拉瓦區（Visegrad Group），也就是波蘭、捷克、斯洛伐克與匈牙利，除匈牙利為馬札爾文化外，這一區是西斯拉夫文化與西歐文化的必經走廊，為東西歐洲文明的熔爐所在。第三區是傳統東歐區，也就是白俄羅斯、烏克蘭與摩爾多瓦，這三國除摩爾多瓦與羅馬尼亞同文同種外，共同特色皆為前蘇聯加盟共和國，受俄國影響程度也最深。第四區是巴爾幹半島區，這個區域國家包含羅馬尼亞、保加利亞，斯洛維尼亞、克羅埃西

4　Orfeo Fioretos. 2011. "Historical Institutionalism in International Relations." *International Organizations* 65: 367-399.

表4.1　中東歐國家基本國情

次區域	國別	文化交匯區
波海三國	愛沙尼亞 拉脫維亞 立陶宛	斯拉夫文化與北歐文化交匯圈
維斯格拉瓦	波蘭 捷克 斯洛伐克 匈牙利	斯拉夫文化與西歐文化交匯圈
東歐	白俄羅斯 烏克蘭 摩爾多瓦	斯拉夫文化具相對強勢領導地位圈
巴爾幹半島	羅馬尼亞 保加利亞 斯洛維尼亞 克羅埃西亞 波士尼亞—赫塞哥維納 塞爾維亞 門地內哥羅 科索沃 北馬其頓 阿爾巴尼亞	斯拉夫文化與伊斯蘭文化交匯圈

資料來源：作者整理自經濟合作暨開發組織（Organization for Economic Coo-peration and Development）與加州大學洛杉磯分校歐洲與俄羅斯研究中心（Center for European and Russia Studies, UCLA）

亞、波士尼亞－赫塞哥維納、塞爾維亞、門地內哥羅、科索沃、北馬其頓。除羅馬尼亞、保加利亞與阿爾巴尼亞外，前述國家皆自前南斯拉夫加盟共和國或自治省獨立，為兼有斯拉夫文化與伊斯蘭文化的交會區。我們可以發現，中東歐是一個以斯拉夫文化為主、但與鄰近區域文化有著高度交會的區域。[5] 不過

5　Central and Eastern Europe, Center for European and Russia Studies, UCLA.

由於本文後續研究將以俄烏戰爭為核心，檢視周遭國家對俄烏戰爭的策略選擇轉變與否，因此俄國與烏克蘭暫不在本文討論之列。

由於中東歐區域內這些國家具多樣性表現，以及這一群組國家夾在歐盟與俄國兩大強權間安全環境特色，觀察這一群組國家區域整合路徑從以下這幾個方式著手：首先，這一群組國家自冷戰結束後起始的策略選擇、也就是這些國家獨立後的起點所在。其次，從內生因素與外生因素影響觀察這一群組國家在各自選擇加入不同的區域整合組織後，這些選項是否帶來路徑依賴效果。再者，觀察這一群組國家區域整合策略是否穩固、策略是否轉型、路徑依賴是否已成。由於需要就這一群中東歐國家的路徑發展進行分析，下文就這些國家的發展進行描述。本文將外交政策路徑發展焦點集中在以政經整合為主的區域組織，歐洲大陸兩個較重要的區域整合組織屬歐洲聯盟與歐亞經濟聯盟，我們的討論就從這兩個組織開始：

一、歐洲聯盟

歐洲聯盟是歐洲自第二次世界大戰結束後最重要的政治經濟區域整合組織，歐盟最早的整合進程從歐洲煤鋼共同體開始，隨著整合不斷深化，歐洲煤鋼共同體與後來的歐洲原子能共同體、歐洲經濟共同體一起整合成歐洲共同體，該共同體即為今日歐洲聯盟的前身。歐盟在冷戰結束後進行深化與廣化兩種改革，深化方面以制度性的機構改革為主，如歐洲議會職權擴張與歐盟理事會立法程序改革、歐盟執委會功能強化等。歐盟廣化以會員國擴張為最醒目，歐盟創始會員國為德國、法國、義大利、荷蘭、比利時、盧森堡等6國，1973年增加英國、愛爾蘭與丹麥，冷戰期間已有12個會員國，冷戰結束後中立國奧地利、瑞典與芬蘭也於1995年加入歐盟，在2004年東擴之前，歐盟已有15個會員國。

歐盟歷史上擴大國家與人口數最多、土地面積最廣的一次發生在2004年，該年的歐盟一口氣將愛沙尼亞、拉脫維亞、立陶宛、波蘭、捷克、匈牙利、斯洛伐克、斯洛維尼亞、馬爾他、塞普勒斯共10國納為會員國，如果連同2007年的羅馬尼亞與保加利亞、2013年的克羅埃西亞併入計算，歐盟等於是一口氣增加了13個會員國與近1.08億人口，與歐盟東擴前15國相較，歐盟大約增加了86%的國家數與22.2%的人口數。地緣政治上的擴張影響更是巨大，由於這些國家位處歐洲中東部，冷戰時期是東西兩大陣營對立的最前線，這些地方又素為俄國勢力範圍核心圈，因此歐盟的擴張與地緣政治的變化有著密不可分的關係。

冷戰結束後歐盟是否擴張、擴張需要付出哪些成本代價，是歐盟當時主要的思考依據，回顧東擴，歐盟主要考量在於地緣思考與擴張成本兩種考量，前者以東擴的地緣政治判斷為要，這代表的是冷戰結束後歐洲地緣政治得以擺脫共產主義意識形態拘束，將西方政治民主與自由經濟制度向東擴散、進而形成歐洲大陸穩固的自由民主的區域整合體系。歐盟東擴當下的第二個考量是成本效益估算，由於中東歐國家的經濟表現與中西歐國家仍有差距，因此擴張前中西歐國家對於擴張後中東歐國家將會侵蝕歐盟既有成果有所顧忌。[6]

上述這一些討論在東擴後答案逐漸明朗，歐盟東擴期間（自1998年至2003年入盟談判期）讓這些國家的民主與經濟制度在短期內很快透過法律趨同讓這些國家很快地將歐盟法融入國內法，並且將共產主義的計畫經濟體系轉為西方的自由市場經濟體系；政治民主化的演變也幾乎讓多數中東歐國家的共產黨轉型為民主政黨，並拋棄一黨獨大的極權體制。另外，擴張對歐盟會員國GDP的增長影響大約落在0.2%-0.3%個百分點，關稅減免的直接交易成本約110億歐元，以及新舊會員國雙邊貿易額進一步擴大、中西歐國家勞動力市場獲得中東歐國家補充等面向上。不過由於經濟成長的影響因素相當多，因此大多數的機構或智庫多以預估方式來表述擴張後歐盟的經濟表現，而且東擴對歐盟舊會員國的影響程度也不一，越靠近中東歐地區的會員國（如德國與奧地利）較受惠東擴、對這些國家的經濟影響層面也較大。[7]

---

6 Fritz Breuss. 2002. "Benefits and Dangers of EU Enlargement." *Empirica* 29: 245-274.

7 Andrew Moravcsik and Milada A Vachudova. 2003. "National Interests, State Power, and EU Enlargement." *Politics and Societies* 17(1): 42-57.

表4.2　歐盟歷次擴大比較

	國家數（較前一次所有會員國平均數增加百分比）	土地面積（較前一次所有會員國平均數增加百分比）	人口（較前一次所有會員國平均數增加百分比）	GDP（以歐體／歐盟整體=100為基準）	GDP per capita（以歐體／歐盟整體=100為基準）
1973年擴張	50%	31%	32%	29%	88%
1981年-1986年擴張	33%	48%	22%	15%	68%
1995年擴張	25%	37%	7%	8%	125%
2004年-2017年擴張	86%	30.1%	22.2%	5%	23%

資料來源：Konrad Lammers. 2004. "How Will the Enlargement Affect the Old Members of the European Union?" *Intereconomics* 39 (3): 133；2004年後為作者自行統計。

二、歐亞經濟聯盟

　　後冷戰時期另一個整合的核心圈是以俄國為核心的歐亞經濟聯盟，不過歐亞經濟聯盟並非俄國最早倡議的區域整合組織。蘇聯解體後第一個由俄國主導的區域整合組織是1991年成立的獨立國家國協，該組織的創始會員國為白俄羅斯、俄羅斯與烏克蘭，後續摩爾多瓦與高加索地區的亞塞拜然、亞美尼亞、喬治亞、中亞地區的哈薩克、吉爾吉斯、塔吉克、烏茲別克與土庫曼於1991年－1993年陸續加入，極盛時期共有12個會員國（前蘇聯加盟共和國僅波海三國未加入）。不過喬治亞與烏克蘭分別於2008年與2018年宣布退出該組織，使得獨立國家國協調整為10個會員國。

　　以獨立國家國協為核心，這個區域的整合也有深化與廣化兩重面向，從深化的角度來看，自由貿易協定、經濟共同體與經濟空間即屬此類。就自由貿易協定角度來說，亞美尼亞、白俄羅斯、哈薩克、吉爾吉斯、摩爾多瓦、俄羅斯、塔吉克、烏克蘭、吉爾吉斯、塔吉克2015年前皆已簽署CISFTA（獨立國家國協中僅亞塞拜然未簽署該協定），歐亞經濟空間則與歐盟單一市場概念接

表4.3　歐亞經濟聯盟歷次深化與廣化整合

	成立時間	參與會員國
獨立國家國協	1991年	共12國，白俄羅斯、俄羅斯、烏克蘭、摩爾多瓦、亞塞拜然、亞美尼亞、喬治亞、哈薩克、吉爾吉斯、塔吉克、烏茲別克與土庫曼（僅前蘇聯加盟共和國的波海三國未加入）
歐亞經濟共同體	2000年	白俄羅斯、哈薩克、吉爾吉斯、俄羅斯、塔吉克
獨立國家國協自由貿易協定	2011年	俄羅斯、烏克蘭、白俄羅斯、哈薩克、吉爾吉斯、塔吉克、摩爾多瓦、亞美尼亞、烏茲別克
歐亞共同空間	2012年	亞美尼亞、白俄羅斯、哈薩克、吉爾吉斯、俄羅斯
歐亞經濟聯盟	2015年	亞美尼亞、白俄羅斯、哈薩克、吉爾吉斯、俄羅斯

資料來源：整理自歐洲聯盟與歐亞經濟聯盟官方網頁

近，皆是以會員國間人員、貨物、服務、資本的自由流通為目標，因此又稱為單一經濟空間，2015年歐亞經濟空間已有白俄羅斯、哈薩克、俄羅斯、亞美尼亞與吉爾吉斯加入。[8]

　　與歐亞經濟空間同步整合的組織為歐亞經濟聯盟，2014年5月俄羅斯、白俄羅斯與哈薩克三國於哈薩克首都阿斯塔納宣布正式成立該組織，亞美尼亞與吉爾吉斯隨後也於同年加入。從前述發展過程來看，以俄國為核心的區域整合呈現了不同整合層級的同心圓，前蘇聯加盟共和國與俄國的緊密聯繫程度各有所不同。[9]

　　歐亞經濟聯盟是俄國主導的區域整合組織、歐洲聯盟則是歐洲最主要的政經整合組織，這兩個組織的擴大不約而同對準了中東歐國家這塊區域，讓這一群國家成為東西兩大組織向外整合的重要目標。歐洲與俄國兩大強權過往發揮

8　Eldar Madumarov and Gerald Pech. 2020. "Regional Integration with Imperfect Commitment: The Case of the Eurasian Economic Union." *Central Asia Business Journal* 11(1): 6-16.

9　Azimzhan Khitakhunov, Bulat Mukhamediyev and Richard Pomfret. 2017. "Eurasian Economic Union: present and future perspectives." *Economic Change and Restructuring* 50(1): 59-77.

表4.4 歐亞經濟聯盟基本概況

	俄羅斯	白俄羅斯	亞美尼亞	哈薩克	吉爾吉斯
人口（百萬）	146.8	9.4	2.9	18.0	6.1
土地面積（平方公里）	17,124,442	207,595	29,800	2,727,300	198,500
GDP（億美元）	18,290	593.94	107.74	1,793.32	84.55
GDP per capita（美元）	12,233	6,384	3,602	9,686	1,309

資料來源：International Monetary Fund. 2022. "World Economic Outlook Databases." in https://www.imf.org/en/Publications/SPROLLs/world-economic-outlook-databases#sort=%40imfdate%20descending. Latest update 10 May 2022.

影響力的重要區域就在中東歐，因此這一群國家外交政策走向與歐盟或歐亞經濟聯盟的整合之路有很大的關聯。接下來我們就中東歐國家加入這兩大組織的整合路徑進行討論。

三、中東歐國家加入歐盟與歐亞經濟聯盟的整合路徑

　　觀察中東歐國家參與前述兩大區域組織的整合進程，我們可以發現包含波海三國、維斯格拉集團與東巴爾幹半島等國於2004年－2013年確立整合路徑、也就是以歐洲聯盟作為主要的整合對象，東歐國家的白俄羅斯選擇歐亞經濟聯盟作為整合對象，但摩爾多瓦即便因2022年2月24日俄烏戰爭爆發而於2022年3月3日向歐盟提出入盟申請，但入盟路徑尚未底定。前南斯夫聯邦的各個共和國雖然也是以歐洲聯盟為目標，但現在多處於候選國階段，波士尼亞－赫塞哥維納、科索沃也還不具備候選國地位，因此這些國家的路徑都還未明確，請參閱下表4.5。

　　加入歐盟的過程極為艱辛，這是由於中東歐多數國家冷戰時期多採政治極權與經濟共產的制度，與其餘西歐國家的政經制度顯不相符，因此這些國家入盟的步驟受到嚴格的檢視與要求。冷戰即將結束之際，當時歐盟前身歐洲共同體於1989年7月以法爾計畫（Poland-Hungary Assistance in Restructuring their Economies, PHARE）計劃為先聲，透過經濟補助的方式挑選波蘭與匈牙利兩國

表4.5 中東歐國家區域整合路徑選擇

次區域	國別	路徑選擇	完成日期
波海三國	愛沙尼亞	歐洲聯盟	2004年5月1日
	拉脫維亞	歐洲聯盟	2004年5月1日
	立陶宛	歐洲聯盟	2004年5月1日
維斯格拉瓦	波蘭	歐洲聯盟	2004年5月1日
	捷克	歐洲聯盟	2004年5月1日
	斯洛伐克	歐洲聯盟	2004年5月1日
	匈牙利	歐洲聯盟	2004年5月1日
東歐	白俄羅斯	歐亞經濟聯盟	2015年1月1日
	摩爾多瓦	申請加入歐洲聯盟	尚未獲得候選國地位
巴爾幹半島	羅馬尼亞	歐洲聯盟	2007年1月1日
	保加利亞	歐洲聯盟	2007年1月1日
	斯洛維尼亞	歐洲聯盟	2004年5月1日
	克羅埃西亞	歐洲聯盟	2013年7月1日
	波士尼亞－赫塞哥維納	歐洲聯盟潛在候選國	尚未獲得候選國地位
	塞爾維亞	歐洲聯盟候選國	2012年3月
	門地內哥羅	歐洲聯盟候選國	2010年12月
	科索沃	歐洲聯盟潛在候選國	尚未獲得候選國地位
	北馬其頓	歐洲聯盟候選國	2005年12月
	阿爾巴尼亞	歐洲聯盟候選國	2014年6月

資料來源：綜合整理自歐盟官方網頁與歐亞經濟聯盟官方網頁

鼓勵推動經濟改革措施，再將這計畫逐步拓展到其他中東歐國家。1993年6月歐盟正式提出哥本哈根入盟標準（Copenhagen criteria），提出政治民主、經濟自由與法律實踐能力的三大標準供申請加入歐盟的國家遵行。當哥本哈根標準提出後，匈牙利、波蘭與捷克等國陸續提出入盟申請文件。

　　不過這些國家提出申請並非能自然取得候選國身分，多數國家申請期間落在1994年前後，但這些國家取得候選國的身分則遲至1997年、正式開啟談判並提出年度例行報告（Regular Report）則要到1998年。年度報告是執委會對候選國一項重要的談判工具，透過每個年度的例行檢討報告，歐盟執委會可以要求候選國國內進行相對應的改革，自1998年至2003年止，例行報告一共進行了5年，這5年間執委會所提出的檢討報告，讓候選國幾乎完成所有歐盟法轉換為國內法，可以說這些候選國在很短的時間內完成政治民主化與經濟自由化的變革，最主要的動力來源就是入盟的標準所致。

　　與歐盟相似，加入歐亞經濟聯盟的過程也有入盟審查，審查主要發生在候選國狀態確認（Candidate State Status）階段，這個階段主要是由有意加入的國家提出申請，向歐亞經濟聯盟的最高理事會（Supreme Council）主席提交意向書，聯盟將會在60天內做出決定。假使最高理事會同意給予申請國候選地位，相對應的工作小組討論隨即成立，就各候選國的會籍路徑圖（Membership Roadmap）進行準備，入盟談判是雙邊入盟期間最主要的協商過程，該過程需要將歐亞經濟聯盟的各項法律轉化為國內法。如果候選國完成所有立法所需，入盟條約簽署是最後步驟，至此候選國將成為正式會員國。

　　由於白俄羅斯是創始會員國，創始國主要任務是將歐亞經濟聯盟下的規範轉化為國內法，歐亞經濟聯盟的整合內容主要集中在總體經濟、經濟與財稅政策、農工業、貿易、技術規範、關稅合作、能源與基礎建設、競爭與反托拉斯規範、內部市場等項目，可以說歐亞經濟聯盟的主軸在經濟領域的整合，民主化或社會性規範較少著墨。

　　路徑依賴效果能夠產生，一個很重要的因素是被整合的國家能夠從整合過程中獲得利益、同時這些國家也願意留在區域組織內繼續整合。這些國家願意加入組織、持續與組織整合、並不斷深化與組織的聯繫，政治與經濟目標是其中關鍵。在經濟層面上，吸引外資、市場擴大、不斷提升的國民生產毛額等是重要指標。從這兩大區域組織的擴大經驗來看，外資進入這些國家推動經濟發展的影響在入盟前後特別明顯，由於外資看好這一群國家入盟後進入歐盟市場的廣大誘因，因此1990年代獲得的外資遠超過世界水準（請見圖4.2）。

　　除了吸引外資進入，這些國家與歐盟或歐亞經濟聯盟持續深化雙邊貿易，中東歐會員國無論在進口或出口貿易項目持續深化，造就這一群國家貿易進出口的路徑依賴。

　　不過對巴爾幹半島的歐盟候選國來說，這些國家雖獲得候選國地位但仍不是歐盟會員國，因此雖有不錯的經濟成長率（2%-4%），然這些國家在若干市場貿易與戰略物資領域仍高度依賴俄國，能源就是其中一項重要的依賴。

　　因為融入區域整合組織而越加依賴情況也發生在白俄羅斯與俄國之間，由於白俄羅斯自冷戰結束後持續保持在以俄國為核心的整合軌道中，因此白俄羅

圖4.2　歐盟中東歐會員國入盟前後進出口貿易增長幅度

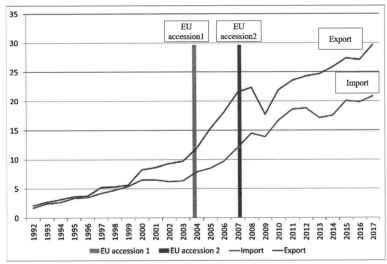

資料來源：轉引自Rob Euwals. 2021. Gerrit Hugo van Heuvelen, Gerdien Meijerink, Jan Möhlmann,and Simon Rabaté, The impact of import competition and export opportunities on the Dutch labour market, *CPB Discussion Paper*: p.9.

斯的市場、能源、經濟等領域皆與俄國高度整合，從雙邊貿易來看，俄國是白俄羅斯主要的貿易夥伴，白俄羅斯52%的出口產品銷往俄國；白俄羅斯的主要信貸來源也是俄國與歐亞穩定與發展基金（Eurasian Fund for Stabilization and Development）。

最後，白俄羅斯與俄國的雙邊貿易約佔白俄羅斯GDP的48.6%、這就讓白俄羅斯和俄國呈現緊密相連的高度整合體系。

我們把前述中東歐國家的區域整合策略併入中小型國家的策略選擇，將這些國家加入兩大組織的路徑搭配抗衡、扈從或避險的選項，我們可以發現多數中東歐選擇多已是歐洲聯盟會員國或候選國，若干已提出申請但尚未獲得候選國的國家暫時列入中立國家之列，選擇與歐亞經濟聯盟整合的國家則有白俄羅斯。目前該區域尚未有其他國家申請加入該聯盟，請參閱下圖4.3。

肆、俄烏戰爭對中東歐國家路徑依賴衝擊

初步檢視這些國家後冷戰時期發展路徑，可以發現到多數中東歐國家已歐盟為主要整合對象、呈現出向西靠攏的整合路徑。接下來本文將檢視此種整合路徑受到俄烏戰爭影響是否產生變化。

一、俄烏戰爭爆發

俄國與烏克蘭兩國於2022年2月24日發生軍事衝突，俄國以非軍事化與去納粹化做為攻打烏克蘭主要理由，此次戰爭從雙方投入軍事人員總數（雙方各自投入超過20萬名軍事人員）、軍事武器（涵蓋陸海空與飛彈部隊等各式武器）、死傷人數（截至本文寫作日止，估計雙方官兵陣亡人數超過萬人）、[10] 難民流亡人數（超過660萬人）、[11] 經濟損失（直接戰爭損毀與間接經濟制裁等損失難以估計）等面向來看，俄烏戰爭無疑是第二次世界大戰結束後歐洲地區規

---

10 Associated Press. 2022. "At 100 Days, Russia-Ukraine War by the Numbers." in https://www.voanews.com/a/at-100-days-russia-ukraine-war-by-the-numbers/6601899.html. Latest update 25 September 2022.

11 BBC News. 2022. "How many Ukrainians have fled their homes and where have they gone?" in https://www.bbc.com/news/world-60555472. Latest update 25 September 2022.

圖4.3　中東歐國家加入歐盟或歐洲聯盟的路徑選擇

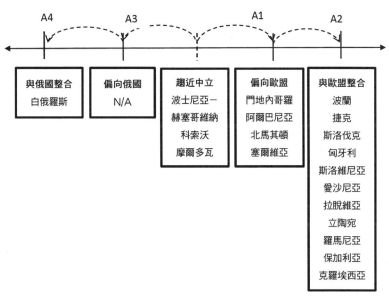

資料來源：作者自製

模最大也最慘烈的一場戰爭。

　　本文將先拋開俄烏戰爭對俄國與烏克蘭雙方的討論，回到本文研究主軸，也就是俄烏戰爭對中東歐國家的衝擊面向，觀察這一群國家如何回應俄烏戰爭、如何在軍事層面或經濟層面做出反應，以此理解中東歐國家外交政策路徑選擇的變化。

二、俄烏戰爭對中東歐國家影響

　　俄烏戰爭是一個檢視中東歐國家整合路徑選擇是否穩固的關鍵時刻，俄烏戰爭爆發後位處烏克蘭戰場周遭的中東歐國家感受極為深刻，由於本文寫作之際俄烏戰爭仍持續進行，因此本文理解這些國家政策立場訂在1月24日各國開始撤離烏克蘭大使館人員至5月20日俄國成功占領亞速海城市馬利波（Mariupol）止，共約四個月的觀察，分析這一段期間中東歐國家政策態度。

　　本文從下面三個面向分析中東歐國家對俄烏戰爭的回應立場，第一個面向是軍事立場，也就是在俄烏戰爭中這些國家對烏克蘭的政策立場。第二個面向是能源立場，也就是這些國家的能源政策，在依賴俄國能源結構下，這些國家能源政策立場是否與歐盟相符，乃是檢視整合策略最佳切入點。第三個面向是外交立場，也就是檢視這些國家俄烏戰爭期間於聯合國議案的投票立場。由於烏克蘭在俄烏戰爭中是當事國，因此本文研究排除烏克蘭作為分析對象，不過本文仍會將烏克蘭納入區域整合路徑分析的個案研究中，以此對照其他國家不同的路徑發展。

　　首先，從軍事角度來看，俄烏戰爭中多數國家採取了對烏克蘭軍事援助立場，在所有軍事支援政策中，武器援助是最直接支援形式，因為這能最有效支援戰事進行。武器援助項目又可以區分為非致命性武器與致命性武器，非致命性武器乃是針對以不傷害性命的手段拖延對方行動能力、或使對方失去抵抗能力、或增強己方的防禦能力，例如三角釘、防彈頭盔、急救藥品、燃料等。致命性武器的範圍相當廣泛，從彈藥到個人型的刺針防空飛彈、標槍反坦克飛彈等輕武器，再到重型裝備如裝甲車、戰鬥機等，基本上非致命性武器較符合國際人道法規範，對交戰國的戰場勝負的影響較小，一般來說也比較不會引起當事國的強烈反應，因此本文以致命性武器的提供做為檢視這一群組國家的軍事立場。[12] 最後，不提供軍事援助或不公佈軍事援助項目是另一種回應俄烏戰爭的形式，這代表援助國不願意讓本國介入戰事、避免刺激俄國，所以是一種在軍事上最親善俄國的作法。

　　從經濟面向來看，國際間對俄國的經濟制裁由各國為之，歐盟在共同外交與安全政策框架下採取武器禁運、旅行禁令、資產凍結、進出口管制等。[13] 2022年上半年，歐盟推出六次制裁措施（分別為2022年2月23日、2022年2月25日、2022年2月28日、2022年3月15日、2022年4月8日、2022年6月3日），這其中以煤碳進口、石油與商品禁運、歐盟產品出口管制、歐盟市場資

---

12 David Fidler. 2005. "The Meaning of Moscow: "Non-Lethal" Weapons and International Law in the Early 21st Century." *International Review of the Red Cross*, 525-552.

13 歐盟執委會負責監督制裁政策，並由執委會下轄之 Directorate-General for Financial Stability, Financial Services and Capital Markets Union, DG FISMA) 為主要執行機構。

金募集、政治與企業精英的資產凍結等措施為主。[14] 在這些制裁政策中，最敏感也最關鍵的當屬能源議題，對俄國能源限制性措施是所有制裁核心關鍵，由於中東歐國家對俄國能源依賴程度深，在所有能源依賴結構中，天然氣的重要性又比石油或煤碳來的關鍵，這是因為歐盟會員國進口俄國的天然氣比重（43%）較石油（29%）高出許多，且天然氣多採陸路管道進口，如要改採海路進口天然氣，液化設備需求難度高出許多，本文資料檢視期間為2-5月，適逢氣溫低與消耗天然氣較多月份，從天然氣角度檢視這一群國家對天然氣制裁的態度，可釐清這些國家對俄政策立場。[15] 本文參考歐盟、歐亞經濟聯盟與其他研究機構相關數據理解這一群國家對俄國的天然氣依賴，請參閱下頁表4.6。

最後，本文還檢視中東歐國家俄烏戰爭的外交政策、也就是從聯合國對俄烏戰爭的投票行為來了解這一群國家的外交立場。俄烏戰爭期間相關的聯合國議案有安理會2月25日「結束俄羅斯聯邦軍事侵略鄰近國家」、[16] 聯合國大會3月2日「要求俄羅斯聯邦立即結束入侵烏克蘭與無條件從鄰近國家撤出所有軍事力量」議案、[17] 聯合國大會3月24日「俄羅斯聯邦侵略烏克蘭人道災難」議案[18]、聯合國大會4月7日「中止俄國人權理事會席次」議案[19]、安理會5月6日「支持烏克蘭和平」等幾個決議，不過由於中東歐國家未在安理會取得席次，因此本文暫不討論安理會決議內容。聯合國大會前述三個討論案分別以 United

---

14 European Commission. 2022. "Sanctions adopted following Russia's military aggression against Ukraine." in https://finance.ec.europa.eu/eu-and-world/sanctions-restrictive-measures/sanctions-adopted-following-russias-military-aggression-against-ukraine_en. Latest update 26 May 2022.

15 Eurostat. 2022. "From where do we import energy?" in https://ec.europa.eu/eurostat/cache/infographs/energy/bloc-2c.html Latest update 27 May 2022.

16 United Nations. 2022. "Security Council Fails to Adopt Draft Resolution on Ending Ukraine Crisis, as Russian Federation Wields Veto." SC/14808. in https://press.un.org/en/2022/sc14808.doc.htm. Latest update 25 February 2022.

17 United Nations. 2022. "General Assembly Overwhelmingly Adopts Resolution Demanding Russian Federation Immediately End Illegal Use of Force in Ukraine, Withdraw All Troops." GA/12407. in https://press.un.org/en/2022/ga12407.doc.htm. Latest update 2 March 2022.

18 United Nations. 2022. "General Assembly Adopts Text Recognizing Scale of Humanitarian Woes Arising from Russian Federation's Ukraine Offensive as Unseen in Many Decades." GA/12411. in https://press.un.org/en/2022/ga12411.doc.htm. Latest update 24 March 2022.

19 United Nations. 2022. "General Assembly Adopts Text to Suspend Russian Federation from Human Rights Council, Continuing Emergency Special Session on Humanitarian Crisis in Ukraine." GA/12414. in https://press.un.org/en/2022/ga12414.doc.htm. Latest update 7 April 2022.

表4.6　中東歐國家對俄國天然氣依賴

單位：太拉焦耳（Tj）總發熱值（Terajoule, gross calorific value）[註1]

國別	俄國天然氣進口/全國天然氣進口
愛沙尼亞	46%
拉脫維亞	100%
立陶宛	41.6%
波蘭	54.8%
捷克	100%
斯洛伐克	85.4%
匈牙利	95%
白俄羅斯	Not available[註2]
摩爾多瓦	Not available
羅馬尼亞	44.7%
保加利亞	75.2%
斯洛維尼亞	8.6%
克羅埃西亞	未從俄國進口天然氣
波士尼亞－赫塞哥維納	100%[註3]
塞爾維亞	89%
門地內哥羅	N/A
科索沃	N/A
北馬其頓	100%
阿爾巴尼亞	N/A

註1：本表統計單位循歐盟統計指標，不以天然氣的體積為計量單位而以發熱量為計算單位，一個單位的太拉焦耳等於一兆焦耳。

註2：Belarus Natural Gas: Imports. 2022. *CEIC* reports. in https://www.ceicdata.com/en/indicator/belarus/natural-gas-imports. Latest update 30 May 2022.

註3：波士尼亞－赫塞哥維納、塞爾維亞、門地內哥羅、科索沃、北馬其頓與阿爾巴尼亞6國非歐盟會員國，這些國家天然氣進口資料來源請參閱 "Share of gas supply from Russia in Europe in 2020." 2022. *Statista*. Latest update 3 March 2022.

資料來源：European Commission. 2020. "Imports of Natural Gas." *Eurostat*. in https://ec.europa.eu/eurostat/cache/infographs/energy_trade/entrade.html?geo=EE&year= 2020&language=EN&trade=imp&siec=G3000&filter=all&fuel=gas&unit=TJ_GCV&defaultUnit=TJ_GCV&detail=1&chart. Latest update 25 September 2022.

Nations General Assembly Resolution ES-11/1、United Nations General Assembly Resolution ES-11/2 United Nations General Assembly Resolution ES-11/3等三決議為之，為便於閱讀，下文以ES-11/1、ES-11/2、ES-11/3簡稱。

表4.7 中東歐國家俄烏戰爭軍事、天然氣、外交立場

國別	軍事立場	俄國天然氣進口佔全國比例／能源立場	外交立場
愛沙尼亞	2月18日開戰前已提供標槍飛彈。除標槍飛彈外，另提供榴彈砲與反坦克飛彈等	46% 宣布2022年底前禁止進口俄國天然氣	ES-11/1：同意 ES-11/2：同意 ES-11/3：同意
拉脫維亞	2月23日開戰前提供刺針飛彈、開戰後提供90架無人機與其他非致命性武器	100% 宣布2023年1月1日前禁止進口俄國天然氣	ES-11/1：同意 ES-11/2：同意 ES-11/3：同意
立陶宛	2月13日開戰前提供刺針飛彈，開戰後持續提供重型武器	41.6% 2022年4月1日開始停止進口俄國天然氣	ES-11/1：同意 ES-11/2：同意 ES-11/3：同意
波蘭	2月1日開戰前提供FlyEye無人機與各式彈藥，開戰後提供240輛T-72坦克與其他重型武器	54.8% 2022年4月26日俄國停止供應波蘭天然氣	ES-11/1：同意 ES-11/2：同意 ES-11/3：同意
捷克	4月5日提供T-72坦克與BVP-1步兵裝甲車	100% 未宣布禁止俄國天然氣進口	ES-11/1：同意 ES-11/2：同意 ES-11/3：同意
斯洛伐克	4月8日提供S-300防空飛彈	85.4% 未宣布禁止俄國天然氣進口	ES-11/1：同意 ES-11/2：同意 ES-11/3：同意

國別	軍事立場	俄國天然氣進口佔全國比例／能源立場	外交立場
匈牙利	2月28日政府宣布不允許致命性武器跨越匈牙利國土、也不提供軍事援助	95% 持續進口俄國天然氣	ES-11/1：同意 ES-11/2：同意 ES-11/3：同意
白俄羅斯	2月24日前與俄國共同舉行演習、俄國軍隊借道白俄羅斯進入烏克蘭	90%[註1] 持續進口俄國天然氣	ES-11/1：反對 ES-11/2：反對 ES-11/3：反對
摩爾多瓦	未公佈援助措施	100%[註2] 持續進口俄國天然氣	ES-11/1：同意 ES-11/2：同意 ES-11/3：同意
羅馬尼亞	官方宣布以援助非致命性武器為主	44.7% 未宣布禁止俄國天然氣進口	ES-11/1：同意 ES-11/2：同意 ES-11/3：同意
保加利亞	官方宣布以修補烏克蘭軍事裝備後勤支援為主	75.2% 2022年4月26日俄國停止供應保加利亞天然氣	ES-11/1：同意 ES-11/2：同意 ES-11/3：同意
斯洛維尼亞	2月28日提供Kalashnikov步槍、4月21日提供T-72坦克	8.6% 尋求增加非洲天然氣進口、支持歐盟禁止進口俄國天然氣	ES-11/1：同意 ES-11/2：同意 ES-11/3：同意
克羅埃西亞	3月1日提供1650萬歐元的機關槍與各式防護裝備	0% 擴增液化天然氣接收站、以歐盟立場為主	ES-11/1：同意 ES-11/2：同意 ES-11/3：同意
波士尼亞－赫塞哥維納	未公佈援助措施	100% 持續進口俄國天然氣	ES-11/1：同意 ES-11/2：同意 ES-11/3：同意
塞爾維亞	未公佈援助措施	89% 持續進口俄國天然氣並計畫延長供應合約	ES-11/1：同意 ES-11/2：同意 ES-11/3：同意

國別	軍事立場	俄國天然氣進口佔全國比例／能源立場	外交立場
門地內哥羅	3月2日提供防彈衣與鋼盔等非致命性武器	N/A 未宣布禁止俄國天然氣進口	ES-11/1：同意 ES-11/2：同意 ES-11/3：同意
科索沃	未公佈援助措施	N/A 未宣布禁止俄國天然氣進口	N/A[註3]
北馬其頓	3月1日提供未公佈的若干軍事裝備	100% 持續進口俄國天然氣	ES-11/1：同意 ES-11/2：同意 ES-11/3：同意
阿爾巴尼亞	3月16日提供若干彈藥與後勤補給	N/A 未宣布禁止俄國天然氣進口	ES-11/1：同意 ES-11/2：同意 ES-11/3：同意

註1：預估值，請參閱International Energy Agency. 2020. "Belarus energy profile Country report." in https://www.iea.org/reports/belarus-energy-profile. Latest update 31 May 2022.

註2："Share of gas supply from Russia in Europe in 2020." *Statista*. Latest update 31 May 2022.

註3：非聯合國會員國。

資料來源：摘整自 United Nations, European Union, Eurasian Economic Union, Economist, BBC News, Russia Today, Sputnik News, Atlantic Council, Institute for the Study of War等資料庫

三、俄烏戰爭與中東歐國家政策立場

　　本文以軍事、能源、外交三大面向統整中東歐國家於俄烏戰爭時期的基本立場，將這些國家軍事立場再細分為致命性武器、非致命性武器提供與不提供援助等三種回應方式；從能源立場區分這些國家政策走向，將這些國家立場再細分為禁止進口俄國天然氣、未宣布是否禁止俄國天然氣進口與繼續進口俄國天然氣三種回應方式；最後，透過聯合國大會的譴責案釐清這些國家的外交立場，將這些國家外交立場再細分為同意譴責俄國與反對譴責俄國兩種立場。根據上述分類，本文初步得到的結果如表4.8。

　　根據上述討論，我們可以得出三種軍事立場、三種能源立場與兩種外交立場等八個選項。首先從軍事立場來看，提供致命性武器的國家在軍事上被標記

為採取最強硬立場，這些國家透過致命性武器提供可在戰場上直接消耗俄國武力，因此是一種最強硬的抗衡策略；非致命性武器提供則屬於中間策略，一方面展示了軍事上支援烏克蘭的立場、另一方面又避免激怒俄國，是一種典型的避險策略；本文將未公佈援助措施視同為未採取援助烏克蘭的舉措，從當前歐洲安全局勢觀點來，這看些國家採取不介入的軍事中立立場應該是最親善俄國的軍事立場。

　　從天然氣立場來看，直接宣布禁止俄國天然氣進口屬最強硬的經濟制裁手段，因為這對本國天然氣消費與俄國出售天然氣能源收入都屬最嚴屬的制裁行

表4.8　中東歐國家俄烏戰爭期間立場（摘整）

國別	軍事立場	俄國天然氣進口佔全國比例／能源立場	外交立場
愛沙尼亞	提供致命性武器	79% 宣布禁止進口俄國天然氣	同意譴責俄國
拉脫維亞	提供致命性武器	93% 宣布禁止進口俄國天然氣	同意譴責俄國
立陶宛	提供致命性武器	41% 宣布禁止進口俄國天然氣	同意譴責俄國
波蘭	提供致命性武器	40% 宣布禁止進口俄國天然氣（被動）	同意譴責俄國
捷克	提供致命性武器	66% 未宣布禁止俄國天然氣進口	同意譴責俄國
斯洛伐克	提供致命性武器	70% 未宣布禁止俄國天然氣進口	同意譴責俄國
匈牙利	不提供烏克蘭軍事援助	40% 繼續進口俄國天然氣	同意譴責俄國
白俄羅斯	不提供烏克蘭軍事援助	90%[註1] 繼續進口俄國天然氣	反對譴責俄國

國別	軍事立場	俄國天然氣進口佔全國比例/能源立場	外交立場
摩爾多瓦	未公佈援助措施	100%[註2] 繼續進口俄國天然氣	同意譴責俄國
羅馬尼亞	提供非致命性武器	10% 未宣布禁止俄國天然氣進口	同意譴責俄國
保加利亞	提供非致命性武器	77% 禁止進口俄國天然氣（被動）	同意譴責俄國
斯洛維尼亞	提供致命性武器	40% 未宣布禁止俄國天然氣進口	同意譴責俄國
克羅埃西亞	提供非致命性武器	68% 未宣布禁止俄國天然氣進口	同意譴責俄國
波士尼亞－赫塞哥維納	未公佈援助措施	100% 繼續進口俄國天然氣	同意譴責俄國
塞爾維亞	未公佈援助措施	89% 繼續進口俄國天然氣	同意譴責俄國
門地內哥羅	提供非致命性武器	N/A 未宣布禁止俄國天然氣進口	同意譴責俄國
科索沃	未公佈援助措施	N/A 未宣布禁止俄國天然氣進口	N/A
北馬其頓	提供非致命性武器	100% 繼續進口俄國天然氣	同意譴責俄國
阿爾巴尼亞	提供非致命性武器	N/A 未宣布禁止俄國天然氣進口	同意譴責俄國

註1：預估值，請參閱 International Energy Agency. 2020. "Belarus energy profile Country report." in https://www.iea.org/reports/belarus-energy-profile. Latest update 31 May 2022.

註2："Share of gas supply from Russia in Europe in 2020." *Statista*. Latest update 31 May 2022.

資料來源：整理自 United Nations, BBC, CNN, Russia Today, Sputnik News 等資料庫

為；未宣布禁止天然氣進口趨近於卸責（buck-passing）作為，是一種等待歐盟做出對是否對天然氣禁止與否的拖延戰略；而選擇繼續進口天然氣不僅能滿足國內消費所需、同時也是現階段最親善俄國的能源立場作為。

從外交立場來看，聯合國大會乃是基於憲章規範下不當使用武力的譴責案，決議文主要也是針對停止使用武力的訴求，因此除白俄羅斯與科索沃（非聯合國會員國）外，所有中東歐國家都投下贊成票，是一個具有高度共識的外交立場，本文在分類上先行排除外交立場討論，以前述三種軍事立場與三種能源立場進行交叉比對後，區分出中東歐國家回應俄烏戰爭的九個類型（表4.9）：[20]

綜合整理這幾種次類型，初步的檢視是：

第一類可稱為最強烈的抗衡型，也就是軍事層面採取最強硬抗衡、經濟層面也採取最強硬的純粹抗衡型。這一類型國家多半是中東歐最早加入北約與歐盟的國家、也是反俄意識形態最強烈的國家。第二型是軍事避險、經濟抗衡型，這一類國家為保加利亞，這是由於保加利亞與波蘭同為第一波遭受俄國停止供應天然氣的國家，近年來也採取了與波蘭相似的天然氣替代策略：透過核能發電、增加自亞塞拜然與挪威的天然氣進口等措施以降低對俄國依賴，不過保加利亞應變計畫目前看起來並不完整，能否抵銷天然氣消耗缺口仍有待觀察。 第三型是軍事中立、經濟抗衡型，這一類國家對軍事安全需求度低但天然氣高度自主，不過到目前為止沒有任何一個中東歐國家的回應策略屬於這個類型。

第四型是經濟避險、軍事抗衡型，這一類的國家對軍事安全威脅的感受強烈，但能源自主性低，主因是這一群國家多為內陸國，天然氣進口絕大部分仰賴管線供應，因此對禁止俄國天然氣進口態度較為謹慎。第五型是經濟避險、軍事避險型，這一群組國家多位於巴爾幹半島區域、離俄烏戰爭核心圈較遠、對俄政策相對緩和，軍、經政策採取相對避險策略。第六型是經濟避險、軍事

---

20 聯合國大會於俄烏戰爭期間召開緊急會議，第一次於3月2日以141票支持、5票反對、35票棄權通過決議，譴責侵略烏克蘭並要求立刻撤軍。第二次於3月24日以140票支持、5票反對、38票棄權通過決議要求立即停止對烏克蘭的軍事行動及增加對烏克蘭人道主義援助。第三次於4月7日以93票支持、24票反對、58票棄權通過暫停俄羅斯在聯合國人權理事會成員資格。

表4.9　中東歐國家回應俄烏戰爭的九種類型

	禁止俄國 天然氣進口	未宣布禁止俄國 天然氣進口	宣布繼續進口俄國天然氣
提供致命 性武器	**第一型** 愛沙尼亞 拉脫維亞 立陶宛 波蘭	**第四型** 捷克 斯洛伐克 斯洛維尼亞	**第七型** N/A
提供非致 命性武器	**第二型** 保加利亞	**第五型** 羅馬尼亞 克羅埃西亞 門地內哥羅 阿爾巴尼亞	**第八型** 北馬其頓
未公佈援 助措施 （含不提 供）	**第三型** N/A	**第六型** 科索沃	**第九型** 匈牙利 白俄羅斯 摩爾多瓦 波士尼亞－赫塞哥維納 塞爾維亞

資料來源：整理自前表

中立型，由於科索沃未能加入歐盟、北約與聯合國，因此其狀態趨近於純然中立立場。

　　第七型是經濟扈從、軍事抗衡型，這是一種採取最強的軍事抗衡做法但卻採最親善的經濟扈從策略，雖然有此類型，但目前真實世界尚未出現此等案例。第八型是經濟扈從、軍事避險型，這一類國家屬高度依賴俄國天然氣進口的內陸型國家、且兼具歐盟候選國雙重身分。第九型是經濟扈從、軍事中立型，也就是在俄烏戰爭中採取最親善的友俄立場，這一類型幾乎是高度依賴俄國天然氣國家且長期以來與俄國相對友好的國家。

　　影響這些國家對俄立場的關鍵在於軍事威脅與天然氣依賴，第一，軍事威脅又以距離俄烏戰爭地緣關係與天然氣運輸管線為主，基本上離俄烏戰爭核心圈越近、對戰爭感受威脅的程度也就越大、親俄反俄的立場也就越明顯，白俄羅斯、波海三國、波蘭、捷克、斯洛伐克、斯洛維尼亞等國都是加入歐盟或北約的第一波或第二波國家，這些國家自冷戰結束後就採取遠離俄國策略，巴爾幹半島距離俄烏核心圈更遠。不過即便有這些基本樣態的關聯，我們還是可以發現一些不合推論處，羅馬尼亞與匈牙利兩國軍事立場與周邊國家並不一致，羅馬尼亞與匈牙利兩國直接與烏克蘭相鄰，羅馬尼亞採取軍事避險而匈牙利採中立措施。

第二，從天然氣議題來看，越高度依賴俄國天然氣供應的國家對制裁俄國能源政策的力道也就越弱，不過此處有個重要的變數，就是這些國家能否從其他管道獲得天然氣替代供應，這裡的關鍵是有沒有鄰近海岸的港口、可否從海岸獲得液化天然氣進口。波海三國與波蘭、捷克與斯洛伐克皆具有波羅地海港口、對天然氣供應立場能解釋得通，但巴爾幹半島國家雖有海岸線卻長期依賴俄國天然氣供應，且目前為止沒有降低依賴俄國天然氣的具體做法。較特別的是保加利亞天然氣依賴程度高卻（被動）禁止俄國天然氣進口；羅馬尼亞對俄天然氣依賴程度低且具有港口可接收液化天然氣、但未禁止俄國天然氣進口，以及匈牙利是唯一一個歐盟會員國俄國天然氣依賴程度未達50%且主動宣布繼續進口的國家。

伍、結論

一、多樣化整合路徑與變動幅度大的路徑選擇

從前述分析框架可知，中東歐國家面對俄烏戰爭的回應之道是非常多樣的，這代表這些國家對俄烏戰爭的威脅感受度並不相同，這一點是我們觀察俄烏戰爭及造成衝擊所需特別留意的。其次，我們觀察中東歐國家在俄烏戰爭過程採取的政策立場並將這些立場置入策略選擇框架中，可以將這些國家區分為抗衡俄國、避險偏抗衡俄國、趨近中立、避險偏扈從與扈從俄國等幾個類型，請參閱下圖。

如果我們將圖4.4與圖4.3相互參照，可以得出下列初步觀察：

（一）整合路徑未變動的國家

這一群國家又可區分為最親歐盟、最遠離俄國立場的國家，如波蘭、愛沙尼亞、拉脫維亞、立陶宛，以及最扈從俄國、最遠離歐盟的國家，也就是白俄羅斯。這幾個國家親俄反俄的立場相當一致，可說是冷戰結束至今路徑發展最穩固的國家，俄烏戰爭對這些國家的衝擊，實際上持續強化這些國家的既定立場。

（二）整合路徑轉變最大國家

從俄烏戰爭角度來看，若干國家從原先既有立場，也就是從最遠離俄國或趨近遠離俄國的角度轉向扈從俄國立場，匈牙利、摩爾多瓦、波－赫、塞爾維亞屬於此列，這些國家有的是歐盟會員國（匈牙利）、有的是候選國（塞爾維亞）、有的是潛在候選國（波士尼亞－赫塞哥維納）、有的是尚未納入候選國名單（摩爾多瓦），可以說俄烏戰爭期間這一群國家展現了親俄的政策立場，對這些國家來說，抗／扈路徑並非固定不變，對歐洲安全的想像也未必要與北方的中東歐國家一致。

圖4.4　中東歐國家俄烏戰爭的路徑選擇

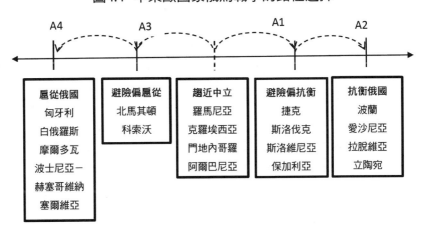

（三）整合路徑小幅度變動的國家

俄烏戰爭期間對俄國採取中間策略的國家，或者由抗衡轉向避險的國家（如捷克、斯洛伐克、斯洛維尼亞、保加利亞），或者由偏向歐盟或趨近中立立場轉向避險俄國（如北馬其頓、科索沃），這些國家採取了盡量避免明確的選邊站策略，避免過分激怒歐盟或俄國雙方；此外，這些國家仍然還保持在歐盟整合路徑上，所以未來出現變動的可能性也大。

二、中東歐國家路徑發展與路徑依賴改變

本文從俄烏戰爭的國際體系因素探討中東歐國家面對危機時的路徑選擇，分析這些國家自冷戰結束後整合路徑的變化。我們可以發現中東歐國家的路徑發展首先是以蘇聯瓦解與俄國力量消退作為起點，致多數中東歐國家選擇向西靠攏的整合策略，這個整合路徑代表理性思維與極大化國家利益的策略，藉以獲得歐盟的廣大市場與其他經濟利益。白俄羅斯則處於光譜另一端，選擇與俄國進行整合。不過俄烏戰爭使得這一群國家重新思考該如何回應迫在眼前的危機，戰爭爆發不僅發生在烏克蘭境內、戰爭也可能外溢到其他國家境內，糧食、能源、難民等較低層次的危機早已滲入周邊國家，俄烏戰爭並非局限於兩當事國。

由於中東歐國家回應俄烏戰爭方式如此多元，顯見這一群國家原先路徑依賴效果並不穩固，原先多數觀察以歐盟為主的整合路徑將能有效的整合新會員國的政治與經濟發展，不過從俄烏戰爭角度觀察，2004年後加入歐盟的中東歐國家立場並非一致，無論是否已經是歐盟的會員國、或正在與執委會談判入盟進入的候選國、或正等待歐盟同意給與候選國身分的潛在候選國，這些國家對於親歐或親俄的路徑發展有著多重發展路徑，這將對未來歐盟繼續深化整合的步伐產生影響；同樣的，歐盟對候選國入盟過程所發揮的影響力也未如預期般的巨大，過往相關研究咸認歐盟的條件設定與入盟規範對新會員國有強大的政策趨同效果，然從新會員國過往十數年整合經驗來看，中東歐國家整合經驗有其特殊之處，這些都是未來研究歐洲整合的重要參考。

附錄一：深入閱讀書單

吳玉山、楊三億主編，2019，《左右逢源還是左右為難？中小型國家在兩強間的抉擇》，臺中：奇果創新。

楊三億，2017，〈歐洲中小型國家安全政策：策略選擇與轉型〉，《問題與研究》，第56卷第2期，頁31-66。

Davies, Norman. 1996. *Europe*. Oxford ; New York : Oxford University Press.

Pierson, Paul. 1996. "The path to European integration: A historical institutionalist analysis." *Comparative political studies* 29(2): 123-159

Henderson, Karen. 1999. *Back To Europe: Central And Eastern Europe And The European Union*. London ; Philadelphia: UCL Press.

附錄二：中東歐區域研究重要機構

Institute of European and American Studies, Academia Sinica

中央研究院歐美研究所，位於臺北市南港區的研究機構，該機構為臺灣首屈一指研究單位，該所並有歐美研究季刊，為臺灣學界研究相關議題的重要刊物。

Centre for European Policy Studies

歐洲政策研究中心，位於比利時首都布魯塞爾，成立於1983年，是一所以歐洲整合相關事務為核心的研究機構，研究領域涵蓋政治、經濟、社會、氣候變遷等傳統與非傳統安全研究。

Polish Institute of International Affairs (Polski Instytut Spraw Międzynarodowych)

波蘭國際事務研究所，位於波蘭首都華沙，成立於1972年，是一所以國際事務與安全議題為核心的研究機構，並與波蘭外交部、國防部緊密合作，針對歐洲安全各重要議題提出政策看法。

The Institute of International Relations Prague (Ústav mezinárodních vztahů)

布拉格國際關係研究所，位於捷克首都布拉格，隸屬於捷克外交部，成立於1957年，該研究單位曾於冷戰時期因民主運動而短暫關閉，冷戰結束後轉型為以公益為導向之研究機構。

Razumkov Centre

烏克蘭研究機構，該研究機構採用已故的政治家Olexander Razumkov為名，對烏克蘭與歐洲整合的經濟、政治、外交等議題定期發表看法，該智庫並發行英文與烏克蘭文期刊專書等刊物。

RAND Corporation

藍德公司，美國智庫，前身為美國軍方研究單位，後轉型為全方位的非營利性組織、國際與歐洲安全為其研究核心之一。

中國社會科學院俄羅斯東歐中亞研究所

該所成立於1965年，並在1981年改隸屬於中國社會科學院，為研究俄國與東歐中亞的重要學術單位。

附錄三：專有名詞英文、中文對照表

英文	中文
Central and Eastern European Countries (CEEC)	中東歐國家
Common Foreign and Security Policy (CFSP)	共同外交與安全政策
Commonwealth of Independent of States (CIS)	獨立國家國協
Eurasian Economic Area (EEA)	歐亞經濟空間
Eurasian Economic Union (EEU)	歐亞經濟聯盟
Organization for Economic Cooperation and Development (OECD)	經濟合作暨開發組織
Poland-Hungary Assistance in Restructuring their Econom+ies (PHARE)	法爾計畫
Visegrad Group (V4)	維斯格拉集團

第二篇

亞太地區

5

中國大陸崛起與區域主義

徐斯勤

摘要

　　本章聚焦於中國大陸崛起後與經濟性區域主義之間的關係，包括中國大陸與其周邊地區已建立的較重要與廣泛之三項經濟區域化機制：「中國大陸—東協自由貿易區」、「區域全面經濟夥伴協定」以及「一帶一路」。本章主要研究發現包括：一、中國大陸參與經濟區域化，其政治或外交考量，相對於國內經濟發展的比重，明顯大於多數國家。二、中國大陸實現經濟區域化中的外交目標時，主要手段之一是雙邊主義，不同於一般經濟區域化所側重的多邊主義原則。三、中國大陸採取雙邊主義，偏向生產私有財，而非多邊主義偏向的公有財，符合國際關係相關理論。四、中國大陸崛起，使其參與經濟區域化的對外影響力上升後，來自其他國家的制度性／軟性制衡的程度，也隨之上升。這顯示欲完整理解評估中國大陸所參與的區域機制，不能只憑藉新自由制度主義，而必須同時納入現實主義視角。

　　關鍵字：中國—東協自由貿易區、區域全面經濟夥伴協定、一帶一路、雙邊主義

壹、前言

　　中國大陸從1990年代中期以後，在國際舞臺上逐漸崛起，為亞太地區和全球的政治、經濟、安全格局，都帶來重大變化。就本書所討論的區域化或區域主義而言，中國大陸也隨著其國力與影響力的成長，而扮演愈來愈重要與主動的角色。區域主義所涉及的議題頗多，Christopher M. Dent將區域主義界定為「一個特定區域內，在經濟、政治、安全、社會文化，以及其他相互連接關係（linkages）方面，趨向更大一致性（coherence）的結構、過程與安排」。[1]本章所討論中國大陸與區域主義之間的關係，將集中在上述定義中所提及的經濟議題。改革開放時期，在中國大陸周邊地區已建立的較重要與廣泛之經濟區域化機制中，中國大陸已經參與的，包括「中國—東協自由貿易區」（China-ASEAN Free Trade Area, 以下簡稱CAFTA）、「區域全面經濟夥伴協定」（Regional Comprehensive Economic Partnership, RCEP），以及「一帶一路」（早期多稱為One Belt One Road, OBOR，近年來多改稱Belt and Road Initiative, BRI，以下均簡稱BRI）。至於討論中國大陸參與周邊地區區域化時，也常列入討論的另外兩項機制——中日韓自由貿易區與上海合作組織，將不納入本章範圍。主要原因在於，前者從2002年首次提出倡議後，至今已20年，因為諸多阻礙與干擾尚未實現。這比起上述三項機制從開始提出到正式啟動的時間，耗費頗多。而且，中日韓三國在RCEP談判過程中，已在相當程度上推進了三方的經貿整合，並反映在RCEP最後協定中。至於後者，主要性質是安全議題上的合作，經貿議題並非重心，而且BRI的啟動，已整合納入了原先許多中國大陸與上合組織成員國之間的經貿合作項目。

　　本章的內容安排，將依序討論中國大陸參與以上三項經濟區域化機制的重要內涵。為符合本書所設定的主要讀者特性，在每項機制的歷史背景與整合進程部分，由於既有的中英文文獻所提供的介紹，可說都已汗牛充棟，詳盡豐富，本書所設定的主要讀者很容易去參考這些文獻，所以本章不擬重複詳述其

1　Dent, Christopher M. 2016. *East Asian Regionalism*. New York: Routledge: 42.

內容。此一部分，本章只做極為簡略的提要。討論三項機制的重點，將集中於各自的相關議題，包括一部分國際關係的理論性議題。此外，基於本書的性質和目的，以及本章必須在有限的篇幅中，涵蓋三項中國大陸發揮重要影響的經濟區域化機制，所以本章探討相關議題時，並非透過第一手資料，提供全新的經驗證據分析。本章主要是綜合整理與對照既有研究的發現或觀點，特別是近十年來的較新研究。如此，或能利於讀者掌握相關研究成果以及值得持續或開拓的研究議程，有助於研究者未來進行更深入的探索，孕育出更具學術價值的積累。

貳、中國—東協自由貿易區

一、歷史背景與區域整合進程

　　CAFTA是中國大陸從1990年代後期，開始尋求區域經濟化之後，作為發動者，與東亞地區的其他國家所締結的第一個整合性機制。2001年11月，在汶萊舉行的第五次中國大陸－東協領導人會議上，中國大陸與東協達成共識，同意建立CAFTA。2002年11月，在柬埔寨首都金邊舉行的第六次中國大陸－東協領導人會議上，中國大陸國務院總理朱鎔基和東協10個成員國領袖，共同簽署了《中國－東協全面經濟合作架構協定》，宣布將於2010年建立CAFTA。2004年11月雙方簽訂《貨物貿易協定》，規定自2005年7月起，除早期收穫清單和少數敏感產品外，雙方將對其他大約7000個稅目的產品降低關稅。2007年1月，雙方又簽訂《服務貿易協定》，於2007年7月1日起正式生效，雙方相互承諾，在60多個服務部門開放國內市場給對方。2009年8月，雙方再簽署《投資協定》，至此，CAFTA的所有主要談判可說均已完成，而2010年1月1日，CAFTA全面啟動生效。

二、中國大陸尋求經濟區域化的初始動力

（一）經濟邏輯vs.政治邏輯

作為中國大陸與東協尋求經濟區域化第一個里程碑的CAFTA，初始的驅動力量為何，值得探究。根據國際經貿理論，國家之間經濟結構的互補性愈強，愈有可能推動與經濟區域化邏輯一致的經貿自由協定。眾所周知，歐盟前身歐洲煤鋼共同體的建立基礎之一，就是德國產煤礦與法國產鐵礦之間的互補性。然而，相關研究指出，在中國大陸與東協啟動FTA談判之際，雙邊的產業結構之間，其實是競爭性比互補性更為明顯。這使得彼此在對方整體貿易出口所佔的比重都不大。當時的東協五國出口至中國大陸的貿易額，僅占後者整體進口總額的5.5%，以及前者出口至全球總額的2.4%。後者出口至前者的貿易額，僅占後者整體出口的6.4%，以及後者從全球進口總額的2.6%。[2] 而在CAFTA即將全面生效前的數據顯示，以單一國家而論，沒有任何一個東協國家在中國大陸出口總值中所佔的比例，能達到後者應該納入作為締結FTA主要潛在夥伴的水準。[3] 同時，以區域而論，無論從整體GDP增長、出口增長、進口增長，乃至整體福利效果增加來看，與東協締結FTA的貢獻，都明顯小於同時與東協及日韓，或者只與日韓締結FTA所帶來的貢獻。而且，在整體福利效果上的差距，後兩種選擇更是第一種選擇的25到30倍左右。[4]

當經濟邏輯無法完滿解釋CAFTA何以成立時，必然要訴諸其他補充性解釋，而許多現有文獻都認為，政治邏輯可能比經濟邏輯更重要。北京在1990年代後半開始尋求與東協進行經貿整合的多邊主義，遠因是1989年天安門事件後，遭到先進工業國家基於人權理由實施的經濟制裁，而近因則是北京試圖消解淡化1990年代中期以後開始出現的「中國大陸威脅論」。更具體來說，北京原來與美國所保持的相對穩定之政治與經濟關係，開始出現極大不確定性，加上冷戰結束，強烈撼動社會主義陣營，因此為了達成維續政權生存的政治目

2　Wong, John and Sarah Chan. 2003, "China-ASEAN Free Trade Agreement: Shaping Future Economic Relations." *Asian Survey* 43(2): 516-519.

3　黃鵬、汪建新，2008，〈對中國潛在自貿區伙伴的選擇戰略研究〉，《國際貿易》，10：19。

4　張鴻，2009，〈關於中國實施自由貿易區戰略的思考〉，《國際貿易》，3：17-18。

的，採取各種形式（包括經濟形式）的睦鄰外交政策，乃成為必要。無論是在1990年代後半北京所提出的「新安全觀」，或是尋求與周邊國家間的區域性經濟整合，都是上述終極目標下的政策工具。[5]

　　政治邏輯凌駕經濟邏輯的最強烈證據之一，則是北京其實是已經先基於政治目標的驅動而確定了必須完成CAFTA的基本原則，然後才來處理協議內的經貿利益如何交換與取捨的細節。中國大陸與東協洽談CAFTA的官員指出，當2000年11月，中國大陸總理朱鎔基在第四次中國大陸與東協領導人會議上，宣布了要和東協建立自貿區之後，來自領導層對於談判官員的要求就是，此一構想非要實現不可。這和一般的自由貿易協定（例如：後來的RCEP）洽談過程中，必須花費冗長時間與協調國內外產業利益衝突，然後才能確定協議能否談判完成的常見情況，顯然不同。在此種格局下，當雙方在特定議題上的初始立場出現較大差異時，中方的讓步，往往明顯多於東協的讓步。[6]

（一）制度規則上的不對稱性

　　在上述背景下，一個相關的議題，就是CAFTA的制度規則，呈現出兩種不對稱性，而與一般FTA不同。第一種不對稱性，是中國大陸和東協之間，雙方在關稅減讓後的稅率差異。CAFTA全面啟動後，前者對後者的平均關稅率，將從啟動前的9.8％，下降到0.1％。而後者在2001年開始與前者洽談時的6個成員國（泰國、新加坡、菲律賓、印尼、汶萊）對前者的平均關稅率，則從12.8％降低到0.6％，亦即最後的關稅稅率，後者受惠較大。[7] 更重要的是，前者透過所謂「早期收割計畫」（Early Harvest Program, EHP），針對來自後者的

5　Goldstein, Avery. 2001. "The Diplomatic Face of China's Grand Strategy: A Rising Power's Emerging Choice." *The China Quarterly* 168: 835-864; and Kuik, Cheng-Chwee. 2008. "China's Evolving Multilateralism in Asia: The *Aussenpolitik and Innenpolitik* Explanations." In *East Asian Multilateralism: Prospects for Regional Stability*, eds. Kent E. Calder and Francis Fukuyama. Baltimore, MD: Johns Hopkins University Press: 124-129.

6　Chin, Gregory and Richard Stubbs. 2011. "China, Regional Institution-Building and the China–ASEAN Free Trade Area." *Review of International Political Economy* 18(3): 287-288.

7　新華網，2010，〈中國聚焦：世界上最大的自由貿易區正式建成〉，騰訊新聞，https://news.qq.com/a/20100101/000621.htm，2022/5/2。

130多種農產品與工業產品，單方面做讓步，提供關稅減讓。[8]所謂早期收割，是指在協議最後全面生效之前，雙方先選擇一些彼此同意的產品，提前先開始以及採取較大幅度的降低關稅，對於對方產品開放國內市場。不過，CAFTA之前的EHP，其互惠性顯然並不對稱。

第二種不對稱性，則是前者對後者的不同成員之間，要求其在EHP中所給予的讓步幅度，有所不同。雙方在2002年簽訂的《中國與東協全面經濟合作框架協議》中，所議定的相關產品，主要是農產品。該協議將這些產品，按其在2003年7月1日的實施稅率，分為三類（第一類：稅率在15%以上，第二類：稅率在5%到15%之間，第三類：稅率在5%以下），並按照不同的時間表分別針對三類產品進行關稅的降低和取消。然而，每一類產品，在中國大陸對於不同的東協國家之間（主要是東協的上述六個舊有會員國，相對於柬埔寨、緬甸、寮國、越南，所謂CMLV這四個新成員國），所要求後者對於來自前者之進口品的降稅幅度，和最後降至最低關稅水準的過渡時期長短，卻有所不同。例如，第一類產品部分，舊會員國從2004年1月1日降至10%，到2006年1月1日必須降至零關稅。新會員國當中的越南從2004年1月1日起降至20%，到2008年1月1日才降至零關稅。而寮國與緬甸，從2006年1月1日降至20%，到2009年1月1日才降至零關稅。至於柬埔寨，從2006年1月1日降至20%，到2010年1月1日才降至零關稅。[9]

三、區域制度建構中的雙邊主義與私有財 vs. 多邊主義與公共財

上述的兩種不對稱性，顯示CAFTA作為經濟區域化的一種制度建構，是在一般常見的多邊主義（multilateralism）型態區域制度之中，也摻雜了強烈的

8 ASEAN Secretariat. 2002. "Framework Agreement on Comprehensive Economic Co-Operation Between ASEAN and the People's Republic of China." http://www.aseansec.org/13196.htm. Latest update 19 April 2022.

9 ASEAN Secretariat, *op. cit.*; Pempel, T. J. 2008. "Restructuring Regional Ties." In *Crisis as Catalyst: Asia's Dynamic Political Economy*, eds. Andrew MacIntyre, T. J. Pempel, and John Ravenhill. Ithaca, NY: Cornell University Press: 164-180; and Ravenhill, John. 2008. "The New Trade Bilateralism in East Asia." In *East Asian Multilateralism: Prospects for Regional Stability*, eds. Kent E. Calder and Francis Fukuyama. Baltimore, MD: Johns Hopkins University Press: 78-105.

雙邊主義（bilateralism）成分。作為大多數全球或區域國際制度原則的多邊主義，其主要特徵在於，相關的制度規則，是普遍而無差別的適用於所有成員，而不考慮個別成員或個別情境下的特殊性或特殊利益。[10]而這也體現了「擴散式互惠性」（diffuse reciprocity）的本質。然而，當制度規則的適用與在不同成員之間存在差別，例如此處的不對稱性，則是在屬於雙邊主義，而其本質則是「特定式互惠性」（specific reciprocity）。[11]而多邊主義相對於雙邊主義的國際制度，同時又涉及其所產生的利益屬於「公共財」（public goods）或「私有財」（private goods）。銜接了霸權穩定論（hegemonic stability theory）的創始者Charles P. Kindleberger的觀點，Robert Gilpin與Robert Keohane都認為，當全球或區域體系中的霸權國，受到的權力挑戰相對較小，其影響力持續領先其他國家時，則其所支持的國際制度，傾向將制度利益分享給體系內多數成員，亦即大致上反映「非敵對性」（non-rivalry）與「非排他性」（non-excludability）的公共財。[12]相反地，權力轉移理論認為，倘使霸權國遭逢崛起強國的挑戰，其影響力逐漸動搖時，則霸權國和挑戰國都會各自在其所支持或偏好的國際制度中，優先將制度利益分配給有利其權力的聯盟夥伴。此時，某些制度利益是透過選擇性而非普遍性地分配，亦即帶有排他性，所以由公共財變為私有財。[13]換言之，上述不對稱性反映出北京依循雙邊主義途徑而建構的CAFTA，是提供私有財的區域制度，而這也基本符合霸權穩定論的上述命題——在中國大陸逐漸崛起，挑戰美國的區域和全球霸權背景下，北京會區別對待在東協國家中，是否值得優先建立較親密夥伴關係的不同國家。同時，這當然也進一步反映出北京對於CAFTA的整體目標中，政治邏輯凌駕經濟邏輯。

---

10 Ruggie, John Gerard. 1992. "Multilateralism: the Anatomy of an Institution." *International Organization* 46(3): 571.

11 Keohane, Robert O. 1986. "Reciprocity in International Relations." *International Organization* 40(1): 9.

12 Gilpin, Robert. 1981. *War and Change in World Politics*. Cambridge: Cambridge University Press; and Keohane, Robert O. 1989. "The Theory of Hegemonic Stability and Change in International Economic Regimes, 1967-1977." In *International Institutions and State Power: Essays in International Relations Theory*, ed. Robert O. Keohane. Boulder, CO: Westview Press:74-100.

13 Bussmann, Margit, and John R. Oneal. 2007, "Do Hegemons Distribute Private Goods? A Test of Power-Transition Theory." *The Journal of Conflict Resolution* 51(1): 88-111.

　　值得注意的是，雙邊主義下中國大陸對外談判的政治邏輯，與中國大陸內部經濟改革的政治邏輯，其實是如出一轍。Susan L. Shirk 指出，從1980年代開始，中央政府一方面為了在經濟上鼓勵國內各省級行政區推動市場化經濟改革，以及更重要的，另一方面為了在政治上爭取更多省級領導幹部對於角逐中央最高政治領導權力者的支持，因此，在財政體制改革、企業改革、外貌與投資體制改革、金融改革等主要經改議題上，必須儘量讓所有地方政府，都有更多誘因來配合經改。為了達到此一目的，故而採取了以一對一談判為主的模式，來建立制度規則。在此模式之下，每組中央與地方之間一對一談判所達成的協議，其規則都與其他的央地之間規則不盡相同。最明顯的例子，是1980年代的財政分權改革下，中央與各省之間如何劃分財政收入的計算公式和參數，以及最後分成的比例，每個省都不同。Shirk 將此種改革政策的型態，稱為「特殊式」（particulartistic）的政策，而與「標準化」（standardized）政策有所區別。後者是指中央對於不同地區的政策或制度規則，是統一而無差異的。但是標準化政策必然產生在利益分配上的「重分配」（redistributive）效果。公共政策上的重分配，主要目的是從獲利較多者手中，轉移出一部分資源與利益給獲利較少者。換言之，重分配使得原來獲利較多者，失去一部分原有利益，而成為輸家，而原來獲利較少者，因為標準化政策下的重分配，取得新的利益，而成為贏家。相對而言，特殊式政策因為能針對每個不同對象量身訂做其能接受的規則，所以較能避免重分配的後果。由於輸家不希望重分配發生，因此較不支持標準化政策，而特殊式政策則使得所有對象都是贏家。就政治邏輯來說，特殊式政策比標準化政策更有利於制定政策規則的中央領導人，對於每個省的省級領導幹部，都建立起聯盟夥伴關係，爭取其在日後最高權力地位角逐中給予支持。[14] 將此種邏輯，推論至CAFTA，便不難理解，當北京試圖儘量讓更多東協國家改善與中國大陸關係，並淡化其將中國大陸視為威脅的目標下，何以必須儘量避免標準化制度規則下產生對中國大陸不滿者，以及何以必須採行雙邊主義的特殊式制度規則。

---

14 Shirk, Susan L. 1993. *The Political Logic of Economic Reform in China*. Berkeley, CA: University of California Press.

四、CAFTA的影響

　　CAFTA生效至今，雙邊之間的貿易是否因此而有成長？圖1到圖3顯示，雙方出口至對方的製造業商品金額，都有明顯增加；如果比較2011年到2020年的數字，則所有東協國家對中國大陸的出口，成長率為52.5%，而進口的成長率為87.1%。同時，中國大陸對所有東協國家而言，從2011開始每年均享有貿易順差，由2011年的148.5億美元，上升至2020年的763.1億美元，成長率為413.9%。值得注意的是，如果從2010年開始回溯，中國大陸每年對東協都是貿易逆差。[15] 如果從製造業進出口對於全國GDP成長率貢獻來看，CAFTA生效後，是較有利於中國大陸而非東協。而製造業方面的上述演變趨勢，主因之一，是來自雙邊投資關係的改變，而此種改變是CAFTA全面生效後數年內便立刻出現的。例如，2006年中國大陸對東協的投資，總額為3億美元，到了2015年已達83億美元。相對地，東協的投資總額在2006年為34億美元，而2015年則為76億美元，投資的流入／流出淨額與投資成長率，都有明顯差距。伴隨此種差距的，則是投資結構的變化。例如，2008年，前者對後者投資中所占比例最高的能源產業，佔47.3%，到2014年僅剩8.3%。而2008年佔23.2%的服務業與9.5%的製造業，到2014年分別上升到40.5%與19.5%。[16] 前者對後者製造業投資的增加，帶來在商品貿易進出口上，與大多其他經濟體之間雙邊關係（例如：中國大陸與臺灣）同樣的結果：前者的投資，主要是從後者生產終端產品，最後出口到先進工業國家，而終端產品需要大量中間產品（intermediate goods），這部分就由前者出口到後者，導致前者的製造品貿易順差。

　　在上述演進趨勢之下，CAFTA作為中國大陸與東協國家進行經濟區域化的重要機制，其主要的影響，其實已經體現在雙方整體經濟發展的角色關係

15 Chiang, Min-Hua. 2019. "China-ASEAN Economic Relations after Establishment of Free Trade Area." *The Pacific Review* 32(2): 276-277.

16　中華人民共和國商務部，2006-2016，《中國外商投資報告》，北京：經濟管理出版社；中華人民共和國國家統計局，2006-2016，《中國外商投資報告》，北京：中國統計出版社；中華人民共和國商務部，2016，《中國外資統計》，中華人民共和國商務部網站，http://images.mofcom.gov.cn/wzs/201611/20161107131933879.pdf，2022/4/11。

圖5.1 中國大陸出口至東協國家的貨物貿易量，2011-2020 （單位：十億美元）

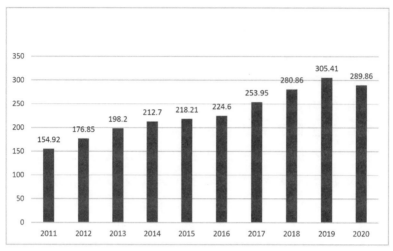

資料來源：Statista. 2023. "Import value of the ASEAN region from China from 2012 to 2021." in https://www.statista.com/statistics/648864/import-value-asean-region-from-china/. Latest update 12 June 2023.

圖5.2 東協國家出口至中國大陸的貨物貿易量，2011-2020 （單位：十億美元）

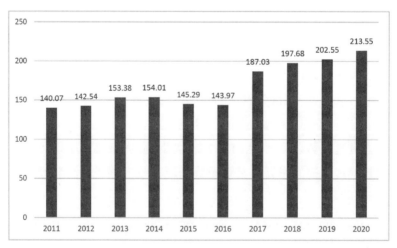

資料來源：Statista. 2023. "Export value from the ASEAN region to China from 2011 to 2020." in https://www.statista.com/statistics/648441/export-partners-asean-region-to-china/. Latest update 15 June 2023.

圖5.3 中國大陸對東協貨物貿易進出口與貿易順差趨勢，2011-2020
（單位：十億美元）

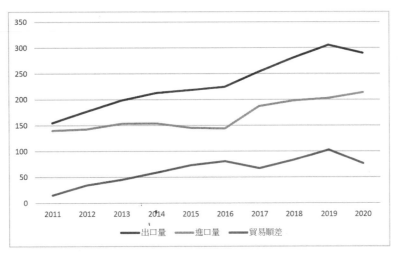

資料來源：Statista. 2023. "Import value of the ASEAN region from China from 2012 to 2021." in https://www.statista.com/statistics/648864/import-value-asean-region-from-china/. Latest update 15 June 2023; Statista. 2023. "Export value from the ASEAN region to China from 2011 to 2020." in https://www.statista.com/statistics/648441/export-partners-asean-region-to-china/. Latest update 15 June 2023; 作者自行計算。

上。簡言之，前者憑藉其較低成本的優勢，對於後者當中經濟較發達的國家（主要是六個原有會員國），在製造品貿易上，擠壓到其外銷到工業發達國家的市場佔有率。而對於後者當中的四個新會員國（特別是越南），則是出口中間產品，例如鋼鐵與機械產品，來滿足後者生產終端產品再外銷至西方國家的需求。這種關係，頗為類似已往中國大陸必須進口日美等國中間產品，再將終端產品外銷回這些國家的模式，也就是所謂東亞區域發展中，日本作為領導者，臺灣與韓國作為第二波追隨者，中國大陸作為第三波追隨者的「雁行模式」（flying geese model）。[17]不同的是，CAFTA使得中國大陸和東協之間，前者逐漸蛻變為領導者，而後者成為追隨者的關係。

---

17 Kasahara, Shigehisa. 2013. "The Asian Developmental State and The Flying Geese Paradigm." UNCTAD Discussion Papers 213, United Nations Conference on Trade and Development.

參、中國大陸與區域全面經濟夥伴協定

一、歷史背景與整合進程

在2008年起自美國的金融海嘯發生後，美國等經濟發達國家的需求萎縮，嚴重影響到對外出口高度依賴西方國家市場的東亞各國。2009年起，美國初步開始提及「跨太平洋夥伴協定」（Trans-Pacific Partnership, TPP）的構想。但此一構想，所尋求的開放、自由化與公平貿易程度，超出東亞國家當時多數自由貿易協定以關稅調降為主的型態。因此，2011年2月所舉行的第18次東協經濟部長級會議上，東協開始尋求TPP之外較為適合本身的另一種FTA，於是RCEP的原始概念第一次被提出。2012年11月，東協十國、日本、韓國、中國大陸、澳洲、紐西蘭和印度共16國，共同發布了《啟動區域全面經濟夥伴關係協定談判的聯合聲明》，RCEP談判正式啟動。

由2013年5月到2020年7月，共進行了31輪談判。其中，到2015年8月為止的前9輪談判，進展較緩慢。主要原因有二，就談判所涉及的產業範圍而言，多數參與國仍較為關注傳統上FTA聚焦的貨物和服務貿易。就參與國本身特性而言，由於不同國家之間的經濟與產業發展程度，有時存在較大差異，所以在許多議題上存在明顯分歧。從2015年10月起的第10輪談判，進展速度有所提高，原因之一是2017年1月美國宣布退出TPP（美國退出後，TPP於當年11月改組為「跨太平洋夥伴全面進步協定」，Comprehensive and Progressive Agreement for Trans-Pacific Partnership）因此使得原先同時參與TPP和RCEP談判的國家，有更大誘因推動RCEP完成。2019年10-11月，第三次RCEP峰會在泰國舉行時，印度官員宣布，印度由於擔心低關稅帶來的影響，因此為保護國內農民與工人，所以決定暫不加入RCEP，退出談判。2020年11月15日，由全體締約方共計15國，正式簽署協定，並於2022年1月1日正式生效。

RCEP最終協議的主要內容，簡言之，包括貨物貿易、服務業貿易、投資、自然人移動四個主要領域。貨物貿易方面，締約國90%以上的貨物貿易關稅，在10年內降到零關稅，並逐步降低非關稅貿易障礙。服務業貿易方面，締

約國採取正面或負面表列清單（以下會就此點再做討論），承諾開放的部門。以中國大陸為例，其開放承諾比到當時為止，其在WTO或任何其他FTA的開放程度都更高。其承諾開放部門的數量，比加入WTO所承諾的又多了22個部門，也同時提高了另外37個部門的承諾開放水準。投資方面，締約國針對製造業、農業、林業、漁業、採礦業，共五個非服務業領域的投資，採負面表列清單方式開放。自然人移動方面，締約國承諾對於其他締約國投資者、公司內部流動人員、契約服務提供者、配偶及家屬等，可給予簽證及一定的居留期限，開展貿易投資活動。RCEP最讓人注目之處，可能是其龐大規模；此一亞太地區的FTA，總體經濟規模與涵蓋人口數（總GDP約29兆美元，總人口約22億）不但超越CAFTA，更超越歐盟與北美自由貿易協定（North America Free Trade Agree-ment, NAFTA），成為目前全球最大的經貿共同體。在這個巨型的區域經濟制度中，中國大陸雖然並非原始發動者，但如以下所論及，卻在過程中逐步擴大影響力，而使得許多西方國家認為RCEP的最大受益者可能是中國大陸而未必是東協國家。

二、區域制度建構與權力制衡：中國大陸與其他區域內大國的競爭

　　CAFTA所呈現的北京之政治邏輯和目標，以及實施後造成中國大陸與東協國家之間的權力主從關係，都顯示出，欲理解中國大陸尋求區域化的行為和動力，必須超越經濟考量。而這與歐洲和北美的區域經濟整合，顯然不同。以北美的NAFTA為例，整個談判過程，以及締約與實施後對於個別國家的長期影響，各國的關注絕大部分都聚焦於對於國內經濟成長、工資與就業水準、勞資關係、產業競爭優勢等經濟議題上，鮮少從政治影響的角度來評估。然而，在東亞經濟區域化，隨著東協與中國大陸、印度、日本、韓國、紐澳，在21世紀的頭十年，都依循「東協+1」模式，先後簽署了雙邊的FTA之後，各國關注的焦點，不僅只是其經濟影響，更包括了其對於彼此間政治權力競爭的影響。相關文獻指出，與東協進行整合的區域內各國，進一步提出的雙邊或多邊經濟整合倡議，極大程度上是著眼於制衡其他國家在東南亞地區的政治影響力，使得這些國家——特別是中國大陸、日本、印度等大國——所共同塑造的

經濟區域化，同時呈現出新自由制度主義所凸顯的合作與互賴，以及現實主義所凸顯的競爭與互斥。而這種透過區域制度建構來制衡他國的「制度性制衡」（institutional balancing），也成為如何理解中國大陸參與RCEP的重要基礎。

　　印度是南亞的最大國，無疑也具有區域霸權國的客觀條件。而中國大陸如果透過在印度洋有出海口的緬甸，使用印度洋的運輸航道，紓解其來自中東、非洲的貨運航道有限的困境，那麼在印度看來，其實是侵入了其勢力範圍。早在1990年代初期，中國大陸便投資了數十億美金在緬甸，興建鐵公路運輸、港口、石油與天然氣管線等項目。[18]而後，北京又在巴基斯坦、斯里蘭卡、孟加拉，都投資了港口擴建項目。[19]除了這些雙邊項目外，北京在CAFTA之前，便已於1992年起發動了一個重要的多邊項目：「大湄公河次區域經濟合作」（The Greater Mekong Subregion, GMS），成員包括了泰國加上CMLV四國，內容以中國大陸出資興建水力發電與運輸設施為主。在此同時，北京與這些南亞國家之間，又大幅強化了以軍售為主的軍事關係。為了反制北京，德里先是加強與緬甸軍政府的軍事合作與啟動能源項目投資，然後也將雙邊機制擴展為多邊機制——在1997年與緬、泰、孟加拉、斯里蘭卡共同建立「環孟加拉灣多部門技術與經濟合作倡議」（Bay of Bengal Initiative for Multi-Sectoral Technical and Economic Cooperation, BIMST-EC），後來又納入了尼泊爾和不丹。針對印度的反制，北京又在1999年提出了「昆明倡議」，包括中國大陸、印度、緬甸、孟加拉，初始性質是四國的地方政府促進經濟合作的二軌論壇。在2013年，中共總理李克強訪問印度時，雙方的聯合聲明中，將其易名為「孟中印緬經濟走廊」（BCIM Economic Corridor），成為四國中央政府間共同合作的區域經濟發展組織。雖然，印度也參與其中，但態度始終並不積極。昆明倡議後一年，印度又還以顏色，發起「湄公河—恆河合作倡議」（Mekong-Ganga Cooperation, MGC），結合了泰國與CMLV四國，以運輸交通設施項目為主。印度官員公開宣稱，此一倡議讓印度有機會能進入南海的運輸線。尤其，印度藉此一機制

18 Yahya, Faizal. 2005. "BIMSTEC and Emerging Pattern of Asian Regional and Interregional Cooperation." *Australian Journal of Political Science* 40(3): 398,

19 Brewster, David. 2015. "An Indian Ocean Dilemma: Sino-Indian Rivalry and China's Strategic Vulnerability in the Indian Ocean." *Journal of the Indian Ocean* 11(1): 51.

特別強化與越南的關係，甚至包括在南海共同探勘開採石油與天然氣，引起北京高度不滿。[20] 從上述過程中不難看出，中印發動這些區域機制的主要目標之一，都在於擴張本身在地緣政治、經濟、戰略上的權力，以及抑制對方的權力。因此，論者以所謂「制度上的軟性制衡」（institutional soft balancing）稱之。[21]

在CAFTA於2005年生效後不久，2008年發生了源自美國的金融海嘯，成為1997年亞洲金融風暴後，又一次衝擊亞洲各國經濟金融的危機。但是，猶如1997年的危機一般，2008年的危機，也啟動了新一波亞太地區經濟區域化的浪潮。亞太各國，紛紛提出各種不同的區域化多邊倡議，彼此競爭，也和原已存在的，甚至超出經濟議題以外的多邊機制，相互競爭，而成為所謂「第二代對抗性區域主義」（contested regionalism 2.0, CM 2.0）。而CM 2.0不同於CM 1.0的特徵之一，就是後者是在區域霸權仍然是美國的格局下，多半由東協本身發動；但前者則是2008年金融海嘯，標誌著美國領導的單極霸權體系與自由主義的秩序，轉變到更不確定（可能走向區域內的多極體系）之秩序的開始。[22] 在區域秩序轉型的關鍵時刻，區域內各國紛紛發動有利於本身權力的區域整合版本。在以區域制度建構擴大本身權力的同時，也尋求抑制其他競爭者的權力，從而使得制度性制衡也成為CM 2.0的另一個核心特徵，也使得上述中國大陸與印度之間環繞在南亞和東南亞的制度性制衡，其範圍擴大到整個亞太地區。[23]

各國競相提出的倡議，首先是2009年澳洲總理陸克文（Kevin Rudd）的「亞太共同體」（Asia Pacific Community），以及日本首相鳩山由紀夫的「東亞共同體」（East Asia Community）。2013年，韓國總統朴槿惠提出「東北亞和

---

20 Rüland, Jürgen and Arndt Michael. 2019. "Overlapping Regionalism and Cooperative Hegemony—How China and India Compete in South and Southeast Asia." *Cambridge Review of International Affairs* 32(2): 189-191.

21 Rüland and Michael, *op.cit.*: 179.

22 美國國際關係學界不少自由主義學者，例如G. John Ikenberry，都察覺到2008金融海嘯給美國所主導的自由式國際秩序所帶來的重大衝擊。參見Ikenberry, G. John. 2012. *Liberal Leviathan: The Origins, Crisis, and Transformation of the American World Order*. Princeton, NJ: Princeton University Press: 4.

23 He, Kai. 2019. "Contested Multilateralism 2.0 and Regional Order Transition: Causes and Implications." *The Pacific Review* 32(2): 214-215.

平與合作倡議」（Northeast Asia Peace and Cooperation Initiative, NAPCI）。中共總書記習近平則提出亞洲的「命運共同體」（community of common destiny, CCD），以及本文稍後將討論的「一帶一路」（belt and road initiative, BRI）。而在CM 2.0當中落於人後的美國，乃由歐巴馬總統在2015年提出TPP。這種此起彼落、相互對抗的區域制度建構競賽，如果從制衡策略的角度來看，可以分為三種。首先是「收納性制衡」（inclusive balancing），是指將他國納入區域建制後，以建制的規則或規範來制約他國的行為。中國大陸的BRI，藉由提供他國基礎建設之借貸融資等，來建立國際金融治理的新規則，即屬之。其次是「排除性制衡」（exclusive balancing），是指將特定對象排除在區域制度之外，以削弱其影響力。眾所周知，美國的TPP，乃是歐巴馬總統的「以亞洲為樞紐」（Pivot to Asia）外交大戰略下的經濟政策工具，目標之一是強化美國與東亞各國的經貿關係，並削弱中國大陸與其經貿關係，故屬於排除性制衡策略。最後，則是「制度之間的相互制衡」（inter-institutional balancing），是指不同的制度，有時可能性質、議題或成員範圍接近，但某些關鍵性的差異，造成對不同國家的影響力有所不同。上述的日本之EAC，是將紐澳排除在外，而和澳洲的APC互為制度之間的制衡。[24]

　　上述的CM 2.0與制度性制衡的背景，與中國大陸和東協之間在CAFTA之後的另一個經濟區域化建制─RCEP，息息相關。在美國提出TPP作為對中國大陸的排除性制衡策略後，中國大陸政府在區域制度建構的層面（因此不包括BRI，理由將於後文述及），如何評估以及如何設計對策，雖然本文目前並無直接證據，但根據中國大陸國際關係與外交政策相關公開論著的內容，應可合理推斷在一定程度上能反映出其政府的思考。屬於中國大陸外交政策智庫，兼具學理性與政策關聯性的「中國現代國際關係研究院」，根據其由2010到2015年所出版的大約800份的英文期刊相關論文，所作的內容分析，透露出的主要觀點為：TPP是美國對中國大陸所提出，不但在經濟上同時也在政治與戰略上的挑戰。而RCEP則是中國大陸不但在經濟上，同時也在政治與戰略上針對

---

24 He, *op.cit.*: 215-216.

TPP的回應。換言之，像RCEP這樣的FTA，被中國大陸的專家認為，其性質不僅是尋求經濟利益，更在於作為經濟外交的政策工具，來實現政治與戰略目標。[25]

三、中國大陸在RCEP中的影響力

如果前述證據，能反映中國大陸政府對於RCEP的一部分看法，那麼至少有兩個相關議題值得討論。首先，如前文所言，RCEP的倡議最初是由東協所發起，同時也有許多相關研究認為是由東協所主導。那麼，北京憑藉何種理由，認為能藉由RCEP來擴大其相對於美國，在亞太地區的影響力？一般談到RCEP的起源，多半注意到是來自東協本身有鑑於先前原有的四個「ASEAN+1」自貿協定——東協分別與中國大陸、日本、韓國、紐澳，彼此間規則存在好些差異，對於包括東協國家在內的多邊貿易仍然存在障礙，因此由東協發動整合性倡議。2011年11月第19屆東協高峰會，通過「區域全面經濟夥伴關係之東協架構」（ASEAN Framework for Regional Comprehensive Economic Partnership）協議，擬與六個非東協國家（包括後來退出RCEP談判的印度），從2013年5月開始展開RCEP的第一回合談判。這種主動角色，看來似乎又一次印證了東亞區域主義中，經常提到的所謂「東協的中心地位」（ASEAN Centrality）。此一概念的提出，是基於從安全領域的東協區域論壇（ASEAN Regional Forum, ARF）開始，以及政治議題和安全議題兼具的東亞高峰會（East Asian Summit, EAS），再到經貿領域的各種以東協為平臺的「ASEAN+X」模式。尤其，這些機制，都能納入一個或多個亞太地區的強權，例如美國、中國大陸、日本、印度，而讓東協在這些平臺中，以相對較為平等的地位，與這些大國對話和交往。[26] 甚至，研究亞太國際關係的建構主義學者，認為上述與安全議題有關的機制，顯現出東協國家能透過這些平臺，來制約本來可能在亞太地區發生更多衝突的美國和中國大陸，甚至對大國產生社會

25 Groten, David. 2017. "China's Approach to Regional Free Trade Frameworks in the Asia Pacific: RCEP as a Prime Example of Economic Diplomacy?" *Security and Peace* 25(3): 144-149.

26 Caballero-Anthony, Mely. 2014. "Understanding ASEAN's Centrality: Bases and Prospects in an Evolving Regional Architecture." *The Pacific Review* 27(4): 563–584.

建構論所稱的「社會化」（socialization）作用，使其身分認同與利益界定產生某種程度的改變。[27]

　　然而，時日既久，由中共的胡錦濤時代後期進入習近平時代，當中國大陸的經濟與綜合國力持續擴大，並不斷拉近和美國的距離之後，東協在安全領域中愈來愈難以如同過去般節制兩大強權之間的緊張關係。[28]同時，中國大陸軍事實力上升，以及其本身認為屬於合法權益但不被東協國家接受的相關作為，也直接在安全議題上挑戰所謂東協的中心地位。[29]最明顯的例子之一是中共外長楊潔篪，在2010年於越南河內所舉行的東協外長會議上，直白地宣稱：「中國是大國，而其他國家都是一些小國，這是無法改變的事實。」

　　北京試圖在區域秩序中扮演更主動角色的作為，的確不僅限於安全議題，而同樣反映在經濟區域化的RCEP建構過程中。當然，與CAFTA不同的是，RCEP因為涉及中國大陸對於非東協國家的貿易來往，所以北京不可能是基於政治考量先決定要締約成功後才來確立優惠減讓的細節。相反地，RCEP對中國大陸而言，是一個真正涉及多邊的複雜經貿利益，如何藉由攻防互動來交換取捨的大型FTA。在整個談判過程中，依照各國經濟發展程度與產品競爭力的不同，而對於談判的主要實質議題以及相互優惠措施，大致可粗略分為三種意見。經濟相對較為發達，以及同時也參加了原來TPP談判的日本、澳洲、新加坡，希望能以TPP的自由化標準，注入RCEP。經濟發展程度次之，而以中國大陸、印度、菲律賓為主的意見，一方面不贊成比照TPP那樣在廣泛議題中都儘量實施高標準的自由化；另一方面，則在2017年以後，眼見美國川普政府

27 Khong, Yuen Foong, and Helen E. S. Nesadurai. 2007. "Hanging Together, Institutional Design, and Cooperation in Southeast Asia: AFTA and the ARF." In *Crafting Cooperation: Regional International Institutions in Comparative Perspective*, eds. Amitav Acharya and Alastair Iain Johnston. New York: Cambridge University Press: 32-82; and Acharya, Amitav. 2003. "Regional Institutions and Asian Security Order," In *Asian Security Order: Instrumental, and Normative Features*, ed. Muthiah Alagappa. Stanford, CA: Stanford University Press: 210-241.

28 Kraft, Herman Joseph S. 2017. "Great Power Dynamics and the Waning of ASEAN Centrality in Regional Security." *Asian Politics & Policy* 9(4): 597–612.

29 Beeson, Mark. 2013. "Living with Giants: ASEAN and the Evolution of Asian Regionalism." *Trans: Trans-regional and -national Studies of Southeast Asia* 1(2): 303–322; and Jones, David Martin, and Nicole Jenne. 2016. "Weak States' Regionalism: ASEAN and the Limits of Security Cooperation in Pacific Asia." *International Relations of the Asia-Pacific* 16(2): 209–240.

走向貿易保護主義，因此希望能儘早完成RCEP成員之間的貿易自由化，換言之，不願意納入過多的自由化議題以及採行高標準自由化，因為這容易導致談判過程耗時較久。最後，以緬甸、寮國、柬埔寨為主的意見，則希望多邊的自由化規則，能給予這些發展程度相對較低的國家更多緩衝機制。[30]

而在此一格局下，東協原有六國，並未在實質議題上，形成一致而鮮明的意見。事實上，長期審視東協主導區域主義的研究指出，如果比較東協在各種不同議題和機制中所扮演的角色，大致有四種：領導者（leader）提供知識上的引導（包括議題的實質內涵）與具體執行既定目標；召集者（convener）主動提供所有參與者一個談判的場域，而其本身在實質議題上保持中立的立場；提供便利性（convenience）主動提供強調不干涉和共識原則的所謂「東協方式」（ASEAN way），作為談判原則之一，但也促成其他參與者從幕後主導談判的實質內容；滿足他人需求（necessity）由於其他國家需要進入東協國家的國內市場，所以才容許東協扮演形式上的領導者。[31]這四種角色，大致上是由東協的主動性、自主性，以及在談判實質內容上的影響，由最強到最弱來排序。雖然，RCEP談判過程中的所有官方文件，都必然要提到東協的中心地位，但在談判過程中對實質內容產生最明顯影響的，並非東協。事實上，中國大陸的代表，在談判初期，就公開表達過對於東協在談判過程中主導地位的價值。[32]

許多分析RCEP實質內容的研究不約而同的指出，對實質談判內容有明顯影響的，是日本與中國大陸。眾所周知，東亞各國，在受到1997年亞洲金融危機的刺激以後，開始較為積極地尋求東亞的區域經濟整合。而區域內的兩大經濟強權—中國大陸與日本，分別提出了不同的整合模式。前者提出了「東亞自由貿易區」（East Asia Free Trade Area, EAFTA），其成員範圍是東協加三

30 Elms, Deborah K. 2021. "Getting RCEP across the Line." *World Trade Review* 20(3):375-378; Wilson, Jeffrey D. 2015. "Mega-Regional Trade Deals in the Asia-Pacific: Choosing Between the TPP and RCEP?" *Journal of Contemporary Asia* 45(2): 350-352.

31 Mueller, Lukas Maximilian. 2019. "ASEAN Centrality under Threat—the Cases of RCEP and Connectivity." *Journal of Contemporary East Asian Studies* 8(2): 181-182.

32 Ye, Min. 2015, "China and Competing Cooperation in Asia-Pacific: TPP, RCEP, and the New Silk Road." *Asian Security* 11(3): 206–224.

（中日韓），這和後來的「東亞高峰會」（East Asia Summit, EAS）正式成員範圍相同。而後者提出了「東亞全面經濟夥伴關係」（Comprehensive Economic Partnership of East Asia, CEPEA），其成員比EAFTA多出了印度與紐澳。從RCEP參與大部分談判過程的成員看來，以及從RCEP談判伊始關於實質議題的一些初期想法和目標看來（如同下一段所述），RCEP的整體結構與設計，似乎較為接近日本所提的構想。但是，如前所言，各國的經濟發展以及對於經貿自由化的具體偏好不同，在不同意見與集團的互動當中，中國大陸運用其影響力，讓原先許多來自日本等先進國家的構想，必須有所調整妥協。

這種影響力，反映在一些具體的實質規則上。例如，談判過程的初期，在製造業貿易部分，主要焦點放在日本所建議的，比照原先TPP的作法，以撤除90%以上的關稅項目作為目標。但隨著談判持續進行，此一建議在中國大陸帶頭反對之下，大多數國家也都支持後者的立場，而最後只同意撤除80%以上的關稅項目。其次，由於本身與中國大陸之間存在貿易逆差而始終持較保留態度的印度（擔憂加入RCEP後會使得貿易逆差更嚴重，也是造成其最後退出RCEP談判的主因之一），也在北京同意之下，雙方議定彼此間撤除關稅的項目比80%更低。而這兩個國家，恰好是當時參與RCEP談判的所有國家中，國內市場最大的前兩名，因此這也意味著對於日本等國的高標準自由化主張的主要背離。在服務業貿易上，東協原先訂立的各種東協加一的FTA，是採取「正面表列清單」（positive list），列出開放的項目。但是，東協內部也已規劃，將在2021年締結的「東協服務業貿易協議」（ASEAN Trade in Services Agreement, ATISA）當中，改採比正面表列更為開放的「負面表列清單」（negative list）。顧名思義，負面表列是以多數貿易項目開放為原則，少數不開放為例外，而正面表列則相反。換言之，東協是正處於擬轉換的階段，在正負表列之間，立場大致居中。而已經在本國與他國的FTA中開始採行負面表列的，是參與談判中經濟較發達者，例如，日、紐、澳、星、馬等。而中國大陸則又在多次談判回合中，提出反映其他國家立場的發言，建議最後協議中，應避免只允許負面表列，而應該讓選項有開放性。在這樣的要求下，最後的協議文本中，果然容許了各國自行決定要先採取正面或負面表列模式。決定締約時先採取正面表列的包括中國大陸、菲律賓、泰國、越南、柬埔寨、寮國、緬甸、紐西蘭。而協議文本中相關的妥協措施則是，表明未來所有締約國應該以完全採取負面表列為最終目標，但何時達成此目標，也容許各國按照本身經濟發展情況而定。[33]

四、RCEP 與 CPTPP 的經濟效益比較

第二個議題則是：RCEP 與作為 TPP 實際體現機制的 CPTPP 兩者相較，各自對於區域內成員的經濟影響如何？尤其，在美中貿易戰已然發動並產生激烈攻防之後，這兩項亞太地區經貿整合機制，[34]在多大程度上能各自為其成員帶來實質的經濟利益，更直接地影響到，這些成員如何認知評估美國和中國大陸所各自發揮明顯影響力的不同機制，孰優孰劣，以及何者將因此衍生出更大的政治影響力。

經濟學者根據 RCEP 與 CPTPP 的內容和規則，以及美中貿易戰的關稅與其他進出口限制上之變化，使用可計算一般均衡模型（computable general equilibrium model, CGE model）進行預測。其預測結果顯示，美中貿易戰使得全球的總所得入下降了514億美元（0.38%），CPTPP 加回了188億美元，RCEP 則可再加回263億美元。顯然，在所得效果上，RCEP 的影響力大於CPTPP，而 RCEP 對於其成員國的所得彌補更為明顯。從 CPTPP 受益最大的是日本、馬來西亞、越南與新加坡，而中國大陸、日本、南韓和好些東南亞國家，則是 RCEP 最大的受惠者。而美中貿易戰使得中國大陸在所得效果上損失了515億美金，美國則損失了41億美金，CPTPP 與 RCEP 都無法讓兩國完全抵銷此種損失幅度。最後，如果不計入貿易戰因素，則 RCEP 為全球所得帶來的增長，約略是 CPTPP 的兩倍。同樣的，到2030年時，RCEP 可為其成員國帶

33 Elms, *op. cit.*; Groten, *op. cit.*: 145-148; Wu, Chien-Huei. 2020. "ASEAN at the Crossroads: Trap and Track between CPTPP and RCEP." *Journal of International Economic Law* 23(1): 111-115; and Tan, Wayne, and Jenn-Jaw Soong. 2021. "The Political Economy of China's Rising Role in the Regional Comprehensive Economic Partnership (RCEP): Strategies and Instruments of the Chinese Way." *The Chinese Economy* 54(5): 1-14.

34 CPTPP 於2018年3月8日由締約各方在智利完成協定簽署，並於2018年12月30日生效。因此，雖然CPTPP 早於 RCEP 生效，但仍然在美中貿易戰於2018年3月開始之後生效。參見〈「跨太平洋夥伴全面進步協定」(CPTPP)簡介〉，中華民國外交部資訊網站，https://www.mofa.gov.tw/cp.aspx?n=2613，2022/5/9。

來0.6%的經濟增長，約為245億美元的年增長幅度，以及區域內增加的280萬個工作機會。這種成長，也大約是CPTPP所能帶來的兩倍以上。[35] 因此，中國大陸不斷強化其主導RCEP規則演變的作法，以及RCEP相對於CPTPP在所得和福利方面的優勢，看來都有利於助長其在未來整個東亞經濟區域化中的影響力。

肆、一帶一路

一、歷史背景與發展過程

　　中共中央總書記、中國大陸國家主席習近平於2013年9月訪問哈薩克時，提出共同建設「絲綢之路經濟帶」的構想。同年10月，習近平在印尼國會演講時，又提出共同建設21世紀「海上絲綢之路」。在習近平當時的宣示中，此二者都是沿著古代絲綢之路的途徑，來推進中國大陸與沿線國家之間的區域性經濟合作戰略。同年11月，中共十八屆三中全會將兩者合稱為「一帶一路」，列入國家戰略的層級。2015年2月1日，中共中央成立「推進一帶一路建設工作領導小組」，由中共中央政治局常委、國務院副總理張高麗擔任小組長。2015年3月，國務院下的國家發展和改革委員會、外交部、商務部，共同公布「推動共建絲綢之路經濟帶和21世紀海上絲綢之路的願景與行動」，成為第一份正式公布BRI內容的官方說明文件。就官方文件與中國大陸投注於各種BRI項目的資源來看，BRI在陸地上的絲綢之路經濟帶，是透過公路、鐵路互相銜接的基礎建設，繼之以其他各種投資項目，連結起所謂「六大經濟走廊」——「中蒙俄經濟走廊」、「新歐亞大陸橋經濟走廊」、「中國大陸－中亞－西亞經濟走廊」、「中巴經濟走廊」、「孟中印緬經濟走廊」和「中國大陸－中南半島經濟走廊」，特別是以沿線的城市以及重要的產業群聚作為節點，而以歐洲為連結的終點。其主要路線，一條是由中國大陸出發經中亞、俄羅斯到達歐洲，另一

---

35 Park, Cyn-Young, Peter A. Petri, and Michal G. Plummer. 2021. "The Economics of Conflict and Cooperation in the Asia-Pacific: RCEP, CPTPP and the US-China Trade War." *East Asian Economic Review* 25(3): 233-272.

條是由中國大陸新疆經巴基斯坦到印度洋、中亞與西亞，再到達波斯灣和地中海沿岸各國。海上的絲綢之路，則是以沿線的以下重要港口為節點：泉州、福州、廣州、海口、北海、河內、吉隆坡、雅加達、可倫坡、加爾各答、乃洛比、雅典、威尼斯，連結成為海上的運輸通道，並配合相關的其他投資項目，以非洲為連結的最終點。

　　而這些基礎建設與其他投資項目的主要資金來源，則是「絲路基金」（Silk Road Fund, SRF）與「亞洲基礎設施投資銀行」（Asian Infrastructure Investment Bank, AIIB）。前者於2014年在北京註冊成立，完全由中國大陸政府出資，規模為400億美元，向BRI沿線國家的基建、開發、產業合作等項目提供融資。2017年，習近平宣布將再向SRF增資1000億人民幣。後者於2015年6月，在57個意向創始會員國於北京簽署「亞洲基礎設施投資銀行協定」後成立，並於2016年1月開業。到2021年12月為止，AIIB已有105個成員國。而AIIB的資金來源，中國大陸出資297億美元，是AIIB的第一大股東，持有30.34%的股權。接下來是印度（8.52%）、俄羅斯（6.66%）、德國（4.57%）、韓國（3.81%）、澳洲、法國、印尼、巴西及英國。前三大股東，在AIIB董事會中享有永久代表席次，而中國大陸在AIIB享有的投票權重，是26.06%。

　　一般論及中國大陸發動BRI的動機或理由，大致上包括：輸出中國大陸境內過剩的工業產能（例如：鋼鐵、水泥等）、同時藉此移出高汙染產業以利國內產業升級與轉型、將國內已無高投資報酬率機會的過剩資本轉往國外尋求更佳的投資報酬、透過在國外的BRI投資項目以人民幣結算將有利於人民幣的國際化、藉由BRI加強中國大陸國內不同區域之間的經濟互通與整合、改善國內不同區域之間發展上的平衡程度、在原有上海合作組織的基礎上強化對於中亞與西亞國家的關係與主導權、獲取沿線國家的石油、天然氣等能源與礦產以供國內所需、緩解海上與陸上能源運輸路線安全的潛在威脅（例如所謂「麻六甲困境」）、藉由向中國大陸的西方拓展關係與影響力來降低與同時期美國「重返亞洲」政策造成的東面戰略壓力產生正面衝突等、藉由資訊的連結交通來投射本身的軟實力等。

　　由以上說明可以看出，BRI與前兩種中國大陸參與的區域經濟整合機制，有幾點不同之處：

（一）BRI在地理範圍上，延伸到東亞區域甚至整個亞洲之外，而擴及歐洲和非洲，進行整體的連結（connectivity）。傳統的區域主義，多半是將空間上彼此相鄰，且本來已經在國家之間存在一定程度相互連結——亦即本來已經具有自成一個區域的基礎——因而明顯與空間距離較遠、既有連結程度較低的其他國家有所區隔的國家網絡，進行進一步整合。如此，一方面強化了內部的連結關係，一方面往往與連結網絡外的國家，區隔更明顯。然而，BRI大幅度的空間延伸與擴張，很大程度上打破了區域主義的上述性質，成為一種新型的區域建構型態，而為所謂「區域」的概念，注入了前所未見的新元素。

（二）BRI並不屬於區域制度（regional institutions）的建構，並不像CAFTA與RCEP是以建立締約國共同遵守的行為規則為目的之一。BRI對於貨物、資金、資訊、人員流通的助益，主要透過陸上與海上交通運輸基礎設施的投資，使流通更為便捷。換言之，BRI的屬性並非促進貿易自由化（trade liberalization）的國際制度，而是提高貿易便捷化（trade facilitation）的基礎設施與衍生性連結。所謂貿易便捷化，從BRI所直接從事的硬體建設角度來看，是指降低由於與貨物運輸有關的硬體基礎設施不足所導致的貿易成本。[36] 另一方面，由於硬體建設使得貨運流通更便利後，通常會包括國家之間對於貨物和資金進出口的管制、制度、政策方面，屬於軟體層面相應的便利化調整，所以貿易便捷化的概念也包括：收集、傳遞和處理國際貿易中貨物流動所需的資訊，與簡化和協調像是阻礙、延誤貨物通關的因素，尤其是因為貿易政策執行、監管和管理成本等所涉及的行為、慣例和手續；[37] 簡化跨境貿易有關的各種文件。[38]

（三）BRI是完全由中國大陸政府單方發起和主導，而為了促進貿易便捷

---

36 Portugal-Perez, Alberto, and John S. Wilson. 2011. "Export Performance and Trade Facilitation Reform: Hard and Soft Infrastructure." *World Development* 40(7): 1295-1307

37 Wilson, John S., Catherine L. Mann and Tsunehiro Otsuki. 2003. "Trade Facilitation and Economic Development: A New Approach to Quantifying the Impact." *The World Bank Economic Review* 17(3): 367-389.

38 Amin, Mohammad, and Jamal Haidar, 2014. "Trade Facilitation and Country Size." *Empirical Economics* 47(4): 1441-1466.

化與資金流動所需要進行的投資項目，也由中國大陸作為最大的單一國家資金提供者。而且，即使是看來由多邊行為者組成的AIIB中，其單邊的決策影響力也是最大的。因此，論者或謂BRI是中國大陸所發起的現代版「馬歇爾計畫」，顯然與此一特徵有關。

（四）由於主導投資資源的中國大陸，是與BRI的參與國家，個別去洽商安排投資項目、金額與其他細節，所以每個參與國和中國大陸之間的安排都是特殊式的，彼此不同。也因此BRI不同於RCEP的多邊主義，也不同於CAFTA的貌似多邊實為雙邊，而是公開明確的立基於雙邊主義上，這也有助於中國大陸可以按照其不同的目的與需求來區分如何與不同參與國之間，採取推進BRI的不同方式。

（五）中國大陸單邊的BRI投資資金，由2013年11月至2021年12月，共投注到115個參與國，共計8380.4億美元。[39]如果按平均每年大約1047.5億美元計算，可供對照的數據是：2019年中國大陸所有的對外投資總額約為1370億美元，2020年約為1330億美元，同時期美國的所有對外投資總額分別約為940億美元與930億美元。[40]由此可見，BRI項目在中國大陸所有對外投資當中佔75%以上的高比例，而僅只是每年BRI項目的投資額，中國大陸就比美國全年所有種類的對外投資總額還要多。如此高的內部比例，以及相對於外部的如此龐大投入，使得BRI在多大程度上衍生出北京可能試圖達成的政治、外交與戰略目標，成為一個值得關注的研究議題。

二、BRI的貿易影響

區域經濟整合，通常最直接的效果是首先反映在國家之間經貿互賴的程度方面，前文在討論CAFTA與RCEP時，均論及此點。因此，BRI作為貿易便捷化的基礎，究竟對於中國大陸本身出口，以及對於中國大陸和參與BRI的國家之間的相互出口，是否因為便捷性增加而帶來貿易量（反映互賴程度與

---

39 薛健吾，2022，〈【研究紀要】中國「一帶一路」的進展與影響，2013~2021〉，《中國大陸研究》，65(2): 117。

40 United Nations Conference on Trade and Development. 2021. *World Investment Report 2021.* New York: United Nations: 5.

經濟整合程度）的提升？這兩個問題，英文與臺灣的中文文獻中鮮有探討，而必須參考中國大陸的學術性分析。首先，根據國際上通用的相關資料庫，例如UN Comtrade Database[41]以及CEPII database，[42]如果使用國際貿易分析中的引力模型、將貿易的多邊阻力量化，以及使用計量經濟學中的廣義動差估計（generalized method of moments, GMM）方法，針對一帶一路第一個五年與之前的時期比較，則發現BRI沿線國家，因為硬體建設而隨之實行的軟體層面貿易便捷化措施，其便捷程度的提升，對於中國大陸出口到這些國家，有明顯的促進作用。例如，進口文件的數目每減少1%，則中國大陸出口相應會增加2.8%。這是因為，BRI沿線國家對於包括檢驗檢疫、清關單據、銀行單據以及目的港裝卸單據等進口文件的數目，要求愈多時，則企業通關手續也就愈繁瑣，而企業在通關手續上耗費的時間與成本自然也愈多，而不利於中國大陸出口到這些國家。而其提高便捷程度，在中國大陸所出口的不同類別產品之間，彼此不同。主要是製造業產品大於農礦產品，而這也符合以下所論及的，中國大陸投資到這些國家中的產業，能源和礦業的比重遠大於製造業，所以對於從中國大陸再進口農礦業的中間產品或終端產品，需求不大。最後，在製造業產品內部來說，促進中國大陸出口勞動與技術密集型產品的作用，大於促進資本密集型產品的出口。[43]

其次，根據聯合國貿易與發展會議的資料庫，[44]檢視從2003到2017年之間，BRI啟動前後的66個國家之間，所形成的貿易網絡，研究者獲致幾項發現。以網絡分析中常常採用的「中心性」指標而言，從2003到2017年，中國大陸的PageRank指數由0.110上升到0.176，此種增幅在66個國家中居首。這顯示中國大陸是整體貿易網絡中，中心性最明顯，也是最具影響力的國家。網絡中的其他原先中心性較為明顯的國家，例如俄羅斯與新加坡，相對於中國大

41 UN Comtrade Database. in https://comtrade.un.org. Latest update 22 May 2022.

42 CEPII: Research and Expertise on the World Economy. in http://www.cepii.fr/CEPII/en/bdd_modele/bdd_modele.asp. Latest update 22 May 2022.

43 葛純寶、于津平，2020，〈「一帶一路」沿線國家貿易便利化與中國出口—基於拓展引力模型的實證分析〉，《國際經貿探索》，36(9): 22-35。

44 UNCTADSTAT. in https://unctadstat.unctad.org/wds/ReportFolders/reportFolders.aspx?sCS_ChosenLang=en. Latest update 22 May 2022.

陸的中心性則有所下降。換言之，整個貿易網絡由多核心型態，因為BRI的影響而逐漸朝向以中國大陸為單一核心的型態轉變。不過，這是總體性的概觀。如果從這66個國家的貿易網絡內部來細分，又可以按照相互貿易量的集中程度，分為三個子群體：中國大陸—東南亞子群、南亞—西亞子群、中東歐—中亞子群。這三個子群體，如果從本章區域主義的角度來看，實際上反映出由貿易界定的次區域範圍。從BRI啟動之前與之後的型態來比較，三個子群體內的中心性並無轉變。第一個次區域，始終以中國大陸為核心，而其核心地位從BRI之前到之後，主要得力於CAFTA。第二個次區域，由於印度的龐大經濟規模，以及因為近年工業化速度加快而對於西亞能源出口國的需求上升，所以形成印度、沙烏地、阿拉伯聯合大公國等多核心的貿易網絡型態。而第三個次區域，始終以俄國為中心。換言之，這三個次區域的內部型態，顯示出BRI並未帶來明顯變化。最後，由這66國的每組雙邊貿易關係來觀察，如果對照2003年與2017年，所有各組雙邊貿易密度所構成的圖示，則可發現，在上述三個次區域內，第二和第三個次區域內絕大多數的雙邊貿易關係密度，在BRI之前和之後，都沒有太大改變。也因為如此，次區域內的整體貿易關係密度，看來也沒有明顯增加。至於第一個次區域，只有中國大陸在這兩個時期，與該次區域內所有其他國家（東協十國）的十組雙邊貿易密度都有增加。然而，如同本段所言，這種增加更多是來自CAFTA而非BRI。至於東協十國之間的貿易密度，除了越南與其他多數東協成員雙邊貿易密度有增加之外，其他各組雙邊關係，包括對外經貿活躍的新加坡對其他東協成員，都無明顯變化。[45]

　　以上兩組有關BRI對於製造業貿易影響的研究，基本上相互吻合：BRI啟動後，對於大部分參與其中的亞洲國家而言，並未在區域內和雙邊貿易關係方面，帶來明顯變化。就單一國家而言，最大受惠國就是中國大陸本身，而其受惠最顯著的，與東協國家貿易關係的成長，卻必須和CAFTA的影響來一併觀察，而不能只歸功於BRI。回到BRI本身來說，BRI是否在國際層面上符合所謂公共財的性質？雖然BRI大致具備非排斥性和非敵對性的條件，但其具體效

45 趙景瑞、孫慧，2019，〈中國與「一帶一路」沿線國家貿易關係演進研究〉，《國際經貿探索》，35(11): 36-48。

益，似乎能否滿足對於公共財帶來效益的程度並不高，因為其他國家在貿易上的受惠程度有限。

三、BRI對於參與國的經濟發展影響

區域經貿整合常見的另一個目的，是促進參與國家本身的經濟發展。而BRI在這方面的作用，英文文獻幾乎並無專門處理此一問題者，至多是論及BRI的哪種效果和參與國的經濟成長最為相關，而非驗證是否促進成長。[46]囿於篇幅，此處僅討論臺灣與中國大陸較有代表性的兩項學術性文獻之研究結果，並加以對照。臺灣的分析檢視BRI的參與國（以BRI在該國有投資項目與否作為是否計入參與國的標準），在人均GDP成長率（2020年與2013年兩年數據的差異）和人類發展指數兩者（2019年與2013年兩年數據的差異）上的變化（以聯合國的相關資料庫為來源）。分析策略是將參與和未參與BRI的國家進行比較，而以卡方檢定方法比較後，在人均GDP成長率部分，參與BRI的國家中，此一指數有下降的國家在全體當中的比例，高於未參與國家中有下降的比例。因此該文推論，參與BRI比不參與導致人均GDP成長率下降的機率更高。該文又認為，因為參與國比不參與國多了來自BRI的投資額，而投資其實是構成GDP的元素之一，所以更證明了BRI無法提高參與國人均GDP。而在人類發展指數部分，有無參與BRI並未造成顯著差異，所以，結論是BRI對於提升參與國經濟發展來說，並無明顯幫助。[47]

中國大陸的分析，根據世界銀行World Development Indicators資料庫的數據，比較參與BRI的125個國家，在BRI之前的2008至2012年的GDP總和，與BRI之後的2013至2017年的GDP總和，由101兆美元增加為141兆美元，增加了39.6%，所以推論，初步可確定BRI給參與國帶來經濟成長。而後，該文又檢視BRI對於參與國最可能發生改變的GDP中三個要素：出口（包括製造業和服務業）、消費支出、投資當中的外國直接投資（foreign direct

---

46 Yii, Kwang-Jing, et al. 2018. "Is Transportation Infrastructure Important to the One Belt One Road (OBOR) Initiative? Empirical Evidence from the Selected Asian Countries." *Sustainability* 10(11):1-18.

47 薛健吾，2022，〈【研究紀要】中國「一帶一路」的進展與影響，2013~2021〉，《中國大陸研究》，65 (2): 113-153。

investment），然後比較這三個要素在上述兩段期間的變化（2008～2012年）。

結果發現，這三個要素的增長幅度分別為11%、18%、10%。該文據此認為，這和第一項推論相符。接下來，該文進行了較為精細的統計模型分析，區分了每個國家在上述兩段期間內有無參加BRI，以及納入研發投入佔GDP比重、固定資本形成、勞動力總量、土地面積這四項控制變項，來審視各國每年GDP總量作為依變項的受到何種影響。同時，也對統計模型進行了穩健性（robustness）檢驗、平行趨勢假設檢驗、平衡性檢驗、共同支撐（overlap）檢驗。模型將BRI對於參與國經濟成長影響的因果機制，分解為供給面的勞動力、基礎設施、投資，與需求面的外國直接投資、消費支出、出口等不同因素來分析。統計分析結果：（一）模型的基本迴歸分析顯示，BRI對於參與國的經濟增長助益具有統計顯著性，且此一結論也通過穩健性檢驗；（二）模型的異質性檢驗顯示，BRI對於地理上距離中國大陸較近的參與國、參與國當中的發展中國家，以及參與了陸上絲綢之路的國家，推動經濟增長的作用較大，而對於地理上不鄰近中國大陸的參與國、參與國當中的已發展國家，以及參與了海上絲綢之路的國家，推動經濟增長的推動作用較小；（三）BRI對參與國家經濟增長的幫助，隨時間推移逐漸增強；（四）對於參與國經濟成長的貢獻，是透過促進其國內消費、國內基礎設施建設、勞動就業而實現，但並未透過對其淨出口和國內投資而實現。[48]

以上兩項分析，結論不同，在此稍作討論。兩者都區分了是否參與BRI所帶來的差異，以及參與前後的差別。前者根據參與國相對於非參與國產生經濟下降者的比例作為推論根據，這比後者的三步驟分析中的第一步要稍微嚴謹些，但顯然不如後者的第三個步驟之基本迴歸分析來得有說服力。後者的另一個值得重視之處，在於其第二和第三步驟分析當中，都針對BRI較有可能影響到的構成GDP之個別要素，分別檢視其在有無參與BRI，以及不同型態之參與國家之間的差別，同時還納入了一些其他會影響GDP的變項。另一方面，後者對於BRI貢獻經濟增長的要素分析，或許也仍有值得再思考之處；國內基礎設

---

48 曹翔、李慎婷，2021，〈「一帶一路」倡議對沿線國家經濟增長的影響及中國作用〉，《世界經濟研究》，10：14-19。

施建設，可能的確和BRI關係較大，但是國內勞動就業與國內消費增長，是否主要來自BRI（例如：BRI經常被詬病的問題之一，是往往大量使用中國大陸本身的勞工，前往參與國進行施工，而非使用當地勞力），[49]有待更多證據的支持。此外，BRI的推動效果，並非來自淨出口，這與上一個小節所論及的BRI貿易影響之論述，相互契合。總體而言，後者的可參考性似乎仍較前者來得高，亦即BRI可能有助於特定種類的參與國經濟成長。

四、BRI的外部性影響

以上兩個議題，就區域經濟整合的角度而言，屬於和經濟直接相關部分。然而，政治學與國際關係當然也會關注經濟區域化的外部性（externality）效果。既有文獻顯示，BRI的外部性效果，往往在中國大陸以外的評估，屬於爭議性較大的議題。不同的研究分析，多半聚焦於BRI在個別國家或地區的個案討論，因而在這些議題上的發現，並不一致。篇幅所限，本章在此，僅介紹上一小節所提及，國內學者薛健吾的研究，供研究者作為參考。該文一則是使用中國大陸以外，目前在全球相對較為全面而可信的「中國全球投資追蹤」（China Global Investment Tracker）資料庫數據。該資料庫係由美國華府著名智庫「美國企業研究所」（American Enterprise Institute for Public Policy Research, AEI）建立。二則該文在此基礎上，納入了所有參與BRI的國家，來對照未參與BRI國家，進行系統性分析，而超越個案分析的視野。三則該文羅列出每個議題的重要英文文獻，提供了研究個別議題時的初步資訊，也因此本章不再就這些個別議題作文獻綜述。四則該文所使用資料，已更新至2021年12月。

該文使用了卡方檢定以及統計分析兩種方法，前者是比較有無參與BRI國家之間，在這些外部性影響議題上有無差異，後者是探討每個BRI參與國，是否隨著BRI前來該國的累計投資金額，在該國GDP中所佔比例變化而被影響。必須先說明的是，針對各相關議題的分析，雖然由於上述幾項特點而值得參

---

49 Hillman, Jonathan. 2018. "China's Belt and Road Initiative: Five Years Later." in https://www.csis.org/analysis/chinas-belt-and-road-initiative-five-years-later-0. Latest update 22 May 2022; and Tritto, Angela. 2021. "China's Belt and Road Initiative: from Perceptions to Realities in Indonesia's Coal Power Sector." *Energy Strategy Review* 34(12): 42-59.

考，但並非毫無問題。這主要是因為其卡方檢定和統計分析，並未納入許多顯然會影響依變項的控制變項。所以其研究發現，究竟是否真實而完全反映出是否參加BRI與BRI投資金額帶來的影響，存在不確定性。該文的發現包括：

（一）BRI是否改變參與國與中國大陸和美國之間的關係：西方文獻批評，BRI在外交上的目的之一，是藉由經濟槓桿來分化美國與其他國家的關係。卡方檢定檢視各國在聯合國大會中，針對「美國所領導的自由秩序」之所有相關議案之投票行為，是否有改變，結果發現BRI參與國的投票行為，並未在參與後更遠離美國的偏好。統計分析發現BRI投資占比增加反而使得參與國和中國大陸的外交偏好更遠離。

（二）BRI是否造成參與國的民主退化：西方文獻在此問題上，大致包括有帶來退化、未帶來退化、僅在特定層面帶來的局部退化三種觀點。卡方檢定區分了程序性民主與實質性民主，檢視各國的變化，結果發現兩種層面上的結果相同—參與國退化的機率並未顯著高於未參與國，而兩種國家都呈現出有退化者多於無退化者，這顯示近年來民主退化可能是全球性現象，而未必是由於BRI造成。然而，統計分析發現實質民主退化程度和投資占比程度成正比。

（三）BRI是否使參與國國內貪腐更嚴重：西方文獻指出，北京往往透過提供他國政治菁英的私人利益，或是偏好在本來就存在較高貪腐程度的國家進行投資，或因為BRI項目往往缺乏透明度，這些都可能帶來參與國國內貪腐的惡化。本文使用國際上廉政治理領域知名的「國際透明組織」（Transparency International, TI）所公布的「貪腐感受指數」資料，作為依據。卡方檢定結果，並無具有足夠顯著性的數據顯示參與國的貪腐程度惡化。統計分析的發現，同樣也是BRI投資占比的影響無統計顯著性。

（四）BRI是否使參與國淪入債務陷阱：西方文獻與報導指出，許多參與國因無力償還以借貸方式引入中國大陸投資的龐大債務，或者被迫讓出國內重要經濟或戰略資產的控制權（例如斯里蘭卡被迫將漢班托塔深水港租借給中國大陸198年，以及烏干達僅有的國際機場可能由中資接管），或者國內整體經濟瀕臨重大危機（例如2018年5月復出擔任馬來西亞首相的馬哈地，向北京表示擔心馬國無力負擔龐大債務而一度宣布取消馬國的BRI項目，以及2022年斯里蘭卡的全國性危機）。該文發現，由於近年來中國大陸與各債務國簽訂保密條款，使得真實的債務數字無從得知，所以較難進行分析，僅能觀察已知債務量占該國GDP比重較高（30%以上）者，觀察是否存在債務陷阱影響其主權與政經穩定的情況。

五、BRI引發的軟性制衡

　　如果考量前文所提及BRI的一些特殊之處—中國大陸單方面的資源挹注、龐大的規模、歷史上至今最具野心的超越地理限制之區域建構、西方大國對於此一重要國際合作性倡議的懷疑抵制等，不難察覺，無論是就BRI的政策意圖或實際後果而言，BRI都絕不僅限於北京推動CAFTA時，被動因應政權存續的潛在危機與威脅。同時，也完全不同於CAFTA和RCEP的肇始與實現，極大程度上是針對1997年與2008年兩次金融危機的被動反應。無疑地，BRI所反映出的主動擴張中國大陸本身綜合性影響力的政治邏輯，更明顯地掩蓋了其區域整合的經濟本質。因此，如果像RCEP這樣最初並非由北京發動，而北京只是在其發展過程中逐步擴大影響力的機制，都會讓各界認為存在著與由美國和日本主導的TPP/CPTPP之間的競爭關係，那麼BRI的出現和擴展，當然更會強化區域內其他大國參照前述的「制度性制衡」途徑，採取相關行動。

　　但是，這些制衡性的行動本身，其實都不是區域制度的建構，而是和BRI一樣，屬於加強區域內「連結性」的機制。所以，應可將這些機制，視為「軟性制衡」的策略之一。值得注意的是，這些行動不再如同過往只是其他大國各自為政地提出不同的區域性倡議，而是由其他大國之間採取雙邊或多邊合作的倡議。從此處也可看出，當其他國家判斷中國大陸的目標是權力擴張而不止於睦鄰修好時，必須尋求協力而非獨自抗衡。雙邊合作部分，2017年9月，日本首相安倍晉三訪問印度，與總理莫迪共同提出「亞非成長走廊」（Asia-Africa Growth Corridor, AAGC）願景計畫。AAGC是以非洲作為地理上的最終指向，打造日本、印度，與非洲經濟上的三角連結，而以四大支柱作為具體推進方向：優先關注發展與合作專案、建設優質基礎設施和制度性聯結、強化能力與技能、以人為核心的夥伴關係。就空間上的推進路徑而言，是以海洋為主軸，故而其優先對接的國家，都在非洲東部的印度洋沿岸，例如衣索比亞、索馬利亞、肯亞、烏干達等共七個國家。因此，相較於BRI的海上絲綢之路將非洲包括在內，AAGC有明顯的針對性。在AAGC規劃中，初期將由日本提供30億美元、印度提供10億美元，與非洲各夥伴國共同興建基礎設施，並發展製造業、能力建設、人力資源、醫療衛生等系列項目。[50]

在多邊部分，2019年11月，由美國主導，美國國際發展金融公司（U.S. International Development Finance Corporation, DFC）、日本國際合作銀行（Japan Bank for International Cooperation）和澳洲外交與貿易部（Department of Foreign Affairs and Trade）共同宣布成立藍點網路計劃（Blue Dot Network, BDN）。此一機制，實際上是最初美國單方面行動的多邊化與擴大化。2018年10月，美國參議院通過《善用投資促進發展法案》（Better Utilization of Investments Leading to Development Act, BUILD）。隨後，美國總統川普簽署該法案，並據以創建「美國國際發展金融公司」（United States International Development Finance Corporation, DFC），來取代原先的海外私人投資公司（Overseas Private Investment Corporation, OPIC），並賦予DFC金額達600億美元的貸款許可權，向發展中國家的能源、港口、公共衛生、農業、供水等基礎設施建設項目提供援助貸款。而BDN除了使美國聯合日本及澳洲共同扶助發展中國之外，也將行動的範圍由DFC的原本只提供貸款，擴大為由美日澳三方共同針對符合國際通行的品質與法規標準之基礎設施投資計畫，提供認證與監督，以吸引三個發起機構之外的私部門資金，投入相關項目。[51] 雖然，DFC與BDN都不像AAGC特別標舉空間層面上的重點國家，但由其特別強調符合國際良善標準的投資項目，顯示出其與BRI常被詬病的在資金執行、勞動基準、環境影響方面弊病叢生，有意標舉彼此的區別。同時，無論是DFC的立法過程與BDN的發展歷程，美國行政或立法部門都強調二者對於BRI的對抗性角色。不過，現有分

50 吳福成，2018，〈「亞非成長走廊」與「一帶一路」的競合關係〉，《臺灣經濟研究月刊》，41(1)：99-105。

51 U.S. International Development Finance Corporation, "Overview." in https://www.dfc.gov/who-we-are/overview. Latest update 17 May 2022; 劉泰廷，2020，〈「新大賽局」和日本的歐亞大陸外交：論壇、元首和官方援助〉，《全球政治評論》，71: 88。

析指出，DFC與BDN，因為較堅持在發展中國家的基建投資仍須維持國際標準，所以實際上對於許多BRI的資金已經穿透甚深的發展中國家或相關產業，尚未能有效進入，來有效對抗中國大陸透過BRI所產生的影響。[52] 美國最近的相關行動，是將BUILD與BDN的多邊性質再度擴大，主導G-7國家於2021年6月的第47屆G-7會議上，提出「重建更好的世界」（Build Back Better World, B3W）計畫，並已於2022年1月啟動。B3W的規劃，是將BUILD、DFC、BDN都整合進來，在明確針對BRI影響的前提下，以醫療衛生、性別平等、氣候、數位發展四個領域為重點，對發展中國家在2035年前，提供40兆美元的投資，並特別強調高標準、高品質的投資項目。[53]

而多邊的軟性制衡，對於區域化研究最相關的可能是歐盟的行動。BRI的設計，無論從陸路或海路的兩條絲綢之路，最後都會通達歐洲。而這個最終點本身的區域化，恰巧又是區域主義在全球的先驅者與一定程度上的典範。當BRI這個全球最新、最具地理擴延性、實際操作上高度依賴雙邊特殊安排的區域化機制，與全球最早、最凸顯地理的鄰近連接性、極度重視多邊共同規則的區域化機制相遇時，會產生何種互動？基本上，歐盟國家不像北美洲的國家那般明顯而強烈抵制BRI；以2019年為例，當時歐盟的28個成員國中，有20國加入AIIB（包括德國、法國，以及當時仍在歐盟內的英國），有11國簽署了BRI的諒解備忘錄（MOU，性質上包括多項目的具體協議），有6國簽署了BRI的合作文件（性質上只表達合作意向，或只包含少數個別具體項目），有7國（包括法國與德國）參與了BRI的鐵路建設連接，有5國參與了BRI的港口建設。歐盟國家中迎合度最高的，則是加入了「中國—中東歐16國經貿合作論壇」。的確，BRI初期，歐盟的整體態度偏向積極；歐盟在2014年11月，執委會主席容克（Jean-Claude Juncker）提出了「容克投資計畫」（Juncker

52 Roberts, James, and Brell Shaefer. 2021. "The U.S. Development Finance Corporation Is Failing to Counter China." in https://www.heritage.org/global-politics/report/the-us-development-finance-corporation-failing-counter-china. Latest update 26 April 2022; and Ashbee, Edward. 2021. "The Blue Dot Network, Economic Power, and China's Belt & Road Initiative." *Asian Affairs: An American Review* 48(2): 133-149.

53 Savoy, Conor M., and Shannon McKeown. 2022. "Opportunities for Increased Multilateral Engagement with B3W." in https://www.csis.org/analysis/opportunities-increased-multilateral-engagement-b3w. Latest update 26 May 2022.

Investment Plan），擬由歐盟出資210億歐元，以及結合民間部門的約3150億歐元資金，投入能源、電信、數位、交通以及教育創新等領域，以重振歐洲經濟。此一方向和BRI看來有某些互通之處，所以2015年6月，歐盟和北京決定將上述計畫與BRI結合對接。雙方共同建立中歐共同投資基金與「歐盟—中國連通平臺」（EU-China connectivity platform），來推動具體的對接方案。

　　然而，當北京透過上述合作論壇，提供中東歐國家大量的新投資，以及也對南歐的希臘與義大利擴大投資後，歐盟國家內部，開始對於BRI重要議題的立場，出現分歧。最明顯的例子是2017年5月在北京舉行的「第一屆一帶一路國際合作高峰論壇」，西歐國家均未參加，只有中東歐的匈牙利、塞爾維亞、波蘭、捷克四國高層參加。2017年5月，由於希臘的反對，歐盟無法就人權問題譴責中國大陸形成共識，於是最後無法提出譴責。此種帶來歐盟內部意見與立場分歧的議題與案例頗多，而且往往凸顯出，歐盟歷來強調加入歐盟必須符合特定價值、規範與相應制度的所謂「規範性權力」，與中國大陸憑藉提供雙邊性特殊利益形成的所謂「關係性權力」，兩者直接衝突。所以，西歐國家普遍擔心，北京運用其對於中東歐和南歐國家的關係性權力，削弱歐盟的多邊共識與團結基礎。其次，中國大陸在歐洲大舉收購戰略性資產，讓歐洲國家側目。例如，在義大利、希臘、西班牙、比利時的重要海港，收購整個貨櫃碼頭。北京甚至在2017年，派出軍艦訪問由中國大陸國企控股2/3以上的希臘海港。同樣讓歐盟不安的，是中國大陸針對歐盟大國的關鍵性科技產業的併購。例如，2016年中國大陸企業集團收購德國機器人製造業最重要的公司之一。在此同時，北京卻限制歐洲在中國大陸的投資不得併購，只能合資。最後，BRI在歐洲的多數投資項目，一如在其他地區一般，其招標與採購過程，透明度低，不符合國際規範，歐洲公司很難得標，多半都是由中國大陸企業得標。

　　以上種種因素，促使歐盟採取了兩項針對BRI的制衡性行動。第一項是在投資方面，歐盟試圖改變原來完全由各會員國自行審查決定外來投資，而將權力移往歐盟，不過最後實現的是某種折衷。2017年歐盟執委會公布一份審查外來投資規章的草案，有兩點凸顯出是針對中國大陸BRI相關的作為：該草案針對的投資主體是歐盟以外的國有企業，以及所規範的歐盟國內接受投資的產業

是有戰略重要性港口、能源基礎設施、國防技術領域。2018年，歐洲議會內的
國際貿易委員會，通過加強投資監管的草案，涉及必須在歐盟而非個別國家審
查的重要行業名單，與設立外資投資預警機制。2019年，歐洲議會以壓倒性多
數通過專門針對中國大陸的立法條款，特別規範來自中國大陸資金在歐洲國家
的投資與收購，於2020年10月生效，而這也是歐盟第一個防止外資威脅國家
安全的立法規定。然而，在上述加強審查和監督的行動下，歐盟仍然將最終的
審查決定權，保留給個別的歐盟成員國。歐盟的第二項行動，是在2018年，
公布歐盟版的「連結歐亞——項歐盟戰略的構成要素」（Connecting Europe and
Asia-Building blocks for an EU Strategy），透過運輸、數位、能源和人文交流
這四個層面，來強化歐亞之間的連結。最主要的推動方式，是促進歐洲企業前
往亞洲，在上述四個層面的投資，因此看來對於原先與BRI的合作下不利於歐
洲企業對外投資的失衡，可能希望達到彌補效果。尤其，此一倡議，特別強調
「歐洲方式」（the European way）和歐洲價值觀，例如重視規則、可持續性，
以及保障參與各方的機會均等。這些原則也都顯然與BRI既有的實踐形成對
比：BRI在參與國內的投資過程與執行，往往缺乏國際規則所要求的透明度以
及違反國際通行的勞動標準；BRI在參與國的投資，也經常被詬病不利於環保
生態與永續發展；BRI在歐洲許多投資項目的標案，如上所言，獨厚中國大陸
國內企業。[54] 歐盟最近的另一項新計畫，顯出比美國這個與中國大陸最有權力
競爭關係的國家，更為積極的作為：2021年12月公佈了「環球門戶」（Global
Gateway）計畫，將在2021至2027年間，募集3,000億歐元，針對數位建設、
氣候與能源、運輸、醫療衛生、教育與研究五大領域，在全球進行投資。該
計畫所強調的一些原則，再度顯示與BRI之間的對照：講求民主價值與高標準
（特別凸顯環保與勞動標準，以及穩妥的金融管理），以及善治與透明度。[55]

---

54 張孟仁，2018，〈中國大陸「一帶一路」倡議之效應與歐盟因應之道〉，《國際關係學報》，46：
　63-101；蘇卓馨，2019，〈歐盟規範性權力與中國關係性權力在中東歐國家的實踐〉，《政治科學論
　叢》，81：69-104。

55 European Commission. 2022. "Global Gateway." in https://ec.europa.eu/info/strategy/priorities-2019-2024/
　stronger-europe-world/global-gateway_en#principles-of-the-global-gateway. Latest update April 6 2022.

伍、結論

　　本章在經濟區域化的範疇內，檢視了中國大陸所參與的三項相關機制：CAFTA、RCEP，以及 BRI。歸納以上所有的討論與分析，主要研究發現或理論意涵包括：

　　一、中國大陸參與經濟區域化，固然與推動國內經濟改革與經濟發展有關，但是不同於大多數國家之處，在於其政治或外交考量，扮演了比許多國家參與時更重要的角色。

　　二、此種政治邏輯，包括了對內鞏固政權與發展對外關係兩個層面。而此二層面的遞嬗，與中國大陸的綜合國力上升與逐漸崛起息息相關。CAFTA 的重要背景之一，是亞洲金融危機、中國大陸威脅論出現，以及與美國的關係起伏不定的陰影，而產生保障政權穩定的需求。開始參與 RCEP 過程時，中國大陸的自我定位已經從所謂「和平崛起」到「和平發展」，因而開始主動尋求提升影響力。RCEP 從原本被認為是東協主導，經過北京強勢介入談判，後來被界定為是利於中國大陸與美國最初發起的 TPP 競爭的工具。而習近平在實質上不再遵循鄧小平「韜光養晦」外交路線的同時，提出的 BRI，其龐大規模、空間擴張、單邊資源挹注，使其外交目標實際上已不只是提升區域性，而是全球性的影響力。

　　三、實現經濟區域化當中的上述外交目標時，主要手段之一是雙邊主義，這與一般經濟區域化通常以多邊主義原則，顯然有別。CAFTA 在制度規則上的不對稱性、RCEP 談判過程中北京在特定議題上凸顯其支持 CMLV 等國的立場、BRI 的多數投資項目顯然取決於雙邊而非多邊洽商與決定，都呈現出雙邊主義的鮮明色彩。

　　四、就國際關係理論而言，多邊主義的區域機制較利於生產公有財，而雙邊主義偏向導致私有財。本章的三項機制都印證了此點；CAFTA 與 RCEP 兩者，都顯示北京提供利益或談判立場，較偏向東協中經濟發展相對稍低的 CMLV 四國。而眾所周知，近十餘年來的事實顯示，大多數時間北京對於除了越南之外的其他三國，保持著密切的政經軍事盟友關係，以及施加深厚的影響力。而有關BRI對於參與國經濟發展影響的研究結果也顯示，受益較多國家的屬性，的確也偏向類似CMLV與中亞國家（多數參與上海合作組織）這種屬於中國盟友的國家。

五、隨著中國大陸參與經濟區域化的對外影響力上升，來自鄰近甚至遠方國家的制衡性行為，在制衡者數目上愈來愈多，在行為的針對性上也愈來愈明顯。必須指出，此種制衡現象，並非只針對中國大陸，而是區域大國都會成為他國制衡的對象。重要的是，就區域主義的理論而言，這可能是亞太地區不同於像歐洲與北美地區區域主義之處；後二者並不存在不同國家各自倡議不同制度或合作機制，來相互競爭與制衡他國的現象。本章三個案例，顯示出完整理解評估中國大陸所參與的區域機制，不能只憑藉新自由制度主義，而必須同時納入現實主義的視角。

六、藉由BRI，中國大陸將區域主義中的區域概念，顛覆了原來以空間距離作為區域定義要素之一的概念。不過，BRI可能只是這種新概念下自成一類（*sui generis*）的獨特現實。

七、當這種自成一類的新型區域主義產生的實體流動，和全球最久遠最典型的區域主義——歐盟——接觸碰撞後，所產生的結果是，由於前者的延伸性與擴張性，勢必借助特殊式雙邊主義安排才能打開遠方國家門戶，所以因而牴觸了後者維繫內部凝聚甚至界定自我認同的普遍性規範與價值。就理論角度而言，值得思考之處又不再是現實主義的權力競逐，而是新自由制度主義或多邊主義對於現實的解釋力問題上。

八、中國大陸所參與的CAFTA與RCEP，相對於像是歐盟或NAFTA或CPTPP，在自由化的議題範圍上以及個別議題的自由化開放程度上，都明顯落後。當然，中國大陸的開放承諾，可能的確也和其人均GDP水準相互對稱。不過，若要達成關於多邊規則的協議，固然有時必須容許此種對稱性，但是雙邊安排，反倒不見得能容許之。歐盟與中國大陸之間，對於是否容許BRI投資採非合資方式的相互不對稱待遇，就是造成歐盟反制中資進入的原因之一。

九、就中國大陸本身參與區域經濟化的經濟效益而言，有數據可供評估的是CAFTA與BRI二者。前文的相關討論顯示，中國大陸都獲得正面效益，顯示其參與行為的經濟理性面。同樣的，對於RCEP和CPTPP的預測性比較，也顯示中國大陸參與RCEP符合經濟理性。

附錄一：深入閱讀建議書單

薛健吾，2022，〈【研究紀要】中國「一帶一路」的進展與影響，2013~2021〉，《中國大陸研究》，65 (2): 113-153。

Elms, Deborah K. 2021. "Getting RCEP across the Line." *World Trade Review* 20(3): 373-380.

Loewen, Howard, and Anja Zorob (eds.). 2018. *Initiatives of Regional Integration in Asia in Comparative Perspective*. Dordrecht: Springer Netherlands.

Park, Cyn-Young, Peter A. Petri, and Michal G. Plummer. 2021. "The Economics of Conflict and Cooperation in the Asia-Pacific: RCEP, CPTPP and the US-China Trade War," *East Asian Economic Review* 25 (3): 233-272.

附錄二：重要期刊、機構

一、 中文期刊部分

《中國大陸研究》

《臺灣經濟研究月刊》

《世界經濟與政治》（中國大陸）

《全球政治評論》

《政治科學論叢》

《問題與研究》

《國際問題研究》（中國大陸）

《國際貿易》（中國大陸）

《國際經貿探索》（中國大陸）

《國際關係學報》

二、 英文期刊部分

Asian Affairs: An American Review

Australian Journal of Political Science

American Political Science Review

Asian Politics & Policy

Asia-Pacific Review

Asian Survey

Asian Security

Cambridge Review of International Affairs

Contemporary Southeast Asia

East Asian Economic Review

Empirical Economics

Energy Strategy Review

International Organization

International Relations of the Asia-Pacific

Journal of Contemporary East Asian Studies

Journal of Contemporary Asia

Journal of Contemporary China

Journal of International Economic Law

Journal of the Indian Ocean

Review of International Political Economy

Security and Peace

Sustainability

The Chinese Economy

The China Quarterly

The Journal of Conflict Resolution

The Pacific Affairs

The Pacific Review

The World Bank Economic Review

Trans: Trans-regional and -national Studies of Southeast Asia

World Development

World Trade Review

三、 相關研究單位

（一）國內研究單位：

　　中華經濟研究院區域發展研究中心

　　中華經濟研究院WTO及RTA中心

　　中華經濟研究院臺灣東南亞國家協會研究中心

　　中華經濟研究院第一研究所

　　中華經濟研究院第二研究所

　　臺灣經濟研究院研究八所

（二）中國大陸研究單位：

　　上海社會科學院國際問題研究所

　　中國人民大學一帶一路合作研究中心

　　中國社會科學院一帶一路研究中心

　　中國社會科學院世界經濟與政治研究所

　　中國社會科學院亞太與全球戰略研究院中國亞洲太平洋學會

　　中國海洋發展基金會

　　中國國際問題研究所一帶一路研究中心

　　北京大學一帶一路國際研究基地

　　北京第二外國語學院中國一帶一路戰略研究院

　　海南改革發展研究院

　　清華大學國際與地區研究院

　　華南師範大學東南亞研究中心

　　廈門大學南洋研究院東南亞研究中心

　　　　廣東中山大學國際關係學院東南亞研究所
（三）國外研究單位：

Asia Center, Harvard University

Asia Pacific Center, UCLA

Asia Regional Integration Center, Asian Development Bank

Asian Studies Center, University of Pittsburgh

Belt and Road Initiative, World Bank

Institute of East Asian Studies, University of California, Berkeley

National Bureau of Asian Research

Regional Cooperation and Integration, Asian Development Bank

US-Asia Institute, Washington, D.C.

Walter H. Shorenstein Asia-Pacific Research Center, Stanford University

四、 資料庫：

Asia-Pacific Regional Cooperation and Integration Index, Asian Development Bank

Databases for the Belt and Road Initiative (BRI), Green Finance and Development Center

China Global Investment Tracker, American Enterprise Institute

RTA Exchange, International Centre for Trade and Sustainable Development (ICTSD) and the Inter-American Development Bank (IDB).

StasAPEC, Asia-Pacific Economic Cooperation

附錄三：專有名詞英文、中文對照表

英文	中文
ASEAN Framework for Regional Comprehensive Economic Partnership	區域全面經濟夥伴關係之東協架構
Asia Pacific Community（APC）	亞太共同體
Asia-Africa Growth Corridor（AAGC）	亞非成長走廊
Asian Infrastructure Investment Bank（AIIB）	亞洲基礎設施投資銀行
Bay of Bengal Initiative for Multi-Sectoral Technical and Economic Cooperation（BIMST-EC）	環孟加拉灣多部門技術與經濟合作倡議
BCIM Economic Corridor（BCIM-EC）	孟中印緬經濟走廊
Belt and Road Initiative（BRI）	一帶一路
Blue Dot Network（BDN）	藍點網路計劃
Build Back Better World（B3W）	重建更好的世界計畫
China-ASEAN Free Trade Area（CAFTA）	中國—東協自由貿易區
community of common destiny（CCD）	命運共同體
Comprehensive and Progressive Agreement for Trans-Pacific Partnership（CPTPP）	跨太平洋夥伴全面進步協定協定
Comprehensive Economic Partnership of East Asia （CEPEA）	東亞全面經濟夥伴關係
Early Harvest Program（EHP）	早期收割計畫
East Asia Community（EAC）	東亞共同體
East Asia Free Trade Area（EAFTA）	東亞由貿易區
East Asia Summit（EAS）	東亞高峰會

英文	中文
Northeast Asia Peace and Cooperation Initiative （NAPCI）	東北亞和平與合作倡議
Regional Comprehensive Economic Partnership （RCEP）	區域全面經濟夥伴協定
Silk Road Fund（SRF）	絲路基金
The Greater Mekong Subregion, GMS	大湄公河次區域經濟合作
Trans-Pacific Partnership（TPP）	跨太平洋夥伴協定

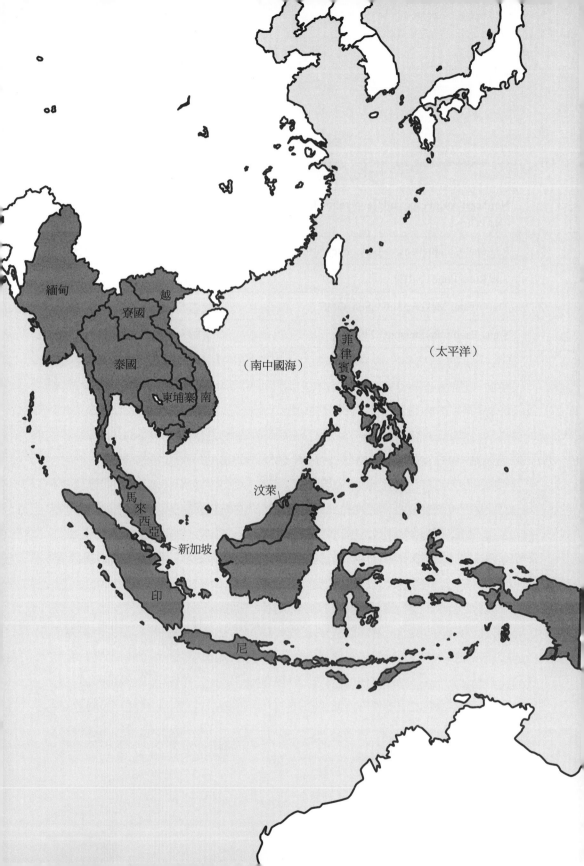

緬甸

越

寮國

泰國

東埔寨 南

（南中國海）

菲律賓

（太平洋）

汶萊

馬來西亞

新加坡

印

尼

邁向「東協共同體」：東南亞整合進程、議題與挑戰

徐遵慈

摘要

東南亞國家協會自1967年成立迄今已超過56年，2015年東協宣布成立共同體，並將持續推動區域內政治安全、經濟、社會及文化之整合。東協在2008年通過《東協憲章》，將東協峰會建制化，成為東協最高的決策權力機構，並賦予東協法律人格權，自此積極對外締結條約，及深化對外合作關係。近年東協推動整合雖漸收成效，但也面臨各類挑戰。未來在邁向2025年整合願景下，希冀強化集體領導與內部團結，在區域安全與大國合作中扮演重要角色，以及在新型冠狀病毒（COVID-19）疫情後推動經濟復甦，改善社會韌性。在地緣政治、區域安全、全球經濟情勢、以及東協成員政治立場迥異與發展差距擴大等情形下，東協的政治、經濟、社會整合之路仍多挑戰。

關鍵字：東南亞國家協會（東協）、東協共同體、自由貿易協定、區域全面經濟夥伴協定

壹、前言

東南亞國家協會（Association of Southeast Asian Nations, ASEAN，以下簡稱：東協）五個創始成員國（泰國、馬來西亞、菲律賓、印尼、新加坡）於1967年8月8日通過《曼谷宣言》（Bangkok Declaration），自此東協於焉誕生，其後汶萊（1984年）、越南（1995年）、緬甸（1997年）、寮國（1997年）、柬埔寨（1998年）陸續加入。[1]東協成立時之動機雖在防範共產主義於東南亞區域內擴延，但隨著冷戰時代的緊張局勢趨緩，遂轉向加強推動區域內政治、安全、經濟及社會之合作。1997年12月，東協領袖有鑑於國際情勢變化及亞洲金融風暴影響，通過「東協2020願景」（ASEAN Vision 2020），目標為將東協轉型為一個穩定、繁榮及具高度競爭力的區域，其後提前於2015年成立東協共同體（ASEAN Community）。

截至根據東協秘書處（ASEAN Secretariat）之統計，東協十國整體經濟規模在2007年至2014年間，國內生產總值（Gross Domestic Product, GDP）較2000年初期已成長將近一倍；2020年十國人口總計6.62億、GDP總值約2.998兆美元，人均GDP為4,533美元，貿易總額約2.668兆美元，其中出口總額約2.396兆美元，進口總額約1.272兆美元，外人直接投資流入金額約1,373億美元。[2]另根據國際貨幣基金統計，2021年東協GDP總值達3.36兆美元，佔全球名目GDP約3.58%，排名全球第五大經濟體，2050年將躍升第四位。

雖然東協個別國家之經濟表現互有優劣，但經濟成長、進出口貿易、吸引FDI之表現，以及在經商容易度與全球競爭力之全球評比上，除柬埔寨、寮國和緬甸三國與汶萊四個較小經濟體外，其餘六國之各類表現均優於全球大多數

---

1 相較於泰國、馬來西亞、菲律賓、印尼、新加坡、汶萊六國，越南、緬甸、寮國、柬埔寨四國通常被稱為新會員，合稱CLMV國家（為柬埔寨、寮國、緬甸、越南英文國名之字首），且因四國加入東協時經濟發展程度仍低，因此在參與經濟整合時獲得較多特殊與差別待遇（Special and Differential Treatment, S&P）。

2 ASEANstats. 2021. "ASEAN Statistical Yearbook 2021." in https://www.aseanstats.org/wp-content/uploads/2021/12/ASYB_2021_All_Final.pdf. Latest update 6 June 2022.

表6.1　東協基本指標（2016至2021年）

指標	單位	2016	2017	2018	2019	2020
總面積	平方公里	4,490,212	4,493,516	4,493,516	4,492,434	4,492,459
總人口	百萬	635.3	642.3	648.5	654.9	661.8
國內生產總值（GDP）	十億美金	2,597	2,807	2,999	3,170	2,998
GDP成長率*	百分比	5.0	5.4	5.3	4.7	-3.3
按現在價格計算的人均GDP	美金	4,089	4,370	4,540	4,833	4,533
國際商品貿易總額	十億美金	2,239.9	2,571.3	2,808.1	2,816.4	2,668.0
出口	十億美金	1,153.6	1,324.8	1,436.0	1,423.8	1,395.9
進口	十億美金	1,086.3	1,246.5	1,372.1	1,392.6	1,272.1
外國直接投資流入	十億美金	116.2	156.1	149.5	182.0	137.3
旅客到訪人數	百萬人次	115.6	125.7	135.2	143.6	26.2

註：GDP成長率係根據ASEANstats 2021年8月的估計值。

資料來源：東協秘書處；ASEANstats

開發中國家，其中尤其又以越南近年經濟快速成長，最受各界矚目。[3]

　　本章分成六部份，依序為前言、東協組織運作、「東協共同體」的整合進展、東協對外關係、重要議題與挑戰、及小結——東協與臺灣關係。[4]

貳、東協組織運作與東協共同體之整合進展

　　東協現共有十個會員，另於2022年11月東協高峰會議「原則」通過邀請

3　根據世界銀行（World Bank）統計，1995年越南加入東協時，名目GDP（Nominal）約為201億美元，2020年約為2,711億美元，成長約13.5倍。

4　本章關於東協組織運作及整合與發展歷程、重要議題等論述或分析係參考本章作者相關文章與研究報告改寫與更新。

東帝汶民主共和國（Democratic Republic of East Timor）加入東協，2023年5月第42屆東協高峰會上通過「東帝汶加入東協路徑圖」，如東帝汶順利成為東協第11個會員，將是東協自1999年接受柬埔寨加入後，時隔25年後首次擴大會員。[5]

東協自成立以來，不僅內部組織隨著共同體的整合進展逐漸擴大，更與區域外主要國家與國際組織建立各種對話、合作關係。

一、東協組織與運作

東協在第十三屆東協峰會中通過《東協憲章》（ASEAN Charter），於2008年12月15日經各會員完成批准程序後生效實施。[6]《東協憲章》明定東協成立的宗旨、目標，並設立九個主要機構，其位階由高至低依序為：東協領袖會議，或稱東協峰會（ASEAN Summit）、東協協調理事會（ASEAN Coordinating Council, ACC）、東協共同體理事會（ASEAN Community Councils）、東協部門別部長級機構（ASEAN Sectoral Ministerial Bodies）、東協秘書長與秘書處（The Secretary General of ASEAN and the ASEAN Secretariat）、常駐東協代表委員會（Committee of Permanent Representatives to ASEAN, CPR）、東協會員國秘書處（ASEAN National Secretariats）、東協跨政府人權委員會（ASEAN Intergovernmental Commission on Human Rights, AICHR）、東協基金會（ASEAN Foundation）。《東協憲章》賦予東協法律人格權，東協自此成為國際法上的法人機構，正式對外締結條約，負擔條約權利義務。[7]

---

5 東帝汶自2002年起爭取成為東協觀察員（observer），獲准參加部分東協會議。ASEAN Secretariat. 2002. "JOINT COMMUNIQUE OF THE 35TH ASEAN MINISTERIAL MEETING Bandar Seri Begawan." in https://asean.org/joint-communique-of-the-35th-asean-ministerial-meeting-bandar-seri-begawan-29-30-july-2002/. Latest update 6 June 2022. Also ASEAN Secretariat. 2022. "ASEAN LEADERS' STATEMENT ON THE APPLICATION OF TIMOR-LESTE FOR ASEAN MEMBERSHIP." in https://asean.org/wp-content/uploads/2022/11/05-ASEAN-Leaders-Statement-on-the-Application-of-Timor-Leste-for-ASEAN-Membership.pdf. Latest update 3 January 2023.

6 ASEAN Secretariat. 2007. "Chairperson's Statement of the 12th ASEAN Summit H.E. the President Gloria Macapagal-Arroyo." in https://asean.org/chairpersons-statement-of-the-12th-asean-summit-h-e-the-president-gloria-macapagal-arroyo-one-caring-and-sharing-community/. Latest update 6 June 2022.

7 ASEAN Secretariat. 2008. "The ASEAN Charter." in https://asean.org/wp-content/uploads/images/archive/publications/ASEAN-Charter.pdf. Latest update 6 June 2022.

　　東協峰會是東協最高的決策權力機構，由各東協會員國的國家或政府元首所組成，每年定期召開兩次會議，確切日期由當年峰會主席（Chair of the ASEAN Summit）與各會員諮商後決定，原則於主席國內召開。第一屆東協峰會於1976年2月23、24日召開，迄至2022年底已召開41屆峰會。[8]

　　東協峰會下設立三個共同體委員會（Community Councils），分別為東協政治安全共同體委員會（ASEAN Political-Security Community〔APSC〕Council）、東協經濟共同體委員會（ASEAN Economic Community〔AEC〕Council）、東協社會文化共同體委員會（ASEAN Socio-Cultural Community〔ASCC〕Council），其下各有部長級會議（Ministerial Meetings）。

　　APSC Council最重要會議為各國外交部長組成之東協外交部長會議（ASEAN Foreign Ministers' Meeting, AMM），[9]每年至少召開四次會議，負責執行東協政治安全共同體事務及對外關係。AMM探討政治安全，以提高區域內之法治、人權、和平與穩定，包括和平解決爭端、核武非擴散議題、海洋與海事安全等，另亦討論非傳統安全議題，包括：武器走私、人口販運、反恐合作、國際經濟犯罪、洗錢、邊境管理、移民與領事業務、網路安全、違法藥物等。

　　AMM每年召開多項其他會議，包括：東協區域論壇（ASEAN Regional Forum, ARF）、東協外交部長會議後與對話夥伴會議（又稱10+1會議，the ASEAN Post Ministerial Conference〔PMC〕10+1 Sessions with The Dialogue Partners）、東協加三外交部長會議（ASEAN Plus Three Foreign Ministers' Meeting）、東亞峰會外交部長會議（East Asia Summit Foreign Ministers' Meeting）等。

　　執掌經濟事務的AEC Council則主要召開東協經濟部長級會議（ASEAN Economic Ministerial Meetings, AEM），每年召開兩次會議，另並與對話夥伴或非對話夥伴召開諮商會議，[10]如2021年9月首次召開AEC與英國諮商會議。AEC

8　在1990年以前，東協峰會甚少召開，自1967年至1990年約30年間，僅召開三次峰會，至《東協憲章》生效後始定期召開。

9　印尼係由外交部長與經濟統合部長（Coordinating Ministry for Economic Affairs）共同參加。

10 AEC現與香港、瑞士兩個非對話夥伴召開諮商會議。

Council亦召開東協加三諮商會議（AEM Plus Three Consultations）、東亞峰會經濟部長會議（EAS Economic Ministers' Meeting）等。

ASCC Council設立目標為落實所有東協人民的潛力，推動東協共同體的包容性、永續性、韌性、和諧性，涵蓋領域包括：文化與藝術、資訊與媒體、教育、青年、社會福利、性別、健康等。

東協秘書處設置於印尼首都雅加達，運作預算由東協會員繳交之會費支持，在1992年組織改革後被賦予較大權限，包括監督東協事務與領袖、部長之指示等。惟因秘書處預算規模、人力與員額等均有限，因此迄今僅能執行交辦之行政事務，不同於歐盟、世界貿易組織或其他國際組織之秘書處擁有充沛預算與人力的情形。[11]

在對外關係與運作方面，東協透過與區域外國家簽署《東南亞友好合作條約》（The Treaty of Amity and Cooperation in Southeast Asia, TAC）來推動對外關係，提升與條約簽署國間之形式上與實質上之合作。TAC原為東南亞國家建立區域內跨政府運作原則，推動和平共存與友善合作之條約，於1996年開放非東南亞國家加入，迄今歷經三次修正，[12]2020年主要修正TAC得開放給以主權國家為會員之區域組織加入為會員。截至2021年1月，共計有43個締約方，歐盟為迄今唯一以區域組織加入之簽署方。[13]

1997年12月，東協邀請中國大陸、日本、南韓三國領袖出席峰會，開啟「東協加三」的對話合作機制，隨後並啟動與該等對話夥伴（Dialogue Partner）洽簽自由貿易協定，即一般通稱之「東協加一」FTA。東協後亦邀請澳洲、紐西蘭、印度三國加入，「東協加三」擴大為「東協加六」，其後續邀美國、俄羅斯領袖參加。截至2021年，「東亞高峰會」（East Asia Summit, EAS）已召開16屆，為東協每年召開一系列領袖會議中最重要的峰會。

---

11 Acharya, Amitav. 1997. "Ideas, identity, and institution-building: From the 'ASEAN way' to the 'Asia-Pacific way'?" *The Pacific Review* 10(3): 329-330.

12《東南亞友好合作條約》於1976年簽署後，歷經3次修法，經東協會員完成批准程序後，分別於1987、1998、2020年生效實施。

13 TAC修法後僅限由主權國家組成之區域組織，因此排除如亞太經濟合作會議（APEC）等包括主權國家與經濟體（economy）為會員之區域組織。

二、東協共同體

東協在2003年第9屆峰會中通過《峇里第二協約》（Bali Concord II），各國領袖決議在2020年建立三個「東協共同體」（ASEAN Communities），包括「東協政治—安全共同體」、「東協經濟共同體」與「東協社會—文化共同體」，亦稱為東協整合的三大支柱。2007年第十二屆東協峰會進一步宣布，將建立共同體的時程從2020年提前至2015年，較原先規劃的時程提前五年。[14]

2015年11月23日，第二十七屆東協峰會宣布「東協共同體」已於2015年12月31日正式成立；東協歷經自由貿易區的整合階段，至此邁入共同體的時代，象徵區域內貨品、服務、投資、技術勞工及資金的流動將更臻自由與便利，也標誌由東協為核心推動的區域經濟整合邁向新的里程。

同時，2014年東協領袖通過《關於東協共同體後2015年願景之內比都宣言》（Nay Pyi Taw Declaration on the ASEAN Community's Post 2015 Vision），宣言中指出2016年至2025年的發展方向，宣示將持續深化東協整合，作為「東協共同體後2015年願景」（Post-2015 Vision）之基礎，及強化東南亞區域之和平穩定及繁榮發展。

隨後，十國通過《東協2025年吉隆坡宣言：穩健前行》（Kuala Lumpur Declaration on ASEAN 2025: Forging Ahead Together）宣言，並發布「東協政治安全共同體2025年願景」（ASEAN Political-Security Community Blueprint 2025）、「東協經濟共同體2025年願景」（ASEAN Economic Community Blueprint 2025）、以及「東協社會文化共同體2025年願景」（ASEAN Socio-Cultural Community Blueprint 2025）等三份附件。東協矢志實現「以規則為基礎、以民為本」（rules-based, people-oriented, people-centered）之東協共同體，朝「一個願景、一種認同」（One Vision, One Identity）邁進，以落實「單一共同體」（One Community）的目標，[15]另外亦通過「2025年東協連結」（ASEAN

---

14 ASEAN Secretariat. 2007. "Chairperson's Statement of the 12th ASEAN Summit H.E. the President Gloria Macapagal-Arroyo." in https://asean.org/chairpersons-statement-of-the-12th-asean-summit-h-e-the-president-gloria-macapagal-arroyo-one-caring-and-sharing-community/. Latest update 6 June 2022.

15 ASEAN Secretariat. 2015. "ASEAN 2025 'Forging Ahead Together'." in https://www.asean.org/wp-content/uploads/2015/12/ASEAN-2025-Forging-Ahead-Together-final.pdf. Latest update 6 June 2022.

Connectivity 2025）文件，將持續加強東協內部的連結性，以使東協2025願景更臻完整。[16]

三、近年東協組織發展與關注議題

東協每年由輪值主席國依據東協整合之進展、峰會之決議、及會員國關切之事項等，決定當年主辦東協會議的主題。2020年由越南擔任輪值主席國，年度會議主題為「融合與快速反應的東協」（Cohesive and Responsive ASEAN），然因2020年1月起新型冠狀病毒疫情在中國大陸爆發後，迅速擴散至東南亞與其他區域，越南遂在4月召開「東協新冠疫情特別峰會」（Special ASEAN Summit on Coronavirus Disease 2019）與「東協加三新冠疫情特別峰會」（Special ASEAN Plus Three Summit on Coronavirus Disease 2019），以緊急探討因應疫情的合作事宜。

2021年由汶萊擔任輪值主席國，為因應新冠疫情後東協經濟、社會面臨復甦、恢復韌性之嚴峻挑戰，將年度會議主題訂為「我們關切，我們準備，我們繁榮」（"We Care, We Prepare, We Prosper"）。除疫情外，2021年2月1日緬甸爆發軍事政變，[17]汶萊特別於4月召開東協峰會實體會議，邀請緬甸參加，就緬甸議題進行討論，並於會後發表「五點共識」。

2022年由柬埔寨接任輪值主席國，年度主題訂為「東協：共同應對挑戰」（ASEAN A.C.T.: Addressing Challenges Together），並明定其核心精神為：「和睦、團結、和諧」（Togetherness, Solidarity and Harmony）。柬埔寨指出，東協當前有四大挑戰，包括：新冠疫情下經濟復甦、地緣政治競爭、傳統與非傳統安全、東協內部與制度性約束。[18]

---

16 2010年第17屆東協峰會通過《東協連結整體規畫》（Master Plan on ASEAN Connectivity, MPAC），以加強成員國間軟硬體基礎建設的相互整合與連結。

17 緬甸國防軍總司令敏恩萊（Min Aung Hlaing）於2021年2月1日率眾發動政變，以翁山蘇姬（Aung San Suu Kyi）領導的執政聯盟「全國民主聯盟」（NLD）選舉舞弊為由，推翻政權及宣布緬甸進入為期一年的緊急狀態，同時拘捕總統溫敏（Win Myint）、翁山蘇姬等人。軍方政變在緬甸各地引起激烈反政變抗爭，但遭到軍方強力鎮壓。

18 ASEAN Secretariat. 2022. "ASEAN Lecture on Cambodia's ASEAN Chairmanship in 2022." in https://asean2022.mfaic.gov.kh/files/uploads/BXUFYI5Y9R9M/Final%20PR%20(ENG)_ISEAS_23rd%20ASEAN%20Lecture_03.01.22.pdf. Latest update 6 June 2022.

在各支柱下，2022年度關鍵優先工作包括：在政治安全議題方面，將著重於強化東協中心性（ASEAN Centrality）與既有機制；[19]東協在地緣政治競爭、恐怖主義、傳染病及氣候變遷等議題下須更具韌性與能力。在經濟整合下，將推動區域內經貿協議與倡議之有效執行，加速疫情新常態（New Normal）下經濟復甦，並維持區域貿易與投資動能。在社會文化支柱下，將強化區域內人力資源發展，促進人與人連結，以強化東協認同（ASEAN Identity）。[20]

參、三個「東協共同體」的整合進展

東協以推動政治安全、經濟、社會文化三大整合為其支柱，主要由APSC、AEC、ASCC三個委員會負責整合工作，宣稱已在2015年達成三個共同體之整合目標，並繼續朝向2025年共同體藍圖邁進。以下分別說明。

一、政治安全整合

政治安全整合主旨在促進區域和平，強調應以和平的爭端解決程序來解決區域內歧見，視成員間因地理位置、共同願景與目標而加強彼此的安全緊密聯繫。APSC的內涵包括：政治發展、形塑與共享規範、衝突預防、衝突解決、衝突後和平建構（post-conflict peace building）、執行機制（implementing mechanisms）等。

東協處理會員間之關係主要係依據TAC中載明的基本原則，可歸納為以下六點：互相尊重所有國家之獨立、主權、平等、領土完整、及國家認同；各成員有權利在免於外部干預、顛覆、脅迫的情形下領導國家生存；「不干預彼此內部事務」（Non-interference in the internal affairs of one another）；以和平方式解決差異或爭端；拒絕武力威脅或使用武力；有效合作。[21]上述原則中之「不

---

19 Cambodia ASEAN Secretariat. 2022. "Cambodia's priorities for ASEAN in 2022." in https://asean2022. mfaic.gov.kh/Page/2021-12-07-Page-SUMMARY-OF-CAMBODIA-S-PRIORITIES-FOR-ASEAN-IN-2022-10-59-09. Latest update 13 June 2022.

20 ibid.

21 ASEAN Secretariat. 2022. "Fundamental Principles, ASEAN." in https://asean.org/what-we-

干預內部事務」原則，常被稱為「東協模式」（ASEAN Way）[22]的特色之一，然因近年東協處理會員問題的消極態度常遭致外部批評，因此引起部分會員呼籲應予檢討。[23]惟截至目前，東協會員仍奉行不悖，短期內將不致出現調整。

　　APSC近年關切的最重要議題為南海主權問題，東協中計有七個會員為南海水域涵蓋，包括汶萊、馬來西亞、印尼、菲律賓、新加坡、泰國、及越南。為推動南海之和平與穩定，2002年中國大陸與該七國通過《南海各方行為宣言》（the Declaration on the Conduct of Parties in the South China Sea, DOC），隨後在2011年通過「實施《南海行為準則》綱要」（The Guidelines for the Implementation of the DOC）。其後，各締約方展開制定「南海行為準則」（Code of Conduct in the South China Sea, COC）的談判，COC草案第一讀已於2019年7月31日於曼谷舉行的「中國－東協外長峰會」通過。第二讀原定於2020年7月初通過，後因疫情而預期於2020年12月討論通過，但亦受疫情影響而延後。[24]

　　目前，中國大陸、東協由雙方組成「東協–中國執行《南海各方行為宣言》資深官員會議」（ASEAN-China Senior Officials on the Implementation of the DOC, SOM-DOC），及「東協–中國執行《南海各方行為宣言》共同工作小組」（the ASEAN-China Joint Working Group on the Implementation of the DOC, JWG-DOC）定期集會，以檢視DOC執行情形及進行COC談判，對於維持南海和平穩定至為重要。

　　此外，東協區域論壇（ASEAN Regional Forum, ARF）近年亦扮演日漸重要的角色，尤其近年南海主權衝突、印太區域地緣政治緊張程度升高，ARF遂

---

do#fundamental-principles. Latest update 14 June 2022.

22 東協並未給予「東協模式」明確的定義，但一般係泛指東協國家習慣於以諮商及非正式方式處理敏感事務、注重人際關係與個人情誼、採取共識決（consensus）等。

23 實例如2007年緬甸爆發反對軍政府示威，遭到軍政府鎮壓（時稱「番紅花革命」），以及2021年緬甸爆發軍事政變，兩次事件中，東協均基於「不干預內部事務」之原則，經共識決議，均未給予嚴厲譴責。

24 Embassy of The People's Republic of China in The Kingdom of Thailand. "The First Reading of the Single Draft Negotiating Text of the Code of Conduct (COC) in the South China Sea Completed Ahead of the Schedule." in https://www.mfa.gov.cn/ce/ceth/eng/zgyw/t1685674.htm. Latest update 14 June 2022.

成為區域中各國處理政治、經濟及安全議題的最重要對話平臺之一。[25]

二、經濟整合

東協經濟整合始自1977年東協領袖簽署《東協優惠性貿易協定》（Agreement on ASEAN Preferential Trading Arrangements），其後在1992年通過《新加坡宣言》（Singapore Declaration），簽署《共同有效優惠關稅協議》（Common Effective Preferential Tariff, CEPT），宣示建立東協自由貿易區（ASEAN Free Trade Area, AFTA），逐步推動各成員國間關稅降至0%-5%。

2007年東協峰會通過《東協經濟共同體藍圖宣言》（Declaration on the ASEAN Economic Community Blueprint），2009年《東協經濟共同體藍圖》明確揭示AEC之發展方向，主要包括四大支柱：第一，創造單一市場與生產基地；第二，具高度競爭力的經濟區域；第三，平衡的區域經濟發展；第四，與全球經濟體系完全整合。[26]

AEC是東協從東協自由貿易區（AFTA）深化整合的重要成果，為創造單一市場與生產基地，東協致力於商品、服務、投資、技術勞工（skilled labour）的自由流動，以及解除資本流動的限制；此外，也持續推動東協國家優先整合部門（priority integration sectors）及食品、農業與林業之發展。[27]

東協國家陸續消除關稅，主要六國在2010年大致已將彼此關稅調降為零關稅，CLMV國家亦於2010年達到平均關稅2.6%的目標，接近AEC邁向零關稅障礙的單一市場。而在與全球經濟體系整合的目標下，東協自2001年與中國大陸簽署《東協—中國大陸全面經濟合作架構協定》後，陸續與南韓、日本、澳洲、紐西蘭、印度簽署自由貿易協定，2017年11月與香港簽署《東協—中國香港自由貿易協定》與《東協—中國香港特別行政區投資協定》，已於2019

---

25 ARF於1994年成立，成員包括東協會員及其對話夥伴美國、俄羅斯、中國大陸、歐盟等。

26 ASEAN Secretariat. 2007. Declaration on the ASEAN Economic Community Blueprint. ASEAN.; ASEAN. 2009. Roadmap for an ASEAN Community 2009-2015. Jakarta: ASEAN Secretariat: 98-104.

27 優先整合部門包括木材加工、電子、成衣配件、及汽機車產業。

表6.2 東協已簽署之「東協加一」FTA一覽表

國家	協定名稱	簽訂日期	生效日期
中國大陸	東協－中國大陸全面經濟合作架構協定	架構協議：2002年11月 貨品貿易：2004年11月 爭端解決機制：2004年11月 服務貿易：2007年1月 投資：2009年8月	架構協議：2003年7月 貨品貿易：2005年7月 爭端解決機制：2005年1月 服務貿易：2007年7月 投資：2010年1月
韓國	東協－韓國全面經濟合作協定	架構協議：2005年12月 爭端解決機制：2005年12月 貨品貿易：2006年8月 服務貿易：2007年11月 投資：2009年6月	架構協議：2006年7月 爭端解決機制：2006年7月 貨品貿易：2007年6月 服務貿易：2009年5月 投資：2009年9月
日本	東協－日本全面經濟合作協定	2008年4月	2008年12月
澳洲、紐西蘭	東協－澳洲－紐西蘭自由貿易協定	2009年2月	2010年1月
印度	東協－印度自由貿易協定	架構協議：2003年10月 貨品貿易：2009年8月 爭端解決機制：2009年8月 服務貿易：2014年11月 投資：2014年11月	架構協議：2004年7月 貨品貿易：2010年1月 爭端解決機制：2010年1月 服務貿易：2015年7月 投資：2015年7月
香港	東協－香港自由貿易協定	貿易協定：2017年11月 投資協定：2017年11月	貿易協定：2021年2月 投資協定：2021年2月

資料來源：中華經濟研究院臺灣東協研究中心整理。

年生效實施。[28] 該協定也首創東協與非對話夥伴及非主權國家簽署FTA的先例。[29] 東協先後簽署六個「東協加一」FTA，逐漸建立以東協為核心的FTA輻射網絡。

　　自2013年5月起，東協在「東協加一」FTA的基礎上，以推動「東協加六」整合宏願，開啟與中國大陸、日本、南韓、澳洲、紐西蘭與印度間簽署《區域全面經濟夥伴協定》之談判。歷經八年談判，在2020年11月15日召開的RCEP第四屆領袖會議中，以遠距視訊的方式簽署協定，成員包含東協十國與中國大陸、日本、韓國、澳洲、紐西蘭共計十五國，[30]已於2022年1月1日生效實施。[31]

三、社會文化整合

　　ASCC Council每年集會兩次。在2020年新冠疫情爆發後，ASCC最主要工作在解決疫情對經濟、社會造成的衝擊，以及推動東協地區疫情後的振興與復甦。其中，東協勞動部長會議（ASEAN Labour Ministers Meeting, ALMM）通過2021年至2025年工作計畫，決議為因應疫情後的新情勢，將共同努力改善地區內勞工的技能培訓，提升職場安全，及擴大社會保障等。

　　東協2025年ASCC藍圖之目標為建立一個參與性、包容性、永續性、具有韌性、以及有動力及和諧的東協共同體，讓東協人民得以享受高品質的生活，平等取得機會，推動與保護人權，以及足以因應社會發展、環境保護、氣候變遷、天然災害及其他新挑戰。

---

28 香港與東協於2014年7月展開雙方洽簽FTA談判，歷經3年10回合談判後，於2017年9月9日在第二屆中國香港-東協經貿部長會議中，宣布完成談判，在11月12日東協峰會期間，由香港商務及經濟發展局局長邱騰華與東協成員國各經濟部長分別簽署FTA與投資協定。

29 東協雖無正式文件明文規範或揭示其洽簽FTA的對象與要件，然相較其他「東協加一」FTA對象均為東協對話夥伴，且均已加入TAC之主權國家，香港以「個別關稅領域」（Separate Customs Territory）身分與東協簽署FTA，實甚特殊。

30 印度於2019年宣布退出RCEP談判。

31 RCEP第20.6條規定，對已經交存批准書、接受書、或核准書的簽署方而言，本協定的生效條件為，至少六個東協成員國及三個非東協簽署國提交向存放機構提交其核准書、接受書或批准書之日起60天後生效。

肆、東協對外關係

一、東協「對話夥伴」

　　《東協憲章》指示東協與各國及次區域、區域和國際組織和機構發展友好關係和互利對話合作的夥伴關係，第44條載明關於東協外部合作方（External Parties）之地位（Status of External Parties），責成東協外長會議在東協執行對外關係時，可授予外部合作方「對話夥伴」（Dialogue Partner, DPs）、「DPs部門別對話夥伴」（Sectoral Dialogue Partners, SDPs）、「發展夥伴」（Development Partner）、「特別觀察員」（Special Observer）、「禮賓」（Guest），或其他新創設之正式地位（other formal status that may be established henceforth）；如一外部合作方雖未被授予任何正式地位，亦得接受邀請，出席東協會議或參與其他合作活動。[32]

　　東協最初建立「對話夥伴」關係的對象為歐盟、日本及美國，均為當時主要的援贈國與貿易夥伴，而隨著東協納入實施社會主義之越南、寮國為會員，遂接受印度、中國大陸、俄羅斯為「對話夥伴」，希望有助冷戰結束後的區域安全與穩定。

　　歷年來與東協建立「對話夥伴」的國家包括：歐盟、日本、澳洲、紐西蘭、加拿大、美國、韓國、中國大陸、印度、俄羅斯及英國。「部門別對話夥伴」包括：巴基斯坦（1993）、挪威（2015）、瑞士（2016）、土耳其（2017）、阿拉伯聯合大公國（2022）、巴西（2022年）。「發展夥伴」則包括：德國（2016）、智利（2019）、義大利（2020）、法國（2021）。

　　在「對話夥伴」國家中，實務上再區分為對話夥伴、強化夥伴（Enhanced Partnership）、全面合作夥伴（Comprehensive Cooperation Partnership）、進步與全面夥伴（Progressive and Comprehensive Partnership）、戰略夥伴（Strategic Partnership）、全面戰略夥伴（Comprehensive Strategic Partnership, CSP）等。

---

32 ASEAN Secretariat. 2020. "External Partners." in https://asean.org/our-communities/asean-political-security-community/outward-looking-community/external-relations/. Latest update 15 June 2022.

2021年澳洲、中國大陸先後成為東協全面戰略夥伴，為東協最高層級之「對話夥伴」國家。美國、印度則於隔年11月與東協關係升級為全面戰略夥伴。

東協亦與「對話夥伴」發展「全面性經濟夥伴關係」（comprehensive economic partnership, CEP），目前已建立或正在協商CEP的國家包括：中國大陸、日本、南韓、印度、澳洲、紐西蘭、歐盟及美國，其中除歐盟與美國外，均與東協建立自由貿易區（FTA）。

二、東協與主要大國關係

（一）中國大陸（含香港）

中國大陸自1990年代後期起積極與東協展開合作關係，在1997年亞洲金融風暴後出現重大進展，2000年後雙方展開以「面向和平與繁榮的戰略夥伴關係」為綱領的各項經貿合作，推動建立「東協—中國大陸自由貿易區」，依序簽署《架構協定》、《貨物貿易協定》、《服務貿易協定》與《投資協定》。[33] 因應AEC於2015年成立，雙方於2014年8月啟動FTA升級談判，中國大陸擴大對東協開放服務業及投資。

2013年9月和10月，中國大陸國家主席習近平出訪哈薩克與印尼時，分別提出「絲綢之路經濟帶」及「21世紀海上絲綢之路」倡議，合稱「一帶一路」，在通過東南亞的海路上加強與東協合作。中國大陸亦推動成立亞洲基礎設施投資銀行，東協國家均為創始會員國，並期待藉由參與「一帶一路」倡議，建設各國基礎設施，加強東協連結性。

此外，香港與東協貿易投資關係在近20年快速成長。依據東協秘書處之統計，1997年香港回歸中國大陸時，當年對東協投資金額僅約17.53億美元，至2015年之單年投資金額增加至36.21億美元，已名列東協重要外資來源。而東協同意與香港以個別關稅領域之非主權國家身分，簽署「東協加一」FTA，顯示中國大陸對東協之影響力。香港為東協參加「一帶一路」計畫的重要中介

---

33 中國自由貿易區服務網，2012，〈「關於修訂《中國-東盟全面經濟合作架構協定》的第三議定書〉，http://fta.mofcom.gov.cn/dongmeng/annex/xieyixiuding03_yidingshu_cn.pdf，2022/06/06。

表6.3 東協「對話夥伴關係」發展概況

目前對話關係層級 （由高至低）	對話夥伴	建立對話關係年份	最新升級關係年份	目前合作文件基礎
全面性戰略夥伴 Comprehensive Strategic Partnership	澳洲	1974	2021	東協—澳洲行動計畫（2020-2024）
	中國大陸	1996	2021	東協—中國大陸行動計畫（2021-2025） 東協—中國大陸戰略夥伴願景2030
	美國	1977	2022	東協—美國行動計畫（2021-2025）
	印度	1992	2022	東協—印度行動計畫（2021－2025）
	紐西蘭	1975	2015	東協—紐西蘭行動計畫（2021-2025）
	日本	1977	2015	東協印太展望合作聯合聲明（2020）
戰略夥伴 Strategic Partnership	歐盟	1977	2020	東協—歐盟行動計畫（2018-2022）
	韓國	1991	2010	東協—韓國行動計畫（2021-2025）
	俄羅斯	1996	2018	東協—俄羅斯全面行動計畫（2021-2025）
	加拿大*	1977	2009*	東協—加拿大行動計畫（2021-2025）
強化夥伴 Enhanced Partnership	英國	2021	2021	—

註：2023年9月第43屆東協高峰會召開期間，東協與加拿大亦預計將雙邊關係自強化夥伴關係提升至戰略夥伴關係。

表6.4　東協─中國大陸關係

經貿政策	對東協之主要政策	面向和平與繁榮的戰略夥伴關係
	已簽署之經貿協定	FTA：新加坡； 多邊：CAFTA、RCEP、東協─香港FTA
經貿趨勢	貿易趨勢	貿易金額快速成長且順差擴大
	投資趨勢	中國大陸與東協相互投資金額穩定成長；中國大陸對東協之投資集中在新加坡、泰國、印尼、越南、柬埔寨
援助政策	與東協之發展合作	中國大陸─東協博覽會以及對外援助政策下的「高鐵外交」等策略
	與區域之發展合作	「一帶一路」合作倡議

資料來源：作者自行整理

者，未來如加入RCEP，將更有助中國大陸與東協經濟整合。[34]

（二）日本

　　日本與東協於1973年建立非正式對話關係，後於1977年3月之「東協─日本論壇」（ASEAN-Japan Forum）宣布開展雙方正式對話關係，於政治安全、經濟金融與社會文化等領域推動廣泛合作。2003年日本與東協建立對話關係三十週年，雙方在紀念峰會中簽署《東京宣言》（Tokyo Declaration for the Dynamic and Enduring ASEAN-Japan Partnership in the New Millennium）與《東協─日本行動計畫》（ASEAN-Japan Plan of Action），此二份文件擘畫日本與東協至2010年之發展路徑圖。2008年4月，日本與東協簽署《東協─日本全面經濟夥伴協議》（ASEAN-Japan Comprehensive Economic Partnership, AJCEP），於2008年12月生效。

---

34 香港商業經濟局局長邱騰華在2022年6月1日於立法會答詢時表示，香港特區政府一直積極爭取加入RCEP，已在2022年1月去信東協秘書長正式提出加入RCEP，並在出席APEC貿易部長會議時爭取各國支持，獲得正面回應。

　　日本對東協位於湄公河流域國家[35]之經營甚早，早在1960年代即以泰國和越南為據點開始合作布局，1992年更透過亞洲開發銀行（Asian Development Bank, ADB），以間接方式參與「大湄公河次區域經濟合作」[36]（The Greater Mekong Sub-region, GMS）。2007年日本啟動「湄公河—日本夥伴計畫」，隔年召開首屆外交部長會議，其後並提升層級，召開高峰會議。目前，日本仍為對湄公河區域經營最深的國家，與中國大陸形成直接競爭。（表6.5）

（三）韓國

　　韓國自冷戰結束後，開始將注意力放在東協區域，1997年亞洲金融風暴後，雙邊關係出現明顯進展，近年韓國因與中國大陸經濟競爭，更加重視東協，雙邊關係遂急起直追，除經濟關係逐漸深化，亦擴及安全與社會文化等領

表6.5　東協—日本關係

經貿政策	對東協之主要政策	「東協—日本論壇」展開之對話關係
	已簽署之經貿協定	雙邊EPA：新加坡、馬來西亞、菲律賓、泰國、汶萊、印尼與越南； 多邊：東協—日本全面經濟夥伴協定、RCEP與CPTPP
經貿趨勢	貿易趨勢	貿易漸趨平緩且逆差擴大； 進出口金額近期些微下滑
	投資趨勢	近幾年FDI以金額有所增減，但基本上持續成長； 對東協國家之投資集中在新加坡，但對越南投資正逐漸增加。
援助政策	與東協之發展合作	「湄公河—日本經濟合作」，以及針對個別國家擬定不同ODA政策，主要著重基礎建設與農業發展

資料來源：作者自行整理

---

35 湄公河流域東協國家主要指越南、柬埔寨、緬甸、寮國與泰國。
36 GMS區域除東協五國外，亦包括中國大陸，主要指雲南地區。

域之合作。[37]

　　韓國在1989年成為東協部門別對話夥伴（Sectoral Dialogue Partner），1991年升級為全面對話夥伴（Full Dialogue Partner）。2004年雙方在第八屆東協─韓國峰會中，發布「全面合作夥伴共同宣言」（Joint Declaration on Comprehensive Cooperation Partner-ship），開啟在安全、經濟、社會與文化領域的全面性合作。

　　2017年5月，韓國前總統文在寅上任，於11月提出「新南方政策」（New Sothern Policy, NSP），希望加強與東協和印度的夥伴關係，以調整過去獨重中國大陸與美國兩強的外交政策。文在寅積極推動元首外交，上任後出訪東協十國與印度，並簽署多項協議；亦成功建構韓國與湄公河國家交往機制，在2019年11月首次召開「湄公河─韓國高峰會」，為「湄韓合作」下首次領袖會議。「新南方政策」亦與印度「東進政策」對接，為「韓國─印度特別戰略夥伴關係」注入新動力。

表6.6　韓國─東協關係總表

經貿政策	對東協之主要政策	全面對話夥伴關係及其後公布的一系列宣言，如全面合作夥伴共同宣言等
	已簽署之經貿協定	FTA：新加坡、越南、印尼、菲律賓； 多邊：東協─韓國FTA、RCEP
經貿趨勢	貿易趨勢	貿易增長漸趨平緩且順差擴大 出口金額持續成長，進口金額漸趨平緩
	投資趨勢	韓國積極對東協投資； 對東協各國投資金額快速成長（汶萊、寮國除外）
援助政策	與東協之發展合作	針對個別國家擬定不同ODA政策； 成立「未來導向合作計畫基金」促成社會文化交流

資料來源：作者自行整理

---

37 ASEAN Secretariat. 2021. "Overview of ASEAN-Republic of Korea Dialogue Relations." in https://asean.org/wp-content/uploads/2021/12/Overview-of-ASEAN-ROK-Dialogue-Relations-as-of-26-Nov-2021.pdf. Latest update 6 June 2022.

（四）印度

印度政府於1991年提出「東望政策」（Look East），全面加強與東協合作；1992年成為東協部門別對話夥伴，1995年晉升為全面對話夥伴關係。2002年首屆「東協－印度高峰會」於柬埔寨召開，至2019年已舉辦16屆，合作成效日趨明顯。2022年雙方慶賀建立對話夥伴關係三十周年。

印度透過與東協之對話夥伴關係，參與各項東協主導的諮詢會議和對話機制，包括ARF、湄公河－恆河合作組織（Mekong-Ganga Cooperation），以及孟加拉灣多部門技術經濟合作倡議（Bay of Bengal Initiative for Multi-sectoral Technical and Economic Cooperation, BIMSTEC）。[38]

為加強貿易投資，印度與東協於2003年第二屆東協－印度峰會中簽署《東協－印度全面性經濟合作架構協定》（ASEAN-India Framework Agreement on Comprehensive Economic Cooperation），目標為建立一個包括貨品、服務及投資等FTA的「東協－印度區域性貿易投資區」（ASEAN-India Regional Trade and Investment Area，簡稱AIRTIA），形成一個涵蓋20億人口的貿易區。自2013年起，印度參加RCEP談判，但在2019年11月宣布退出談判。未來是否重返RCEP，以及與東協間經濟整合之走向值得觀察。（參表6.7）

（五）美國

美國與東協於1977年建立對話關係，早期對話焦點著重在貿易與投資、技術轉移與人力資源發展等，近年逐漸擴展至其他領域，包括政治與安全、經貿、社會文化以及發展合作等。[39]在政治合作領域，美國希望在東南亞扮演和平穩定角色，亦注重反核擴散、海事安全、跨國犯罪、網路安全等。美國也參

---

38 成立於1997年的區域性組織，創始成員為孟加拉、印度、斯里蘭卡、泰國，名稱為BIST-EC（Bangladesh-India-Sri Lanka-Thailand Economic Cooperation），後緬甸於1999年加入，遂改名為，亦稱「孟加拉－印度－緬甸－斯里蘭卡－泰國經濟合作組織」（Bangladesh, India, Myanmar, Sri Lanka, Thailand Economic Cooperation, BIMST-EC），2004年不丹與尼泊爾加入後，再次更名為Bay of Bengal Initiative for Multi-Sectoral Technical and Economic Cooperation（BIMSTEC），沿用至今。

39 ASEAN Secretariat. 2021. "Overview of ASEAN-US Dialogue Relations." in https://asean.org/wp-content/uploads/2021/11/Overview-of-ASEAN-US-Dialogue-Relations-as-of-26-November-2021-ERD2.docx.pdf. Latest update 6 June 2022.

表6.7　東協—印度關係

經貿政策	對東協之主要政策	「東協—印度論壇」展開之對話關係
	已簽署之經貿協定	雙邊FTA：新加坡、馬來西亞； 多邊：東協—印度貨品、服務業與投資協定
經貿趨勢	貿易趨勢	雙邊貿易成長緩慢，2020年因新冠疫情大幅衰退 印度對東協貿易逆差擴大
	投資趨勢	近年雙向投資金額持續成長； 東協對印度投資明顯增加。
援助政策	與東協之發展合作	對東協實施ODA政策，但援助規模有限。

資料來源：作者自行整理

與多個東協諮詢會議，包括 ARF、ADMM-Plus、PMCs、EAS。

　　東南亞在美國的全球戰略布局上扮演重要角色。在東協國家中，泰國與菲律賓是美國的條約盟友，近年與印尼、馬來西亞、越南強化安全、經濟等合作關係。2009年前總統歐巴馬宣示美國將「重返亞洲」，積極經營東南亞關係。[40] 2009年7月時任國務卿希拉蕊簽署TAC，宣示美國參與東南亞區域事務的決心，也確認美國對區域的政治及安全承諾。

　　2010年美國獲邀參加東亞峰會。[41] 2009年11月首屆「東協—美國領袖會議」（ASEAN-U.S. Leaders' Meeting）召開，為美國總統首次與東協十國領袖共同召開之高峰會議，會中通過《強化和平與繁榮夥伴關係聯合聲明》（Joint Statement on Enhanced Partnership for Enduring Peace and Prosperity）。2010年美國宣布在東協正式派駐代表團，以全面加深美國與東協關係。[42] 惟2017年川普總統就任後，未展現對東協事務之興趣，因此與東協關係陷入低迷。2021年1月，拜登總統就任，積極改善與東協關係，2022年5月在華府召開「東協—美

---

40 2009年7月美國國務卿希拉蕊訪問泰國時指出，「美國重返亞洲並將維繫與東南亞的關係，美國希望重啟並強化與此區的同盟與友誼。」

41 加入東亞高峰會須符合三項條件：一、是東協的全面對話夥伴；二、與東協有實質重要關係；三、加入TAC。2009年前美國前兩要件都符合，唯獨缺乏第三項條件。

42 首位美國駐東協大使為David Carden。

表6.8　東協—美國關係

經貿政策	對東協之主要政策	「重返亞洲」；「印太戰略」與「印太經濟架構」。
	已簽署之經貿協定	FTA：新加坡； TIFA：菲律賓、印尼、泰國、汶萊、馬來西亞、柬埔寨、東協、越南及緬甸。
經貿趨勢	貿易趨勢	貿易日趨興盛但長期逆差； 美中貿易戰後東協對美國出口金額明顯成長
	投資趨勢	近年美國每年約對東協投資200億美元左右，為東協最大投資國。 對東協投資集中在新加坡、馬來西亞、越南。
援助政策	與東協之發展合作	非傳統安全之合作：PPP、ISPIRE等。
	與區域之發展合作	《亞洲區域發展任務》（RDMA）。
	與各國之發展合作	針對菲律賓、印尼、越南、柬埔寨等國規劃「國家發展合作戰略」；提供寮國、緬甸人道援助。

資料來源：作者自行整理

國特別峰會」，並邀請東協七國參加「印太經濟架構」（Indo Pacific Economic Framework, IPEF）。[43]

（六）俄羅斯

東協與俄羅斯的合作關係深遠，2005年首屆東協—俄羅斯高峰會議召開，2011年俄參加EAS，2018年雙方將關係升級至「戰略夥伴關係」，2021年10月雙方慶賀建立「對話夥伴關係」三十周年，合作涵蓋經濟、科技、文化、安全、反恐等。在新冠疫情之前，2019年俄羅斯赴東協觀光人數超過250萬人次，是東協主要觀光客來源國家，2022年2月雙方召開觀光部長會議，宣布在疫情趨緩後加強觀光合作。

在2018年前，俄羅斯是東協最大的軍事採購來源國，占東協整體軍購比例

---

43 東協十國中，僅柬埔寨、寮國、緬甸未獲邀參加IPEF。

高達三成。2020年東協深陷新冠疫情後，俄羅斯對東協力行疫苗外交，提供自行研發生產的「衛星V」（Sputnik V）疫苗。

（七）歐盟

歐盟與東協於1977年即建立對話關係，1980年3月，東協與歐盟前身歐洲經濟共同體簽署合作協定，自此雙方關係制度化，至2007年，雙方通過《歐盟–東協強化夥伴關係宣言》（the Nuremberg Declaration on an EUASEAN Enhanced Partnership），為雙邊關係之重大里程碑。2017年8月，雙方慶祝建立夥伴關係四十周年，通過東協–歐盟行動計畫（2018-2022）（The ASEAN-EU Plan of Action〔2018-2022〕）。2022年雙方召開紀念峰會，慶賀建立夥伴關係四十五周年。

東協與歐盟合作範圍涵蓋政治與安全、經貿、社會文化以及發展合作，以及海事安全、跨國犯罪、網路安全、環境與氣候變遷等。歐盟參與ARF、部長級與部長擴大會議。2020年12月1日於第23屆部長會議（ASEAN-EU Ministerial Meeting, AEMM）時，同意將雙邊關係升級至戰略夥伴關係。

在經貿關係方面，AEM定期與歐盟執委會貿易執委（EU Trade Commissioner）進行諮詢會議。歐盟持續推動與東協建立區域對區域（region to region）性質的東協—歐盟FTA（ASEAN-EU Free Trade Agreement）談判。根據2021年9月第17次雙邊經貿諮詢會議（AEM-EU Trade Commissioner Consultations），責成雙方資深官員持續研擬適當的協定架構。歐盟亦另與東協個別成員簽署FTA，包括歐盟—新加坡FTA、歐盟—越南FTA，兩者皆於2020年生效，並自2021年起加速與印尼、泰國進行FTA談判。（參表6.9）

伍、重要議題與挑戰

一、東協共識與集體領導的困境

東協座右銘（ASEAN Motto）是「同一願景，同一身分，同一社群」（One

表6.9 東協—歐盟關係

經貿政策	對東協之主要政策	ASEM峰會。
	已簽署之經貿協定	FTA：新加坡、越南。 談判中：印尼、泰國 多邊：推動東協–歐盟FTA。
經貿趨勢	貿易趨勢	近年雙邊貿易金額穩定成長； 歐盟—越南FTA生效後貿易金額快速增加。
	投資趨勢	貿易投資關係深化。 對東協國家之投資集中在新加坡、越南。
援助政策	與東協之發展合作	非傳統安全之合作。
	與各國之發展合作	提供發展合作之援助與人道援助。

資料來源：作者自行整理

Vision, One Identity, One Community），然而東協近年雖在經濟整合與對外關係上屢有不錯表現，但在集體領導的決策模式下亦因國際政經環境快速變化、地緣政治衝突升高，導致東協不易快速反應及決策，因而危及其內部團結與因應重大挑戰的能力與韌性。

　　近年最明顯的實例之一，為東協國家對於南海議題的立場分歧，另外如2021年2月緬甸爆發軍事政變後，東協無力調解緬甸軍方停止內部武力衝突及開展對話與談判。東協雖發表「五點共識」（Five-Point Consensus），但始終未能促成緬甸軍方與翁山蘇姬政府及人民間的和平對話。由於東協成員對於南海問題與緬甸政變的立場歧異，導致輪值主席國柬埔寨無法以共識決取得所有會員共識，達成強硬立場，再再顯示東協的共識決運作、集體領導，以及秉持TAC所載明不干預其他成員國內事務的態度，實已阻礙東協對重大事件展現之團結立場與領導地位。[44]

---

[44]「五點共識」：1. 緬甸應（shall）立即停止暴力，且各方應展現最大程度的克制；2. 相關各方應展開建設性對話（constructive dialogue），尋求有利於人民的和平解決之道；3. 在東協秘書長的協助下，東協主席特使（special envoy）應促進對話過程的協調；4. 東協應透過東協人道援助協調中

新加坡前總理吳作棟（Goh Chok Tong）[45]於撰文紀念2017年東協成立五十周年時，指出東協當前面對地緣政治的高度不確定性，必須團結一致，不能讓不時出現的雙邊歧見或區域內的爭端，分化東協內部的團結，削弱東協可以扮演角色的重要性。[46]緬甸事件不僅導致西方國家與區域內民眾的失望，更使得東協陷入「不干預彼此內部事務」與保衛人權的尷尬處境，是東協維持內部團結的一大挑戰。[47]

二、區域經濟整合與「東協中心性」

2015年AEC成立，並在「東協加一」FTA的基礎上推動RCEP談判。RCEP在2020年11月15日簽署，2022年1月1日實施。[48] RCEP成員期盼藉由整合十五國市場，共同對抗全球日益高漲的貿易保護主義，並重振新冠疫情衝擊後的各國經濟。

RCEP為東協經濟整合的重大進展，生效後除東協與五個對話夥伴間將進一步自由化外，因「中日」、「日韓」間將首次開啟貨品貿易調降關稅，[49]將促東協與東北亞間邁入經濟整合，融合成為一個東亞自由貿易區，被視為「東協中心性」的重要成績。

「東協中心性」曾在數次東協遭遇重大危機時發揮影響力，如1997年亞洲金融風暴與2003年嚴重急性呼吸道症候群（Severe Acute Respiratory Syndrome, SARS）疫情，東協藉由團結一致，化解難關。RCEP是由東協主導與中、

心（ASEAN Coordinating Centre for Humanitarian Assistance, AHA Centre）來提供人道援助；5. 東協特使與代表應赴緬甸與相關各方會晤。參見：ASEAN Secretariat. 2021. "Chairman's Statement on the ASEAN Leaders' Meeting." in https://asean.org/wp-content/uploads/Chairmans-Statement-on-ALM-Five-Point-Consensus-24-April-2021-FINAL-a-1.pdf. Latest update 16 June 2022.

45 新加坡前總理，於1990至2004年代表新加坡出席東協峰會及其他領袖會議。

46 Pitsuwan, Surin; Nishimura, Hidetoshi; Ponciano Intal, Jr.; Chongkittavorn, Kavi; Maramis, Larry. 2017. "The ASEAN Journey: Reflections of ASEAN Leaders and Officials, Economic Research Institute for ASEAN and East Asia" in https://think-asia.org/handle/11540/10250. Latest update 6 June 2022.

47 主席國柬埔寨希望將緬甸帶回東協，提出東協研究「東協減一」模式，未來的發展值得觀察。

48 截至2022年5月，已有13國批准及生效實施，僅剩印尼、菲律賓兩國尚待完成程序。

49「中日」、「日韓」間現無雙邊協定，在RCEP下首次互相開放市場，「中日」、「日韓」之間將在RCEP生效後開始首次相互降稅，涵蓋農、工產品之整體降稅涵蓋率各為86%與82%，低於整體平均涵蓋率約92%。

日、韓等大型經濟體所簽署之FTA，為近年全球爆發新冠疫情下唯一成功簽署與生效實施的巨型FTA，未來東協希冀持續在亞太區域經濟整合扮演促進者（facilitator）的角色。除RCEP外，《全面進步跨太平洋夥伴協定》（CPTPP）在2018年12月30日生效實施，包括新加坡、馬來西亞、汶萊、越南四個東協成員為其簽署國，[50] 東協在RCEP與CPTPP兩個FTA均扮演重要角色，有助落實AEC之目標。（參表6.10）

鑑於美國與中國大陸貿易衝突、科技競爭與地緣政治、經濟對抗情勢升高，東協近來面對美中對抗與經濟可能脫鉤（decoupling）的威脅日增，期待未來持續發揮「東協中心性」精神，在RCEP下深化經濟合作，[51] 進入下一階段談判。[52] 其中，RCEP第18章為體制性安排（Institutional Provisions），第18.1條規定，RCEP將設立部長會議（Meetings of the RCEP Minsters），部長會議將自本協定生效之日起一年內，以及往後每年召開；第18.3.1條規定，東協將設立RCEP秘書處（RCEP Secretariat），以便透過秘書處監督RCEP成員履行義務。[53] RCEP如能有效運作，將提升東協地位，擴大「東協中心性」。

三、新冠疫情後的課題與挑戰

新冠疫情爆發後，東協於2020年2月14日發布「東協集體因應新冠肺炎爆發之主席聲明」（Chairman's Statement on ASEAN Collective Response to the Outbreak of COVID-19），接著於4月召開「東協新冠肺炎特別高峰會」（Special ASEAN Summit on COVID-19），提出設立「新冠肺炎東協應變基金」（COVID-19 ASEAN Response Fund），並責成「東協公衛緊急事件協調委員會工作小組」（ASEAN Coordinating Council Working Group on Public Health Emergencies, ACCWG-PHE）主責協調行動的監督。同時，為提振經濟，通過《強化東

---

50 截至2022年5月，馬來西亞、汶萊尚未完成法案批准程序。
51 RCEP第15章經濟與技術合作章節規範，明定經濟與技術合作的範圍、說明進行經濟與技術合作所用的資源、以及具體列出工作計劃內容。
52 Thangavelu, Shandre Mugan; Urata, Shujiro and Narjoko, Dionisius A. 2021. "Impacts of the Regional Comprehensive Economic Partnership on ASEAN and ASEAN Least Developed Countries in the Post-pandemic Recovery." *Policy Briefs* 2021(1): 1-5.
53 第18.3條至第18.5條說明聯合委員會的功能（functions）。

表6.10　RCEP與CPTPP之比較

	RCEP	TPP／CPTPP
參與談判國家	16國， 印度在2019年11月退出	12國， 美國在2017年1月退出
簽署國家	15國	11國
簽署日期	2020年11月15日 第4屆RCEP領袖會議中簽署	2017年12月17日APEC領袖會議中簽署
批准國家	目前13國完成批准	目前8國完成批准
生效日期	2022年1月1日生效	2018年12月17日
GDP（兆美元）	22.5兆美元（30.4%）	13.5兆美元（13.4%）
貿易總額與佔全球貿易比重（%）	9.547兆美元（28.7%）	8.728兆美元（26.3%）
關稅減讓	最終消除82~100%關稅	最終消除99%以上關稅
文本章節	20章	30章
共同內容	貨品貿易、原產地、動植物檢驗檢疫、產品標準與符合姓、貿易救濟、服務貿易、自然人移動、智慧財產權、投資、電子商務、競爭政策、政府採購、中小企業、爭端解決	
差異內容	無相關章節或規定	勞工、環境、國營事業、發展議題、透明化與反貪腐、法規一致性、投資人控告地主國爭端解決機制（ISDS）
開放性條款	開放國家與個別關稅領域參加	開放國家與個別關稅領域參加
已表明參加意願之潛在會員	香港	英國、中國大陸、臺灣、厄瓜多、南韓

資料來源：作者自行整理。

協經濟合作與供應鏈連結性以因應新冠肺炎疫情之河內行動計畫》（Hanoi Plan of Action on Strengthening ASEAN Economic Cooperation and Supply Chain Connectivity in Response to the COVID-19 Pandemic，以下簡稱河內行動計畫）。

2020年11月15日，第37屆東協峰會中，東協進一步通過《東協全面復甦架構》（ASEAN Comprehensive Recovery Framework, ACRF）及其落實計畫（Implementation Plan of ACRF）。ACRF揭示東協在後疫情時代的五大復甦策略，每項策略皆規劃若干復甦方向與優先工作重點。

「新冠肺炎東協應變基金」為東協國家偵測、控制與預防疫情傳播的主要財政工具，所有東協會員皆能平等取得基金，用以獲得必要的醫療用品與設備，包括：檢測試劑盒、個人保護設備（包括手套、醫用口罩、護目鏡、面罩、防護衣等）、重要醫療用品（包括醫藥品、疫苗）、其他用於診斷與手術程序的醫療用品與設備。

迄至2022年5月，東協已有超過3,000萬人確診，超過35萬人死亡。在東協十國中，以越南、印尼、馬來西亞、泰國確診人數最多。[54]（參表6.11）疫情亦重創東協經濟，再加上疫情期間各國實施各種邊境管制、封城或社交距離等限制措施，導致觀光、商業等產業遭遇重創，失業率升高，成為東協與各成員政府推動疫情後經濟復甦的重大挑戰。

此外，東協各國間發展程度不均，新加坡、汶萊為高所得國家，馬來西亞、印尼、泰國、越南等國為中等收入國家，另尚有發展程度落後的CLM國家。既有之發展差距在新冠疫情後更加擴大，對東協經濟、社會復甦，以及推進共同體目標，均將產生新的挑戰。

陸、結論

東協自1967年成立以來，逐步推動整合工作，其中尤其以經濟整合的進程被視為最具成效，不僅東協區域經濟快速成長，更與周邊國家持續洽簽FTA，建立以東協為中心的經濟共同體。經濟整合為東協帶來大量外資，奠定東協貿易、產業發展與參與全球供應鏈的深厚基礎。不過，東協政治、社會整合的進展則遠不如經濟整合出色，例如東協因各國立場分歧，因此在南海議題上遲遲無法達成談判成果，亦無法有效調停緬甸情勢；在社會文化整合上則因族裔、

---

54 International Monetary Fund. 2022. "World Economic Outlook Reports." in https://www.imf.org/en/Publications/WEO. Latest update 18 June 2022.

表6.11 東協各國新冠肺炎確診與死亡病例統計

國家	累計 確診病例	當週新增 確診病例	累計 死亡人數	當週新增 死亡人數	累計 復原病例	尚未 痊癒病例
印尼	6,052,764	1,806	156,534	70	5,893,340	2,890
菲律賓	3,688,941	809	60,455	0	3,626,234	2,252
馬來西亞	4,491,320	13,208	35,643	28	4,429,166	26,511
緬甸	613,222	82	19,434		592,186	1,602
新加坡	1,269,635	26,751	1,375	12	1,188,831	79,429
泰國	4,415,593	36,509	29,778	263	4,334,812	51,003
柬埔寨	136,262	0	3,056	0	133,201	5
越南	10,708,887	12,257	43,075	10	9,402,046	1,263,766
汶萊	146,775	1,819	95	0	144,943	1,610
寮國	209,744	310	754	0	208,344	223
東協	31,733,143	93,551	350,199	383	29,953,103	1,429,291

資料來源：WHO（截至2022年5月23日）

語言、宗教、政治體制等差異，而無法有效改進社會融合。

此外，東協近年因地緣政治與經濟發展，在國際間影響力漸增，除印尼為20國集團（G20）成員外 新加坡、越南、泰國等在國際或區域組織亦日漸扮演重要角色。東協亦欲擴大對國際事務的影響力，如推動RCEP談判與實施、通過東帝汶成為新會員、以及對於重大政治事件主動發布東協立場文件等，均顯示東協積極參與國際事務與爭取發揮影響力的企圖。

展望未來，東協在2020年COVID-19疫情爆發而重創經濟表現後，將積極振興疫情後經濟，改善社會韌性，同時將努力邁向2025年整合願景，希冀強化集體領導與內部團結，在區域安全與大國合作中扮演重要角色，然而在地緣政治衝突、區域安全威脅、全球經濟情勢、以及東協成員政治立場迥異與發展差距擴大等情形下，東協未來的各項整合之路仍面對多重挑戰。

附錄一：深入閱讀書單

陳鴻瑜，2020，《東南亞史概論》，臺北：國立空中大學

徐遵慈等，2015，《東協共同體與臺灣》，臺北：中華經濟研究院臺灣東南亞國家協會研究中心出版。

Pitsuwan, Surin; Nishimura, Hidetoshi; Ponciano Intal, Jr.; Chongkittavorn, Kavi; Maramis, Larry. 2017. The ASEAN Journey: Reflections of ASEAN Leaders and Officials. ASEAN @ 50 Volume 1. Jakarta: Economic Research Institute for ASEAN and East Asia (ERIA).

Baviera, Aileen; Maramis, Larry. Building ASEAN Community: Political–Security and Socio-cultural Reflections. ASEAN @ 50 Volume 4. Jakarta: Economic Research Institute for ASEAN and East Asia (ERIA).

Mahbubani, Kishore; Sng, Jeffery. 2017. The ASEAN Miracle – A Catalyst for Peace. Singapore: National University of Singapore.

附錄二：東南亞研究重要期刊、機構

一、 期刊

The Journal of Southeast Asian Studies, National University of Singapore, Singapore

《亞太研究論壇》，人文社會科學研究中心，亞太區域研究專題中心，中央研究院，臺灣

二、研究機構

The Center for Southeast Asia Studies（CSEAS）, The Institute of East Asian Studies（IEAS）, Berkley, University of California, the United States

Yusof Ishak Institute, ISEAS, Singapore

臺灣東南亞國家協會研究中心（簡稱「臺灣東協研究中心」），中華經濟研究院，臺灣

東南亞研究中心，國際關係學院，福建廈門大學，中國大陸

附錄三：專有名詞英文、中文對照表

英文	中文
ASEAN Comprehensive Investment Agreement（ACIA）	東協全面投資協定
ASEAN Consultative Committee for Standards and Quality（ACCSQ）	東協標準與品質諮詢委員會
ASEAN Defence Ministers Meeting（ADMM）	東協國防部長會議
ASEAN Defence Ministers Meeting Plus（ADMM-Plus）	東協國防部長擴大會議
ASEAN Economic Community（AEC）	東協經濟共同體
ASEAN Comprehensive Recovery Framework（ACRF）	東協全面復甦架構
ASEAN Framework Agreement on Services（AFAS）	東協服務架構協定
ASEAN Free Trade Area（AFTA）	東協自由貿易區
ASEAN Political-Security Community（APSC）	東協政治—安全共同體
ASEAN Regional Forum（ARF）	東協區域論壇
ASEAN Socio-Cultural Community（ASCC）	東協社會—文化共同體
ASEAN Trade in Good Agreement（ATIGA）	東協貨品貿易協定
ASEAN-Japan Comprehensive Economic Partnership（AJCEP）	東協—日本全面經濟夥伴協議
ASEAN-ROK Strategic Partnership for Peace and Prosperity	東協—韓國促進和平與繁榮之戰略夥伴宣言
Asia-Europe Meeting（ASEM）	亞歐會議
Chiang Mai Initiative	清邁倡議
China-ASEAN Exposition（CAEXPO）	中國大陸—東協博覽會

英文	中文
Comprehensive Economic Partnership（CEPA）	全面經濟合作夥伴協定
Comprehensive Progressive Trans-Pacific Partnership（CPTPP）	全面進步跨太平洋夥伴協定
East Asia Summit（EAS）	東亞高峰會
Master Plan on ASEAN Connectivity（MPAC）	東協連結整體規畫
Nay Pyi Taw Declaration on the ASEAN Community's Post 2015 Vision	關於東協共同體2015年後願景之內比都宣言
Post Ministerial Conference（PMCs）	擴大外長會議
Regional Comprehensive Economic Partnership（RCEP）	區域全面經濟夥伴協定
The Greater Mekong Subregion（GMS）	大湄公河次區域經濟合作

東北亞區域政經發展與安全情勢

林賢參

摘要

　　本文探討影響東北亞區域情勢的三大因素。首先，彙整區域內合作的經濟整合動態與構想，包括東北亞經濟圈、中日韓FTA與中韓FTA、中俄蒙經濟走廊以及東北亞鐵路共同體；其次，再探討影響區域安全情勢最鉅的北韓核武開發問題，以及成為潛在不穩定因素的領土主權紛爭，包括中俄國境劃界、日俄北方四島主權歸屬、日韓獨島／竹島主權歸屬。結論認為，區域內國家間缺乏互信，以及由此衍生的安全困境，導致東北亞區域整合遲滯不前，甚至影響區域安全。

關鍵詞：大圖們江倡議、東北亞鐵路共同體、中俄蒙經濟走廊、主權爭議

壹、前言

　　本文所界定的東北亞區域，包括俄羅斯聯邦（以下稱：俄羅斯）遠東地區、蒙古國、中華人民共和國（以下稱：中共）東北三省、朝鮮半島的朝鮮民主主義人民共和國（以下稱：北韓）與大韓民國（以下稱：南韓）以及日本等6個國家。此外，由於美國是東北亞區域的關鍵行為者，本文也將美國視為區域行為者之一。

　　1989年12月3日，美國總統老布希與蘇聯總統戈巴契夫在馬爾他島（Malta）宣告冷戰結束。1991年12月25日，戈巴契夫宣布辭去蘇聯總統職務，蘇聯正式解體，15個加盟共和國各自宣告獨立，俄羅斯則是其中最大的國家。由於俄羅斯西伯利亞的貝加爾湖（Ozero Baykal）以東到太平洋之間，擁有11個行政區的俄羅斯遠東地區，讓俄羅斯成為東北亞區域的一員。同樣地，形同蘇聯衛星國的蒙古人民共和國，也在蘇聯瓦解後的1992年2月頒行新憲法，將國名改為「蒙古國」，並採行總統制與議會內閣制並用的政治體制。

　　不過，美蘇冷戰雖然結束，卻沒有為東北亞區域帶來和平紅利，反而讓區域內國家間陷入更不穩定的「安全困境」（security dilemma）。首先，北韓持續開發核武與各類型彈道飛彈問題，成為威脅東北亞區域安全的最不穩定因素，雖然有三位南韓總統推動對北韓交往的陽光政策，依然無法化解北韓的敵意或卸除心防。其次，東北亞區域存在以下幾項領土爭議，成為影響區域安全的不確定因素。

　　第一，中俄國境劃界：中共建政以降，與蘇聯存在未劃定國境線長達7600公里，蘇聯瓦解後，俄羅斯繼承其中的4千多公里。中俄兩國雖然最終於2004年確定雙方國境劃界，惟因其中存在是否應該承認俄羅斯侵略滿清所獲得領土的疑慮，讓國境界線問題存在些許歷史餘燼。

　　第二，日俄「北方四島」：1945年8月9日，蘇聯在日本遭到美國原子彈攻擊後對日宣戰，並出兵佔領位於千島群島以南的澤捉、國後、色丹、齒舞等日本所稱的「北方領土」，衍生的主權爭議迄今未解。

　　第三，日韓「獨島／竹島」：南韓首任總統李承晚於1952年1月，發表南韓「海洋主權宣言」之「李承晚線」，將該島劃入南韓主權海域範圍內，衍生主權爭議迄今未解。

　　相對於此，東北亞區域亦存在摸索區域整合的動態。例如，中共、日本、南韓、俄羅斯等國，除了各自參與「亞洲太平洋經濟合作會議」（以下簡稱：亞太經合會或APEC）、「區域全面經濟夥伴協定」之外，也出現中日韓三邊摸索締結「自由貿易協定」，以及「東北亞經濟圈」或「環日本海經濟區」構想、「東北亞鐵路共同體」、「中俄蒙經濟走廊」的嘗試。因此，本文以下各節，即針對以上區域整合、北韓開發核武、領土主權爭議等東北亞區域三大議題進行探討後，再提出結論。

貳、東北亞區域整合的嘗試與構想

　　相較於東南亞區域整合，具有「東南亞國家協會」所衍生的「東協模式」基礎，後冷戰時期的東北亞區域不但無此基礎，還存在朝鮮半島兩韓的對立、日本殖民朝鮮半島與侵略中國的歷史遺緒、乃至於領土爭議，明顯地欠缺「制度性的區域主義」（institutional regionalism），以致東北亞區域整合的道路崎嶇難行。在後冷戰時期，東北亞區域整合的動態，最早出現在APEC的成立，日本與南韓於1989年11月成為創立會員國，而中共與俄羅斯則在其後陸續加入。其次，中日韓三國亦同時加盟以東協10國為主體、於2022年元旦生效的RCEP，成為全球最大的自由貿易協議。不過，APEC與RCEP涵蓋範圍超越東北亞區域，不在本文探討的範圍。

　　以下本節先彙整後冷戰時期東北亞區域整合的先鋒「東北亞經濟圈」的發展狀況，其次再依序探討於2015年6月1日簽署、同年12月20日生效的中韓FTA與持續交涉中的中日韓FTA、以及推動中的中俄蒙經濟走廊、構想中的東北亞鐵路共同體。本文認為，東北亞區域如果能夠成功實現經濟整合，將有助於緩和區域內國家間的政治緊張關係。

一、東北亞經濟圈：大圖們江倡議

　　後冷戰時期，日本與南韓的技術與資金、中國大陸與北韓的市場與勞動力、俄羅斯遠東地區與蒙古的天然資源，可以成為推動東北亞區域經濟互補的驅動力。依照日本學者赤松要及其門生小島清所提倡的「雁行經濟發展模式」[1]來看，先進國家日本擔任領頭雁，技術與資金緊跟在後的亞洲四小龍南韓，再其次是各自擁有豐富的人力與天然資源、以及龐大市場的中國大陸、北韓、俄羅斯、蒙古等依序排開，構成東北亞區域經濟發展垂直分工的「雁行模式」（Flying Geese Model）。

　　在柏林圍牆倒塌後，東北亞區域各國積極加強區域間的經濟交流，加速東北亞經濟圈形成的發展，具體表現在聯合國開發計畫署（United Nations Development Programme, UNDP）推動的「圖們江流域國際合作開發計畫」（Tumen River Area Development Programme, TRADP）。[2] 圖們江（北韓稱：豆滿江）流域開發構想，最早是由吉林省科技委員會主任丁士晟於1990年7月，在第一次「東北亞經濟發展國際會議」所發表。以此為契機，UNDP於翌年7月在蒙古烏蘭巴托召開第一次圖們江開發會議，同年10月發表TRADP，並且設置「圖們江地區項目管理委員會」，由中共、俄羅斯、南北兩韓、蒙古等5國派代表參加，以推動為期20年、預計籌集300億美元開發基金，在圖們江出日本海、毗鄰中國大陸、俄羅斯、北韓的三角洲地帶，建設一個形同東北亞的香港或新加坡之多國間經濟合作區。[3]

　　1995年12月，中共、俄羅斯、北韓簽署《關於建立圖們江地區開發協調委員會協定》，並且加入南韓、蒙古等5國設立圖們江開發的諮詢委員會，翌年4月決定在北京設置隸屬於UNDP的「圖們江開發秘書處」。2005年5月，

1　小島清，2003年，《雁行型經濟發展論》〔第1卷〕，東京：文眞堂。

2　吉田進，2003，〈文書5 第2章 北東アジア地域の開発の枠組みと課題〉，《日本国際問題研究所，https://www.jiia.or.jp/research/column_6.html，2022/10/6；Icksoo Kim，1995. "Tumen River Area Development Program And The Prospects For Northeast Asian Economic Cooperation." *Asian Perspective* 19(2): 75-102.

3　金向東，2005年7月，〈図們江地域経済開発の現状と課題--北東アジアにおける地域協力と延辺〉，《立命館経済》，54(2：91-126)，91、95；李燦雨，2002，〈図們江開発地域の現状と直面する問題〉，日本国際問題研究所網頁，https://www2.jiia.or.jp/pdf/asia_centre/h14_ne_asia/7_lee.pdf，2022/10/12。

TRADP更名為「大圖們江倡議」（Great Tumen Initiative, GTI），將合作區域擴大到中國大陸東北三省與內蒙古自治區、北韓羅津經濟貿易區、蒙古國東部省分、南韓東部港口、以及俄羅斯濱海邊疆區，並且確定交通、旅遊、能源、投資和環境等優先合作的5個領域。[4] 2021年11月23日，TGI諮詢委員會在莫斯科召開第21回會議，表明將致力於GTI與成員國重點政策之間的協同效應，例如，與俄羅斯的「歐亞經濟聯盟」、中共的「一帶一路」與「東北振興戰略」、南韓的「新北方政策」、蒙古的「草原之路」等相結合，以期擴大區域合作的規模與範圍。[5]

　　另一方面，位於日本海周邊的日本北陸地方對於「環日本海經濟區」構想興致勃勃，於1993年成立「環日本海經濟研究所」，積極投入促進「東北亞（環日本海）經濟圈」發展的調查研究，設置由日本、中共、蒙古、以及南韓等4國官方與學者組成「東北亞經濟會議組織委員會」（The Northeast Asia Economic Conference Organizing Committee），並且定期召開「東北亞經濟發展國際會議」（Northeast Asia International Conference for Economic Development, NICE）、制定中期（5年）研究計畫。[6] 惟不可否認的是，日本政府依然將其視為促進日本北陸地方經濟發展的一環，而不是摸索東北亞區域經濟整合。[7] 誠如後述，由於北韓持續開發核武與飛彈，成為威脅東北亞區域穩定的不確定因素，再加上美中、美俄兩組大國間的地緣政治對立，因而衍生中共、俄羅斯、北韓與美國、日本、南韓之間兩個陣營的政治分歧或對立，為東北亞經濟圈的發展造成不易跨越的鴻溝。具體言之，北韓於2009年4月退出解決北韓核武問題的「六方會談」，以及翌年發生北韓涉嫌擊沉南韓海軍護衛艦「天安號」事件、中日釣魚臺紛爭升溫、俄羅斯入侵烏克蘭導致日俄關係生變、南韓保守派

4　吉田進，同前註，2-3。

5　Greater Tumen Initiative. 2021. "Moscow Declaration - The 21st Meeting of the Greater Tumen Initiative Consultative Commission." in http://www.tumenprogramme.org/UploadFiles/%E6%96%B0%E5%BB%BA%E6%96%87%E4%BB%B6%E5%A4%B9%20(3)/Moscow_Declaration_20211122%20Final.pdf. Latest update 6 October 2022. GTI官網顯示，北韓已經不是會員國。

6　環日本海經濟研究所，2022，〈北東アジア経済発展国際会議(NICE)〉，環日本海經濟研究所網頁，https://www.erina.or.jp/，2022/10/6。

7　渡部福太郎，1994，〈環日本海経済圏構想と地域経済〉，《学習院大学経済経営研究所年報》，65：19-29，20。

尹錫悅政權成立之後，即難以期待圖們江區域合作發展成為東北亞區域經濟合作實現可能的計畫方案。

二、中日韓FTA與中韓FTA

　　21世紀以降，國際間締結雙邊或多邊FTA蔚為風潮，東北亞區域亦不例外，中、日、韓三國不僅先後與東協締結FTA，三國之間也積極進行交涉以期締結三國間FTA。2009年10月10日，在北京舉行的中日韓三國峰會達成共識，將致力於締結三國FTA，為此將召開三國產官學共同研究。同日，中共與南韓雙方也簽署《中韓經濟通商合作願景報告書》，表明雙方將檢討締結中韓FTA。同時，也在南韓總統李明博建議下，在南韓設立「中日韓合作秘書處」，支援三國峰會、外長會議、以及其他部長級會議召開的行政工作，並且研擬合作案件以及促進實施，以期有助於三國合作關係之進一步發展。[8] 2012年5月13日，在北京召開的中日韓峰會根據三國產官學共同研究報告建議，決定展開FTA締結交涉，再由三國經濟貿易部長會議確認，於翌年召開第一回合三國FTA交涉。

　　中日韓三國經貿關係緊密，三國國內生產總額（GDP）與貿易總額約占全球2成、亞洲7成。2013年3月28日，三國FTA交涉首度在首爾召開，迄2019年11月27日止共召開16次，在物品貿易、投資、服務等廣泛領域進行交涉。在2018年3月召開第13次會議以降，由於三國都參加的RCEP交涉已經有實質進展，RCEP今後能否賦予三國FTA的附加價值，成為後續交涉的重點。2019年12月24日，在成都召開第8回合中日韓峰會，發表「邁向下一個十年三國合作願景」強調，自1999年啟動三國合作架構以來，總共召開21次部長級會議、建立70個以上的對話機制，成為三國討論進一步合作的重要平臺；三國間貿易總額，也由1999年1,330億美元，成長為2018年7,200億美元，三國GDP總額占全球GDP比率，也由17%上升到24%。基於此，三國表明將依據RCEP交涉為基礎，加速三國FTA交涉，朝向締結全面、高質量、具有獨自價值的互

8　外務省，2021，〈日中韓協力事務局の概要〉，外務省網頁，https://www.mofa.go.jp/mofaj/files/000523771.pdf，2022/10/6。

惠協定邁進。[9] 不過，在啟動三國FTA交涉後，除了三方各自對FTA期待不同之外，中日兩國因釣魚臺主權爭議、日韓兩國因二戰前徵用工問題與獨島/竹島主權爭議而惡化，也延宕三國締結FTA的時程。

相對於三國FTA，中韓FTA交涉進展較為順利，除了中韓地緣經濟的驅動力之外，雙方皆將FTA視為國家發展戰略而積極推動。2012年5月2日，中韓雙方啟動FTA交涉，經過兩年多、14回合的交涉，於2014年11月10日宣布達成共識。2015年6月1日，中共商務部長高虎城與南韓產業通商資源長官尹相直在首爾簽署中韓FTA，並且於同年12月20日生效，雙方今後20年內，將各自免除對方超過9成商品的關稅。不過，由於北韓於2016年1月進行第5次核試爆，中方反應不如南韓朴槿惠政府預期，因而同意美國在南韓境內部署「終端高空防禦飛彈」（Terminal High Altitude Area Defense, THAAD）系統，引發中共反彈並祭出「限韓令」，禁止或限制韓國影視藝文團體或個人在中國大陸從事商業活動，甚至針對提供土地作為THAAD基地的南韓樂天集團（Lotte Group）為主、在大陸投資的南韓企業，展開一連串報復性的「經濟強制」（economic coercion）措施，凸顯出中韓FTA的侷限性。

三、中俄蒙經濟走廊

被中俄兩大鄰國包夾在中間的蒙古，在1990年代實施新政治體制後，即著手建構全方位的「第三鄰國政策」（Third Neighbor Policy），緊密化與歐美日等西方國家的第三鄰國關係，以避免被淹沒在中俄兩國之間。[10] 惟考慮到蒙古對俄羅斯能源供應以及對外交通過境之依賴，企圖擺脫與中俄兩國的地緣政治制約，乃是不切實際的空想。因此，蒙古響應中共主導將「絲綢之路經濟帶」與蒙古的「草原之路」（Steppe Road）倡議、俄羅斯的「跨歐亞發展帶」（Trans-Eurasian Belt Development, TEPR）相連結以建構「中俄蒙經濟走廊」（China-Russia-Mongolia Economic Corridor, CMREC），意味著蒙古是以務實的態度與

---

9 外務省，2019，〈次の10年に向けた3か国協力に関するビジョン〉，外務省網頁，https://www.mofa.go.jp/mofaj/a_o/rp/page4_005530.html，2022/10/6。

10 Sharad K. Soni，2015. "The 'Third Neighbour' Approach of Mongolia's Diplomacy of External Relations: Effects on Relations between India and Mongolia." *India Quarterly* 71(1):37-52.

中俄兩國交往。

　　2014年8月21-22日，中共國家主席習近平與蒙古總統額勒貝格道爾吉（Cahiagín Elbegdorj）舉行峰會，將兩國關係提升為「全面戰略夥伴關係」，簽署經貿、金融、礦產、電力、鐵路運輸、基礎設施建設等26項協議，中方支持蒙古尋求出海口與過境運輸的需求。習近平在蒙古國會大呼拉爾發表演說時表示：「中方願同蒙方加強在絲綢之路經濟帶倡議下合作，對蒙方提出的草原之路倡議持積極和開放的態度」、「我這次訪問期間，蒙方長期關心的過境運輸、出海口等問題都得到了妥善解決」。在此背景下，蒙古於翌月正式提出「草原之路」倡議，主要建設項目包括連結中俄貫穿蒙古的997公里高速公路、1,100公里鐵路電氣化與復線建設、高壓輸電線路、以及石油天然瓦斯輸送管道等。[11] 9月11日，中俄蒙三國領袖在塔吉克首都杜尚別（Dushanbe）首次召開三國峰會。習近平在會中表示，俄羅斯與蒙古積極響應中方的經濟帶倡議，因而建議與俄羅斯的跨歐亞大鐵路、蒙古的草原之路倡議相連結，以打造「中俄蒙經濟走廊」，獲得俄蒙雙方贊同。[12]

　　以此為契機，「中俄蒙經濟走廊」被中共規劃為「一帶一路」構想的六大經濟走廊之一。2015年7月9日，中俄蒙三國領袖在俄羅斯烏法（Ufa）舉行第二次峰會，確認三方推動「中俄蒙經濟走廊」共識，並簽署《關於編制建設中俄蒙經濟走廊規劃綱要的諒解備忘錄》，明確三方聯合編制《建設中俄蒙經濟走廊規劃綱要》的總體框架和主要內容。[13] 2016年6月23日，中俄蒙三國領袖在烏茲別克首都塔什干（Toshkent）舉行第三次峰會，[14] 見證三國實務部門共同簽署《建設中俄蒙經濟走廊規劃綱要》，意味著「中俄蒙經濟走廊」成為「一帶一路」構想的第一項多邊經濟走廊正式實施，中俄蒙三國經濟合作邁入新的

---

11 李新，2015，〈中俄蒙經濟走廊助推東北亞區域經濟合作〉，https://news.cnyes.com/news/id/667578，2022/04/16；張秀傑，2017，〈"一帶一路"倡議與"發展之路"計畫對接──基於蒙古國國家安全戰略影響因素分析〉，《內蒙古社會科學》，38(5)：200-205。

12 文匯報，2014，〈習近平：打造中蒙俄經濟走廊〉，文匯報網頁，http://news.wenweipo.com/2014/09/12/IN1409120014.htm，2022/10/6。

13 文匯報，2015，〈中俄蒙元首會晤 推動經濟建設走廊〉，文匯報網頁，http://paper.wenweipo.com/2015/07/11/YO1507110006.htm，2022/10/6。

14 中俄蒙三國峰會已成為定期召開機制，其後分別於2018年6月9日在青島、2019年6月14日在吉爾吉斯首都比斯凱克召開第四、五次峰會。

歷史階段。[15] 2020年11月5日，中俄蒙三國透過視訊召開「中俄蒙經濟走廊建設三方工作組」第一次會議，三方再度確認將要深化共建「一帶一路」、「草原之路」、「跨歐亞發展帶」，並且予以對接。[16]

　　綜合前述，中俄蒙經濟走廊旨在透過提升三國間交通基礎設施的「連結性」（connectivity）、降低貨物越境通關障礙，以提高貨物流通的速度，並開闢蒙古天然資源對外出口的海陸通道，同時也為俄羅斯遠東地區貨物通過蒙古到太平洋的出口港。誠如兩位大陸學者所言，由於蒙古在地理上被中俄兩國包夾，從安全與經濟發展的角度來看，與中俄兩國保持睦鄰友好關係，對蒙古而言至關重要；另一位大陸學者李新則指出，中俄蒙經濟走廊有助於包括東北亞區域在內的歐亞大陸經濟一體化的整合，惟因中蒙俄三方之間的互信不足，再加上蒙古積極交往歐美日印韓等國以牽制中俄的「第三鄰國政策」，成為中俄蒙經濟走廊發展的制約因素。[17]

四、東北亞鐵路共同體

　　韓國總統金大中於1998年2月執政後，首度揭櫫追求南北韓和平共存的「陽光政策」，於2000年6月實現首次的南北韓領袖會晤，並且發表透過經濟合作以增強互信的「6.15南北共同宣言」。以此為契機，南北韓雙方先後於2000年7月、2002年4月，達成重新連接因韓戰而中斷的京義線與東海線鐵路之協議，並且於2002年9月啟動連接工程。2007年5月，京義線和東海線開始測試行駛，穿越北緯三十八度線的非軍事區。京義線是位於半島西岸，可連結韓國首爾與北韓平壤、到新義州，東海線則是位於半島東岸，連結南北兩韓沿岸城市。2008年12月1日，由於南北韓關係惡化，兩線鐵路被迫停止運行。其後，兩線鐵路運行隨著南北關係變化，重複上演鐵路停駛又恢復的戲碼。

---

15 張軍，2016，〈共繪中俄蒙合作新藍圖〉，http://big5.www.gov.cn/gate/big5/www.gov.cn/xinwen/2016-07/11/content_5090258.htm，2022/10/6。

16 中華人民共和國國家發展和改革委員會，2020，〈中蒙俄經濟走廊建設三方工作組召開第一次會議〉，中華人民共和國國家發展和改革委員會網頁，https://www.ndrc.gov.cn/fzggw/wld/njz/lddt/202011/t20201106_1250029.html?code=&state=123，2022/10/6。

17 張秀傑，同前註；李新，同前註。

　　2018年4月27日，南韓總統文在寅與北韓領導人金正恩在板門店「和平之家」舉行第三次南北峰會，雙方再度達成對接並升級改造前述兩線鐵路與公路的共識。其後，香港媒體報導稱，文在寅在文金會上，遞交一個存有「朝鮮半島新經濟地圖」隨身碟給金正恩。該報導稱，文在寅所擘劃的經濟地圖，是在朝鮮半島建構三條經濟帶，除了由南韓最南端的木浦連結首爾、平壤、新義州後，再到終點北京的京義線沿線經濟帶，以及將東海線連結到俄羅斯的沿線經濟帶之外，就是在南北韓邊界發展旅遊業。[18]

　　其次，文在寅在同年8月15日朝鮮光復紀念大會致詞，拋出在鄰接北韓國境的南韓京畿道與江原道設立跨境經濟特區，提議由南北韓、中共、蒙古、俄羅斯、日本、美國等國，仿效歐盟共同建構「東北亞鐵路共同體」，俾便成為促進東北亞繁榮的大動脈，藉此讓南韓經濟連結歐亞大陸各國經濟集團。文在寅強調，如果以此共同體為開端，將可實現東北亞區域的能源與經濟共同體、乃至於多邊安全體制。[19] 2019年12月24日，文在寅在四川成都舉行的中日韓三國峰會上再度提出此議，表示：「中國的一帶一路、日本的印度太平洋構想、韓國的新北方與新南方政策，將海陸連結、以心連心，有助於所有的和平與繁榮」，再度呼籲共建東北亞鐵路共同體，並強調南北韓鐵公路連結的必要性。文在寅在前一天與中共總理李克強舉行雙邊會談時，要求中共支持此一構想。不過，美國國務院針對中韓兩國討論放寬北韓經濟制裁措施表示，所有聯合國會員國都有義務遵守安理會對北韓制裁的決議案，明確地表達反對立場。另一方面，日本首相安倍晉三也在三國峰會結束後的共同記者會上表示，要求北韓完全履行要求北韓非核化的安理會決議，乃是中日韓三國的共同立場。[20]事實上，北韓無視於安理會決議案，依然故我地持續試射飛彈、實施核武試爆，以致「東北亞鐵路共同體」構想成為空谷足音，更讓東北亞區域政經整合

18 TVBS新聞網，2018，〈傳南韓向北韓提出　宏觀經濟融合藍圖〉，TVBS新聞網網頁，https://news.tvbs.com.tw/tech/915714，2022/10/6。

19 中國時報，2018，〈文在寅推東北亞鐵路共同體〉，2018年8月16日，《中國時報》，https://www.chinatimes.com/newspapers/20180816000719-260119?chdtv，2022/10/6。

20 東亞日報，2019，〈文大統領、中国に「北東アジア鉄道共同体」を提案…米日は「北朝鮮制裁の維持」を確認〉，東亞日報網頁，https://www.donga.com/jp/article/all/20191225/1935922/1，2022/10/6。

成為不可能的任務。

參、北韓核武開發提高東北亞區域整合難度

戈巴契夫就任蘇聯總統、蘇聯共產黨總書記後，推動被視為電擊療法的經濟「改革」（perestroika）政策，並尋求與美國等西方資本主義陣營和解共存。有鑑於中蘇兩大靠山的路線修正，以及宿敵南韓經濟發展有成，北韓金日成政權為求自保，積極摸索開發核武與飛彈，因而牽動後冷戰時期東北亞區域安全情勢。其間雖然曾經出現過北韓棄核的契機，相關各方也曾經多次進行「六方會談」，以及三組的雙邊高峰會談，惟最終均無功而返，更無助於東北亞區域整合。

一、北韓開發核武卓然有成

美蘇宣告冷戰結束前夕的1989年10月，美國國務卿貝克（James A. Baker）首度公開質疑北韓從事核武開發，埋下牽動東北亞區域安全情勢的危機火種。1993年2月25日，國際原子能總署（International Atomic Energy Agency, IAEA）理事會通過決議案，要求北韓接受「特別查察」。對此，北韓除了斷然表示拒絕之外，還宣布全國進入準戰時狀態以及退出《防止核武擴散條約》（Treaty on the Prohibition of Nuclear Weapons, NPT）體制，因而揭開第一次朝鮮半島核武開發危機序幕。其後，經由美國前總統卡特（Jimmy Carter）出面斡旋，再經美國與北韓實務層級的多次交涉後，雙方於1994年10月21日簽署核子「共識架構」（Agreed Framework），北韓同意分階段放棄核武開發計劃，以換取美國、日本、以及韓國透過「朝鮮半島能源開發機構」（Korean Peninsula Energy Development Organization, KEDO）興建兩座輕水反應爐發電廠等援助，解除第一次朝鮮半島危機事態。[21]

---

21 林賢參，2011，〈北韓威脅對日本飛彈防禦戰略發展之影響〉，《全球政治評論》，33：97-124，101-104。

　　從結果論來看，北韓在開發核武的過程，利用中共確保北韓作為國境戰略緩衝區價值，俄羅斯要確保在東北亞區域安全的存在感（presence），美國與中俄對朝鮮半島政策的矛盾，美國與南韓不願意承擔第二次韓戰的風險等因素，操弄「膽小鬼遊戲」（Chicken Game）的交涉手法，亦即，將事態升高至瀕臨戰爭的「邊緣策略」（Brinkmanship），最終不但獲得美日韓等國以人道為名的援助，也為核武開發爭取更多時間。

　　2002年10月間，美國助理國務卿凱利（James Kelly）赴平壤訪問，提出北韓開發核武證據，因而引發朝鮮半島第二次核武開發危機。2003年8月27日，在中共主導下，由美國、俄羅斯、日本、南北韓等國組成「六方會談」，於2003年8月27日在北京召開首次會議。其後，「六方會談」雖然召開過六輪會談，並且三次發表會談成果，惟因北韓承諾放棄核武的過程與結果，與美國要求「查證可能且無法回復之廢核」（complete, verifiable, irreversible denuclearization, CVID）目標之間有差距，再加上北韓持續進行飛彈試射，甚至於2006年10月9日實施第一次核試爆，以及聯合國安全理事會陸續通過多項對北韓制裁決議案，導致北韓於2009年4月23日宣布退出「六方會談」，並且在5月25日進行第二次核試爆。

　　2012年4月11日，金正恩接掌北韓政權。翌年2月12日，北韓實施第三次核試爆，並且揭櫫「核武與經濟建設並舉的戰略路線」，加速北韓核武與各類型飛彈研發。根據日本防衛省統計，金正恩政權迄2021年為止，共試射包括洲際彈道飛彈（ICBM）在內的各類型飛彈等共94枚，以及實施4次核試爆。[22]日本防衛省認為，北韓開發飛彈技術與提升攻擊能力卓有成效，並且具有以下特徵：長射程化、提升飽和攻擊能力、發射型態多樣化、提升隱匿性與奇襲攻擊能力、不規則低軌道飛行。[23]

---

22 防衛省，2022，〈北朝鮮による核・弾道ミサイル開発について〉，防衛省網頁，https://www.mod. go.jp/j/approach/surround/pdf/dprk_bm.pdf，2022/10/6，頁2-13。
23 防衛省，2021，〈北朝鮮による弾道ミサイル技術と攻撃能力の向上〉，防衛省網頁，https://www. mod.go.jp/j/approach/defense/northKorea/pdf/nk2-2021.pdf，2022/10/6。

二、合縱連橫下的三組雙邊峰會

　　2018年元旦，金正恩發表演說，提議舉行南北韓峰會，並且派遣奧運代表隊參加2月在南韓平昌舉行的冬季奧運會，促成金正恩與文在寅的第三次南北峰會「文金會」。4月27日，「文金會」在板門店「和平之家」舉行，會後發表《板門店宣言》，確認「在半島構建牢固的永久性和平機制積極合作，終結半島目前不正常的停戰狀態」等共識，揭櫫在開城設立雙方官員常駐的共同聯絡事務所、連接並升級改造東海線及京義線的鐵公路、經常性舉行國防部長等軍事部門會談、實現半島無核化目標。[24] 其後，在文在寅積極媒介下，促成金正恩與美國總統川普（Donald J. Trump）的「川金會」。

　　在「文金會」前，金正恩於3月25-28日、5月8日赴中國大陸訪問，習近平舉行「習金會」，以塑造中共支持其對美交涉的印象。誠如南京大學教授朱鋒所言，金正恩在「文金會」與「川金會」實施前夕訪問北京，目的在於「安撫」中共，以及增強北韓對南韓與美國談判的籌碼。[25] 金正恩適時地訪問北京，無疑地強化習近平因應美國對中貿易戰的籌碼。習近平在金正恩5月訪問大連之際，曾建議金正恩向美國總統川普提出「停止敵對軍事行動」的要求，亦即，終止或暫停美國與南韓每年定期舉行的「關鍵決斷」（Key Resolve）、「鷂鷹」（Foal Eagle）、「乙支自由衛士」（Ulchi-Freedom Guardian）等三大軍事演習。不過，誠如美國麻省理工學院教授納蘭（Vipin Narang）所言，「川金會」對於金正恩而言，是一場勝利，「因為他能夠在擴大自己的導彈和核力量的同時，讓美國（在經濟上摧毀朝鮮）的極限施壓行動泄氣」。[26] 事實上，在「川金會」後，北韓除了在2019年10月2日發射射程超過兩千公里的新型「北極星3」潛射飛彈之外，一直到拜登（Joe Biden）就任後的2021年內，即未曾再實施核試爆或試射ICBM。

---

24 新聞雲，2018，〈文金會《板門店宣言》「終止敵對狀態、迎接繁榮未來」〉，新聞雲網頁，https://www.ettoday.net/news/20180427/1158987.htm，2022/10/6。

25 BBC中文網，2018，〈金正恩突然訪華：試圖安撫中國爭籌碼的一步〉，BBC中文網網頁，https://www.bbc.com/zhongwen/trad/world-43569239，2022/10/6。

26 紐約時報中文網，2020，〈「川金會」兩年後，朝鮮局勢為何仍無解？〉，紐約時報中文網網頁，https://cn.nytimes.com/asia-pacific/20200615/korea-nuclear-trump-kim/zh-hant/，2022/10/6。

2021年1月7日，金正恩在黨大會上發表「國防科學發展及武器系統開發五年計劃」，表明必須發展最強的軍事力量以確保國家安全，並揭櫫將研發核彈頭小型化與戰術武器化、製造大型核彈頭、極音速飛彈與核動力潛艇等。[27] 在經過近一年沉寂後，或許是對拜登新政府的北韓政策不滿，金正恩於2022年新年開端，再度祭出邊緣策略，光是在2022年一年之內，總共試射新型長程巡弋飛彈、潛射型飛彈、極音速飛彈、多彈頭且射程達1.5萬公里的新型ICBM「火星17」等共37次、99枚彈道與巡弋飛彈，遠超過以往任何時期的次數與枚數。英國智庫「國際戰略研究所」（The International Institute for Strategic Studies, IISS）總結北韓2022年飛彈試射活動指出：「其中大部分是以實戰為目的，而不是為研發」、「這些試射清楚展現北韓已具備操作大規模飛彈的能力，並且準備利用這些能力以追求戰術與戰略目標」。[28]

北韓異乎尋常地試射飛彈，其目的不僅止於對美國政策表達不滿，更重要的是驗證並展現其戰略武器開發成果，以期削弱日韓等同盟國對美國核武「擴大嚇阻」（Extended Deterrence）、亦即核子傘保護之信賴度。從試射結果來看，北韓飛彈技術日臻成熟，不但具備威脅美國本土的ICBM，甚至開發出現行飛彈防禦系統難以攔截的極音速飛彈，將讓東北亞區域安全情勢陷入更加複雜與危險的「安全困境」。其中，北韓具備攻擊美國本土的戰略核武能力，勢必動搖美國核子傘的信賴度，南韓政府於2022年10月向美國提出「核共享」（nuclear sharing）方案，即彰顯出南韓政府不安。南韓智庫「峨山政策研究院」於2022年5月實施的民調顯示，[29] 有70%受訪者支持南韓核武裝，高於2018年舉行「川金會」與「文金會」時的54%，印證近年來南韓國內興起核武裝論的現象。

---

27 日本経済新聞，2021，〈北朝鮮、「奇襲」能力高める　ミサイル開発に5カ年計画〉，日本経済新聞網頁，https://www.nikkei.com/article/DGXZQOGM1661 Y0W1A910C2000000/，2022/10/6。

28 "North Korea's missile activity in 2022," Volume: 28, December 2022, IISS, https://www.iiss.org/publications/strategic-comments/2022/north-koreas-missile-activity-in-2022，2023/1/8.

29 東京新聞，2022，〈韓国で高まる核武装論、賛成が7割…米軍は再配備に否定的でも「軍拡競争を招く」と募る懸念〉，東京新聞網頁，https://www.tokyo-np.co.jp/article/223336，2022/1/4。

肆、領土主權爭議阻礙東北亞區域整合

國家間的領土主權爭議，乃是國際社會最難解決、也是最容易被民族主義者操弄而引爆戰爭的複雜問題。戰後東北亞區域存在的領土主權或國境劃界爭議，包括中共與蘇聯國境劃界爭議、日本與蘇聯的日本北方四島主權爭議、以及日本與韓國的獨島／竹島爭議。關於中蘇國境劃界問題，歷經40餘年的多次談判後，最終在蘇聯瓦解、由俄羅斯繼承下，於2005年獲得解決，掃除中俄兩國深化戰略合作夥伴關係的障礙。至於後兩項的主權爭議依然存在，不但是東北亞區域整合的障礙，也是可能危害區域安全的不穩定因素。

一、中蘇（俄）國境劃界

中蘇國境劃界問題，源自於沙皇俄羅斯帝國（以下簡稱：沙俄）時期侵略滿清王朝，雙方分別於締結《瑷琿條約》（1858年）、《北京條約》（1860）、《勘分西北界約記》（1864年）等不平等條約，共佔領約144萬平方公里的領土。這些歷史遺留的領土爭議，即成為中共建政後與蘇聯談判的標的。1964年2月，亦即中共與蘇聯陷入意識形態論戰之後，雙方舉行歷時半年的第一輪國境劃界談判，當時最大爭議問題在於黑瞎子島（蘇聯稱：大烏蘇里島）的歸屬。該島位於黑龍江、烏蘇里江匯合處，面積約335平方公里。1964年7月10日，毛澤東接見日本左派社會黨訪問團時，發表被認為是「要跟蘇聯算領土帳」的講話，因而導致第一輪談判觸礁。1969年3月初，中蘇兩國在國境珍寶島爆發武裝衝突後，中共總理周恩來與蘇聯總理柯錫金（Alexei Kosygin）於同年9月11日在北京機場會晤並達成共識，於翌月20日展開第二輪國境劃界談判。惟因囿於中蘇相互信任基礎薄弱，歷經近9年的第二輪談判，亦未達成任何成果。[30]

戈巴契夫於1985年3月執政後，積極尋求改善與中共關係，並且於翌年7月28日在海參崴發表講話，同意以主航道中心線為基礎劃定中蘇邊界的立

---

30 楊奎松，1999，《走向破裂：毛澤東與莫斯科的恩恩怨怨》，香港：三聯書店，462、481。

場。[31] 以此為契機，中蘇外長於同年9月24日在紐約會晤，決定召開副外長級邊界談判。1987年2月9-23日，中蘇第三輪國界劃界談判在莫斯科展開第一次會議後，最終由中蘇外長於1991年5月16日簽署《中蘇國界東段協定》，完成東段國境劃界的歷史性任務。[32] 東段國境能夠歷經近三十年、多次交涉談判後完成劃界，主要原因在於因天安門事件遭到歐美國家制裁的中共，希望透過中蘇關係的改善，以突破歐美國家的外交封鎖。再者，綿延超過4千公里的中俄國境界線無法劃定，將成為中共邁向海洋發展的後顧之憂，為避免備多力分，穩定的陸疆是不可或缺的因素。

　　蘇聯瓦解後，中蘇西部國境分別成為中共與俄羅斯、以及哈薩克、吉爾吉斯、塔吉克等中亞三國的國境線。自1992年10月起，中共與該四國就國境線劃界問題進行「4＋1」的談判，成為「上海五國」及其後續「上海合作組織」（Shanghai Cooperation Organization, SCO）的雛形。[33] 1994年9月3日，中俄雙方在莫斯科簽署《關於中俄國界西段的協定》，除了黑瞎子島與阿巴該圖洲渚（Abagaitu Islet，位於內蒙古的無人島）之外，中俄國界的98%即告確定；至於與中亞三國的部分，其後也陸續完成劃界工作。2004年10月，俄羅斯總統普欽訪問北京，見證中俄外長簽署《關於中俄國界東段的補充協定》，並宣布中俄國境線已全部確認。中共官媒《環球時報》發表評論表示，中俄確定兩國邊界，對於中共穩定西北陸疆有極大助益，也消除雙方加速發展戰略協作夥伴關係的一個隱憂。[34]

　　中俄劃定超過4千公里國境界線，不但有助於中俄戰略夥伴關係的發展，更重要的是，可以減輕中共在陸疆的國防負擔，讓中共可以挹注更多資源到海洋發展，追求成為全球規模海權強國的目標。2001年7月15-18日，江澤民訪問莫斯科，與普欽簽署《中俄睦鄰友好合作條約》，進一步提升於1996年4月

31 姜毅，2011，〈中俄邊界問題的由來及其解決的重大意義〉，https://archive.ph/20150720191336/http://euroasia.cass.cn/news/134796.htm，2022/10/6。

32 戴秉国，2016，《战略对话：戴秉国回忆录》，北京：人民出版社，47-48；姜毅，〈中俄邊界問題的由來及其解決的重大意義〉，同前註。

33 同前註。

34 魏辅北，2004，〈中俄边境划界内幕：谈判四十多年稳固千里疆界〉，https://news.sina.com.cn/c/2004-12-03/09294420814s.shtml，2022/10/6。

建構的中俄戰略協作夥伴關係。[35] 習近平於2022年2月4日，與出席北京冬季奧運開幕的普欽舉行峰會時表示，面對深刻複雜演變的國際形勢，中俄「矢志不渝深化背靠背戰略協作」，凸顯出雙方心照不宣的準同盟關係。[36] 同樣地，中共確定與前述中亞三國的國境劃界，並藉此於2001年6月15日成立上海合作組織，不但有助於清除新疆、西藏等分離勢力在中亞地區發展的溫床，並有助於中共主導多邊國際組織、強化其大國的話語權。

二、日俄北方四島爭議

日本所稱的「北方四島」，是指位於日本北海道東北方向，俄羅斯所屬千島群島以南、由北而南依序為擇捉、國後、色丹、齒舞等四個島群，俄方稱之為南千島群島。[37] 根據日本政府主張，日本早於沙俄時期即發現並調查北方四島，於19世紀初確立日本對該島群的實效支配。日俄兩國於1855年締結《日俄通好條約》，亦以千島群島的得撫島（Ostrov Urup）與澤捉島作為雙方國境分界。1875年，日俄兩國簽署《樺太千島交換條約》，日本以其所領有的樺太島（中國大陸稱：庫頁島，俄羅斯稱：薩哈林島）南端，換取俄羅斯所屬千島群島共18座島嶼。惟於1905年締結、為結束日俄戰爭的《樸質茅斯條約》規定，日本再度取得樺太島在北緯50度以南的領土。[38]

第二次大戰結束後，日本於1951年9月8日簽署《舊金山和平條約》，表明放棄《樸質茅斯條約》所取得的樺太島，以及千島群島的一切權利、權利名義與要求。日本於1945年8月9日宣布投降當天，蘇聯出兵佔領北方四島。戰後，日本主張北方四島不屬於千島群島一部分，再加上蘇聯未參與簽署《舊金山和平條約》，沒有權利主張該條約上的權利，北方四島爭議於焉產生。[39] 1945年12月1日，距離北方四島最近的北海道根室町町長安藤石典向駐日盟

35 李靜杰，2002，〈中俄戰略協作夥伴關係〉，《俄羅斯學報》，2: 97-114，101-103。

36 聯合報，2022，〈冬奧外交：習近平見普亭 雙方發表聯合聲明〉，聯合報網頁，https://udn.com/news/story/6809/6076722，2022/10/6。

37 由於筆者不諳俄文，有關此議題的官方文獻僅止於參考日本政府。

38 外務省，2022，〈日本の領土をめぐる情勢—北方領土〉，外務省網頁，https://www.mofa.go.jp/mofaj/area/hoppo/hoppo_keii.html，2022/04/20。

39 同前註。

軍總司令麥克阿瑟（Douglas MacArthur）陳情，希望北方四島在美軍佔領保障下，讓居民能夠安心立命，由此點燃日本民間「北方領土返還要求運動」火苗。其後，日本國會於1980年11月一致通過決議，要求日本政府設定「北方領土日」，以喚起日本民眾對北方四島的主權意識。翌年1月6日，鈴木善幸內閣決定將《日俄通好條約》簽署日的2月7日訂為「北方領土日」，其後每年該日在東京召開「北方領土返還要求全國大會」。[40]

在簽署《舊金山和平條約》當天，美國與日本另闢場地簽署《美日安全保障條約》，構成美國在亞太地區圍堵蘇聯與中共的同盟體系。由於該條約被日本國內批評為不對等條約，再加上條約規定駐日美軍可以依據日本政府請求而協助鎮壓日本國內暴亂，被視為是干涉日本內政，[41] 對於條約不滿、要求修改之聲不絕於耳。值此之際，蘇聯致力於拉攏日本國內左派勢力以圖分化美日關係，並且利用北方四島作為誘餌以改善日蘇關係。1956年10月19日，日本首相鳩山一郎在莫斯科與蘇聯領導人赫魯雪夫簽署《日蘇共同宣言》，宣布自宣言生效日起結束日蘇戰爭狀態、恢復兩國外交關係。其中，第九條規定：雙方將繼續就和平條約的締結進行交涉，「蘇聯為回應日本的要求，並考量日本國的國家利益，同意將齒舞群島與色丹島交給日本。惟該等島嶼的移交，必須在日蘇兩國間締結和平條約後始可付諸實現」。[42]

其後，美日關係不但未如蘇聯預期地變差，反而進一步加強，於1960年1月19日締結新版《美日安全保障條約》。對此，蘇聯於同月27日發表「對日備忘錄」宣稱：此一新軍事條約阻礙蘇日關係的發展，讓外國軍隊持續駐屯於日本領土，導致出蘇聯無法兌現移交齒舞與色丹各島給日本的承諾，因此，只有在所有外國軍隊自日本撤退以及締結蘇日和平條約之條件下，蘇聯才能依據《日蘇共同宣言》規定移交前述島嶼。[43] 1991年4月，蘇聯總統戈巴契夫訪問東

---

40 內閣府，〈北方領土返還要求運動〉，內閣府網頁，https://www8.cao.go.jp/hoppo/henkan/01.html。有關北方四島交涉的詳細過程，可參閱：木村汎，2005，《新版 日露国境交涉史 北方領土返還への道》，東京：角川学芸出版。

41 五百旗頭真，2006，《戰後日本外交史》，東京：有斐閣アルマ，86。

42 データベース「世界と日本」，1956，〈日ソ共同宣言〉（日本とロシア：1956年10月19日），https://worldjpn.net/，2022/10/6。

43 內閣府，1960，〈ソ連政府の対日覚書〉，內閣府網頁，https://www8.cao.go.jp/hoppo/shiryou/pdf/gaikou19.pdf，2022/10/6。

京，於18日與日本首相海部俊樹發表《日蘇共同聲明》，蘇聯首度以文書表明四島主權歸屬問題，應該透過和平條約締結方式予以解決，為此雙方將加速締結和約的準備作業。[44]

在蘇聯解體後，北方四島主權歸屬交涉，即轉由俄羅斯繼承。俄羅斯總統葉爾辛（Boris N. Yeltsin）於1993年10月訪問東京，與日本首相細川護熙發表《日俄關係東京宣言》，表明將植基於歷史與法律事實，並且以兩國間達成共識的文書以及正義原則為基礎，解決北方四島主權歸屬問題。[45] 2000年9月5日，接替葉爾辛執政的普欽訪問日本，在東京與日相森喜朗發表聲明表示，日俄雙方將立足於過去所有各項共識，透過解決北方四島歸屬問題以交涉和平條約的締結。普欽表明：「我認為1956年的《日蘇共同宣言》是有效的。」[46] 2001年3月25日，森喜朗赴俄羅斯遠東地區伊爾庫次克（Irkutsk）與普欽會晤，普欽首度將1956年《日蘇共同宣言》寫入共同聲明，將其視為兩國締結和平條約交涉過程的起始點，並且將依據1993年《日俄關係東京宣言》，透過解決北方四島歸屬問題以促進和平條約的締結。[47]

2016年5月6日，日相安倍晉三訪問俄羅斯索契（Sochi），向普欽提出迥異於過往交涉北方四島歸屬與和平條約締結問題的新途徑，亦即，提示能源開發、先端醫療設施建設、都市交通網整備等8項日俄經濟合作領域，用以振興俄羅斯遠東地區的經濟發展，以及增加日本能源供應的多元化。[48] 歷代日本內閣在國內政治壓力下，均堅持必須先確認北方四島主權歸屬日本、後再實施對俄經濟援助的途徑，安倍的新途徑是同步實施北方四島歸還交涉與日俄經濟開

44 內閣府，1991，〈日ソ共同声明〉，內閣府網頁，https://www8.cao.go.jp/hoppo/shiryou/pdf/gaikou35.pdf。

45 內閣府，1993，〈日露関係に関する東京宣言〉，內閣府網頁，https://www8.cao.go.jp/hoppo/shiryou/pdf/gaikou46.pdf，2002/10/6。

46 外務省，2022，〈日ソ・日露間の平和条約締結交渉〉，外務省網頁，https://www.mofa.go.jp/mofaj/area/hoppo/hoppo_rekishi.html，2022/10/6。

47 データベース「世界と日本」，2001，〈平和条約問題に関する交渉の今後の継続に関する日本国総理大臣及びロシア連邦大統領のイルクーツク声明〉（日本とロシア：2001年3月25日），https://worldjpn.net/，2022/03/16。

48 日本経済新聞，2016，〈北方領土交渉に「新アプローチ」 日ロ、進展なるか〉，日本経済新聞網頁，https://www.nikkei.com/article/DGXZZO02323180U6A510C1000000/，2022/10/6。

發合作，此一途徑如果能夠獲得實現，將為東北亞區域整合帶來莫大助益。不過，普欽於2018年9月中旬在海參崴「東方經濟論壇」（Eastern Economic Forum）致詞時，出人意表地表示，希望日俄雙方能夠在年底前，在沒有任何預設立場下締結和平條約。俄羅斯學者盧基亞諾夫（Fyodor Lukyanov）指出，普欽過去基於拉攏日本以平衡中共，期待日本協助開發遠東地區，惟因美中對立關係日趨嚴峻、日本也未如預期地對俄羅斯遠東地區進行大規模投資，導致普欽不再熱衷於與日本交涉。[49]

由於軍事技術的進步，以及美俄關係的變化，今日北方四島的地緣戰略價值，遠非1956年蘇聯同意移交齒舞、色丹兩島給日本時所能比擬。事實上，在美蘇新冷戰的1970年代末期起，蘇聯積極強化在遠東地區的戰略武力，鄂霍次克海即是蘇聯戰略核武潛艇的藏身處，蘇聯甚至在國後、澤捉、色丹設置軍事基地。在普欽執政後，拜國際能源價格高漲之賜，俄羅斯不但能夠重新整備已經荒廢的軍事基地，甚至新部署反艦飛彈、電子作戰部隊與偵察無人機系統、Su-35蘇愷戰鬥機，並且實施軍事演習，以確保鄂霍次克海域的安全。[50] 就此等軍事利用價值，再加上目前除了齒舞島無人居住外，另外三島共有俄羅斯居民18,365人（2020年統計），並無任何日本人在此定居，[51]俄羅斯將齒舞、色丹兩島移交給日本的可能性極微。再加上日本以俄羅斯入侵烏克蘭為由，對俄羅斯實施經濟制裁，俄羅斯則以凍結包括解決領土爭議的日俄和平條約締結交涉作為報復，不但讓北方四島爭議解決遙遙無期，也讓東北亞區域整合的目標日益遠去。

三、日韓「獨島／竹島」爭議

日本與韓國之間，存在著日本稱為「竹島」、韓國稱為「獨島」的領土主權爭端，始終是干擾戰後日韓關係發展的要素之一。「獨島／竹島」位於日本

---

49 池田元博，2018，〈プーチン大統領は「日ロの領土交渉に疲れた」〉，https://business.nikkei.com/atcl/report/16/040400028/092600062/，2022/10/6。

50 防衛省，2020，〈北方領土におけるロシア軍〉，防衛省網頁，https://www.mod.go.jp/j/publication/wp/wp2020/html/n12405000.html，2022/10/6。

51 北方領土問題対策協会，同前註。

海南端，由男（西）島與女（東）島兩個大島、89個突出海面的高聳火山岩礁所組成，總面積約0.20平方公里，西北距韓國鬱陵島（慶尚北道）49海里、東南距日本隱岐島（島根縣）86海里。「獨島／竹島」目前是處於韓國實效支配之下，在島上建有燈塔、雷達與碼頭等設施，由韓國海洋警察駐守。

　　根據日本外務省主張，日本人自17世紀初期，即已將「獨島／竹島」視為航渡鬱陵島的航標，或者是捕撈鮑魚、海豹時的泊船地，至遲於17世紀中葉即已確立對該島的主權。1905年1月，當時的桂太郎內閣通過內閣決議，將該島編列為島根縣管轄。[52] 不過，由於當時朝鮮李氏王朝正處於日俄兩國爭奪朝鮮支配權的鐵蹄蹂躪下，自然無力反對日本片面將該島納入管轄的措施。尤有甚者，日本於1910年併吞朝鮮全境，一直到1945年8月15日投降，才結束對朝鮮全土的支配。

　　1948年8月，在美國支持下成立的南韓政府，接管駐朝鮮美國陸軍部軍政廳託管包括「獨島／竹島」在內的領土。其後，由於韓戰爆發，凸顯出日本在東北亞區域安全的重要性，因而促使美國放棄既定的日本非軍事化措施，並且希望儘早與日本簽署和約，讓日本加入美國構思中的反共同盟體系。在和約起草階段，南韓李承晚政府要求將「獨島／竹島」列入條約中日本應該放棄的領土，惟遭到美國拒絕。因此，南韓在和約生效前的1952年1月18日發布「李承晚宣言」，劃設與日本在日本海（南韓稱：東海）、被稱為「李承晚線」的日韓分界線，將「獨島／竹島」劃入南韓海域內。其後，南韓在島上派駐海洋警察，落實主權實效支配與行政管轄。對此，日本政府立即提出嚴重抗議，並且於1954年9月首度提議，將「獨島／竹島」主權歸屬爭議託付國際法院（International Court of Justice, ICJ）仲裁，惟遭到南韓拒絕。[53]

　　南韓主張，早在15世紀以來的歷史或地理書籍，例如，《世宗實錄地理志》、《新增東國輿地勝覽》所記載的「于山島」，即是現在的「獨島／竹島」。[54] 目前南韓政府對「獨島／竹島」主權爭議的基本立場是，「不管是從

---

52 外務省，2022，〈日本の領土をめぐる情勢—竹島〉，外務省網頁，https://www.mofa.go.jp/mofaj/area/takeshima/gaiyo.html，2022/10/6。

53 同前註。

54 塚本孝，2011，〈竹島領有權問題の経緯【第3版】〉，《調查と情報》，701：1-10。

歷史上、地理上，或者是國際法上，都明確地顯示出是大韓民國的固有領土。不存在獨島領有權紛爭，獨島不能成為外交交涉與司法解決的對象」。其主要根據，除了前述古書籍之外，還包括以下文獻：[55]

第一，1870年日本外務省官員佐田白茅等人赴朝鮮考察後提出『朝鮮國交際始末內探書』報告書記載：「竹島（鬱陵島）與松島（獨島）成為朝鮮附屬的緣由」內容，即顯示出當時日本外務省已認知到該兩島是朝鮮領土。

第二，1877年明治政府太政官（相當於內閣）下達內務省指令：鬱陵島與獨島與日本無關，並非日本所領有。

第三，1900年大韓帝國高宗皇帝敕令第41號，制定頒布「關於將鬱陵島改稱鬱島，島監改正為郡守事宜」，該敕令第二條規定「鬱島郡管轄區域包括鬱陵島全島、竹島與石島（獨島）」，明確地指出獨島屬於鬱島郡管轄範圍。

第四，1905年日本島根縣發布告示第40號稱，日本以無主地為由將「獨島／竹島」編入日本領土。大韓帝國最高行政機關「議政府」於1906年5月，以「獨島／竹島」歸鬱島郡管轄，由參政大臣（相當於副總理）發布不承認日本政府所為的指令。

第五，1946年1月29日，盟軍最高司令官（Supreme Commander of the Allied Powers, SCAP）發布SCAPIN第677號備忘錄，將鬱陵島、「獨島／竹島」與濟州島排除在日本領域外，並且在同年6月22日發布SCAPIN第1033號備忘錄，禁止日本船舶及日本國民接近「獨島／竹島」或其周邊12海里。

在日韓兩國相爭不下的僵局下，1994年生效實施的《聯合國海洋法公約》（UN Convention on the Law of the Sea, UNCLOS），對於離島主權歸屬涉及到當事國領海基線主張、專屬經濟海域（Exclusive Economic Zone, EEZ）以及大陸架劃界等規定，可能牽涉到龐大的海洋權益，讓「獨島／竹島」主權爭議更加複雜化。[56] 在此思維下，日本政府採取強化對內外宣傳「獨島／竹島」主權主

---

55 駐日本國大韓民國大使館，2022，〈独島に対する韓国の立場〉，駐日本国大韓民国大使館網頁，https://dokdo.mofa.go.kr/jp/dokdo/government_position.jsp，2022/10/6。

56 有關「獨島／竹島」主權爭議，詳細可參閱：許金彥，2009，〈日、韓『獨島爭議』研究〉，《亞太研究通訊》，7：151-178；坂本茂樹，2007，〈海洋境界画定と領土紛争：竹島と尖閣諸島の影〉，《国際問題》，565：15-29。

張，並且寫入教科書，甚至載入官方發行的《外交青書》與《防衛白書》，以及將2月22日訂為「竹島日」，派遣政務官出席島根縣政府每年舉辦的紀念活動。對於日本的主張或措施，韓國則是逐次循外交管道表達抗議，並採取積極強化對「獨島／竹島」的實效支配，甚至於2012年8月由當時的李明博總統登島宣示主權，以及在「獨島／竹島」及其周邊海域實施軍事演習。[57]

伍、結論

綜上所述，東北亞區域整合的具體嘗試，雖然在後冷戰初期才出現，但是，其最初的整合構想，則可溯源至日本學者小島清所倡議的「雁行經濟發展模式」，其後再以企圖邀集東北亞6國共同合作的大圖們江倡議付諸實現。不過，由於日本將此倡議視為位於日本海的日本北陸地方層次的經濟合作，北韓積極開發核武所衍生周邊國家之間的安全困境，以及美國（日本）、中共、俄羅斯在朝鮮半島地緣政治上的競逐與矛盾，因而讓東北亞區域出現難以整合的鴻溝。中共積極主導的「六方會談」，不但未能解決問題，反而成為北韓爭取更多開發核武與飛彈時間的道具。「六方會談」破局之後，陸續登場的「文金會」與「川金會」，也只是被金正恩利用作為躍登國際舞臺、爭取話語權的道具。

聯合國安理會常任理事國的中俄兩國，雖然支持通過對北韓制裁的部分決議案，但是，卻仍然是支持北韓最力的後盾，屢次動用否決權攔阻可能危害北韓穩定的嚴厲制裁方案。因此，安理會通過的對北韓禁制或制裁案決議，根本無法影響北韓持續開發核武與飛彈的決策，以致北韓持續往事實上核武國家邁進，甚至可能已經具備對美國進行核武攻擊的ICBM戰力，再加上北韓成功試射足以突破飛彈防禦系統的極音速飛彈，嚴重動搖美國提供東北亞區域盟邦安全承諾的信賴度，可能將讓相關國家陷入安全困境，引發包括核武開發在內的軍備競賽。

雖然東北亞區域整體的整合不易，但是，區域內的雙邊或三邊、乃至於與

---

57 山本健太郎，2012，〈竹島をめぐる日韓領土問題の近年の経緯—島根県の「竹島の日」制定から李明博韓国大統領の竹島上陸まで—〉，《レファレンス》，741：27-49、29-31、48。

區域外的多邊整合卻略有斬獲。例如，中韓FTA與中俄蒙經濟走廊、中日韓均加盟的RCEP，即是成功的事例；此外，中日韓FTA則是處於只差臨門一腳的狀態。其次，由於北韓開發核武問題，導致南韓文在寅政府所提議的東北亞鐵路共同體構想成為孤高倡議。如果北韓開發核武議題能夠找出解決途徑，安理會制裁北韓決議即可迎刃而解，有助於南北兩韓的和解，東北亞鐵路共同體即具有可行性。如此一來，東北亞鐵路共同體的實現，可以成為帶動東北亞區域經濟發展的大動脈，如果能夠再與中俄蒙經濟走廊相連結，肯定有助於東北亞區域整合、促進區域的繁榮，也能夠為東北亞區域國家間的互信釀成注入一股活水。

另一方面，在地理上被中共與俄羅斯包夾的蒙古，積極推動「第三鄰國政策」、特別是與美日兩國的關係，以避免過度依賴中俄兩國而失去自主性。雖然中俄兩國不會樂於見到蒙古與美日兩國發展緊密的關係、特別是安全防衛的合作關係，但是，蒙古自身也是以務實的態度採取在中俄兩國間、中俄與第三鄰國間的平衡措施。蒙古固然積極發展與第三鄰國的關係，但是，要突破被中俄兩大國包夾的地緣政治制約，實屬不易。再加上中共是蒙古的最大貿易對手國，俄羅斯供應蒙古近九成的能源，發展與中俄兩大鄰國的友好關係，依然是蒙古對外政策的主軸。如果蒙古能夠成功扮演中俄與第三鄰國間的平衡角色，將中俄蒙經濟走廊與東北亞鐵路共同體構想融合成一體，將為東北亞區域整合做出巨大貢獻。

最後，東北亞區域存在的中俄、日俄、日韓領土爭議，除了中俄爭議已獲得解決之外，日俄與日韓的兩項爭議，都是複雜難解的議題。其中，中俄爭議之所以獲得解決，在於中方承認沙俄時期侵略滿清所割據的領土，換取中俄國境的穩定，俾便中共得以挹注更多資源在海洋方向發展；日俄北方四島爭議，隨著美俄關係朝向對立、美日同盟的緊密化，以及因此而提高北方四島的軍事價值，讓俄羅斯將北方四島移交日本的可能性幾近於零；至於日韓「獨島/竹島」問題，在韓國持續強化實效支配，以及屢屢被韓國政治人物利用作為選舉操作的議題，讓本項議題失去理性討論的空間，也成為日韓兩國發展安全防衛關係的障礙。總而言之，日韓與日俄的領土爭議，不但影響雙邊友好關係的發展，也勢必成為影響東北亞區域整合的不確定因素。

附錄一：深入閱讀書單

邱達生、廖舜右，2012，〈未來 10 年的東北亞區域發展對我國之影響〉（委託研究報告），臺北：行政院研究發展考核委員會編印。

日本国際問題研究所編，2003，東京，〈北東アジア開発の展望〉（平成 14 年度自主研究）。

金向東，「図們江地域経済開発の現状と課題--北東アジアにおける地域協力と延辺」，『立命館経済』，54（2）：91-126。

Uwe Wissenbach. 2013. "Barriers to East Asian Integration: North East Asia—A Non-Region?" *J Glob Policy Gov* 2: 205–221.

附錄二：東北亞研究重要機構

1. 公益財團法人環日本海經濟研究所

2. 吉林省社會科學院東北亞研究中心

3. Center for Asian Studies（Ifri）

4. Great Tumen Initiative

5. East Asia Forum

附錄三：專有名詞英文、中文對照表

英文	中文
China-Russia-Mongolia Economic Corridor（CMREC）	中俄蒙經濟走廊
Complete, Verifiable, Irreversible Denuclearization（CVID）	查證可能且無法回復之廢核
Eastern Economic Forum	東方經濟論壇
Economic coercion	經濟強制
Extended Deterrence	擴大嚇阻
Great Tumen Initiative（GTI）	大圖們江倡議
Institutional regionalism	制度性的區域主義
International Atomic Energy Agency（IAEA）	國際原子能總署
Korean Peninsula Energy Development Organization（KEDO）	朝鮮半島能源開發機構
Northeast Asia International Conference for Economic Development（NICE）	東北亞經濟發展國際會議
Shanghai Cooperation Organization（SCO）	上海合作組織
Steppe Road	草原之路
Terminal High Altitude Area Defense（THAAD）	終端高空防禦飛彈
Third Neighbor Policy	第三鄰國政策
Trans-Eurasian Belt Development（TEPR）	跨歐亞發展帶
Treaty on the Prohibition of Nuclear Weapons（NPT）	防止核武擴散條約
Tumen River Area Development Programme（TRADP）	圖們江流域國際合作開發計畫
UN Convention on the Law of the Sea（UNCLOS）	聯合國海洋法公約
United Nations Development Programme（UNDP）	聯合國開發計畫署

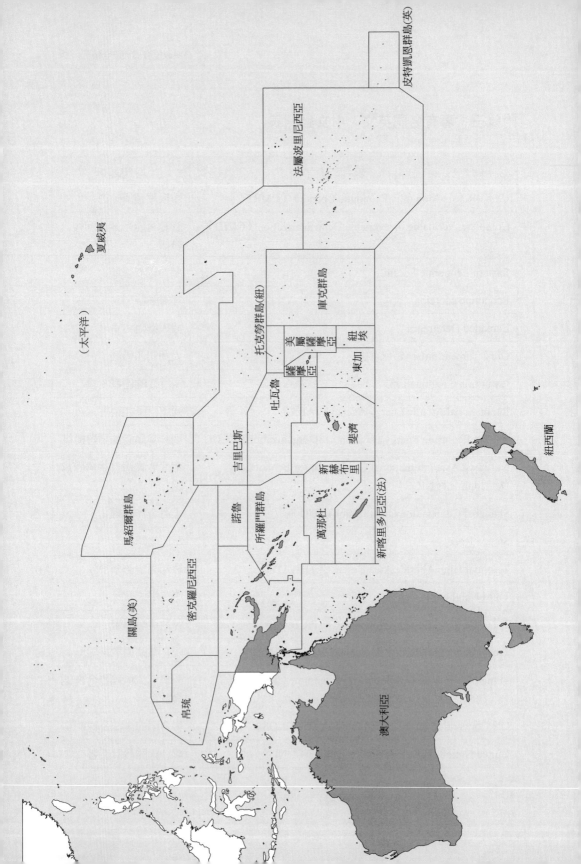

皮特凱恩群島(英)

法屬波里尼西亞

夏威夷

(太平洋)

托克勞群島(紐)

庫克群島

美屬薩摩亞

薩摩亞

紐埃

東加

吐瓦魯

斐濟

紐西蘭

吉里巴斯

新赫布里

馬紹爾群島

諾魯

所羅門群島

萬那杜

新喀里多尼亞(法)

關島(美)

密克羅尼西亞

帛琉

澳大利亞

大洋洲的區域化進程與重要議題探討

胡方維

摘要

本文首先介紹大洋洲區域概念之形成、區域內組織之發展、上述兩者的歷史背景與特質,再藉由太平洋共同體、太平洋島國論壇與太平洋島國發展論壇等三個大洋洲之區域組織的先後設立與演變,呈現大洋洲區域整合之進程。本文最後再以時間縱軸,深入檢視相關學術文獻、組織運作與實務議題,推導出大洋洲區域研究領域內的重要議題。

關鍵詞:大洋洲、太平洋區域、太平洋共同體、南太平洋

壹、前言

　　大洋洲（Oceania）區域，有時又被稱為太平洋（Pacific）、南太平洋（South Pacific）、中西太平洋（Western and Central Pacific）或西南太平洋（South West Pacific）區域，在地理範圍方面，基本指涉澳大拉西亞（Australasia）、美拉尼西亞（Melanesia）、密克羅尼西亞（Micronesia）與玻里尼西亞（Polynesia）等以不同地理與民俗區隔出之四個地理子區域，包含坐落在南太平洋上之澳洲、紐西蘭與諸多的小島國（small island states）或群島國（Archipelagic States）。大洋洲涵蓋面積廣大，但大多為海洋區域，人口約4,000萬，與其他各大洲相較，人口數僅多於南極洲。[1]

　　就政治領域而言，討論大洋洲區域時，所指涉之國家或屬地等政治實體，通常是那些分布在中西太平洋或西南太平洋的數千個島嶼所構成的諸多「小島開發中國家」（small island developing states，在諸多國際文件中均簡稱為SIDS，故本文後續以SIDS稱之），[2] 以及二戰後各小島國家之原宗主國，如澳洲、紐西蘭、法國、美國等大洋洲區域內或區域外的已開發國家。在地緣上，澳洲與紐西蘭雖然通常被視為區域內國家，但因政治、歷史地位與經濟發展程度之差異，澳洲與紐西蘭並不總是將自身置於該「區域」內來討論，反而自視為「西方國家」。

　　大洋洲區域的詳細地理與人文狀況非本文所欲探討的重點，也非本文所能詳細描述的，但下文會試圖從歷史面向，以最簡要的方式闡明「大洋洲區域概

1　WorldAtlas. "The Four Sub-Regions of Oceania." in https://www.worldatlas.com/articles/the-four-sub-regions-of-oceania.html. Latest update 18 January 2023.

2　包含美屬薩摩亞（American Samoa）、庫克群島（Cook Islands）、密克羅尼西亞聯邦（Federated States of Micronesia）、斐濟（Fiji）、法屬玻里尼西亞（French Polynesia）、關島（Guam）、吉里巴斯（Kiribati）、馬紹爾群島（Marshall Islands）、諾魯（Nauru）、新喀里多尼亞（New Caledonia）、紐埃（Niue）、北馬里安納群島（Northern Mariana Islands）、帛琉（Palau）、巴布亞紐幾內亞（Papua New Guinea）、皮特凱恩群島（Pitcairn Islands）、薩摩亞（Samoa）、索羅門群島（Solomon Islands）、托克勞（Tokelau）、東加（Tonga）、吐瓦魯（Tuvalu）、萬那杜（Vanuatu）、以及瓦歷斯及富圖納（Wallis and Futuna），上述各國家或地區之相關資訊可見附錄四。在考量大洋洲區域中主要之區域組織所涵蓋的會員、實際表現與影響力，以及國家或地區實際地理所在位置後，本文所稱之「大洋洲」不包括東帝汶等國家或地區。

念」的形成及其政治地位。

貳、大洋洲區域概念形成、區域內組織發展之歷史背景與特質

　　大洋洲在全球政治舞臺上長期受到忽視，直到二次大戰時期，大平洋戰爭爆發，美國為對日作戰遂開始重視該區域在戰略地位上的重要性。二戰後，美國與其他西方國家為建立亞太集體安全體系，締結《澳紐美安全條約》（Australia, New Zealand, United States Security Treaty, ANZUS Treaty，或稱太平洋安全保障條約）及在聯合國體系下藉託管權與殖民政府等方式，維持大洋洲區域的地區穩定。[3]

　　但大洋洲此一區域概念，可以追朔到更早期。殖民主義（colonialism）、後殖民主義（postcolonialism）與冷戰，對所有非歐洲地區在界定與建構「區域」（region）概念上有共同的重要影響力，太平洋地區也不例外。[4] 18世紀後期，大航海時代歐洲對太平洋的想像初步建立起大洋洲的面貌，進入新帝國主義殖民時期，更進一步從歐洲的視角將大洋洲劃分成一個特定的區域。[5] 也因此，二戰後西方在大洋洲區域的原宗主國，為管理與維持各自在大洋洲區域的勢力穩定，更具體推動了大洋洲區域概念的形成。1947年，由澳洲、法國、紐西蘭、荷蘭、英國與美國等6個宗主國，為管理其各自在太平洋地區的屬地／附屬國，恢復二戰後的地區穩定，同時造福太平洋地區人民，依據《坎培拉協定》（The Canberra Agreement）設立「太平洋共同體」（The Pacific Community）的前身「南太平洋委員會」（South Pacific Commission, SPC），展現了西方勢力所認定之大洋洲區域範疇。

　　雖然自1960年代以來的冷戰時期中，太平洋各島國或屬地逐漸獨立或自

3　Harry, Ralph L. 1981. "Security Treaty between Australia, New Zealand, and the United States." *Australian Journal of International Affairs* 35(2): 201-202.

4　Fry, Greg. 2019. *Framing the Islands: Power and Diplomatic Agency in Pacific Regionalism.* Canberra: ANU Press (Australian National University), 7.

5　Spate, O.H.K. 1978. "The Pacific as an Artefact." In *The Changing Pacific: Essays in Honour of H. E. Maude*, ed. Niel Gunson. Melbourne: Oxford University Press, 32-45.

治，看似逐漸脫離原西方殖民母國或託管，但該區域主要仍受西方勢力影響，蘇聯及其共產國家集團並未能將其勢力延伸至此一地區。[6] 隨著英國與荷蘭退出他們在大洋洲區域內之各殖民地，原受英國與荷蘭殖民統治的國家或地區多由澳洲或紐西蘭取代其影響力；同時，因為澳洲與紐西蘭是該區域中經濟高度發展之國家，加以紐西蘭所擁有之屬地（托克勞）以及與其簽訂有「自由聯合協定」（Compact of Free Association, COFA）之國家（庫克群島、紐埃），澳、紐在區域地緣政治上有其不可忽視的影響力。此外，密克羅尼西亞聯邦、關島、馬紹爾群島、北馬里安納群島及帛琉，因戰後由美國託管，除關島與北馬里安納群島現仍是美國屬地外，其他三個獨立國家（密克羅尼西亞聯邦、馬紹爾群島及帛琉）迄今仍與美國簽訂有「自由聯合協定」，由美國提供國防與經濟方面的援助。[7] 法國在此區域中亦因仍有其海外屬地（法屬玻里尼西亞、新喀里多尼亞、及瓦歷斯及富圖納），而持續藉該等屬地在區域內發揮影響力。

雖然澳洲、紐西蘭、美國、法國等大國藉各自在地緣、政治或經濟方面之影響力，維護及管理其在大洋洲區域內的勢力，[8] 但此區域之獨立國家或自治政府或地區等，企圖逐漸脫離原殖民母國的影響，積極發揮自身在區域事務上的影響力。自1962年薩摩亞獨立後，其他太平洋島國與屬地先後獨立或自治。隨著各獨立太平洋島嶼國家或地區（Pacific Island Countries and Territories, PICT）在聯合國、南太平洋委員會等組織中享有獨立的政治身分與權利，乃更清晰地建構與區別此一區域概念下所指稱的區域內與區域外國家。[9] 1965年，在南太平洋委員會第六次南太平洋會議（Sixth South Pacific Conference）上，太平洋島國領袖更首次挑戰原殖民宗主國在沒有原住民（indigenous）參與的情況下指導區域組織的權利，此一行為後被稱為「萊城起義」（Lae Rebellion）（源於該次會議舉辦地點在巴布亞新幾內亞的萊城）。此次「起義」，也成為部分學

6　蔡政文，1991，〈如何運用經濟力量以增進與南太平洋島國關係〉，《政治科學論叢》，2: 182。

7　United States Department of the Interior. "About the Compact of Free Association." United States Department of the Interior; Honolulu Field Office (USCompact.org) 2022. "About The Compact Of Free Association." in http://uscompact.org/about/cofa.php. Latest update 1 June 2022.

8　Connell, J. 1981. "Independence, dependence and fragmentation in the South Pacific." *GeoJournal* 5(6): 583-588.

9　Crocombe, Ron. 2001. *The South Pacific*. Fiji: University of the South Pacific. Ch.15-17.

界在討論大洋洲區域主義發展時，認定大洋洲區域主義出現的重要時間點。[10]

大洋洲區域主義之成形，也與該區域之特質有關。除原宗主國的區域內、外大國外，大洋洲區域中諸多國家或地區均屬於SIDS，在1982年《聯合國海洋法公約》架構下，可有主張200海里專屬經濟海域及大陸礁層之權利，使得這些SIDS擁有十分寬廣之海域及其中所蘊藏之漁業與礦物資源探勘、開發、養護與管理的主權權利與管轄權，然而，這些SIDS或因其陸域國土狹小、自然條件限制、經濟發展落後、技術條件不足、與國際市場距離遙遠等因素，導致其難以充分開發與利用這些海洋資源。[11] 氣候變遷（climate change）所引發之各種潛在環境災害也損及SIDS保護、控制與利用各種陸域及海域資源的可能。[12]

聯合國文件清楚指出，大洋洲區域的SIDS，在面對「遠離主要交易夥伴、貿易量有限、嚴重依賴進口、出口少且高度集中於少數產品」等特殊挑戰時，為有效參與全球貿易，需要解決的問題主要在於改善其「港口設施與貿易物流兩方面的問題，以發展永續運輸系統，並需要增強能力建設與增進技術移轉」。[13] 而在氣候變遷與永續發展（sustainable development）議題上，有鑑於「SIDS地位是永續發展的一個特例」，為此需要「強調國際合作與夥伴關係的極端重要性」。[14]

SIDS一詞包含兩個概念，一為「開發中國家」，二為「小島」。雖然並非所有SIDS都具備相同的自然地理性質與經濟社會制度，但SIDS在全球氣候變遷下因身處海洋環境而來的脆弱性（vulnerability），是區分SIDS與其他非身處於海域中之「非島嶼開發中國家」的重要因素。[15] 又，大洋洲區域中的SIDS（Pacific SIDS，後文簡稱PSIDS，因此一簡稱凸顯了該等SIDS所處之洋區，並

---

10 Fry, Greg. 2019. *Framing the Islands*, 14。

11 UN. 2015. "Oceans and the law of the sea: Report of the Secretary-General." A/70/74. in https://documents-dds-ny.un.org/doc/UNDOC/GEN/N15/093/76/PDF/N1509376.pdf. Latest update 18 January 2023.

12 Ibid.

13 Ibid.

14 UN. 2014. "SIDS Accelerated Modalities of Action (SAMOA) Pathway." A/RES/69/15. in https://unctad.org/system/files/official-document/ares69d15_en.pdf. Latest update 18 January 2023.

15 Petzold J. and A. K. Magnan. 2019. "Climate change: thinking small islands beyond Small Island Developing States (SIDS)." *Climatic Change* 152: 146-147.

已成為聯合國階層多邊談判中之談判集團），因太平洋本身之廣袤，其各島之間或與大陸沿岸國家之間的距離均十分遙遠，故與其他海域中，譬如加勒比海的SIDS相較，地理上的不利因素更加深其發展的困境。[16] 因此，在研究大洋洲區域時，吾人必須考量到PSIDS之海洋環境與資源的特質與限制。

簡言之，由（一）大洋洲區域之整合早期是由區域內、外原宗主國所主導，後至區域內各島嶼國家或地區為脫離宗主國而進行的努力，以及（二）這些島嶼國家或地區在獨立自主後，面對海洋自然資源開發利用、對外貿易、氣候變遷之挑戰可見，在大洋洲區域整合過程中，於「高度政治」（high politics）議題上，涉及原宗主國或區域外大國與區域內島嶼國家或地區的複雜互動關係，在「低度政治」（low politics）議題上，則涉及氣候變遷、永續發展、海洋環境與資源之保護及利用，以及如何促進國際合作，從國際社會取得財務與技術支援。

參、大洋洲區域整合進程

大洋洲區域整合進程，反映了該地區的歷史發展與區域特質。二戰後初期由原宗主國勢力主導，設立「南太平洋委員會」，並在原宗主國的引導下推動各個國家或地區獨立或自治，主要考量為大國所期望之區域穩定，在原宗主國劃定與認可的範圍內形塑出特定的區域概念與區域組織。爾後，隨著獨立或自治之各國家或地區得以在國際場域中享有獨立的政治身分與權利後，開始推動他們在政治、外交、經濟與其他各種事務上的議程，而形塑出大洋洲內國家或地區本身的區域意識。[17]

至此，大洋洲區域化相較於其他區域似乎並沒有特別政治化──其區域發展主旨在於國家建設與滿足強國對該地區的穩定需求，而並未試圖建構一個新

---

16 Kelman, I. and J. J.West. 2009. "Climate Change and Small Island Developing States: A Critical Review." *Ecological and Environmental Anthropology* 5(1): 2.

17 Fry, Greg. 1997. "The south pacific 'experiment': Reflections on the origins of regional identity." *The Journal of Pacific History* 32(2): 195-199.

的、會削弱國家主權的區域政治實體。同時，組成該區域的國家或地區，如Levine所述，在相對較少的衝突中取得獨立或自治的情況下，要實現真正的獨立或自治，卻仍要面對經濟依賴區域內、外大國之援助的困境。[18]

因此，大洋洲獨立或自治的國家或地區，延續1965年「萊城起義」的精神，為了掌握自身在區域政治事務方面的主導權，並建立有效的大洋洲區域治理制度，以應對殖民後國家建設的侷限，而於1971年8月7日召開了後續被視為第一屆，包含紐西蘭與澳洲兩國在內，排除了區域外大國美國與法國的「南太平洋論壇」（South Pacific Forum, SPF）。[19] 該論壇後於1999年10月3日至5日第30次會議上通過改名為「太平洋島國論壇」（The Pacific Islands Forum, PIF。）[20]

在討論大洋洲區域整合進程時，首先需要檢視兩大區域組織，分別是由原宗主國主導設立之「南太平洋委員會」，在區域內各獨立或自治之國家或地區逐漸加入後，擴大成為今日之「太平洋共同體」，以及區域內國家或地區為

---

18 Levine, Stephen. 2012. "The experience of sovereignty in the Pacific: island states and political autonomy in the twenty-first century." *Commonwealth & Comparative Politics* 50(4): 453-454.

19 在紐西蘭政府邀請下，1971年8月5日至7日，於紐西蘭威靈頓（Wellington）召集了一次被定位為「私人及非正式討論廣泛之共同關切議題」（private and informal discussion of a wide range of issues of common concern）的「論壇」（Forum），出席者包括諾魯總統、西薩摩亞、東加、斐濟總理、庫克群島首相、紐西蘭總理及澳洲外部屬地部長。出席領袖肯認「南太平洋論壇」（South Pacific Forum）此一會議坦誠與非正式交換觀點的價值，以及規劃未來區域未來發展的機會，他們希望每年持續此一會議，但認為將此一會議正式制度化之時機仍未成熟，此一事項將在下次由澳洲擔任東道主的會議中討論。此次會議紀錄發布於南太平洋論壇官網，日期為1971年8月7日，文件中多處出現「論壇」一詞，並指稱此一會議為「南太平洋論壇」。文件可見於：https://www.forumsec.org/1971/08/05/south-pacific-forum-wellington-5-7-august-1971/，Latest update 29 January 2023。同一文件第三段顯示，此一會議的倡議來自於大英國協下獨立及自治島國的領袖們。"The Wellington meeting could be described as an ad hoc gathering of Island Leaders and Representatives of Australia and New Zealand. The initiative came from the Leaders of the Independent and Self-Governing Island States, all of which are associated with the Commonwealth."

20 1999年10月3日至5日於帛琉共和國Koror市舉辦之第30次南太平洋論壇會議中決定論壇之新名稱為「太平洋島國論壇」，會議紀錄可見於：https://www.forumsec.org/wp-content/uploads/2017/11/1999-Communique%CC%81-Koror-3-5-Oct.pdf#new_tab. Latest update 29 January 2023. 會議紀錄第五段全文如下："Leaders agreed on a new name for the Forum. The Forum is to be called 'Pacific Islands Forum' following a one year transition period to allow time for the necessary administrative changes associated with the change." 該論壇依英文原文詞義該組織中文名稱之精準翻譯應為「太平洋島嶼論壇」，因該論壇組織之成員包括已獨立之小島國家及其他未具國家身分之自治領地與屬地，故不可統稱為島「國」，然，我國外交部及媒體一般均稱之為「太平洋島國論壇」，故本文中仍以島國論壇稱之，在此特先予敘明

了掌握政治話語權而設立之「南太平洋論壇」，即2000年後至今之「太平洋島國論壇」。此外，斐濟在2009年因軍政府之合法性不被承認，而被排除於太平洋島國論壇會議後，[21]於2013年開始推動，至2015年第三屆太平洋島國發展論壇正式會議上設立了太平洋島國發展論壇（The Pacific Islands Development Forum, PIDF），[22]此為大洋洲區域秩序變化，出現新興關係的重要案例，本文也將之納入介紹。

一、太平洋共同體（The Pacific Community, SPC）

1947年，太平洋共同體的前身「南太平洋委員會」依據《坎培拉協定》設立，由澳洲、法國、紐西蘭、荷蘭、英國與美國等6個宗主國組成，宗旨為「促進經濟和社會福利以及人民的進步」，實際目的是為協助6大宗主國管理其各自在太平洋地區的附屬國與屬地，恢復二戰後的地區穩定，同時造福太平洋地區人民。

自1962年薩摩亞獨立，並在1965年加入南太平洋委員會後，其他大洋洲小島國家或地區先後獨立或自治，於1983年於賽班島（Saipan）舉行的第23屆南太平洋委員會會議時，所有22個太平洋島嶼成員國與屬地均已加入南太平洋委員會。至1997年，南太平洋委員會設立50週年大會上更名為「太平洋共同體」，包含22個太平洋島嶼國家或地區，及4個初始會員國。[23] 2015年，「太

21 此一事件可見於：Reuters. 2009. "Fiji suspended from Pacific grouping." *Reuters* May 2. https://www.reuters.com/article/us-fiji/fiji-suspended-from-pacific-grouping-idUSTRE5410J920090502. 及PIF. 2009. "Fortieth Pacific Islands Forum, Cairns, Australia, 5-6 August 2009, Forum communique." in https://www.forumsec.org/wp-content/uploads/2017/11/2009-Forum-Commnique_-Cairns_-Australia-5-6-Aug.pdf. PIFS(09)12. Para. 23.

22 The Regional cooperation and External Relations Department (SCRRE), Government of New Caledonia. 2022. "The Pacific Island Development Forum (PIDF)." in https://cooperation-regionale.gouv.nc/en/cooperation-pacific-cooperation-instances-and-programs/pacific-island-development-forum-pidf，Latest update 18 January 2023。

23 這22個國家與屬地包含：美屬薩摩亞（American Samoa）、庫克群島（Cook Islands）、密克羅尼西亞聯邦（Federated States of Micronesia）、斐濟（Fiji）、法屬玻里尼西亞（French Polynesia）、關島（Guam）、吉里巴斯（Kiribati）、馬紹爾群島（Marshall Islands）、諾魯（Nauru）、新喀里多尼亞（New Caledonia）、紐埃（Niue）、北馬里安納群島（Northern Mariana Islands）、帛琉（Palau）、巴布亞紐幾內亞（Papua New Guinea）、皮特凱恩群島（Pitcairn Islands）、薩摩亞（Samoa）、索羅門群島（Solomon Islands）、托克勞（Tokelau）、東加（Tonga）、吐瓦魯（Tuvalu）、萬那杜

平洋共同體」作為法定名稱被普遍採納，但基於過去的廣泛認可與使用，原指稱南太平洋委員會之簡稱SPC仍被保留作為其組織官方名稱的簡稱，但為避免與舊稱混淆，本文後續仍以中文全稱稱之。[24] 至2022年，太平洋共同體共計有26個會員，各會員之資訊可見於附錄四太平洋共同體成員國資訊一覽表。[25]

太平洋共同體之總部坐落在新喀里多尼亞的首都努美亞（Noumea），並在斐濟、萬那杜、密克羅尼西亞、法屬波里尼西亞與法國設有區域辦公室。

依據太平洋共同體官方網站所示，太平洋共同體的任務是以對太平洋島嶼環境和文化的深刻理解為指導，透過科學與知識的有效和創新應用，為太平洋人民的福祉而努力。主要針對的事務領域包含：氣候變化、災害、非傳染性疾病、性別平等、青年就業、糧食和水安全，以及貿易生物安全等。其組織目標在於：加強與太平洋共同體成員與合作夥伴的接觸與合作；加強太平洋共同體的技術、科學與專業知識；通過多學科方法解決成員的發展重點；改進太平洋共同體（在各項事務上）的規劃、優先排序、評估、學習和創新；以及增強太平洋共同體在人民、系統及程序上的能力。[26]

太平洋共同體的組織結構中，最高決策機構是太平洋共同體會議（the Conference of the Pacific Community），每兩年召開一次，係部長級會議，確立組織的策略方向。在大會不開會的年份，政府及行政部門代表委員會（the Committee of Representatives of Governments and Administrations, CRGA）有權就各項治理問題做出決定。另外，政府及行政部門代表委員會下設三個向其報告的次委員會，分別為策略計畫次委員會（subcommittee for the Strategic Plan）、太平洋教育品質次委員會（the Pacific Board for Educational Quality）、審計與風險次委員會（the Audit and Risk Committee）。而在行政方面，太平洋共同體設

（Vanuatu）、以及瓦歷斯及富圖納（Wallis and Futuna）。SPC原始6大宗主國中，荷蘭於1962年退出，英國曾於1996年退出，1998年再次加入，後於2005年再次退出，而澳洲（Australia）、法國（France）、紐西蘭（New Zealand）與美國（United States of America）還在SPC中。

24 Pacific Community. 2022. "History." in https://www.spc.int/about-us/history. Latest update 18 January 2023.
25 Pacific Community. 2022. "SPC Members." in https://www.spc.int/our-members/. Latest update 18 January 2023.
26 Pacific Community. 2022. "Our Work." in https://www.spc.int/about-us/our-work. Latest update 18 January 2023.

有秘書處，下設三方案（Programmes）與六組（Divisions），以推動太平洋共同體的任務與政策。[27]

　　太平洋共同體特別主張其組織作為一「非政治機構」（non-political body）的地位，[28] 發展出的倡議與政策內容也多聚焦於所謂的低度政治議題上，此一特質亦展現在前述行政組織內部的三計畫、六組中。[29]

　　依據1983年第23屆南太平洋委員會大會決議，初始會員國與所有太平洋

---

27 Pacific Community. 2022. "home page." in https://www.spc.int. Latest update 18 January 2023. 三項方案分別為：Climate Change and Environmental Sustainability Programme, Educational Quality and Assessment Programme, Integrated Programmes，六組分別為：Fisheries, Aquaculture & Marine Ecosystems Division, Geoscience, Energy and Maritime Division, Human Rights and Social Development Division, Land Resources Division, Public Health Division, Statistics for Development Division。

28 Pacific Community. 2022. "History."

29 Pacific Community. 2022. "SPC's Divisions." in https://www.spc.int/about-us/divisions. Latest update 18 January 2023.
三計畫六組針對的焦點領域及其所推動的政策內容如下：
一、氣候變遷與環境永續（Climate Change and Environmental Sustainability, CCES, Programme）計畫：領導SPC的氣候變化與環境永續行動，並促進與綠色氣候基金等區域和國際組織的合作與協調。
二、教育品質與評估計畫（Educational Quality and Assessment Programme, EQAP）：支持提升太平洋地區教育品質的努力，側重於評估識字、算術、課程研發、資格認證與研究等面向。
三、整合計畫（Integrated Programmes）：包含太平洋地區糧食系統（Pacific Food Systems）、太平洋數據中心（Pacific Data Hub, PDH）與太平洋海洋科學社區中心（The Pacific Community Centre for Ocean Science, PCCOS），推動與整合各自領域的工作。
四、漁業、水產養殖與海洋生態組（Fisheries, Aquaculture and Marine Ecosystems, FAME, Division）：向會員國與屬地提供就水資源管理及開發作出決策所需的資訊、提供所需工具與加強能力建設。包含海洋漁業計劃和沿海漁業計劃。
五、地球科學、能源與海事組（The Geoscience, Energy and Maritime, GEM, Division）：藉由開發關鍵數據、應用科學與技術解決方案解決所面臨的挑戰，改善太平洋人民的生活與生計。
六、人權與社會發展組（Human Right and Social Development, HRSD, Division）：提供基於文化和背景的技術援助、能力發展、研究、政策與法律服務，以促進人權、性別平等、社會包容、青年發展與文化發展——統稱為人權和社會發展。領導SPC「以人為本」的跨部門政策方針。
七、土地資源組（Land Resources Division, LRD）：藉由在基因資源、永續農業、永續林業與土地管理、生物安全，及土壤、植物與動物健康方面的專業知識，協助管理自然資源、生態系統及市場，為太平洋人民和社區建立韌性、糧食與營養安全。
八、公共衛生組（Public Health Division, PHD）：致力於改善所有太平洋島民的健康狀況，促進發展永續能力與建立夥伴合作，以改善他們的未來。
九、發展統計組（Statistics for Development Division, SDD）：側重於經濟和社會統計，包含農業、性別、能源和運輸等。其他專題統計工作由 SPC 其他部門負責。統計專家與技術專家組成，包括人口統計學家、經濟學家、流行病學家和社會統計學家，與地理資訊系統、數據庫開發、數據處理和網絡開發等方面。

島嶼成員國與屬地加入後，依循的決策模式如下：[30]

- 三分之二有權出席的成員構成會議的法定人數。
- 以共識決為基礎，在窮盡所有努力之前，除程序事項外，不得以表決方式進行決策。
- 每位成員擁有相同的一票表決權。
- 使成員須提高會費支出的決策須徵得該成員同意。
- 對所有事項的決策，包括程序性與窮盡所有努力後的非程序性事項，應以出席並有投票權的所有成員的三分之二贊成為之。
- 棄權不列入計票。

爾後，檢視2021年第四版《太平洋共同體治理彙編》（The Pacific Community Governance Compendium），歷經六次修正之《坎培拉協定》的附件三《太平洋共同體會議議事規則》（Rules of Procedure of the Conference of The Pacific Community）顯示，在無法達成共識後，改為由簡單多數決決定，前提是贊成票的數量至少等於大會所代表的成員總數的一半。[31] 由太平洋共同體的決策模式發展可見，太平洋共同體越發追求在盡力達成共識的前提下，能夠更積極地迅速做出決策，以達成組織目標。

此外，在1983年第23屆南太平洋委員會大會決議文件、1989年太平洋島嶼年鑑（Pacific Islands Yearbook）與2021年太平洋共同體預算文件也顯示了太平洋共同體的資金來源主要係以原始宗主國會員國為主，如1983年的會議文件中所示1984年的組織預算中，93.2%來自於澳洲（33.6%）、法國（14%）、紐西蘭（16.3%）、英國（12.3%）與美國（17%）等5大國。[32] 1988年92.27%來自澳洲（33.26%）、法國（13.86%）、紐西蘭（16.14%）、英國（12.18%）與

---

30 South Pacific Commission. 1983. "Report of the Twenty-third South Pacific Conference." p. 20. in http://purl.org/spc/digilib/doc/83s78. Latest update 18 January 2023.

31 Pacific Community. 2021. "The Pacific Community Governance Compendium Fourth edition." in http://www.spc.int/DigitalLibrary/Get/jaeor. Latest update 18 January 2023.

32 1983年的預算文件可見於South Pacific Commission. 1983. "Report of the Twenty-third South Pacific Conference." p. 20。

美國（16.83%）等5大國。[33] 2021年太平洋共同體預算建議案文件顯示，2020年至2023年皆是由澳洲（28.36%）、法國（22.16%）、紐西蘭（18.17%）與美國（12.57%）等4大國約負擔總預算的81.27%。[34] 由此可見，此五大國家對太平洋共同體運作的影響力遠超過數字佔多數之其他島國成員。

2016年，太平洋共同體秘書長Colin Tukuitonga以「太平洋區域主義的未來：挑戰與前景」為題，發表其認為之太平洋共同體在大洋洲區域化未來進程中將面對的挑戰，以及太平洋共同體應積極推動的大洋洲區域化進程。Tukuitonga指出，大洋洲區域中心的聯盟不斷形成，如太平洋島國發展論壇，整個區域越來越分裂，新的秩序尚在形成過程中，而在國際政治層面上，卻存在許多不確定性。部分國家如斐濟試圖推動「向北看」（look north）政策，與中國大陸、韓國、阿拉伯聯合大公國與土耳其等國之關係逐漸強化，氣候變遷帶來的挑戰也促使各島國或地區對澳洲與紐西蘭的態度轉變。而太平洋共同體在這之中，應積極推動區域主義，落實「太平洋區域主義架構」（Framework for Pacific Regionalism）[35]，推動區域整合、溝通和團結。[36]

然而，太平洋共同體在推動區域整合時仍須面對各島國強調其主權完整性的挑戰。雖然太平洋共同體調整其組織決策模式，試圖能更迅速達成共識與做出決策，且始終強調其作為非政治性機構的定位，討論的議題也多是低度政治議題，但若太平洋共同體在未來區域整合進程中欲發揮更積極的作用，仍將無

33 Norman & Ngaire Douglas. 1989. *Pacific Islands Yearbook, 16th ed.* Sydney: Angus & Robertson. p. 660.

34 2021年預算文件可見於：South Pacific Commission. 2020. "SPC Proposed Budget: Financial Year Ending 31 December 2021." in https://www.google.com/url?sa=t&rct=j&q=&esrc=s&source=web&cd=&ved=2ahUKEwiCqq-d6ND8AhVSC94KHY5HAoAQFnoECBYQAQ&url=https%3A%2F%2Fspccfpstore1.blob.core.windows.net%2Fdigitallibrary-docs%2Ffiles%2Fb5%2Fb564daccb50c011b3957bed72e439bc8.pdf%3Fsv%3D2015-12-11%26sr%3Db%26sig%3DLhbcVKCojRib8R4zkj9lsoifp9uIvFzBWFLdHJZAUGE%253D%26se%3D2023-03-28T02%253A52%253A37Z%26sp%3Dr%26rscc%3Dpublic%252C%2520max-age%253D864000%252C%2520max-stale%253D86400%26rsct%3Dapplication%252Fpdf%26rscd%3Dinline%253B%2520filename%253D%2522CRGA_50_SPC_Proposed_budget_financial_year_ending_31_december_2021___E.pdf%2522&usg=AOvVaw3hXAQKBx8FMVkM8PrNMsVu. Latest update 18 January 2023.

35 由後續介紹之太平洋島國論壇，於2014年取代大洋洲計畫（Pacific Plan）成為大洋洲區域最重要的，推動區域主義的政策工具，將於後文介紹太平洋島國論壇時更詳細介紹。

36 Tukuitonga, Colin. 2017. "The future of Pacific regionalism: Challenges and prospects." *Pacific Dynamics: Journal of Interdisciplinary Research* 1(2): 343-344.

法避免受區域內高度政治議題發展之影響。而要探討大洋洲區域在更具政治性的區域整合進程，則須檢視「太平洋島國論壇」此一區域組織。

二、太平洋島國論壇（The Pacific Islands Forum, PIF）

　　如前所述，「太平洋島國論壇」前身為1971年8月7日設立之「南太平洋論壇」，最初由斐濟、東加、薩摩亞、紐埃、庫克群島與諾魯等國領導人倡議設立，要求應由區域原住民掌握大洋洲區域組織之權利，其目標是建立能與聯合國對話，以大洋洲區域自決原則為依據，反映區域本土訴求。與南太平洋委員會受《坎培拉協定》限制，將區域組織處理的事務限制在經濟及社會發展領域，排除政治議題不同，南太平洋論壇設立的主要目的就是為了解決區域內政治層面缺乏明確秩序的問題。

　　雖然南太平洋論壇邀請了澳洲與紐西蘭加入，看似違背了最初設立該組織欲反映之本土自決原則，但組織內各國家或地區領導人認識到基於務實考量仍須邀請澳洲，而紐西蘭相對而言，或許被認為對大洋洲各國家或地區擁有更多的同情。[37] 這些新興大洋洲國家或地區如何應對自身在全球經濟與政治環境的角色變換，與如何處理殖民遺緒，以及處置原擁有核武且持續在該區域有軍事基地的西方強國進行的核試驗等問題，成為此一區域組織設立以來的重要議題。[38]

　　自1989年起，南太平洋論壇每年都會舉辦一次大會，通常為高峰會議，就功能性以及被南太平洋委員會排除之政治性問題進行討論與表決，如針對反殖民化、反核等議題產出決議文件。除會員外，論壇接納部分受認可的對話夥伴，依官網所示，目前認可的18個對話夥伴為：加拿大、中華人民共和國、古巴、歐盟、法國、德國、印度、印尼、義大利、日本、韓國、馬來西亞、菲律

---

37 Fry, Greg. 2019. *Framing the Islands*, 116.
38 Fry, Greg. 2019. *Framing the Islands*, 102.

賓、西班牙、泰國、土耳其、英國與美國。[39] 南太平洋論壇的祕書處為南太平洋經濟合作局（South Pacific Bureau for Economic Cooperation, SPEC），負責行政、研究及協調工作，此外，南太平洋論壇下設各功能機構以推動各項區域合作事宜。[40]

1999年10月5日南太平洋論壇改名為「太平洋島國論壇」，於今共有18個會員，且這18個會員亦皆是太平洋共同體的會員，排除了美國與法國的參與。[41] 該論壇的願景是區域的和平、和諧、安全、社會包容與繁榮，使大洋洲區域人民擁有自由、健康、豐富的人生。[42]

太平洋島國論壇領導人於2005年通過了「太平洋計畫」（Pacific Plan），是一份在批准後需定期更新與審查的文件，用以加強大洋洲各國家或地區間的合作與區域整合。其目的是支持各國家或地區在各種事務上要採取集體行動，共同管理資源，以實現前述「和平、和諧、安全、社會包容與繁榮，使大洋洲區域人民擁有自由、健康、豐富的人生」的願景。該文件確立了大洋洲區域發展的四個支柱：「經濟成長」（economic growth）、「永續發展」（sustainable development）、「治理」（governance）與「安全」（security）。至2009年，在

39 Pacific Islands Forum. 2023. "Forum Dialogue Partners." in https://www.forumsec.org/dialogue-partners/. 但，依據我國駐斐濟商務辦事處官方網站於2022年9月12日所發布之本處活動消息，「駐斐濟代表周進發代表我國與『太平洋島國論壇』（PIF）簽署2022年至2024年臺灣與PIF秘書處合作協定」一文顯示，「PIF成立於1971年，總部設於斐濟蘇瓦（Suva, Fiji），目前有18會員，係太平洋重要政府間區域組織。PIF宗旨為加強各成員間在經貿、航空、海運、能源、電訊、旅遊、教育等領域及其他共同議題上之合作與協調，強化區域政經利益及對外發言力量。我國自1993年起成為PIF發展夥伴，以「臺灣/中華民國」（Taiwan/Republic of China）名稱參與「臺灣/中華民國與論壇國家會後對話會議」（Taiwan/ROC-Forum Countries Dialogue）。另我國自2000年起與PIF秘書處簽署合作協定，捐助PIF秘書處及CROP相關組織區域發展援助（Regional Development Assistance）計畫及PIF獎學金計畫。」該新聞稿可見於：https://www.roc-taiwan.org/fj/post/2769.html。可見我國長期為PIF之會後對話會議伙伴，然PIF官方網頁上並未呈現我國國旗及國名，2023/1/29。
40 Fry, Greg. 1982. "Regionalism and International Politics of the South Pacific." *Pacific Affairs* 54(3): 464. 太平洋島國論壇下設功能機構可見蔡政文，1991，〈如何運用經濟力量以增進與南太平洋島國關係〉，頁198。
41 此17個會員為：澳洲、庫克群島、密克羅尼西亞聯邦、斐濟、法屬玻里尼西亞、馬紹爾群島、諾魯、新喀里多尼亞、紐西蘭、紐埃、帛琉、巴布亞紐幾內亞、薩摩亞、索羅門群島、東加、吐瓦魯與萬那杜，其中托克勞是準會員（Associate Member）。太平洋島國論壇與太平洋共同體會員國間的對照表可見於附錄五。吉里巴斯於2022年7月11太平洋島國論壇峰會召開前宣布退出。
42 Pacific Islands Forum. 2022. "The Pacific Islands Forum." in https://www.forumsec.org/who-we-arepacific-islands-forum/. Latest update 18 January 2023.

「永續發展」支柱下更擴大納入了兩個新的議題：「氣候變遷」（climate change）與「改善生計與福祉」（improving livelihoods and well-being）。[43]

2012年，太平洋島國論壇領導人呼籲要全面審查「太平洋計畫」，以應對該文件通過以來已有大幅度變化的區域化進程，他們認為需要改變計畫中有關區域主義方面的政策工具，以應對相應的變化。審查後，2014年7月，太平洋島國論壇領袖贊同以「大洋洲區域主義架構」延續論壇的願景，強調需要強化區域主義，藉由強而有力的包容性政治對話進程，推進區域主義政治原則，以表達大洋洲之區域主義與主權等政治價值。[44]

各方領袖所同意之「大洋洲區域主義架構」，在與「太平洋計畫」相同的願景下，發展出更具針對性的原則性目標，包含：

- 以能夠改善生計與福祉，且能永續利用環境的方式，結合經濟、社會與文化的永續發展；
- 包容與公平的經濟成長；
- 加強治理、法律、財務與行政系統；以及
- 保證所有人、環境與政治情勢皆能穩定與安全。[45]

對於上述各項目標，大洋洲區域各國家或地區，將採取區域主義形式，藉由集體行動，以達成更深層的區域整合。

太平洋島國論壇不同於太平洋共同體，從最初設立時所欲達成的組織目標就不相同。太平洋共同體僅是原宗主國為了滿足自身在大洋洲地區的利益，以維持地區穩定為核心的區域組織，在推動區域整合方面刻意避開政治性問題，僅以社會、文化、健康與環境等低度政治議題建構區域合作機制。而太平洋島國論壇之設立，即是大洋洲區域內各國家或地區希望能夠處理區域政治性問題，並希望在這些問題上能夠擁有充足的自主權而建構出的區域組織。至2014年太平洋島國論壇提出「大洋洲區域主義架構」，且太平洋共同體亦認同以該

---

43 Pacific Islands Forum. 2014. "The Framework for Pacific Regionalism." 11-12. in https://www.adb.org/sites/default/files/linked-documents/pacific-robp-2015-2017-sd.pdf. Latest update 18 January 2023.
44 Ibid.
45 Ibid., 3.

架構作為後續推動各項區域事務的重要政策工具，可見太平洋島國論壇確實在應處大洋洲區域政治性事務上取得了一定的成功。基於該架構所產生之各項政策工具與作為，遂構成大洋洲區域研究的重要探討方向與議題。

三、太平洋島國發展論壇（The Pacific Islands Development Forum, PIDF）

斐濟在2009年被暫停出席太平洋島國論壇會議後，於2012年開始推動設立新的區域組織，[46] 前兩次籌設會議都是非正式的，沒有產出任何具有法律約束力的文件。[47] 但在這個過程中，通過討論、書面提交和研討會，區域利益相關方參與多次磋商，制定了後續太平洋島國發展論壇憲章的文件草案。[48] 至2015年第三屆太平洋島國發展論壇會議上，正式通過太平洋島國發展論壇憲章（Charter of The Pacific Islands Development Forum），設立了「太平洋島國發展論壇」。[49]

至2022年，PIDF官方網站呈現之會員有密克羅尼西亞聯邦、斐濟、吉里巴斯、馬紹爾群島、諾魯、帛琉、索羅門群島、東帝汶、托克勞、東加、吐瓦魯與萬那杜等共12國家，與兩個組織，分別是太平洋島嶼非政府組織協會（Pacific Islands Association of Non-Governmental Organizations, PIANGO）以及

---

46 Pacific Islands Development Forum. 2022. "History of PIDF." in http://www.pidf.int/history/. Latest update 18 January 2023.

47 2013年8月5日至7日，在斐濟舉辦太平洋島國發展論壇設立大會，會議的主題是「綠色/藍色太平洋經濟體的領導力、創新與夥伴關係」（Leadership, Innovation and Partnership for Green/Blue Pacific Economies），共有40多個國家、300多名利益相關者參與，其中14個國家來自大洋洲區域。本次會議就綠色／藍色經濟議題及太平洋島國發展論壇設立進程提供了一定幫助，但尚未產出正式的設立文件。相關資訊可見於：Pacific Islands Development Forum. 2013. "2013 PIDF Conference." in http://www.pidf.int/pidf_conference_2013/. Latest update 18 January 2023。2014年6月19日在斐濟舉辦第二次太平洋島國發展論壇會議，會議主題是「太平洋地區的綠色增長：建立有彈性的永續未來與真正的伙伴關係」（Green Growth in the Pacific: Building Resilient Sustainable Futures and Genuine Partnerships）。相關資訊可見於：Pacific Islands Development Forum. 2014. "2014 PIDF Conference." in http://www.pidf.int/pidf_conference_2014/. Latest update 18 January 2023。

48 Pacific Islands Development Forum. 2014. "Pacific Islands Development Forum Second Annual Summit Outcome Document." in http://www.pidf.int/wp-content/uploads/2017/07/PIDF_Summit_OutcomeDoc_2014.pdf. Latest update 18 January 2023.

49 因太平洋島國發展論壇與太平洋島國論壇之中英文名稱近似，故本文以下在提及太平洋島國發展論壇時，多以PIDF英文縮寫指稱，太平洋島國論壇則維持中文全名，以做區分。

太平洋島嶼私部門組織（Pacific Islands Private Sector Organisation, PIPSO）。[50]

除此之外，PIDF亦接納區域外的國家或組織作為其發展夥伴。PIDF憲章第7條規定，依據憲章附件列表授予成員資格者，還包含美屬薩摩亞、庫克群島、法屬玻里尼西亞、關島、新喀里多尼亞、紐埃、北馬里安納群島、巴布亞紐幾內亞、皮特凱恩群島、薩摩亞與瓦歷斯及富圖納等11個有資格加入PIDF的國家或地區。由此名單可見，PIDF並未限制其成員必須是國家。[51] 此種組織成員的開放性，一方面或許提供了PIDF可以快速展開會員之間的合作，並呈現其組織的包容性，但另一方面，這種開放性也可能導致決策時面臨多方面的衝突與矛盾，亦可能在多方取捨之下只能達成較為模糊或柔性的決策。

PIDF憲章共24條規定，僅規範了作為一個國際組織最基本的結構，諸如宗旨、職能、組織結構、財務規定、豁免、特權、成員資格、爭端解決與包含簽署、生效等之最終條款。這種作法為PIDF在未來進一步通過詳細且具有約束力的法律文件留下了空間，但也同時凸顯出其欠缺對組織成員權利與義務方面的規範，造成PIDF推動的區域化進程發展較為緩慢，影響其在大洋洲區域整合進程中所能做出的貢獻。

PIDF此一區域組織的名稱類似於太平洋島國論壇，且依據新喀里多尼亞政府區域合作及對外關係部（The Regional Cooperation and External Relations Department, SCRRE）官方網頁所述，是斐濟在2009年被暫停出席太平洋島國論壇後才推動的區域組織，故PIDF通常會被認為是對太平洋島國論壇的一種挑戰。[52] 比較PIDF與太平洋島國論壇，其會員大多重疊，依據PIDF憲章規定，有資格成為PIDF會員的數目較多。而在區域組織的法人身分方面，PIDF憲章第3條明文規定「PIDF應具法人格及具有簽訂合同、獲得、擁有或處置動產或不動產以及起訴和被起訴的能力與權力。PIDF也可以與國家和國際組織

---

50 Pacific Islands Development Forum. 2022. "PIDF Members." in http://www.pidf.int/members/. Latest update 18 January 2023.

51 Pacific Islands Development Forum. 2015. "Charter of the Pacific Islands Development Forum." in http://www.pidf.int/wp-content/uploads/2017/07/PIDF-Charter.pdf. Latest update 18 January 2023.

52 Siekiera, Joanna. 2019. "Pacific Islands Development Forum – Emergence of the New Participant in the Pacific Regionalism." *Studia Iuridica Lublinensia* 28(3): 78.

簽訂協定」，而太平洋島國論壇則是依據「建立太平洋島國論壇秘書處的協議」（the Agreement Establishing the Pacific Islands Forum Secretariat），由負責行政的秘書處具備法人資格。兩個區域組織間的有關資金的規範也不同，PIDF仰賴自願捐款，而太平洋島國論壇則規定有各成員應負擔的比例。[53]

　　總體而言，PIDF呈現了大洋洲區域整合進程中的一種新樣貌，在由太平洋共同體與太平洋島國論壇構成的大洋洲區域主義中帶來新的變化，至於PIDF對太平洋共同體與太平洋島國論壇推動「大洋洲區域主義架構」會有什麼影響，是會強化大洋洲區域主義，或造成區域內的更加分裂，則仍有待後續之觀察。

肆、大洋洲區域研究中的重要議題

　　綜觀大洋洲區域研究中的相關文獻，及前述區域內組織的運作與實務上所呈現的議題，可以推導大洋洲區域概念自成形以來，大洋洲區域研究領域中所欲檢視與探究的重要研究議題。如前文所述，2014年太平洋島國論壇提出了「大洋洲區域主義架構」，由大洋洲區域內行為者本身匯集大洋洲區域整合之願景與實踐。此一成果可成為21世紀後，檢視大洋洲區域觀念與相關議題發展的一項重要分水嶺。故下文以2014年為分界，分別闡述2014年之前，相關學術研究文獻與區域組織活動呈現出之相關議題，以及在2014年之後從區域組織運作與實務發展至今所形成的重要議題。

一、大洋洲區域概念成形以來至2014年前的研究議題發展

　　二戰後至1960年代，大洋洲區域主要還是由原宗主國掌控各項區域事務，原宗主國主要關注於如何面對後殖民時代，大洋洲區域事務上的表現與作為，因此相應的研究與探討大多關注南太平洋委員會此一區域組織的建立與運

---

53 Ibid, 84.

作。學者持續介紹與追蹤南太平洋委員會的組織與運作成果，[54] 以此探討大洋
洲區域戰後合作發展，並結合其他在大洋洲（南太平洋）事務的多邊安排，
檢視大洋洲區域戰略安全與穩定。[55] 也有從全球階層，如聯合國善後救濟總署
（United Nations Relief and Rehabilitation Administration, UNRRA）等面向切入，
檢視後殖民時期區域發展狀況，及檢討相應措施的相關研究。[56]

　　1960至1970年代，有學者針對反殖民化與區域意識興起等政治變革進行
研究，但在此一時期的研究仍以檢視南太平洋委員會為主，爾後才更進一步擴
大研究範圍，例如與其他區域外的區域組織進行比較。[57] 有關南太平洋論壇的
設立、區域民族自決、反殖民化與地區認同間的關係，在此時期已有被學者討
論。[58] 綜合分析這些研究可見，此時期中學者已開始逐步建構出一套新的大洋
洲區域的地理邊界與身分論述。[59]

　　1970至1980年代，結合冷戰與前述反殖民風潮及南太平洋論壇的設立，
區域安全成為學界關注點。由相關研究中可見，學界從全球戰略角度對大洋洲
區域進行分析與辯論，然在討論大洋洲區域安全與戰略時，仍以區域內、外大
國在該區域的戰略利益為主要考量點，[60] 若有從大洋洲區域內小島國家或地區

---

54 例如James, Roy E. 1947. "The South Pacific Commission." *Pacific Affairs* 20(2): 193-198; Forsyth, W. D. 1949. "The South Pacific Commission." *Far Eastern Survey* 18(5): 56-58.

55 Padelford, Norman J. 1959. "Regional Cooperation in the South Pacific: Twelve Years of the South Pacific Commission." *International Organization* 13(3): 393.

56 Pyke, N.O.P. 1947. "Has UNRRA lessons for the South Pacific Commission?" *Australian Outlook* 1(1): 29.

57 Kim, Jung-Gun. 1967. "Non-Member Participation in the South Pacific Commission and the Caribbean Organization." *Caribbean Quarterly* 13(4): 24.

58 Skinner, Carlton. 1963. "Self-Government in the South Pacific." *Foreign Affairs* 42(1): 146-147.

59 如Fry, Greg. 1991. "The Politics of South Pacific Regional Cooperation." In *The South Pacific*, ed. Ramesh Thakur. London: Palgrave Macmillan, 169-181。以及前文言及「萊城起義」之相關研究：Shibuya, Eric. 2004. "The Problems and Potential of the Pacific Islands Forum." In The Asia-Pacific : a region in transition, ed. Jim Rolfe. Honolulu, HI : Asia-Pacific Center for Security Studies, 102-115. 與Fry, Greg. 2019. *Framing the Islands*, 105-109.

60 Herr, R. A. 1984. "The American impact on Australian defence relations with the South Pacific Islands." *Australian Journal of International Affairs* 38(3): 184-190; Herr, R. A. 1986. "Regionalism, strategic Denial and South Pacific security." *The Journal of Pacific History* 21(4): 170-182; Biddick, Thomas V. 1989. "Diplomatic Rivalry in the South Pacific: The PRC and Taiwan." *Asian Survey* 29(8): 800-815; Methuen, Phillip. 1989. "In Deference to De Gaulle: The French Approach to Security in the South Pacific." *Contemporary Southeast Asia* 10(4): 385-410.

的角度出發，亦多是探討反核等議題。[61]

　　區域外大國，尤其是美國，在大洋洲區域的核武試爆，如美國於1946至1958年在馬紹爾群島實施67次核試驗，於比基尼島環礁（Bikini Atoll）留下難以抹滅的傷痕，對大洋洲區域帶來的損害，與大國如何弭補這些傷害，除了在冷戰時期被檢視外，相關議題在進入21世紀後仍持續被探討。[62] 當初與美國訂定契約作為核試驗場，而遭受核爆損傷之島國，如馬紹爾群島，除了早期的土地租用收入，至2000年後其外貿收入中仍有美國依據修訂後之契約提供的補貼。[63] 中國大陸則利用呼籲大洋洲島國共同維護《核武不擴散條約》（Treaty on the Non-Proliferation of Nuclear Weapons），並以《南太平洋無核區條約》（South Pacific Nuclear Free Zone Treaty）批判美國、英國與澳洲展開的核子潛艇建造合作，拉攏太平洋島國的支持，並試圖建立相應合作。[64] 核武相關事務在不同時期，以不同角度成為大洋洲區域的重要議題，從早期的軍事戰略、安全議題，到現今經濟、國際法、人權等層面，不斷成為大國角力時的關鍵議題之一。

　　大洋洲區域各小島國家或地區爭取自主權後，相應地也需要面對其與全球經濟秩序間的互動與關係，前面各階段帶來的思維轉變，與歐洲區域整合方面的經驗，以及區域實際經濟發展需要，促成了1980年代後期至今在大洋洲區域經濟議題方面的探索。在相關研究中，觸及了PSIDS的特殊經濟脆弱性，並探討此等脆弱性於全球冷戰格局中可能造成的影響（包括區域外大國在區域內之

61 Power, Paul F. 1986. "The South Pacific Nuclear-Weapon-Free Zone." *Pacific Affairs* 59(3): 455-475.

62 自由時報，2021，〈在馬紹爾群島核爆67次 美讚當地居民「為和平做出貢獻」惹議〉，《自由時報》，3/3，https://news.ltn.com.tw/news/world/breakingnews/3454552，2023/1/18。

63 U.S. Department of State. 2012. "2012 Investment Climate Statement - Marshall Islands." in https://www.google.com/url?sa=t&rct=j&q=&esrc=s&source=web&cd=&ved=2ahUKEwi359r--dD8AhUTyGEKHbwvCUwQFnoECBQQAQ&url=https%3A%2F%2F2009-2017.state.gov%2Fe%2Feb%2Frls%2Fothr%2Fics%2F2012%2F191946.htm&usg=AOvVaw0yR2r2T2-VwSJU-S7vRPfW. Latest update 18 January 2023; U.S. Department of State. 2021. "U.S. Relations With Marshall Islands." in https://www.state.gov/u-s-relations-with-marshall-islands/. Latest update 18 January 2023

64 張國威，2021，〈王毅呼籲維護南太平洋無核區〉，《中時新聞網》，10/23，https://www.chinatimes.com/newspapers/20211023000084-260303?chdtv，2023/1/18。

競爭），以及區域內PSIDS本身求生存而來的整合或分裂。[65]

　　又，當時大洋洲區域內之動態與發展除了帶動區域內各小島國家或地區確認自身的新身分外，[66] 學界也注意到小國在國際場域中微弱的權力，當大洋洲區域內各小國尋求自決後，關注焦點即會從區域內的整合擴張到對外發展集體外交，以應對國際上對該地區小國的外部壓力。[67] 在1990年代冷戰結束後，大洋洲區域如何在全球階層，如在聯合國中，以區域為基礎發展集體外交，維護與爭取區域內各國家或地區的權益，則成為新的研究標的。

　　1990年代到21世紀初，後冷戰時代來臨，面對不同的國際關係情勢，大洋洲的區域安全問題面臨重新定義，解決區域安全議題的方法也需要重新思考。核武問題不再是重心，俄羅斯、美國與英國等區域外強國的外交利益似乎也相對減少，但隨著亞洲國家（特別是中國大陸）的影響力開始上升，構成區域安全問題的內涵發生改變，需要重新審視。[68] 1990年代初期開始，全球升溫的跨國犯罪問題，以及2000年後大洋洲部分國家或地區面對的內部政治危機，與後續全球反恐戰爭風潮等之影響，促使澳洲與紐西蘭更積極提議要深化區域整合，以處理此些新興安全議題。[69]

　　此外，隨著冷戰結束，自由民主、善治與其他如1992年聯合國環境與發展會議（United Nations Conference on Environment and Development, UNCED，又稱為「地球高峰會議」，Earth Summit）所確立的永續發展觀念與《21世紀議程》的通過與發布，推動了諸多低度政治議題的蓬勃發展。除了太平洋共同體在此區域內對低度政治議題的貢獻外，太平洋島國論壇對大洋洲區域內更廣泛

65 Kiste, Robert C. & R. A. Herr. 1986. "The potential for Soviet penetration of the South Pacific Islands: An assessment." *Bulletin of Concerned Asian Scholars* 18(2): 42-60. pp. 42-45; Bertram, Geoffrey. 1986. "'Sustainable development' in Pacific micro-economies." *World Development* 14(7): 809-810.
　　與Connell, J. 1981. "Independence, dependence and fragmentation in the South Pacific."
66 Crocombe, R. G. 1973. *The new South Pacific*. Canberra: ANU Press (Australian National University), 99-100.
67 Herr, R. A. 1988. "Microstate Sovereignty in the South Pacific: Is Small Practical?" *Contemporary Southeast Asia* 10(2):182-184, 194-195.
68 Fry, Greg. 1999. "South Pacific security and global change: the new agenda." *ANU Research Publications* working/technical paper. in https://openresearch-repository.anu.edu.au/bitstream/1885/40374/4/99-1.pdf. Latest update 18 January 2023.
69 Fry, Greg. 2019. *Framing the Islands*, 20。

的人類安全與氣候變化等議題的重視與對相關問題的求解，成為學術界觀察或研究的重點。[70]

大洋洲作為一個以海洋為主的區域，區域內各國家或地區如何在涉及海洋的議題上爭取國家權益，如何在擁有有限技術的情況下，能充分利用與管理海洋資源或取得相關援助，一直是區域中的重要關注事項。1973年開始的聯合國第三次海洋法會議，歷經九年多漫長的制約談判，終於在1982年通過被稱為海洋憲章的《聯合國海洋法公約》。大洋洲區域內國家或地區如何運用聯合國海洋法公約、如何藉由區域途徑推動海洋事務、管理海洋汙染、設立區域漁業管理組織或安排（Regional Fisheries Management Organization/Arrangement, RFMO/A）及永續利用海洋資源，遂成為該區域研究中的一項重要議題。[71]

隨著大洋洲區域內各國家或地區或主動或被動地面對經濟全球化帶來的挑戰，大洋洲區域的小島國必須正視其先天的經濟與環境脆弱性。對全球化的反思，促使學界相關研究開始重視探討大洋洲區域內各國家或地區作為PSIDS本身的特質與挑戰。譬如，在海洋事務議題方面，因小島國自身在經濟與技術方面的弱勢，而需要藉由集體外交尋求相應的國際財務援助與技術移轉。PIDF的設立，也帶動了大洋洲區域在塑造新的區域秩序時，肯認及維護PSIDS在國際場域中自身之利益，這些因素共同推動了大洋洲區域主義在經濟、氣候變遷等環境議題，以及地緣政治方面的新發展。[72]

---

70 Boncour, Philippe, and Bruce Burson. 2009. "Climate change and migration in the South Pacific region: policy perspectives." *Policy Quarterly* 5(4): 13-20; Lazrus, Heather. 2009. "The governance of vulnerability: climate change and agency in Tuvalu, South Pacific." In *Anthropology and Climate Change: From Encounters to Actions*, ed. Susan A Crate, and Mark Nuttall. London: Routledge, 240-249; Campbell, John, and Jon Barnett. 2010. *Climate Change and Small Island States: Power, Knowledge and the South Pacific*. London: Routledge. Ch. 2.

71 Wolfers, Edward P. 1994. "The Law of the Sea in the South Pacific." In *The Law of the Sea in the Asian Pacific Region*, ed. James Crawford and Donald R. Rothwell. Netherlands: Martinus Nijhoff, 41-49; Morrison, R. J. 1999. "The regional approach to management of marine pollution in the South Pacific." *Ocean & Coastal Management* 42: 503-521; Govan, Hugh, et al. 2006. "Community-based marine resource management in the South Pacific." *PARKS. IUCN Protected Areas Programme.* 16: 63-67; Techera, Erika J.2010. "Customary law and community-based fisheries management across the South Pacific region." *Journal of the Australasian Law Teachers Association* 2(1&2): 279-292.

72 Tarte, Sandra. 2014. "Regionalism and Changing Regional Order in the Pacific Islands." *Asia & the Pacific Policy Studies* 1(2): 312.

在上述的發展脈絡下，至21世紀初，學界對大洋洲區域的研究大致發展出了下列研究議題：在高度政治議題方面，區域內PSIDS自覺／決與區域意識的興起，帶動了區域內、外大國與區域內島國間的權力關係的演變，以及從冷戰時期關注核武軍事安全，至冷戰後大國在大洋洲區域運用核武與其相關遺留問題的解決，以及跨國犯罪、反恐與海域執法安全等議題。對區域內、外大國與區域內島國間權力關係之檢視，奠定了今日檢視其他區域外強權，如中國大陸介入時的基礎認識，而對核武遺留問題與新興安全議題之探討，則成為如何觀察今日區域內、外大國間或與區域內島國間戰略對抗或合作的分析工具。

在低度政治議題方面，由大洋洲的區域特質或脆弱性出發，結合太平洋共同體架構下所提出之三計畫、六組所包含之議題，學界關注氣候變遷、環境永續及海洋相關議題。譬如，檢視大洋洲區域如何運用國際海洋法公約等國際文件之規範，或該區域中相關漁業管理組織之運作，海洋環境保護與海洋資源開發利用之合作；以及在全球化經濟結構下如何推動大洋洲區域經濟發展，強調人權、社會與教育等之發展等研究議題。上述研究也為後續大洋洲區域結合海洋特質，以環境與永續發展為核心理念，建構出促進該區域經濟發展的藍色經濟概念提供了基礎。

二、2014年後至今的重要區域研究議題

太平洋區域在太平洋共同體的影響下，關注較多的低度政治議題，而在經濟全球化以及全球永續發展潮流的推動下，這些低度政治議題的積累成為大洋洲區域國家或地區利用集體外交途徑，在全球階層相應議題領域上建構自身話語權的基礎。2014年，除了太平洋島國論壇提出之「大洋洲區域主義架構」外，在全球階層上，聯合國也舉辦了第三次小島開發中國家國際會議（Third International Conference on Small Island Developing States），該會議指出，有鑒於SIDS之特質與特有的脆弱性，使SIDS在克服各項國際環境挑戰時，需要藉由國際合作的途徑，並產出一份名為「薩摩亞途徑」（SIDS Accelerated

Modalities of Action〔SAMOA〕Pathway）之國際文件。[73] 同年11月，聯合國大會第A/RES/69/15號決議，贊同上述會議所產出之文件。[74] 這些全球與區域階層的發展與內涵，形成了2014年後探討大洋洲區域的重要研究方向。其中，以氣候變遷議題為核心，檢視大洋洲區域在集體外交、深化區域整合下，發展出之區域集團的作為，成為本小節以下將特別介紹的內容。

再者，太平洋島國論壇倡導要由區域內小島國家或地區深化區域整合，並建立與區域外國家的對話夥伴關係，同時，PIDF所採行的開放性會員資格及PIDF憲章第八條所規定之「外部各方」（External Parties），包括發展夥伴、技術夥伴等，均顯示大洋洲區域組織尋求區域外夥伴之渴望，因此而可能受到更多區域外國家的影響。隨著中國大陸崛起，大洋洲區域在二戰後再次成為東、西方，特別是中、美太平洋戰略博弈的戰略要地。[75] 回應此一國際發展趨勢，大洋洲區域的研究方向也開始出現諸多探討中國大陸崛起與大洋洲區域戰略安全的內容。

（一）氣候變遷、「太平洋小島開發中國家集團」（Pacific Small Island Developing States, PSIDS）與綠色／藍色經濟（green/ blue economy）

由1992年地球高峰會議正式將永續發展議題明確化開始，環境自然災害與氣候變遷等議題在全球逐漸蓬勃發展。隨著全球氣候變遷議題之發展，「共同但有區別之責任」（common but differentiated responsibilities）的原則成為國際環境法中的重要原則，開發中國家，特別是SIDS在應對全球化的經濟發展與環境保護等議題時，在外交談判上形塑出一種佔據獨特地位，且掌握其特有談判籌碼的談判集團。

1992年地球高峰會議要求SIDS於聯合國舉行一次小島開發中國家永續發

---

73 舊官方網站介紹可見於頁庫存檔：UN. 2014. "Third International Conference on Small Island Developing States." Sustainable Development Goals Knowledge Platform. in https://sustainabledevelopment.un.org/sids2014. 1 June 2022. 新官方網站頁面可見於：UN. 2014. "Third International Conference on Small Island Developing States, 1-4 September 2014, Apia, Samoa: Background The 'SAMOA Pathway.'" https://www.un.org/en/conferences/small-islands/apia2014. Latest update 18 January 2023.

74 UN. 2014. "SIDS Accelerated Modalities of Action (SAMOA) Pathway."

75 丁果，2022，〈中美太平洋島國博弈爭取民心與戰略咽喉〉，《亞洲週刊》，4/24，第17期，封面專題。

展全球會議，以促進生活在小島開發中國家人民的利益。[76] 1994年5月，於巴貝多（Barbados）召開的首次「全球小島開發中國家永續發展會議」（Global Conference on the Sustainable Development of Small Island Developing States），通過了「巴貝多宣言」（Declaration of Barbados）及「小島開發中國家永續發展聯合國行動方案」（The United Nations Programme of Action on the Sustainable Development of Small Island Developing States，簡稱「巴貝多行動方案」，Barbados Programme of Action，BPOA）。[77]

在「巴貝多宣言」中，SIDS認識到其極易遭受自然環境災害所帶來之損害的特質，但一方面，SIDS從這些災害中復原的能力卻是有限；同時，SIDS又是造成氣候變遷問題起到最少作用的一些國家，且SIDS自身在推動經濟發展時尚有諸多制約因素，包含島礁陸域面積狹小、大量依賴專屬經濟海域帶來的海洋資源，以及多依賴發展漁業或觀光業，難以發展工業等狀況。相關研究亦指出，儘管各小島國家間存在差異，但總體而言，SIDS仍被認為是最容易受到氣候變遷影響的一個特殊群體，為此，需要全面檢視SIDS的困境與跨學科解決方案。[78]

因此，SIDS認識到其需要利用國際間所認可的「共同但有區別之責任」原則，以尋求國際社會的援助與支持，同時，SIDS之間需要藉由合作及建立互助夥伴關係以落實所擬定的行動方案，並進一步在國際社會的援助與SIDS的合作之間，建構所需的法規體制與資訊分享網絡。

2014年9月1日至4日，於薩摩亞首都阿皮亞（Apia）所舉行之第三次小島開發中國家國際會議，延續之前的發展，以SIDS之特質與特有的脆弱性，提出SIDS應重視國際合作途徑，在「薩摩亞途徑」此一國際文件的指導下建立各項事務的合作機制。

---

76 UN. 1992. "Agenda 21." in https://sustainabledevelopment.un.org/content/documents/Agenda21.pdf. Latest update 18 January 2023.

77 UN. 1994. "Report of the Global Conference on the Sustainable Development of Small Island Developing States." A/CONF.167/9. in https://undocs.org/en/A/CONF.167/9. Latest update 18 January 2023.

78 Thomas, Adelle, et al. 2020. "Climate Change and Small Island Developing States." *Annual Review of Environment and Resources* 45: 1-27. p. 1.

在前述概念下，太平洋地區的SIDS進一步建構出太平洋區域集團「太平洋小島開發中國家」的概念，14個PSIDS集團的會員國不僅皆是太平洋共同體的成員，[79] PSIDS本身並已成為聯合國階層多邊談判場域中之談判集團。大洋洲區域小島國家或地區以PSIDS集團作為回應聯合國永續發展目標的重要談判集團身分，持續在不同的國際會議上，以PSIDS集團的身分提出其主張。[80]

承繼SIDS對自身脆弱性的描述，PSIDS集團也強調其因為經濟落後、技術條件不足或與國際市場間的距離，造成其難以充分開發與利用海洋資源，氣候變遷造成的各種環境災害也危害了PSIDS保護、控制與利用各種資源的可能。如何克服PSIDS在全球化時代與各大陸相隔離及氣候變遷帶來的困境，成為現今大洋洲區域組織與相關研究的重要課題。

2012年8月23至24日，PSIDS集團各國領導人在斐濟楠迪丹那勞之威斯汀飯店（the Westin International Hotel, Denarau, Nadi, Fiji）召開「與太平洋接軌」（Engaging with the Pacific）會議，贊同召開太平洋島嶼發展論壇，以讓關鍵部門的領導人參與PSIDS綠色經濟政策的實施。[81]

而要在PSIDS落實「綠色經濟」（green economy），實質上就是要落實「藍色經濟」（blue economy）。在2012年召開聯合國永續發展會議（The United Nations Conference on Sustainable Development，又簡稱Rio 2012, Rio+20, Earth Summit 2012，後文簡稱里約+20）之前，2011年第二次籌備會議（2nd Preparatory Committee Meeting UN Conference on Sustainable Development）上，PSIDS

---

79 PSIDS集團與太平洋共同體會員國間的對照表可見於附錄五。

80 PSIDS回應聯合國永續發展目標的言論：PSIDS. 2013. "Intervention Remarks by H.E. Mr Robert G. Aisi Permanent Representative of the Independent States of Papua New Guinea to the United Nations and Chair of PSIDS Permanent Missions to the United Nations at the Fourth Session of the Open Working Group (OWG) on Sustainable Development (SDGs) 17 June 2013, New York." https://sdgs.un.org/sites/default/files/statements/5113PSIDS4.pdf. Latest update 18 January 2023. PSIDS以集團身分在國際會議上的聲明文件，可見於聯合國經濟與社會事務部有關永續發展議題之網頁，以PSIDS為關鍵字之搜尋結果：https://sdgs.un.org/search?keyword=PSIDS。

81 Pacific Islands Development Forum. 2023. "History of PIDF." https://www.pidf.int/history/. Latest update 29 January 2023. 檢視PSIDS集團中的15個成員國（Cook Islands, Fiji, Kiribati, Marshall Islands, Micronesia, Nauru, Niue, Palau, Papua New Guinea, Samoa, Solomon Islands, Timor-Leste, Tonga, Tuvalu, and Vanuatu）與太平洋島國發展論壇成員國（Fiji, Kiribati, Marshall Islands, Micronesia, Nauru, Palau, Solomon islands, Timor-Leste, Tokelau, Tonga, Tuvalu, and Vanuatu），可見太平洋島國發展論壇中除Tokelau因為是紐西蘭屬地非獨立國家而無法成為PSIDS集團之一員外，其他皆為PSIDS集團成員。

集團即曾發表聲明指出，對 PSIDS 集團而言，「綠色經濟」事實上就是「藍色經濟」。所以，在 PSIDS 集團的觀點中，海洋與漁業議題必須在里約+20的議程中被凸顯出來。[82]

　　又，觀察 PIDF 對綠色經濟的描繪，也印證了對 PSIDS 集團而言，綠色經濟必須放在藍色經濟的脈絡下去檢視。PIDF 官方網站介紹自身的目標之一是「為綠色／藍色的太平洋經濟提供有利環境」，其中闡述了綠色經濟之宗旨是為所有人帶來永續發展、公平與福祉，並具備包容（inclusive）、參與（participatory）與課責性（accountable），以提供永續的消費與生產，而藍色經濟就是遵循上述所有綠色經濟之原則，並將之落實於海洋場域中。PIDF 介紹「太平洋綠色／藍色經濟模型」時，開宗明義提到 PIDF 成員之管轄範圍中有超過99%都是海洋，所以在討論綠色經濟時，必然會提到藍色經濟，以彰顯太平洋的實際狀況，由此建立的模型中，不論是綠色經濟或是藍色經濟，皆是由經濟發展、環境保護與社會公平三個支柱支撐起的發展原則，如圖8.1。[83]

　　PIDF 後於2017年8月23日至24日在索羅門群島，由所羅門政府主持召開「第一次高階太平洋藍色經濟會議」（1st High Level Pacific Blue Economy Conference），主題是「我們的海洋，我們的未來：太平洋的觀點」（Our Oceans, Our Future: A Pacific Perspective）。

　　綜上所述，PSIDS 集團逐漸形成的共識是：他們這些擁有廣大海域的國家需要將自身視為「藍色經濟體」（blue economies），最大程度地提高藍色經濟帶來的回報，同時遵循永續發展原則。

　　上述的發展，促使2014年後在從事大洋洲區域研究時，在低度政治議題方面必須多關注區域內國家或地區及 PSIDS 集團如何藉區域途徑處理氣候變遷、綠色／藍色經濟、與永續發展等議題。

---

82 PSIDS. 2011. "Second Preparatory Committee Meeting United Nations Conference on Sustainable Development: Statement by H.E. Ambassador Marlene Moses Permanent Representative of Nauru on behalf of the Pacific Small Island Developing States." 1. in https://sustainabledevelopment.un.org/content/documents/17916PSIDS.pdf. Latest update 18 January 2023.

83 Pacific Islands Development Forum. 2021. "Providing an enabling environment for Green/Blue Pacific economies." in http://www.pidf.int/ge/. Latest update 18 January 2023.

圖8.1　綠色經濟與藍色經濟模型圖

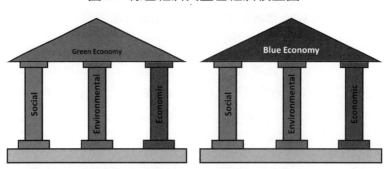

資料來源：太平洋島國發展論壇官方網頁，http://www.pidf.int/ge/。

（二）中國大陸崛起與大洋洲區域戰略安全

大洋洲區域在軍事、經濟等事務上的安排，一直以來受到區域內、外大國戰略布局考量的影響。2011年3月2日，時任美國國務卿的希拉蕊（Hillary Clinton）曾表示，中、美兩國處於直接競爭關係的主要原因係來自中國大陸在南太平洋積極拓展影響力的作為。[84] 中國大陸除藉由經濟貿易措施，積極爭取與大洋洲區域內國家建交外，[85] 在軍事層面上也強勢出擊，意圖於大洋洲區域內駐軍與建立軍事基地。[86] 大陸國務委員兼外長王毅出訪南太平洋多國的行為，也進一步引發美、澳等國的反彈。[87]

中國大陸在大洋洲區域的積極作為，引起區域內、外大國，尤其是美國

84 洪聖斐，2011，〈希拉蕊：美中兩國處於直接競爭關係〉，《大紀元》，3/4，https://www.epochtimes.com/gb/11/3/4/n3187455.htm，2023/1/18。

85 簡恒宇，2019，〈中國猛攻我南太平洋邦交國！吳釗燮談吉里巴斯斷交：作為主權獨立的民主國家，我們不會向中國低頭〉，《風傳媒》，9/20，https://www.storm.mg/article/1734326，2023/1/18。

86 綜合整理中華人民共和國外交部官方網站，國家和組織大洋洲區域之各國資料，有關中國與大洋洲各國之雙邊關係、發言人有關談話、聲明與文件等。中華人民共和國外交部，2022，〈大洋洲〉，https://www.mfa.gov.cn/web/gjhdq_676201/gj_676203/dyz_681240/，2023/1/18。
陳煜，2022，〈中國傳駐軍索羅門群島！張誠驚「美國穴門被破」：臺灣不能輕忽〉，《風傳媒》，3/28，https://www.storm.mg/article/4260504，2023/1/18；德國之聲，2022，〈澳總理：若中國建立索羅門軍事基地將越紅線〉，《聯合新聞網》，4/25，https://udn.com/news/story/6809/6265303，2023/1/18。

87 陳言喬，2022，〈兩岸觀策／南太島國 中美「後院」戰場〉，《聯合新聞網》，5/29，https://udn.com/news/story/7331/6348341，2023/1/18。

與澳洲的警惕。大洋洲區域內、外大國對中國大陸的態度，以及大國與大洋洲區域內島國的互動遂成為關注重點，如美國、英國、日本、澳洲與紐西蘭等五國，藉由組成「藍色太平洋夥伴」（Partners in the Blue Pacific, PBP）聯盟，[88] 以及由美國、日本、印度與澳洲四國參與之四方安全對話（Quadrilateral Security Dialogue, Quad），[89] 皆旨在加強亞太區域內、外大國及受中國大陸崛起影響之周邊國家在大洋洲區域內的外交力量，利用共同應對氣候變遷或生存安全等議題，與大洋洲各島國建立更堅實的經濟與外交合作，以此對抗中國大陸在大洋洲區域的野心。[90] 原本在21世紀初期逐漸淡出大洋洲區域研究的核武問題，也再度浮上檯面，成為美、中拉攏區域內島國的籌碼。[91]

　　大洋洲區域於二戰中展現出對美國總體戰略布局的重要性，中國大陸想要成為世界強權，即需突破美國在大洋洲的布局及對亞太帶來的影響與牽制。除了美國印太戰略所顯現之圍堵外，美國亦會利用其他議題或政策工具，如「打擊IUU及相隨勞工虐待國安備忘錄」（National Security Memorandum on Combating Illegal, Unreported, and Unregulated Fishing and Associated Labor Abuses）所顯示之打擊非法漁捕等漁業資源養護或海洋環境保護等方面，制約中國大陸日漸擴大的影響力，[92] 隨著情勢發展，相關研究也更重視中國大陸在

---

88 U.S. Department of State. 2022. "Joint Statement on Partners in the Blue Pacific Foreign Ministers Meeting." In https://www.state.gov/joint-statement-on-partners-in-the-blue-pacific-foreign-ministers-meeting/. Latest update 18 January 2023.

89 The White House. 2021. "Quad Leaders' Joint Statement: The Spirit of the Quad." https://www.whitehouse.gov/briefing-room/statementsreleases/2021/03/12/quad-leaders-joint-statement-the-spirit-of-the-quad/. Latest update 18 January 2023.

90 孫宇青，2022，〈強化與太平洋島國合作 美英日紐澳組PBP反制中國〉，《自由時報》，6/26，https://news.ltn.com.tw/news/world/paper/1525071，2022/7/10。

91 羅翊宬，2021，〈馬紹爾與美國關係緊繃！「核爆賠償」談不攏憂恐遭中國趁虛而入〉，《ETtoday新聞》，11/27，國際，https://www.ettoday.net/news/20211127/21330 55.htm?from=rss，2023/1/18。

92 美國白宮於2022年6月27日發布「打擊IUU及相隨勞工虐待國安備忘錄」，試圖增加在該等議題上的執法強度，此一變化將影響以漁捕為重要產業的大洋洲區域各國，並成為未來美國應對中國在東亞、大洋洲等區域之非法漁捕活動的依據。該文件可見於：The White House. 2022. "Memorandum on Combating Illegal, Unreported, and Unregulated Fishing and Associated Labor Abuses." in https://www.whitehouse.gov/briefing-room/presidential-actions/2022/06/27/memorandum-on-combating-illegal-unreported-and-unregulated-fishing-and-associated-labor-abuses/. Latest update 18 January 2023.
王嘉源，2022，〈疑劍指中國 美攜手臺越打擊非法捕撈〉，《中時新聞網》，6/29，https://www.chinatimes.com/newspapers/20220629000619-260301?chdtv，2023/1/18。

大洋洲區域發揮更強大影響力的可能。[93] 除了美國擔憂自身以大洋洲區域為跳板進入，或說重返亞洲的路徑受阻，處於中國大陸與大洋洲之間，作為大洋洲區域主導大國的澳洲，亦擔心自身試圖維繫的大洋洲區域秩序受到挑戰。譬如，索羅門群島計畫與中國大陸展開安全合作，就引起了澳洲的緊張。[94] 中國大陸崛起以來的情勢變化，促使大洋洲區域研究再次開始探究大國在區域方面的戰略與作為。以大洋洲區域內、外大國為核心的相關研究，主要集中在美、中、澳三方的雙邊與多邊合作或競爭關係，基本以美國與澳洲如何遏止中國大陸勢力強勢介入大洋洲區域為主。

　　儘管澳洲與紐西蘭仍舊在大洋洲區域內保持主導地位，但中國大陸與美國的政策，如中國大陸的一帶一路政策，以及美國拜登總統上臺後延續亞太再平衡戰略，如於2022年2月份白宮發布之「美國印太戰略」（Indo-Pacific Strategy of the United States）文件[95] 都可能重新形塑大洋洲區域秩序。換言之，美、澳對抗中國大陸進入大洋洲的作為，為該區域建立了一種新的區域秩序樣貌。[96] 澳洲強調自身利益的同時，會與中國大陸建立何種合作或對抗關係，也成為後續持續關注的議題。[97]

　　除了區域內、外大國的作為受到區域研究的重視外，大洋洲區域內其他小島國家或地區在該區域大國戰略競爭環境下，如何發揮其影響力與能動性，也成為大洋洲區域研究的一種方向。[98] 如中國大陸試圖與大洋洲10個島國就「傳統與非傳統安全」問題進行集體合作，「培訓當地警察、加強數據通信與海洋

93 Yang, Jian. 2009. "China in the South Pacific: hegemon on the horizon?" *The Pacific Review* 22(2):139-158. p. 139; Lanteigne, Marc. 2012. "Water dragon? China, power shifts and soft balancing in the South Pacific." *Political Science* 64(1): 21-38. p. 21.

94 BBC. 2022.〈所羅門群島計劃和中國展開安全合作 引發澳大利亞緊張關注〉，《BBC NEWS中文》，3/25，https://www.bbc.com/zhongwen/trad/world-60874967，2023/1/18。

95 The White House. 2022. "Indo-Pacific Strategy of the United States." in https://www.whitehouse.gov/wpcontent/uploads/2022/02/U.S.-Indo-Pacific-Strategy.pdf. Latest update 18 January 2023.

96 Xiaochen Chen. 2020. "China, the United States and changing South Pacific regional order in the 2010s." *China International Strategy Review* 1: 340-341.

97 德國之聲，〈修復中澳關係王毅提四要求 澳總理：不會響應〉，《聯合新聞網》，7/12，https://udn.com/news/story/6809/6454278，2023/1/18。

98 Pan, Chengxin. 2019. "Local Agency and Complex Power Shifts in the Era of Belt and Road: Perceptions of Chinese Aid in the South Pacific." *Journal of Contemporary China* 28(117): 385.

漁業的合作，並建造孔子學院，大外宣中國的意識形態」等，但在大洋洲部分島國的反對下並未成功，凸顯了區域內小國亦能集體抗阻區域外大國勢力的入侵。[99] 除觀察澳洲與美國等大國之作為外，[100] 中國大陸不斷試探大洋洲區域各國對其容忍程度之作為，譬如，中國大陸武官企圖混入太平洋島國論壇，遭斐濟警方驅離等案例，[101] 亦值得觀察。大洋洲各小島國在區域外大國競逐區域內影響力之際採取何種作為？大洋洲各小島國能否藉由區域途徑及既有共同決策機制以掌握自身在此區域中的政治話語權，並與域外強權抗衡？或區域內島國之集體決策機制是否會在中國大陸的介入及各個突破下分裂，如吉里巴斯曾或因中國大陸提供之誘因而退出太平洋島國論壇？[102] 均可成為後續研究大洋洲區域安全與戰略平衡等高度政治議題的研究課題。

伍、結論

本文從大洋洲的區域發展歷史出發，瞭解到大洋洲區域秩序的建構最初受到區域內小島國國家或地區原宗主國的影響，宗主國家們於1947年設立了以原宗主國維持區域穩定之需要為基礎的區域組織南太平洋委員會。爾後，隨著區域內各國家或地區的獨立與自治，反殖民與自決意識的興起，推動了大洋洲區域整合進程，區域內小島國國家或地區在渴望能夠掌握區域政治問題話語權目標

---

99 曾品潔，2022，〈中國臉丟大了！企圖『跳蛙』建基地 南太平洋硬推『安全協議』遭10國拒簽〉，《新頭殼newtalk》，5/31，https://newtalk.tw/news/view/2022-05-31/ 763024，2023/1/18。

100 楊孟立，2022，〈澳洲管很大 駐索前大使：我代訓索警遭制止〉，《中時新聞網》，5/28，https://www.chinatimes.com/newspapers/20220528000359-260118?chdtv，2023/1/18。

101 劉淑琴，2022，〈中國武官企圖混入太平洋島國論壇 遭斐濟警方驅離〉，《中央社》，7/13，https://www.cna.com.tw/news/aopl/202207130323.aspx，2023/1/18。

102 林彥銘，2022，〈中國染指太平洋島國有進展？傳將於巴紐建軍事基地 吉里巴斯也退太平洋論壇〉，《新頭殼newtalk》，7/11，https://newtalk.tw/news/view/2022-07-11/783883
徐家仁，2022，〈吉里巴斯退出「太平洋島國論壇」中國自清未介入〉，《公視新聞網》，7/12，https://news.pts.org.tw/article/589945，2023/1/30。
據2023年1月30日澳洲國家廣播公司報導，吉里巴斯總統辦公室已確認有意重新加入太平洋島嶼論壇，該報導可見於：Dziedzic, Stephen and Marian Faa. 2023. "Kiribati confirms intention to rejoin Pacific Islands Forum after Fijian Prime Minister's attempt to heal rift." *ABC News* January 30. https://www.abc.net.au/news/2023-01-30/kiribati-rejoins-pacific-islands-forum-sitiveni-rabuka-says/101907112，2023/1/30。

的驅動下，在強調作為「非政治機構」，處理低度政治議題為主的南太平洋委員會之外，於1971年設立了太平洋島國論壇的前身南太平洋論壇，建構以區域內國家或地區為主導，處理大洋洲區域政治性問題的組織。

在南太平洋委員會設立初期，大洋洲區域相關研究基本圍繞南太平洋委員會此一組織的運作，至南太平洋論壇設立前後20年，反殖民化、區域民族自決等進入相關討論，且許多原先未被處理的政治、區域安全問題也開始被檢視。大洋洲區域內小島國家或地區在試圖脫離宗主國的掌控後，需要直接面對自身在全球權力與經濟結構中極端弱勢的情況下，尋求更進一步的區域整合，以在全球階層上爭取自身權益。

至1990年代冷戰結束後，區域安全內涵改變，全球化帶動新興議題的產生，大洋洲區域面對不同的區域安全、經濟、環境與永續發展等議題，藉由闡述區域內各國家或地區的特殊脆弱性，結合更深入的區域合作與區域主義發展來面對各種挑戰。

直至2014年，大洋洲區域即在推崇區域合作的脈絡下處理各種議題，逐漸推進區域整合。2014年後，一方面在大洋洲區域既有的太平洋島國論壇與太平洋共同體等區域組織的倡導下，採納希望能更進一步推動區域整合的「大洋洲區域主義架構」，但另一方，卻也出現了可能影響整體區域整合進程的太平洋島國發展論壇。

同時，2014年後，大洋洲區域在氣候變遷、綠色／藍色經濟、與永續發展等議題上，尋求更進一步的區域內合作，並在此些低度政治議題上建構出PSIDS談判集團，作為大洋洲區域在全球階層或國際多邊場域中就相關議題提出主張、維護利益的身分。中國大陸崛起後希望進入大洋洲區域的作為，或讓大洋洲區域要面對一種不同於過往的區域秩序。區域內小島國家或地區與西方原殖民母國的對抗，演變成在美、中對抗戰略布局下一種新的格局。

筆者於本文依時間架構呈現出大洋洲區域中區域概念、意識與作為之發展，但大洋洲區域未來將如何繼續推進其區域化進程？又是否能在各種高度與低度政治議題中，藉以集體決策為基礎的區域秩序維繫區域的自主性，讓大洋洲區域能以區域為基礎繼續在全球及／或區域階層掌握自身在各項事務上的權益？均值得更深入的探索。面對近來美、中對抗及競逐區域內影響力對大洋洲區域帶來的影響，下列兩個問題在學術與實務上，值得更深入的觀察與研究：（一）太平洋島國之間是否存在，或如何強化「區域主義」（regionalism）而分享共同的利益或價值？（二）太平洋島國之間是否存在著「區域共識」（regional consensus）而得以共同對外，避免區域外強權之行為造成大洋洲區域的分裂？

附錄一：深入閱讀書單

梁甲瑞，2019，《域外國家對太平洋島國的外交戰略研究》，北京：社會科學文獻出版社。

Campbell, John, and Jon Barnett. 2010. *Climate Change and Small Island States: Power, Knowledge and the South Pacific*. London: Routledge.

Crocombe, Ron. 2001. *The South Pacific*. Fiji: University of the South Pacific.

Fry, Greg. 2019. *Framing the Islands: Power and Diplomatic Agency in Pacific Regionalism*. Canberra: ANU Press（Australian National University）.

附錄二：重要研究重要期刊、機構

一、 期刊：

The Journal of Pacific History：Department of Pacific Affairs（DPA）, the Coral Bell School of Asia Pacific Affairs, Australian National University旗下期刊，是一本致力於研究太平洋島嶼、其人民及其過去的領先期刊。

Asia and the Pacific Policy Studies：澳洲國立大學克勞福德公共政策學院（the Crawford School of Public Policy at The Australian National University）的旗艦期刊。

Pacific Affairs：是加拿大經同行評審的學術期刊，發表有關亞洲及太平洋當代政治，經濟和社會問題的學術研究，設立於1926年。

Journal of Pacific Studies：來自University of the South Pacific一本專注於發展問題的多學科期刊。

The Pacific Studies Journal：自1977年以來一直為研究和學術團體服務。Jonathan Nāpela Center for Hawaiian與Pacific Studies at Brigham Young University–Hawaii每季出版太平洋研究雜誌，涵蓋多個主題。

Pacific Dynamics Journal：主要研究和出版領域是大洋洲（包括紐西蘭）土著人民過去和現在的社會和文化。

The Contemporary Pacific: A Journal of Island Affairs：旨在就太平洋島嶼地區的當代問題進行討論。特色是包含多元主題，如社會、經濟、政治、生態、文化與文學等主題，還包括政治評論、書籍和媒體評論、資源評論及對話部分，允許靈活出版各種類型的寫作，包括採訪和短文。

《太平洋學報》：聊城大學太平洋島國研究中心旗下期刊。

二、 研究機構：

(一)澳洲：

(1) The Australian National University, College of Asia and the Pacific：該學院下設有the Coral Bell School of Asia Pacific Affairs（其下設Department of Pacific Affairs（DPA），擁有諸多的太平洋專業專家，並因其對太平洋事務的前沿分析而享譽國際）以及Crawford School of Public Policy，各自發行了一份與太平洋區域研究相關的期刊。

(2) Pacific Hub, Griffith Asia Institute：2020年設立，下設包含南太平洋中央銀行中心（South Pacific Centre for Central Banking）、葛瑞菲斯氣候變遷因應計劃（the Griffith Climate Change Response Program）與葛瑞菲斯旅遊研究所（The Griffith Institute for Tourism）。

(二)紐西蘭：

(1) University of Canterbury, Macmillan Brown Centre for Pacific Studies：設有The Global Research and Innovation Hub on the Pacific與發行Pacific Dynamics Journal。

(三)大洋洲各島國：

(1) University of South Pacific：由大洋洲十幾個國家共同創辦的公立大學，發行Journal of Pacific Studies。

(四)美國：

(1) CSIS: Pacific Partners Initiative：美國政策中心，以澳大利亞、紐西蘭和太平洋島國為重點。

(2) School of International Relations and Pacific Studies, University of California, San Diego

(3) University of Hawaii, Center for Pacific Studies：發行The Contemporary Pacific: A Journal of Island Affairs，以及Pacific Islands Report（新聞彙整網站，2017年後停運，目前正在籌備新的Pacific Islands Report）。

(4) East-West Center, Honolulu, Hawaii

(五)中國大陸：

(1) 聊城大學太平洋島國研究中心：2012年設立，中國國內第一個獨立建制的太平洋島國研究機構，旗下《太平洋學報》2014年第11期特推出太平洋島國研究專輯，刊發聊城大學太平洋島國研究中心研究人員12篇學術論文。

(2) 廣州中山大學大洋洲研究中心：2012年設立此研究中心，中山大學外國語學院早年設立了澳大利亞研究中心，在2008年，亞太研究院又與澳洲葛瑞菲斯大學（Griffith University）、南昆士蘭大學（University of Southern Queens land）簽署了三方合作協議，在中山大學設立中澳聯合研究中心，輪流主辦學術研討會。

(3) 太平洋島國戰略研究中心：2015年設立，服務於中國一帶一路戰略，在廣東外語外貿大學設立。

(4) 福建農林大學南太平洋島國研究中心：2017年設立，以斐濟、巴布亞紐幾內亞、萬那杜、薩摩亞、東家等五個南太平洋島國為研究重點。

附錄三：專有名詞英文、中文對照表

英文	中文
Australia, New Zealand, United States Security Treaty（ANZUS Treaty）	澳紐美安全條約
Canberra Agreement	坎培拉協定
Compact of Free Association（COFA）	自由聯合協定
Declaration of Barbados	巴貝多宣言
Framework for Pacific Regionalism	太平洋區域主義架構
Pacific Community	太平洋共同體
Pacific Island Countries and Territories（PICT）	太平洋島嶼國家或地區
Pacific Islands Association of Non-Governmental Organizations（PIANGO）	太平洋島嶼非政府組織協會
Pacific Islands Development Forum（PIDF）	太平洋島國發展論壇
Pacific Islands Forum（PIF）	太平洋島國論壇
Pacific Islands Private Sector Organisation（PIPSO）	太平洋島嶼私部門組織
Pacific Plan	太平洋計畫
Partners in the Blue Pacific（PBP）	藍色太平洋夥伴
Quadrilateral Security Dialogue（Quad）	四方安全對話
Regional Fisheries Management Organization/Arrangement（RFMO/A）	區域漁業管理組織或安排
SIDS Accelerated Modalities of Action（SAMOA）Pathway	薩摩亞途徑

英文	中文
small island developing States（SIDS）／Pacific Small Island Developing States（PSIDS）	小島開發中國家／太平洋小島開發中國家
South Pacific Commission（SPC）	南太平洋委員會
South Pacific Forum（SPF）	南太平洋論壇
South Pacific Nuclear Free Zone Treaty	南太平洋無核區條約
United Nations Conference on Environment and Development（UNCED）, Earth Summit	聯合國環境與發展會議，又稱「地球高峰會議」
United Nations Programme of Action on the Sustainable Development of Small Island Developing States（Barbados Programme of Action, BPOA）	小島開發中國家永續發展聯合國行動方案，簡稱「巴貝多行動方案」
United Nations Relief and Rehabilitation Administration（UNRRA）	聯合國善後救濟總署

附錄四：大洋洲國家或地區資訊一覽表[註1]

大洋洲重要國家或地區	人口	土地面積（km²）	專屬經濟海域面積（km²）	2020 年 GDP[註2]單位百萬 USD
美屬薩摩亞	56,813	199	404,391	709
澳洲	25,400,000	7,700,000	8,200,000	1,327,836.17
庫克群島	15,281	237	1,830,000	384[註3]
密克羅尼西亞聯邦	105,503	701	2,996,420	410.08
斐濟	894,961	18,333	1,282,980	4,533.88
法國	67,100,000	675,000	1,100,000	2,630,317.73
法屬玻里尼西亞	278,908	3,521	4,767,240	3,447.54
關島	176,664	541	221,504	5,844
吉里巴斯	118,744	811	3,441,810	197.51
馬紹爾群島	54,590	181	1,990,530	244.46
諾魯	11,690	21	308,480	114.63
新喀里多尼亞	273,015	18,576	1,422,540	9,438.13（2019）
紐西蘭	4,900,000	270,500	4,000,000	210,700.85
紐埃	1,562	259	450,000	24.938[註6]（2017）
北馬里安納群島	56,608	457	749,268	1,182

2020年人均GDP 單位USD	國家／屬地	聯合國會員國	語言	最高海拔高度（m）	我國邦交國
11,245	美國屬地	否	英語、薩摩亞語	966	
53,321	獨立國家	是	英語	2,228	
24,913	與紐西蘭自由聯合之自治國[註4]	否	庫克群島毛利語、英語	652	
3,830	與美國自由聯合之內政與外交自治國[註5]	是	英語、楚克語、科斯雷語、沃雷亞語	791	
6,152	獨立國家	是	英語、斐濟語、斐濟印地語	1,324	
49,435	獨立國家	是	法語	4,808	
22,308	法國屬地	否	法語	2,241	
34,153	美國屬地	否	英語、查莫洛語	406	
1,636	獨立國家	是	英語、基里巴斯語	81	
4,337	獨立國家	是	英語、馬紹爾語	10	V
11,666	獨立國家	是	英語、諾魯語	71	V
37,448	法國屬地	否	法語	1,628	
43,953	獨立國家	是	英語、毛利語、紐西蘭手語	3,754	
18,757	與紐西蘭自由聯合之自治國	否	英語、紐埃語	68	
23,550	美國屬地（自治邦）[註7]	否	英語、查莫洛語、卡羅萊納語	965	

大洋洲重要國家或地區	人口	土地面積（km²）	專屬經濟海域面積（km²）	2020年GDP[註2]單位百萬USD
帛琉	17,930	444	603,978	257.7
巴布亞紐幾內亞	8,934,475	462,840	2,402,290	24,668.9
皮特凱恩群島	50	47	836,108	0.1487[註8]（2016）
薩摩亞	198,646	2,934	127,950	807.1
索羅門群島	712,071	28,230	1,553,440	1,545.89
托克勞	1,506	12	319,031	9.8978[註9]（2016）
東加	99,780	749	659,558	488.83
吐瓦魯	10,580	26	749,790	48.86
美國	324,000,000	9,800,000	11,700,000	20,893,746
萬那杜	294,688	12,281	663,251	881.55
瓦歷斯及富圖納	11,411	142	258,269	130.1639[註10]（2018）

註1：本表由作者統整自太平洋共同體官方網頁會員介紹之內容，輔以其他國際組織或資料庫之資料製作。

註2：World Bank. 2020. "Data: GDP (current US$)." https://data.worldbank.org/indicator/NY.GDP.MKTP.CD?name_desc=false&year_high_desc=true. Latest update 1 June 2022.
世界銀行之記錄中未有庫克群島、紐埃、皮特凱恩群島、托克勞與瓦歷斯及富圖納之資料，此五國GDP另由聯合國貿易與發展會議資料庫及SPC統計之資料取得。

註3：UNCTADstat. 2020. "General Profile: Cook Islands." http://unctadstat.unctad.org/countryprofile/generalprofile/en-gb/184/index.html. Latest update 1 June 2022.

註4：庫克群島與紐埃之國防與外交皆由紐西蘭負責，僅有內政的完整自治權，未加入聯合國。

註5：內政與外交自治國，指該國的「國防軍事權」交由自由聯合之大國掌控，但在「內政與外交」方面則擁有相當於獨立主權國家之自主性，受聯合國承認其外交獨立權，可成為聯合國正式會員國。密克羅尼西亞聯邦由美國掌握其國防軍事權。

2020年人均GDP 單位USD	國家／屬地	聯合國會員國	語言	最高海拔高度（m）	我國邦交國
15,673	獨立國家	是	英語、帛琉語、松索羅爾語、托比語、日語	242	V
2,854	獨立國家	是	英語、巴布亞皮欽語、希里摩圖語	4,509	
0	英國屬地	否	英語、皮特肯語	347	
4,284	獨立國家	是	英語、薩摩亞語	1,857	
2,295	獨立國家	是	英語	2,335	
6,882	紐西蘭屬地	否	英語、托克勞語	12	
5,081	獨立國家	是	英語、東加語	1,033	
4,223	獨立國家	是	英語、吐瓦魯語	5	V
55,800	獨立國家	是	英語	6,191	
3,260	獨立國家	是	比斯拉馬語、英語、法語	1,877	
12,848	法國屬地	否	法語、瓦利斯語、富圖那語	524	

註6：Anon. 2018. "Pocket statistical Summary = Résumé statistique de poche: 2018." Noumea, New Caledonia: Secretariat of the Pacific Community. In https://spccfpstore1.blob.core.windows.net/digitallibrary-docs/files/d4/d4708ac84ad19cfb9bde59b73ee94011.pdf. Latest update 1 June 2022.

註7：內政方面享有一定的自主權，但外交、國防是由美國掌握。

註8：Anon. 2018. "Pocket statistical Summary = Résumé statistique de poche: 2018."。

註9：Ibid.

註10：Ibid.

附錄五：太平洋共同體與太平洋島國論壇、太平洋島國發展論壇及小島開發中國家集團成員對照表

太平洋共同體	太平洋島國論壇	太平洋島國發展論壇	小島開發中國家集團
美屬薩摩亞			
澳洲	澳洲		
庫克群島	庫克群島		庫克群島
密克羅尼西亞聯邦	密克羅尼西亞聯邦	密克羅尼西亞聯邦	密克羅尼西亞聯邦
斐濟	斐濟	斐濟	斐濟
法國			
法屬玻里尼西亞	法屬玻里尼西亞		
關島			
吉里巴斯	吉里巴斯	吉里巴斯	吉里巴斯
馬紹爾群島	馬紹爾群島	馬紹爾群島	馬紹爾群島
諾魯	諾魯	諾魯	諾魯
新喀里多尼亞	新喀里多尼亞		
紐西蘭	紐西蘭		
紐埃	紐埃		紐埃
北馬里安納群島			
帛琉	帛琉	帛琉	帛琉
巴布亞紐幾內亞	巴布亞紐幾內亞		巴布亞紐幾內亞
皮特凱恩群島			
薩摩亞	薩摩亞		薩摩亞
索羅門群島	索羅門群島	索羅門群島	索羅門群島

太平洋共同體	太平洋島國論壇	太平洋島國發展論壇	小島開發中國家集團
		東帝汶	（東帝汶，Timor-Leste）*
托克勞	托克勞，準會員（Associate Member）	托克勞	
東加	東加	東加	東加
吐瓦魯	吐瓦魯	吐瓦魯	吐瓦魯
美國			
萬那杜	萬那杜	萬那杜	萬那杜
瓦歷斯及富圖納			

* 被歸屬為太平洋區域之小島開發中國家，會與其他14個被列入太平洋小島開發中國家集團的國家一同被提及。See UN. 2014. "Pacific Troika Statement on behalf of Pacific Small Island Developing States (PSIDS) and Timor-Leste to the Closing Ceremony of the Open Working Group on Sustainable Development Goals Thirteenth and Final Session, 19 July 2014, New York." https://sdgs.un.org/statements/pacific-small-island-developing-states-psids-and-timor-leste-12601. Latest update 1 June 2022.

第三篇

北極與南北美洲

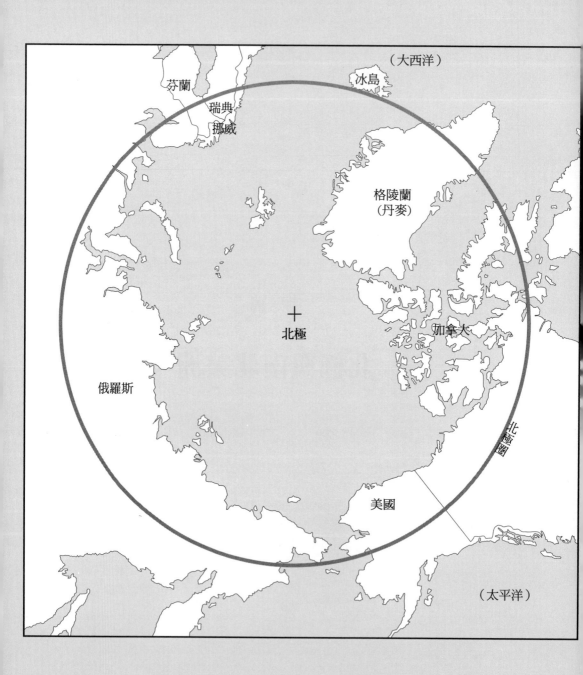

9

北極政治與區域治理

冷則剛

摘要

　　本章針對北極地區治理的持續與轉變，作一全面性的解析。北極理事會是多邊治理的核心。此外，在次國家及地方治理上，也納入地方政府與多元的參與者。北歐與北極治理的多邊機制並非封閉型的區域主義。近年來，東亞各國以北極理事會觀察員身份，參與北極治理，促進北極地區市場發展。美中全球戰略競爭關係加劇，大國的權力爭奪也延燒至北極區域。2022年俄國入侵烏克蘭，改變了北歐整體安全架構。大國權力競逐及高北地區的安全政策，勢必成為未來北極治理的矚目焦點之一。

　　關鍵字：北極理事會、多邊外交、北歐國家、大國外交

壹、前言

　　長久以來，冰凍的北極地區原本並非國際關係及區域治理研究的焦點。一般對北極區域的印象是和平、穩定的化外之地。環北極地區的北歐國家也不是國際權力政治角逐的要角。近年來俄羅斯重新建立北極軍事基地，再加上入侵烏克蘭，使得北極海區域成為新的安全焦點。中國大陸在鄰近北極海域逐漸融冰，北方航道出現後，在北歐及北極區域的活動日趨積極。美國與中國大陸及俄羅斯關係緊張，介入北極事務逐漸加深。有鑑於國際安全環境鉅變，北歐國家的北極治理政策也面臨新的挑戰。當今北極區域治理呈現角色多元化，以及區域內外互動日益密切的特色。經濟利益、環境保護，以及軍事安全等諸多因素，使得北極區域治理呈現更複雜的圖像。

　　本文針對北極地區治理的持續與轉變，作一全面性的解析。本文首先接櫫北極地區的基本特性及轉變契機。第二節則聚焦北極治理最重要的機制：北極理事會（Arctic Council）。本文於第三與第四節集中討論北歐的區域主義，以及北歐多邊治理的原則及運作方式。有鑑於國際權力政治環境丕變，第五節將重點放在地緣政治的影響，尤其是俄羅斯對北極治理的衝擊。第六節則選擇北極區域內及區域外國家案例，探討個別國家的北極政策。第七節解析大國政治，尤其是美中爭霸，對北極區域治理的影響。本文結論部分則探討北極區域治理對國際政治之啟示。

貳、北極區域治理的背景與制度安排

　　北極是國際政治中有關區域主義的概念較少被提及的區域。由於北極中心點海域長年的冰封，在北極圈內區域人類活動較少。過去多年來，人類活動主要是以北極科學考察為主。在冷戰期間，以阿拉斯加為基地的美國彈道飛彈防禦系統與前蘇聯比鄰，冰層下的潛水艇部署也為軍事活動添加了緊張氣氛，但北極地區並非軍事衝突及對峙的主要熱點。再者，北歐並非軍事強權，各國基本奉行多邊主義，以環境保護及福利政策為公共政策重點，並將安全及軍事問題排除在北極區域以外。

　　然而，北極區域治理並非能完全排除傳統國際關係有關主權及權力政治的糾葛。在概念上所謂的「北極區域國家」（Arctic States），包含了領土進入北極圈的美國、俄羅斯、加拿大、挪威、芬蘭、瑞典、冰島、丹麥（格陵蘭）等八國。另外，國土沿岸濱臨鄰北極海的五國稱之為北極沿岸國家（Arctic Coastal States），分別是美國、加拿大、俄國、挪威、丹麥（格陵蘭）。[1] 1920年代的Svalbard Treaty ／ Spitsbergen Treaty規範了包括中國在內各簽約國使用北極圈內最大島的商業權利，也為北極地區提供了各國公平參與的法律基礎。[2]然而，北極地區並非無主之地，也不是所謂全球共享的公共財（global commons）。北極海涉及各國的海洋劃界、大陸棚延伸，以及聯合國海洋法相關規定。各國的領海範圍也有重疊，相關談判折衝案例也時有所聞。然而，相對於南海，北極海地區的主權領土衝突並不劇烈，沒有國家聲稱涉及到國家核心利益，也沒有大國權力角逐的痕跡。2007年俄羅斯在北極海底中心點插上特製金屬國旗，象徵俄羅斯對北極主權仍有其企圖心，同時也象徵北極區域治理並無法完全跳脫大國的權力政治角逐。

　　全球氣候變遷及全球暖化，為北極地區的治理帶來新的挑戰與機會。北極地區溫度升高，使得原本冰凍的北極海逐漸解封。解封之後的北極海，將出現三條可能的航道。東北航道將沿著俄羅斯西伯利亞海岸，從東亞地區通航至北歐的港口。西北航道則沿著加拿大沿岸，橫跨太平洋與大西洋。中央航道則直接穿越北極圈中心點。以目前的北極融冰狀況而言，東北航道的融冰狀況較為廣泛。除了夏天以外，全年可通行的前景較為樂觀。西北航道目前仍是全年冰封，需要破冰船的前導，且沿加拿大海岸地形較為破碎，航行風險較大。因此，一般所謂的北方航道的開通，主要是指東北航道。

1　Congressional Research Service. 2022. "Changes in the Arctic: Background and Issues for Congress." CRS Report.

2　University of Oslo Website. 1920. "The Svalbard Treaty." in https://www.jus.uio.no/english/services/library/treaties/01/1-11/svalbard-treaty.xml. Latest update 7 February 2023.

　　根據估計，若以中國的大連或韓國的釜山為母港出發至歐洲的鹿特丹，東北航道需時約33天，比傳統行經麻六甲海峽與蘇伊士運河約節省12到15天的航行時間。然而，北方航道的理想與現實仍有不少因素值得探究。首先，北方航道可通行區域主要是偏南，接近俄羅斯西伯利亞沿岸。此一航道究竟是歸屬俄羅斯領海範圍，或是公海範圍，存在一定程度的爭議。俄羅斯以北方航道的地主國自居，也具有相當的掌控權。現今俄羅斯與西方國家及日本、韓國關係惡化。北方航道未來是否能成為各國廣泛使用的商業航道，存在未知的變數。其次，北方航道處於惡劣的氣候環境。即使夏季融冰，其自然環境及在寒地航行所需要的後勤支援及人員訓練，目前多數國家並未具備相關條件。俄羅斯西伯利亞地區是否能提供漫長的北方航道所需要的後勤支援及緊急需求，也不十分明確。第三，由於北方航道仍須面臨氣候變化，融冰程度不一，以及浮動冰層所帶來的危險性，加上冬季對破冰船的需求，因此北方航道行駛的成本頗高。保險公司不一定願意承保北方航道的業務。保險費用也會增高。再者，為符合航行安全的需求，北方航道航行速度不見得比傳統航線快，所能省下的時間也比預期要少。

　　儘管有不確定的因素存在，北方航道所帶來的航運商機，以及對未來常態通航的期待，使得有效治理北方航道成為東亞及歐洲國家共同矚目的焦點。因北方航道航運需求所產生的港口、物流等相關營運後勤支援體系的建立，以及未來港口營運的人力資源管理，將吸引龐大的資金與人員投入。適合營運北方航道的船舶，必須有特殊的科技及設備安排，以應付極端氣候型態。因此，造船業勢必關注雖之而起的船舶需求。航行準則的制訂、急難互助的安排，污染漏油的預防與整治等，都需要北方航道的利害相關國協調合作，共同治理此一新開發的航道。此外，北方航道也並非沒有安全考量。若以東亞地區為例，從東亞港口出發的北方航道航線將途經對馬、宗谷、白令等海峽。當前日本、韓國、中國大陸、美國、俄羅斯的國際政治角力與互動，也將反映到這幾個具戰略地位的主要節點。漫長的北方航道，主要沿著較靠南方的俄羅斯沿岸航行。俄羅斯與西方關係交惡，與美國有聯盟關係的諸國對此一航道必定有更多的安全考量。

　　北極理事會是北極地區治理的核心平臺。然而，北極理事會並非正式國際組織，其實際拘束能力有其限制。學者把該理事會視為一國際建制（regime），而非組織（organization）。北極理事會在1989年由芬蘭發起的羅瓦尼進程（Rovaniemi Process）開始，從最原始的北極圈八國為核心成員國。在2019及2022年，也曾經被提名為諾貝爾和平獎，足見其受肯定的程度。北極理事會的運作有以下的特色：

　　一、北極理事會決策機制分為部長會議（Arctic Council Ministers）、高官會議（Senior Arctic Officials），以及工作群組（Working Groups）。 決策機制以共識決為基礎，主旨在凝聚北極圈各國共識，而非刺激意識形態及集團鬥爭。正式成員國每兩年輪值主席，負責議題設定及其他細節安排。成員國均指派北極事務高官或是北極大使，負責協調北極理事會相關事務。

　　二、除了正式成員國以外，北極理事會納入北極地區原住民組織為「永久參與主體」（permanent participants）。 除了北極圈以外的主權國家外，國際政府間組織、國際國會間組織，以及國際非政府組織等也經部長會議通過，成為觀察員。目前亞洲國家中的中華人民共和國、日本、南韓、新加坡、印度已經正式成為觀察員。

　　三、北極理事會之下設立各種功能性的工作小組，以及部長會議，作為諮詢討論的平臺。 觀察員沒有權利參加北極理事會的決策機制，也沒有投票權，但可以參加各種功能性的小組，以表達及匯集相關利益，並連結北極境外的公民社會。

　　四、全球性及區域性的各種國際組織、規約及建制，都對北極事務有相關規定及制約。 如《聯合國海洋法公約》、極地準則（Polar Code），以及歐洲的區域性安排，如歐盟，北約等。因此，北極理事會是全球制度性安排的一環，不是獨立於全球治理的時空環境之外。

　　五、北極理事會從創立之初，即企望將軍事安全問題排除在外。 多年來也遵循此一原則。但在大國競爭日益激烈，俄國與烏克蘭戰爭爆發之後，此一基本原則是否能持續，頗有疑問。[3]

　　總體而言，北極理事會主要提供一種軟性，而非強制性的治理平臺。在過去多年的運作中，也有國家曾提出是否提升到以條約為基礎的國際組織，但並未獲得共識。既然北極理事會提供的是一種軟性的制度性平臺，論者認為這個平臺主要應該以是決策形成（decision shaping）而不是決策敲定（decision making）的功能為主。易言之，北極理事會可以提供有關北極事務的建議、指引、專業諮詢，以及最佳實踐方式的示範，而非提供強制性的規約。[4]北極理事會的建議是非正式的。實際執行則有賴於各成員國透過國內法及其他國際法的實踐上來執行。北極理事會目前從四個成長到六個工作群組。工作群組執行北極理事會部長會議的決議。這六個群組分別是：（1）Arctic Contaminants Action Program、（2）Arctic Monitoring and Assessment Program、（3）Conservation of Arctic Flora and Fauna、（4）Emergency Prevention, Preparedness and Response、（5）Protection of the Arctic Marine environment、（6）Sustainable Development Working Group。[5]

　　在北歐各國中，挪威對北極理事會的投入甚深。挪威對北極理事會的積極貢獻，可以從其提供42.5%的財政運作補助，並將秘書處設在挪威的Tromsø可見一斑。此外，挪威對俄國在北極理事會的參與也表達了積極的態度。在一些細節，如官方語言的使用等，挪威積極扮演俄國與其他成員國的橋樑角色。有關接納觀察員的問題上，俄國及加拿大兩個領土最大的國家，對觀察員的加入原本抱持較為保守的態度。北歐國家則認為只要認同環北極各國的理念，志同

3　Dodds, Klaus, and Woon, Chih Yuan. 2020. "Introduction: the Arctic Council, Asian States and the Global Arctic." In *'Observing'the Arctic*, eds. Dodds, Klaus, and Woon, Chih Yuan. UK: Edward Elgar Publishing, pp. 1-26; Gjørv, Gunhild Hoogensen, Lanteigne, Marc, and Sam-Aggrey, Horatio. 2020. *Routledge Handbook of Arctic Security*. London: Routledge; Koivurova, Timo. 2019. "Is This the End of the Arctic Council and Arctic Governance as We Know It?" *High North News*. in https://www.highnorthnews.com/en/end-arctic-council-and-arctic-governance-we-know-it. Latest update 5 January 2022.

4　Graczyk, Piotr, and Rottem, Svein Vigeland. 2020. "The Arctic Council: Soft Actions, Hard Effects?' In *Routledge Handbook of Arctic Security*, eds. Gjørv, Gunhild, Hoogensen, Marc Lanteigne, and Sam-Aggrey, Horatio. London: Routledge, 221-233.

5　Arctic Council. 2023. "Working Groups." in https://www.arctic-council.org/about/working-groups/. Latest update 5 January 2022.

道合的國家都歡迎加入成為觀察員。至於國際環境非政府組織，2017年綠色和平組織（Greenpeace）的申請被拒絕。主要原因是該組織對捕獵海豹及鯨魚等事務，與成員國有所衝突。相對而言，世界自然基金會（World Wildlife Fund）則在北極理事會創始初期即加入活動，彼此互動也較為密切。此外，觀察員國家例如新加坡，對原住民會員提供了相當的補助。[6]

美國雖然是北極理事會的正式成員國，但參與並不積極。在川普政府時代，美國的單邊政策，對多邊機制的輕視，以及對氣候變遷治理的不合作態度，使得北歐國家與美國在北極議題上的互信降低。美國在2019年北極理事會部長會議最後一刻堅持不讓有關氣候變遷的詞句納入共同宣言，引起北歐國家對美國不重視北極理事會機制的不滿。2019年美國國務卿龐培歐在北極理事會部長會議演說中直指俄羅斯與中國大陸是北極的重大軍事威脅，北極地區將不是一個和平共榮，而是軍事戰略競爭的要地。此種論調與北歐國家長期以來把北極地區當作大國競逐的化外之地，同時隔絕大國衝突的政策目標有所違背。北歐成員國的基本原則是區域外的大國衝突，不能阻礙區域內永續發展的集體努力。[7] 即以在克里米亞危機，制裁俄羅斯的整體架構下，北極理事會仍然維持正常運作，同時也確定了不少制度性的法律架構，如2017年的科學合作協定，以及極地準則的批准，以及2018年中北冰洋漁業協定的生效。然而，在俄羅斯入侵烏克蘭，西方陣營與俄羅斯全面決裂後，如何將俄羅斯重新整合進北極理事會，將是甚大的挑戰。

參、北歐多邊主義與北極區域治理

北歐國家是北極區域治理的核心。從外交政策的協調機制來觀察，在北歐部長會議及北歐理事會 之外，主要的執行機構為北歐外長會議（Ministries

6　Burke, Danita. 2020. *Diplomacy and the Arctic Council.* Canada: McGill-Queen's University Press, 152-154.
7　Koivurova, Timo. 2019. "Is This the End of the Arctic Council and Arctic Governance as We Know It?" *High North News.* in https://www.highnorthnews.com/en/end-arctic-council-and-arctic-governance-we-know-it. Latest update 5 January 2022.

of foreign affairs of the Nordic states, MFA）。此一機構的核心是所謂北歐五國
Nordic Five（N5）協調機制。N5在各自對外政策的事務層次保持密切的多邊
聯繫。在N5的多邊機制下，北歐五國也各自運行雙邊的協商與合作。此外，
N5也與波羅的海三國建構北歐—波羅的海八國（Nordic-Baltic Eight, NB8）的
協調機制。N5與德國、荷蘭、波蘭、英國則建構了北方集團Northern Group作
為協調的平臺。但舉凡N8, NB8等的機制，也皆以非正式協調的面貌出現。
在歐洲領域之外，與美國則形成了北歐強化夥伴關係Enhanced Partnership in
Northern Europe（e-Pine）機制。此外，在5+1的安排下，N5與印度建立了高
層領導人的高峰將會面平臺。中國大陸也試圖在5+1的架構下積極參與。此一
倡議現今尚未成熟，值得進一步觀察。[8]

　　就總體外交政策而而言，北歐五國在國際社會上以「北歐標章」（Nordic
brand）區別了其有異於權力政治的治理模式。北歐標章包括：（1）多元的積
極主義，包含政府、國際組織與公民社會的共同參與；（2）北歐共同價值的提
倡，包含人權、民主政治、法治；（3）國際爭端結決的北歐倡議，尤其是和平
共存及爭端解決。[9]北歐標章所揭櫫的基本原則，適用到有關北極治理的相關
政策與運作。

　　在冷戰期間，美蘇兩強在北歐及北極地區自我克制，而北歐內政上的福利
國家模式也獲得高度的肯定。北歐國家也認知到，透過協調機制解決氣候及環
境問題，必須與區域外的國家密切合作。但是北歐國家有責任扮演協調及領導
的角色，以跨部門的多邊行動來解決氣候變遷問題。北歐國家也掌握了此類多
元解決方案的科技，尤其是再生能源，以及諸如再就業等問題的經驗，達成社
會正義與環境美善的多元政策目標。此外，北歐國家也應推動由政府支持的公

8　Brianson, Alex, and McCallion, Malin Stegmann. 2018. *Nordic States and European Integration: Awkward Partners in the North?* London: Palgrave, 1-12; Iso-Markku, Tuomas. 2018. "Nordic Foreign and Security Policy Cooperation: The New Strategic Environment as a Catalyst for Greater Unity?" Fiia Briefing Paper, 4.

9　Heininen, Lassi and Heather, Exner-Pirot. 2019. *Climate Change and Arctic Security：Searching for a Paradigm Shift.* London: Palgrave Pivot, 9-32; Heininen, Lassi. 2018. "Arctic Geopolitics from Classical to Critical Approach–Importance of Immaterial Factors." *Geography, Environment, Sustainability* 11(1): 171-186.

私協力的組織與公司，推動永續發展及再生能源科技。這將是具體而微的北歐標章。

　　在政治自由及經濟平等的前提下，斯堪地那維亞公民社會（Scandinavian civil society）逐漸成形。冷戰結束後，北歐各國在歐盟及北約等不同的參與程度，也同時對北歐的緊密外交政策協調產生衝擊。舉例而言，瑞典與芬蘭在不同程度上整合進歐盟體系。挪威與丹麥積極參與北約的安全合作機制。冰島在經濟危機後，在對外政策上也有較大幅度的調整。此外，北歐各國新民粹主義興起，對諸如移民及福利國家政策造成一定程度的挑戰。北歐各國是否在內部開始產生質變，或是在對外政策上進一步整合進北約及歐盟機制，都是對北歐標章的挑戰。[10]

　　然而，近年來的國際環境變化也使北歐國家建立整合機制的動因加強。全球性的多邊機制進一步弱化，如G20等的非正式機制抬頭，國際金融危機及歐美內部保守勢力的興起，美國政策的轉向，俄羅斯軍事威脅的加強，中國大陸崛起所帶來的整體衝擊等等，都使得北歐國家的不確定感增加。在此一國際政治的架構下，北極及波羅的海地區成為諸多政治、經濟、環境等議題的交會點，也成為北歐國家政策的新著力點。

　　有關北歐國家針對北極議題的跨國及全球治理，應當放在北歐整體對外政策的架構下審視。北歐的基本合作架構是透過在國會層面的北歐理事會Nordic Council（NC）以及行政層面的北歐部長會議Nordic Council for Ministers（NCM）執行。在2018年所通過的北歐理事會綱領文件中，主張推動共同的北歐價值與北歐發展模式，並形塑在聯合國永續發展目標下的北歐範例。然而長久以來，在對外政策面向，尤其是安全議題，並非北歐協調機制的重點。[11]此一基本原則在俄國入侵烏克蘭之後，將面臨重大的挑戰。

---

10 Wivel, Anders. 2018. "What Happened to the Nordic Model for International Peace and Security?" *Peace Review* 29(4): 489-496.

11 Nord, Douglas. 2016. *The Changing Arctic: Consensus Building and Governance in the Arctic Council.* London: Palgrave Macmillan.

　　如前節所述，北極理事會是北歐國家北極治理最重要的跨國協調機制。但北極理事會並不單獨編列預算，主要由輪值主席國負擔。北極理事會的決議並不具有約束性。此外，軍事議題也明文排除在北極理事會之外。在冷戰結束，安全議題重啟之後，北歐國家也很少針對安全議題形成具拘束力的承諾文件。因此，北歐機制主要以非正式性為基石。在此一「非正式」的原則下，個別領導人的角色也顯得格外重要。此一非正式機制，成為理解北歐治理的重要面向。烏克蘭戰爭之後，軍事議題是否正式納入北極理事會的議程，將成為令人矚目的焦點。

　　除了國家層級的北極治理機制外，北歐地方政府治理網絡也方興未艾。以Barents Arctic-Euro Council（BREC）為例，包含以下的地方區域：

芬蘭：Kainuu, Lapland, Oulu Region and North Karelia.
挪威：Finnmark, Nordland and Troms
俄羅斯：Arkhangelsk Region, Karelia, Komi, Murmansk Region and Nenets.
瑞典：Norrbotten and Västerbotten
原住民：Sami（in Norway, Sweden, Finland and Russia）
　　　　 Nenets（in Russia）
　　　　 Veps（in Russia）

　　除此以外，西歐國家及美國、加拿大均以觀察員身分參與。亞洲唯一的觀察員為日本。

　　由此可見，北歐的區域治理模式及北極治理的實際操作，具有多層次、吸納性高，以及非正式性等特點。從這三個北歐特色，可以進一步了解北極理事會及其相關組織的運作模式，以釐清北歐模式的持續與轉變。

　　北歐國家是全球公認的高收入，社會福利完善的民主中小型國家。多年來北歐國家在大國權力競逐之外發展，維持其特殊性，也強化其自主性。在北歐及北極治理的機制建立過程中，也充分反映了中型國家外交政策的「避險」以及「多邊」的特色。

根據郭清水分析，避險政策包含三大因素：（1）不倚向任何一邊，不參與緊密的聯盟；（2）以戰略模糊政策降低風險；（3）追求更多元化外交政策目標，以防止突發事件產生。避險不是消極逃避或是不作為。避險政策也會包含對抗，但以不捲入對立霸權的爭執為原則。避險國家會針對霸權國採取局部或有限順從的政策，其目的是避免日後被迫全面順從的僵局。避險政策的最高原則是避免選邊站，以便外交政策有最大的彈性空間。易言之，避險不是消極的政策，而是富含精密計算之後的積極戰略。避險國不倚賴單一僵化的聯盟的關係，但以更積極的態度加入甚至型塑多功能、多層次、多角化的夥伴關係。因此，避險政策是一種選擇性的務實主義展現。[12] 但是中小型國家的避險行為，未必能一概而論。Mari-Liis Sulg and Mathew Crandall 比較愛沙尼亞與芬蘭的對外政策，發現政治文化影響芬蘭「與極權國家並存，但並不與其為伍」的芬蘭化政策。但芬蘭化政策是工具，而不是目的。傳統上芬蘭對外政策對大國外交反感。大國的對象，除了對其威脅最直接的蘇聯／俄羅斯以外，也包含美國。因此在冷戰後，雖然芬蘭與贏家，亦即歐盟結合，但與北約仍保持距離。易言之，儘管冷戰結束該變了基本的國際格局，但俄羅斯的安全威脅並沒有消失。作為一個中小型國家，芬蘭自我定位為區域的穩定者（stabilizer）。但是選擇在國際組織中扮演模範生及前進的力量。[13]

Sarah Teo 則針對中型國家的對外政策作一全面性的闡述。中型國家外交的重點在於藉由參與多邊的過程，來創造對自己有利的國際情勢。實際作法在於結合志同道合國家，扮演國際議題設定的積極角色，以確保國家利益。中型國家致力於國際多邊的制度性安排建立。透過制度與規範的建立，以平等方式共同制約會員國，而不論軍事與經濟權力的大小。因此，中型國家是多邊主義的堅實擁護者。在國際議題上，由於中型國家國力有限，因此會特別關注於能發揮自己專長的利基外交（niche diplomacy）。這些議題泰半與軍事武力沒有相

---

12 Kuik, Cheng-Chwee. 2020. "Hedging in Post-Pandemic Asia: What, how, and why." *The Asian Forum*, https://theasanforum.org/hedging-in-post-pandemic-asia-what-how-and-why/. Latest update 23 November 2021.

13 Sulg, Mari-Liis, and Crandall, Matthew. 2020. "Geopolitics: The Seen and Unseen in Small State Foreign Policy." *Journal of Regional Security* 15(1): 109-130.

關，而是與人群安全互動密切。中型國家在這些具有優勢的外交議題上，致力扮演觸媒（catalyst）、推進者（facilitator），以及管理者（manager）的角色。因此，中型國家外交有充分的積極面向，而不是僅僅止於避險。[14]

在二次大戰結束後開始發展的北歐國家，其核心價值在於社會包容，以及區域共同繁榮。但北歐的途徑不是過度誇耀北歐價值的優越性。北歐國家是幅員小國，多邊巨人（Small states, but giant multilateralists）。 長久以來，北歐國家在北極區域治理上最關心的是，區域內的合作動力，是否能不被區域外的大國權力競逐所影響？北歐各國對大國政治，仍保持著審慎而避免直接對抗的態度。儘管俄羅斯對挪威的威脅，遠大於對北美的威脅。然而，挪威仍然在漁業及共同救災方面，與俄羅斯合作。北京對北歐區域的積極性日增。到底應該視為北京的地緣政治擴張，還是藉由引介中國大陸參與功能性事務，進一步緩解地緣政治壓力，值得探討。

北歐國家對近年來多邊主義的削弱深為憂慮。大國競逐使得北歐國家對未來世界秩序相對悲觀。北歐國家幅員較小，因此仰賴以法律制度為基礎的多邊主義。多邊主義的削弱，也會是的北歐的核心價值，諸如民主，法治，人權保障等受到傷害。自由貿易的戕害也不利於民主政治的發展。因此，大國之間的貿易戰，尤其是美國與中國大陸之間的貿易戰，對北歐國家所揭櫫的民主治理原則有所妨害。當大國競爭，打算重寫國際秩序遊戲規則時，效果應該擴大聯盟網路，加入原先沒有預期的夥伴，同時加強與公民社會的連鎖。[15]

北歐多邊主義與歐盟有密切相關。雖然並非所有北歐國家均為歐盟成員國，北歐與北極治理的多邊架構，與歐盟政策息息相關。歐盟除了強調人權及民主價值的基本政策目標外，舉出氣候及經濟議題是歐盟國家全球及安全戰略的核心。其中揭櫫至2027年以前，提供四十億歐元的氣候融資的目標。歐盟政策也強調了網路攻擊（cyberattack）的威脅，以及歐洲防衛同盟的倡議，但也

14 Teo, Sarah. 2022. "Toward a Differentiation-Based Framework for Middle Power Behavior." *International Theory* 14(1): 1-24.

15 Østhagen, Andreas. 2020. "The Good, the Bad and the Ugly: Three Levels of Arctic Geopolitics." *The Arctic and World Order* 3(4): 357-378.

指出缺乏政治互信的隱憂。防衛安全自主以外，也強調歐盟的集體決策機制，亦即狀態意識（situational awareness）的重要。在參與印太策略上，歐盟表達了對極權國家在亞太地區擴張的憂慮，但強調在印太地區的重點是加深貿易聯繫、強化全球供應鏈，並在數位及綠色產業的持續投資，而非純然的安全議題。為了防止中國大陸國有企業在一帶一路架構下的獨佔，歐盟倡議「環球門戶」（Global Gateway），以提供優質的基礎建設，並連結全球人力資源、貨物與服務。[16]

在有關北極的多邊治理方面，北歐國家堅持遵循聯合國海洋法公約為基礎的海洋治理機制。北歐國家聯合志同道合國家，共同防堵網路混合威脅（cyber and hybrid threat），尤其是透過位於赫爾辛基的 Center of Excellence for Countering Hybrid Threats（Hybrid CoE），這個機構也是與歐盟的聯繫平臺。

此外，人群安全（human security）是北歐國家藉由多邊主義，與其他中型國家合作的重點。北歐的芬蘭、瑞典與其他中型國家例如南韓、日本都高度仰賴外貿，同時具有高度創新精神的民主國家，因此在海洋事務可藉由資源分享，達到資源能力強化的目的。這四國的價值基礎，在於以民主制度確保區域及全球的法治體制。再者，北歐國家也深信在北極與北歐的環境挑戰需要全球合作，方能日起有功。具體合作項目包括了綠色與智慧航運方策（green and smart shipping solutions）。雖然芬蘭與瑞典掌握了破冰船的關鍵科技，但尚不足以完整的達成安全、迅速、乾淨航運的整體目標。南韓在自動航行、智慧港口、導航等佔有領先地位，可以與北歐國家互補。這四個中型國家在智慧城市、人工智慧、船舶科技等的合作，一方面在經濟上達到互補的目標，另一方面透過經濟合作，堅實民主中型國家的合作基礎，使得中型國家都能在互利的範圍內協調政策。[17]

---

16 Von der Leyen, Ursula. 2021. "2021 State of the Union Address." European Union Website. in https://ec.europa.eu/commission/presscorner/detail/ov/SPEECH_21_4701. Latest update 5 January 2022.

17 Khorrami, Nima. 2021. "Finland, Japan, South Korea, and Sweden: A Middle Power Partnership for Enhanced Maritime Capacity in the Arctic." The Arctic Institute Website. in https://www.thearcticinstitute.org/finland-japan-south-korea-sweden-middle-power-partnership-enhanced-maritime-capacity-arctic/. Latest update 5 January 2022.

肆、地緣政治與北極治理

　　如前節所述，多邊主義是北歐各國治理北極區域的共同原則。北歐各國多年來的政策是將大國政治的安全問題，排除在北極治理之外。然而，面對日益嚴峻的安全情勢，北歐各國能否協調一致，整合出一致性的安全政策，頗令人質疑。論者認為，雖然北歐國家的共同價值及社會體制提供了整合的基礎，但是在對外政策上，協調一致的程度未必很高。在大國權力競爭日益劇烈，全球化基礎動搖的同時，北歐國家也都在競爭能見度的提升。由於北歐國家均為中小型國家，並非大國，因此政策工具有限。從文化論的角度來看，北歐國家的歷史文化傳統，重新定義了理性的內涵，同時也決定了何時在何地採取何種對應方策。[18]此外，北歐國家各自的歷史經驗，形成路徑依賴及個別認同，也影響到政策工具及偏好的選擇。這些政策選項包含對多邊機制的貢獻度、對國防事務的投射能力與意願，以及主要經濟利益與對外經貿政策的使用等。易言之，在共同的北歐標章以外，個別國家的國別標章也被凸顯。因此，北歐個別國家的認同，有其權宜考量，是策略性的認同（strategic identity）。具體而言，丹麥的對外政策更接近美國與英國的「大西洋傳統」，而瑞典則舉起女性主義的大旗，把性別議題作為外交政策的重點。[19]

　　儘管「北歐標章」是北極治理及北歐對外政策的基石，日漸敏感的安全因素、國家核心利益的考量，以及多樣性國際組織與建制的參與，影響到了治理的方向與操作機制。大國的介入，也為北極治理投入更多變數。[20]舉例而言，挪威由於具有北約的成員國身分，因此對北歐合作機制一開始並不熱心。就安全立場而言，挪威更重視美國與北約。但由於挪威具有漫長的海岸線，因此俄羅斯的安全威脅以及極地的防務成為其最大的安全挑戰。與北歐國家及波羅的

---

18 Brommesson, Douglas. 2018. "Introduction to Special Section : From Nordic Exceptionalism to a Third Order Priority–Variations of "Nordicness" in Foreign and Security Policy." *Global Affairs* 4(4): 357.

19 Haugevik, Kristin, and Sending, Ole Jacob. 2020. "The Nordic Balance Revisited: Differentiation and the Foreign Policy Repertoires of the Nordic States." *Politics and Governance* 8(4): 110-119.

20 Tamnes, Rolf, and Offerdal, Kristine. 2016. *Geopolitics and Security in the Arctic: Regional Dynamics in a Global World.* London: Routledge.

海區域協調合作，一方面對核心國家利益有所助益，也能藉由此一平臺協調歐盟的對外政策。芬蘭與瑞典則對環境永續發展著力較深。丹麥對格陵蘭主權及礦產資源的堅持，以及冰島與礦業及中國大陸的接近度，與北歐其他國家也不無矛盾。[21]傳統上芬蘭的外交政策強調務實取向，瑞典傾向價值取向的理想主義，丹麥及挪威擺盪在兩者之間。但由於共同對俄羅斯的安全顧慮，北歐國家的安全政策有趨同的趨勢。而差別只在風格，而不是基本政策。

由於北歐各國在歐盟、北約，及與美俄關係的歷史淵源也不一樣，因此將安全問題置於制度性架構下不易有共識。因此現今的非正式制度安排，仍有很高的支持度。此一非正式、無明顯領頭國家的合作模式是否可長可久，值得進一步研究。論者以「建設性的嫉妒」（constructive jealousy）來形容此一特殊的北歐合作模式。[22]事實上，北歐五國在不同的領域內，各自有其領導地位。

若以對北歐國家影響最深的北極海安全而言，俄羅斯在地理及歷史上都是北極最重要的國家。前蘇聯在1930年代即建立北方艦隊。冰凍的北極成為冷戰期間美蘇對抗的戰略要地。蘇聯解體後，在葉爾辛執政時期，俄國傾向支持國際合作與開發。在普欽時代，沿北極西伯利亞沿岸持續遭逢人口流失、原始礦業枯竭、經濟蕭條等嚴重問題。與此同時，俄國開始致力沿海及北極的主權強化，並強調從歷史源流、政治發展、國際法大陸棚相關規定等面向，北極屬於俄國主權範圍，殆無疑義。此外，在其2014年北極區域發展規劃中，強調在經濟發展上提供北方航道的開發基礎，並建構在沿北方航道的八個開發區，多元地引進開發資金，以科技及管理效能改善北極沿岸的經濟發展，以壯大北方航道的沿岸支援後勤與開發實力。[23]

從其他北極國家而言，俄羅斯所帶來的變數不是經濟，而是地緣政治的挑戰。自普欽以來的強勢安全政策，到西方針對烏克蘭事件對俄國的制裁，一直

---

21 Kraska, James. 2011. *Arctic Security in an Age of Climate Change.* Cambridge: Cambridge University Press.

22 Vylegzhanin, Alexander N., Young, Oran R., and Berkman, Paul Arthur. 2018. "Governing the Barents Sea Region: Current Status, Emerging Issues, and Future Options." *Ocean Development & International Law* 49(1): 52-78.

23 馮玉軍，2018，《歐亞新秩序俄羅斯轉型：國家治理與社會變遷》，北京：中國社會科學出版社；錢宗旗，2018，《俄羅斯北極戰略與"冰上絲綢之路"》，北京：時事出版社。

到俄羅斯於2022年悍然大舉入侵烏克蘭，俄國儼然重新成為西方安全的最大威脅。除了對北極主權的強勢立場以外，俄羅斯重新建立了原本廢棄多時的軍事基地，並計劃未來十年內建構更多的新的軍事基地。俄國並在2014年建立北方聯合戰略司令部，強化北方艦隊實力，以及全球衛星導航能力。易言之，北極航道沿岸以及廣大的西伯利亞遠東地區，由於新的航道及商機出現，以及國家安全考量，北極開發儼然成為新一輪俄羅斯民族復興與繁榮的重要契機。

　　中國大陸作為新興的經濟強權，在北極航路及北極開發上展現濃厚的興趣。[24]此外，北極的全球及區域治理，為中國大陸多邊外交也開拓了一個新的參與場域。然而，由於全球對中國崛起的疑慮態度，中國大陸的一舉一動都引起舉世矚目。[25]中俄關係基於互利，但仍有濃厚的互斥成分。北極議題上的互動也不例外。俄羅斯開發北極需要中國大陸的資金投入，但主導權仍在俄方而非中方。俄方的歐亞經濟聯盟與中方的一帶一路雖未必互斥，但從中亞到西伯利亞都是俄方而非中方的既有勢力範圍。雙方雖建立全面戰略協作夥伴關係，但離實質上的軍事同盟仍有頗大的差異。此外，雙方都不希望北極開發的經濟協作關係成為單純的雙邊關係。即便是中方投資最多的Yamal液化天然氣計畫，俄方也希望引進日本、韓國甚至其他西歐各國的投資，將其轉化為國際而非中俄雙邊的計畫。中俄雙方在諸如北極理事會等多邊平臺上，也未必心靈契合，通盤合作。此外，中國大陸方面也希望利用北極航道及俄羅斯遠東開發的契機，重振興東北的基礎建設，並開拓扎魯比諾港作為東北地區的北極航道母港。[26]

---

24 Tonami, Aki. 2016. *Asian Foreign Policy in a Changing Arctic*. London: Palgrave; US Department of Navy. 2021. "A Blue Arctic." in https://media.defense.gov/2021/Jan/05/2002560338/-1/-1/0/ARCTIC%20 BLUEPRINT%202021%20FINAL.PDF/ARCTIC%20BLUEPRINT%202021%20FINAL.PDF. Latest update 6 February 2022.

25 Moe, Arild and Stokke, Olav Schram. 2019. "Asian Countries and Arctic Shipping: Policies, Interests and Footprints on Governance." *Arctic Review on Law and Politics* 10: 24-52.

26 Leng, Tse-Kang, and Zhao, Zhu-Cheng. 2020. "Partnership on the Ice? Power Politics and Economic Engagement in Sino-Russian Arctic Diplomacy." *Chinese Political Science Review* 70: 1-39; Sørensen, Camilla T. N., and Klimenko, Ekaterina. 2017. "Emerging Chinese–Russian Cooperation in the Arctic: Possibilities and Constraints." SIPRI Policy Paper.

Yamal第二期的LNG2計畫，在西方全面制裁俄羅斯的情況下，前景堪憂。LNG2的歐洲合作夥伴TOTAL於2022年5月宣布退出此一計畫。其他西方的公司，例如Exxon Mobile、BP、Shell、Equinor均考慮與俄羅斯方面結束合作關係。中國大陸原本負責建造LNG 2模組的工坊，在2022年5月底開始停工。由於2022年俄羅斯是北極理事會的輪值主席國，俄羅斯在北極理事會的地位遭到了進一步的質疑。在俄羅斯入侵烏克蘭之後，環北極諸國重申繼續支持北極理事會作為促進北極合作的主要平臺，同時強調北極理事會揭櫫的主權及領土完整原則。由於俄羅斯明顯違反此一基本原則，北極理事會的會員國將暫停赴俄羅斯參加相關會議，並停止與北極理事會的相關活動。[27] 2022年5月，丹麥透過公投，加入歐盟的共同防禦政策。除了瑞典及芬蘭打破多年來在安全政策上採取中間立場的原則，正式申請加入北約，北歐各國的安全政策也都在面臨重大調整的轉戾點。在過去三十多年來，丹麥對歐盟的共同防禦條款（Article 42.7 TEU）保留豁免權。丹麥加入後，除了要參與此一條款下的各種機構組織外，也有助於丹麥與歐盟成員國協調新的安全威脅，尤其是來自網路的安全威脅。俄羅斯入侵烏克蘭事件，無疑地為民意提供了推波助瀾的效果。[28]

伍、北極治理政策與大國政治

如前節所述，北歐共同外交政策及北歐標章，是多年來北歐國家治理北極事務的共同原則。然而，各國所面臨的文化、經濟、安全背景並不一致，其政策原則與實際運作也有所不同。

挪威與俄羅斯有漫長的海岸線連結。在安全議題上，由於在軍力與俄羅斯不對稱的關係，挪威仰賴北約的安全保障。同時，挪威也是北約成員中唯一

---

27 Schreiber, Melody. 2022. "Arctic Council Nations are Pausing Work after Russia's Invastin of Ukraine." Arctic Today. in https://www.arctictoday.com/the-7-other-arctic-council-nations-are-pausing-work-after-russias-invasion-of-ukraine/. Latest update 6 February 2022.

28 Murray, Adrienne. 2022 "Denmark Votes to Drop EU Defence Opt-out in 'Historic' Referendum." BBC. in https://www.bbc.com/news/world-europe-61644663. Latest update 6 March 2022.

與俄羅斯領土接壤的國家。但如同其他北歐國家，挪威的對外政策仍舊以多邊主義為核心，促進跨國合作與協商。挪威盡量避免將所有議題都跟安全及地緣政治扯上關係。因此，有別於總體的國家安全及防衛政策，挪威的高北政策（high north policy）則強調軟性權力及區域合作。

俄羅斯入侵烏克蘭之後，挪威民眾對安全的看法丕變，支持加入北約的民意高漲。但是長久以來挪威對大國政治的保留，仍值得注意。在2020年2月間，挪威國際事務研究所（Norwegian Institute of International Affairs）進行一項委託民意調查研究。結果顯示，除了確認挪威民眾信任聯合國體系下的多邊外交外，挪威民眾有64%認為中國大陸日益增強的影響力是負面的。持正面態度的比例為36%。有74%的受訪者認為挪威應該全力保護挪威的政治信念，即便損害與中國大陸的關係也不惜。與其他各國比較，挪威最不想與中國大陸增進合作關係。28%的受訪者想增強與中國大陸的合作；35%希望降低與中國大陸的合作關係；37%則表達不確定。但是在美中關係上，挪威民眾則展現了較為務實，不願意被捲入大國衝突的意向。當被問及挪威及歐洲各國是否應該追隨美國的角度對中國大陸展現強硬的態度，有51.7%的民眾反對，48.3%贊成。此外，挪威民眾對中國大陸的威脅感受，與對俄羅斯及美國，以及諸如網路威脅，以及氣候變遷等其他項目，並沒有明顯的差別。[29]

如同Osthagen指出，傳統上挪威與芬蘭以及瑞典不同。後兩者的安全政策主軸是中立。挪威則追求政策上的平衡。因此在與俄羅斯抗衡的同時，也不允許美國的核子武器在挪威領土部署。況且，挪威若過度熱衷參與美國的安全同盟活動，則極有可能被捲入美中日益尖銳的戰略安全對抗。此外，挪威也在一些功能性的區域談判，扮演積極的參與角色。例如規範中北極海漁業捕撈的所形成的A+5機制。這個機制就邀請了中國大陸、愛爾蘭、日本、南韓與歐盟等非北歐國家參加。[30]

---

29 Svendsen, Øyvind, and Weltzien, Åsmund. 2020. *Norwegians Adapting to a Changing World.* Norway: Norwegian Institute of International Affairs.

30 Østhagen, Andrea. 2021. "Norway's Arctic Policy: Still High North, Low Tension?" *The Polar Journal* 11(1): 75-94.

　　總體而言，挪威與大國的關係，仍避免以雙邊的方式運作。基本原則是以多邊關係為基礎，並與聯合國永續發展的總體目標整合，以確保挪威作為一個小國的國家利益。舉例而言，挪威與中國大陸這個北極事務的新興經濟體交往的原則，仍是放在多邊的架構中運作，避免如王曉波事件所引起的雙邊關係震盪。與中國大陸的雙邊合作關係，往往配上一個發展中國家，形成三角合作關係。在多邊架構下，挪威著力較深的是聯合國永續發展目標的機制。挪威政府積極與中國大陸合作SDG。挪威參加AIIB，BRI，但不代表政府為這些機制背書。美國在氣候變遷及多邊貿易的退縮，使得挪威覺得中國可能是一個夥伴。挪威不是歐盟成員，但與歐盟在諸多事務上保持合作。當歐盟把中國當成系統性的挑戰者（systemic rival）時，挪威與中國在SDG的合作上必須小心行事，以決定適當的時間點及方式。中國也將BRI與聯合國UN Sustainable Development Agenda聯繫在一起。在2019年的BRI Forum，中國推動BRI International Green Development Coalition作為新的多邊合作機制。[31]

　　芬蘭在烏克蘭戰爭之後調整中立政策，將軍事安全整合進北約架構，頗引起矚目。芬蘭在歷史、文化與地緣政治上處於俄羅斯與北歐交界之處，在外交政策上長期在不結盟、扈從與自主之間巧妙運作。芬蘭是北歐民主體制及福利國家，成為歐盟的一員，加入歐元圈。但在安全政策上，並未加入北約，即便在冷戰後，與俄羅斯也維持特殊的關係。但在北極治理上，芬蘭佔有先驅者的地位，同時把北極經略與發展視為國家標竿。早在1991年，芬蘭即提出The Rovaniemi Process，倡議北極國家的合作。芬蘭在北極理事會，Barrents Euro-Arctic Council、Northern Dimension Partnership等多邊機制積極參與。長久以來，芬蘭在北極理事會仍堅持原則，排除安全議題的制度性討論。[32]此外，在

31 Gåsemyr, Hans Jørgen,and Heggelund, Gørild. 2020. "China in the Sustainable Development Agenda: Key Environmental Issues and Responses." *Norwegian Institute for International Affairs Policy Brief*. Gåsemyr, Hans Jørgen. 2020. "China's Role in the Sustainable Development Agenda: Considerations for Norway." Norwegian Institute of International Affairs Policy Brief.

32 Kuosa, Tuula. 2016. *Finnish Fingerprints: A Hundred Years, a Hundred Stories*. Heelsinki: Verbatum Oy; Laukkanen, Marjo and Heikkilä, Markku. 2016. *Arctic Variety*. Arctic Centre and Finnish Ministry of Foreign Affairs.

對外經貿政策上，積極往東亞地區拓展，與中國的經貿關係也十分緊密。芬蘭政府於2019年委託資深學者，出版了《China in the Arctic: Opportunities and Challenges for Chinese Finnish Arctic Cooperation》的政策評估報告，堪稱北歐五國最翔實的政策分析。該報告除了解析中國大陸的北極政策以外，並羅列芬蘭在中國大陸大國崛起的過程中可能扮演的角色。[33]

　　從歷年芬蘭的北極政策白皮書可以得知，芬蘭在北極治理的角色植基於其北極科技的領先角色。芬蘭在極寒地區的訓練、交通運輸、救災防災等，處於世界領先地位。此外，芬蘭利用其豐富的森林資源，發展再生能源科技，並提供可持續發展的尖端科技。芬蘭也具有最新進的破冰船技術。[34]中國大陸正式運行的雪龍二號雙向破冰船，即借用芬蘭的破冰技術。芬蘭在通訊科技著力甚深。計畫中的沿俄羅斯北極東北航道海底電纜，除了中國大陸與俄國以外，芬蘭也是積極的投資方。由於海底電纜具有國家安全的敏感度，美國等西方國家對中俄海底電纜抱有高度疑慮。芬蘭的參與，也顯示了其較獨立的外交政策。[35]

　　此外，芬蘭近年也積極推動「北極廊道」（Arctic Corridor）計畫，希望藉由運輸系統，尤其是北極鐵路（Arctic Railway）的建設，連結自東亞而來，通過北方航道，從北方北極海口岸而來的運輸通路，並進一步連結波羅的海區域，使得芬蘭成為運輸的樞紐國家。此一延伸之路線為Rail Baltica的主線，可

33 Koivurova, Timo, et al. 2019. *China in the Arctic and the Opportunities and Challenges for Chinese-Finnish Arctic Co-operation.* Finland Prime Minister's Office; Kopra, Sanna, Hurri, Karoliina, Kauppila, Liisa, Stepien,Adam, and Yamineva, Yulia.　2020. "China, Climate Change and the Arctic Environment." In *Chinese Policy and Presence in the Arctic,* eds. Koivurova, Timo and Kopra, Sanna. Leiden; Boston: Brill; Kopra, Sanna. 2019. "Climate Change and Arctic Security: Searching for a Paradigm Shift. In *Climate Change and Arctic Security: Searching for a Paradigm Shift*, eds. Heininen, Lassi, and Heather Exner-Pirot. Helsinki: Palgrave Pivot.

34 Finland Prime Minister's Office. 2013. "Finland's Strategy for the Arctic Region 2013." in https://vnk.fi/documents/10616/334509/Arktinen+strategia+2013+en.pdf/6b6fb723-40ec-4c17-b286-5b5910fbecf4/Arktinen+strategia+2013+en.pdf.pdf. Latest update 5 September 2022; Finland Prime Minister's Office. 2017. "Action Plan for the Update of the Arctic Strategy." in https://etene.fi/documents/10616/3474615/EN_Arktisen+strategian+toimenpidesuunnitelma/0a755d6e-4b36-4533-a93b-9a430d08a29e/EN_Arktisen+strategian+toimenpidesuunnitelma.pdf. Latest update 5 September 2022.

35 Ministry for Foreign Affairs of Finland. 2021. "Finland's Governmental Action Plan on China 2021."

延伸往南至波羅的海三國及華沙。此一路線往西可至阿姆斯特丹等西歐交通樞紐，往東可以中國大陸的中歐班列連結，成為跨太平洋與大西洋的交通大動脈。

推動永續發展仍是芬蘭北極政策的核心。若比較2021年與2013年版的芬蘭北極策略，可以發現對再生能源及永續發展的高度重視。有關倡議多年的北極鐵路計畫，在2021年版的報告中完全沒有提及。芬蘭作為一個小國，基本政策是國際事務應透過國際合作來解決。芬蘭的處理原則是境外大國的爭端，不應妨害以歐盟及聯合國為基礎的永續發展目標，例如巴黎協定有關氣候變遷的協調執行，以及聯合國SDG的具體合作。

芬蘭北極政策的關鍵因素是歐洲綠色交易（European Green Deal），這個機制的目標是促進氣候中立目標，同時藉由資源的有效利用及提高競爭力，來達成繁榮的目標。這個願景也是芬蘭北極政策的指引。[36]

近年來對芬蘭北極政策最大的衝擊是安全環境的改變。芬蘭與瑞典即使之前並非北約的正式成員國，但多年來作為北約的夥伴，與北約關係仍十分密切。由於俄羅斯入侵烏克蘭的影響，兩國加入北約，有強大的民意支持。瑞典在烏克蘭戰爭之前，民意支持加入北約的比例為30%左右。戰爭開打後的支持率升高到57%。芬蘭則從21%上升到65%。此外，即使兩國成為北約正式成員國，但是否允許北約駐軍，以及允許北約及美國的核子武器進駐兩國，仍存在不確定性。若果真如此，則對俄羅斯的衝擊甚大，北歐的整體安全形勢將有劇烈震盪。此外，由於瑞典的Gotland島具有特殊戰略位置，將牽動波羅的海諸國的安全形勢。[37]

在2021年底芬蘭的一項民意調查顯示，對歐盟的正面態度達到63%，負面為7%，正負參半為11%，14%認為無影響。對美國的態度，正面為22%，負面為19%，無影響為16%。高達31%的民眾表示好壞參半。對美國的正面態

---

36 Koivurova, Timo. 2021. "How will Finland's Arctic Strategy Change?" The Polar Connection. in https://polarconnection.org/how-will-finlands-arctic-strategy-change/. Latest update 6 October 2022

37 Balčiūnas, Andrius. 2022. "What would Sweden and Finland Joining NATO Mean for the Baltics?" New Eastern Europe. in https://neweasterneurope.eu/2022/05/11/what-would-sweden-and-finland-joining-nato-mean-for-the-baltics/. Latest update 6 January 2022

度，因為拜登政府上臺，好感度較川普時代為高。對中國大陸的負面態度，則從2017年的11%，上升到2021年的41%。對中國大陸正面態度僅有4%，20%表示好壞參半。此外，芬蘭民眾普遍有不安全感，有46%的民眾對未來感到不安全，39%的民眾覺得沒有差別，另有12%的民眾對未來安全保持較正面的態度。[38]

　　北歐及北極圈內國家，近年來對連結東亞地區，共同促進北極地區發展展現高度興趣。芬蘭即透過芬蘭航空等管道，促進與東亞地區的經濟合作。東亞國家在成為北極理事會的觀察員之後，參與北極治理也成為新的對外政策著力點。除了北極地區的地方政府與原住民以外，東亞的地方政府也是參與北極治理的行為者之一。日本的北海道，因為最接近北極地區，因此對參與北極治理及經營北方航道展現了興趣。有學者稱此類地方政府的參與為「平行外交」（Paradiplomacy）。地方政府的參與並不是獨立存在於國家政策之外。參與的過程涉及到國家整體政策、中央部會間的利益折衝，地方領導人的政策企圖心，以及對經濟商業利益的整體考量。北海道政府也有意扮演在東京與莫斯科在北方四島爭議中，以商業及文化交流扮演橋樑角色。未來北方航道若成為常態通行的航道，則北海道也可望扮演樞紐港的角色。北海道大學也是北極大學聯盟（University of the Arctic, UArctic）的唯一日本高等院校。[39]

　　南韓是東亞區域參與北極事務最積極的國家之一。南韓於2013年成為北極理事會的觀察員，並隨後公佈北極白皮書。在文在寅政府時代，推出了極具野心的北方政策，與北方航道，歐亞鐵路網，以及俄羅斯的遠東開發計畫整合。南韓參與北極治理事務，在經濟上著眼於北方航道的邊界，科技合作，以及加強與北歐國家的經濟互動。在政治上則拓展與俄羅斯的關係，推動南韓、日本與中國的三方北極事務對話，並進而將北韓納入北方政策和平建構的框架之中。[40]

38 Advisory Board of Defense Information. 2021. *Finns' Opinion on Foreign and Security Policy, National Defence, and Security.* Helsinki: Institutional Repository for the Government of Finland Valto.

39 Kossa, Martin, Lomaeva, Marina, and Saunavaara, Juha, 2021. "East Asian Subnational Government Involvement in the Arctic: A Case for Paradiplomacy?" *The Pacific Review* 34(4): 664-695.

40 Kim, E., and Stenport, Anna. 2021. "South Korea's Arctic Policy: Political Motivations for 21st Century Global Engagements." *The Polar Journal* 11(1): 11-29.

　　南韓參與北極治理的努力受到外在結構與商業現實的雙重限制。文在寅主政時代，北韓的態度反覆，仍是東北亞安全的重大不確定因素。將北韓納入北方政策及歐亞鐵路網的計畫成為泡影。2022年，俄羅斯發動烏克蘭戰爭，南韓企圖與俄羅斯改善關係，並參與西伯利亞開發的規劃也付諸東流。南韓大型商社針對北方航道的實質經濟效益也漸趨保守。由於北方航道的成本、速度，以及效率等因素，韓國大型商社的注意力轉向船舶製造，尤其是 Yamal LNG 2所需於北方航道運輸之船舶。南韓大型商社如三星、現代、大宇均與俄羅斯的國營企業簽約合作。

　　烏克蘭戰爭爆發之後，南韓與俄羅斯針對LNG2 的合作計畫也受大極大的影響。由於俄方無力支付款項，大宇（Daewoo Shipbuilding and Marine Engineering, DSME）於2022年 5月終止了於2020年簽訂，專門為LNG2量身訂造，適合於冰洋中行駛的運輸船。三艘運輸船原本預定於2023年交貨。此外，俄羅斯的本土造船廠Zvezda 原本計劃與三星重工合作建造15艘運輸船。根據各種估計，此一計畫很可能折半。由於俄羅斯LNG 2計畫只完成一條生產線。規劃中的第二及第三條生產線現在擱置，未來前途未卜。對運輸船的需求自然大打折扣。[41]

　　另一方面，南韓的企業集團對北極地區的投資也從與俄羅斯合作造船產業，逐漸轉向北歐國家的基礎建設的投資。2022年5月，現代重工宣布獲得聯繫挪威南部，Rogaland County的Harestad、Randaberg、Laupland、Bokn等地的海底隧道工程。此一世界第二長的海底隧道是現代重工工程科技的展現。[42]此外，南韓SK集團的SK Ecoplant建設公司，也獲得挪威RV.555 the Scotra Connection公路工程的訂單。這是挪威單一工程中最大的項目，也是韓國工程公司在北歐的第一個大型項目。[43]

41 Humpert, Malte. 2022. "South Korean DSME Cancels Contract for Novatek Arctic LNG Carriers." High North News. in https://www.highnorthnews.com/en/south-korean-dsme-cancels-contract-novatek-arctic-lng-carriers. Latest update 6 April 2022.

42 Ryu, Su-Jae. 2022，〈現代工程贏得海地隧道〉，Business Post. in https://www.businesspost.co.kr/BP?command=article_view&num=281512. Latest update 6 February 2022.

43 Shin, Ha-Nee. 2022. "SK Ecoplant's Sotra Link Inks Financing and Concession Agreements." Korean Joong Ang Daily. in https://koreajoongangdaily.joins.com/2022/03/24/business/ industry/SK-ecoplant-Norway/20220324172404237.html . Latest update 6 February 2022.

　　如前節所分析，美國與俄羅斯都是北極國家，但從冷戰一直到冷戰結束後的三十年，這兩個核武大國並沒有把北極地區當作權力競逐場。北歐國家也盡力將北極打造成與國際衝突絕緣的化外之地。北歐治理的機制也將安全問題排除在外。然而，隨著中國大陸的崛起，以及中國大陸推動的一帶一路的拓展，新興強權的參與為大國政治的出現興起了波瀾。近年來習近平倡議「冰上絲綢之路」，將北極航道與一帶一路整合成一個新的戰略圈。配合著北方航道的開通，雪龍一號與二號科考船的多次航行，以及中歐班列的行駛，中國的觸角已經達到高北地區。隨著中國大陸在北歐及北極地區日益頻繁的活動，其經濟以外的戰略安全企圖，引起了不少猜疑。中國大陸與俄羅斯全面戰略夥伴關係的拓展，也加深了美國對中俄企圖的疑慮。自川普政府以來，美國與中國大陸全球敵對關係逐漸白熱化。美國將中國大陸的北極政策也冠上了霸權擴張的標籤。大國政治的競爭關係也延伸到了北極地區。[44]

　　美國對中國大陸的全面抗衡政策，並不限於在亞太地區。中國大陸在北極地區的活動，則被美國視為中國全面擴張的一部分，應妥善因應。Kurt Campbell 及 Rush Doshi 從正當性與權力平衡兩個面向來維持美國主導的全球及區域秩序的穩定。在操作層次上，則展現在航行自由、主權平等、透明化、和平解決爭端、尊重契約、促進貿易，以及國際合作。為保證這些操作原則的順暢運作，美國以超前部署的軍事武力為其後盾。中國的冒險性的領土擴張行為，以及壓迫性經濟方策破壞了美國主導的秩序穩定，同時挑戰了體系的正當性基礎。然而，從坎貝爾及杜如松的分析來看，美國僅從亞太地區部署是不夠的。將歐洲地區進一步與亞太地區戰略結合，則將可有效防堵中國擴張的策略。美國與歐洲盟邦尤其應關注中國雙邊及多邊雙管齊下，分而治之的策略。[45]因此，歐洲與亞太防務及經濟安全的連鎖，成為美國整體因應中國崛起的重要一環。

---

44 Brady, Anne-Marie. 2017. *China as a Polar Great Power.* Cambridge University Press.

45 Campbell, Kurt, and Doshi, Rush. 2021. "How America can Shore up Asian Order." *Foreign Affairs*. in https://www.foreignaffairs.com/articles/united-states/2021-01-12/how-america-can-shore-asian-order. Latest update 2 January 2022.

　　美國早期歡迎中國大陸加入北極治理，支持中國大陸成為北極理事會的觀察員。隨著戰略環境的丕變，美國不再將中國大陸視為北極的發展夥伴，而是將其視為戰略競爭者。美國國會研究處出版，每年更新的《Changes in the Arctic: Background and Issues for Congress》，重新確認了美國的北極國家認同，同時也強調北極是美、中、俄三國地緣政治的競技場。該報告建議美國在北極議題上與中國的互動，應該與其他地區的互動聯繫。中國大陸在南海的行為，可以投射到巴倫支海的可能挑釁。若中國大陸在南海議題上與美國衝突，則應該在北極議題上採取懲罰性的措施，包括取消中國大陸的觀察員身份。在2022年3月份的更新版中，仍強調前國務卿龐培歐於2019年5月在芬蘭的演講。該演講指出中國若不尊重環北極國家的主權，則中國在北極理事會的觀察員身份就會有問題。中國往往是一個言行不一的國家。就個別國家而言，川普政府提出購買格陵蘭的建議，反映了對中俄在當地影響力日增的憂慮。[46]

　　美國於2018年重新恢復以北大西洋為活動範圍的第二艦隊。第二艦隊在冷戰期間的主要目標是蘇聯。在第二艦隊恢復之後，美方聲明其重點不僅僅是北大西洋，而是包括了北極地區的俄羅斯基地。美國國防部也指出美軍及美國海岸巡防隊在北極地區必須加強偵測及巡邏的能力，增強美國軍事武力在高緯度地區的溝通能力，以因應北極的軍事應變能力。[47]美國海軍也於2021年公佈《A Blue Arctic》報告，將俄羅斯與中國視為破壞北極現有秩序與制度的勢力。該報告指出，美國海軍應該更積極介入北極事務，將北極防務視為本土防務，以確保北極海的開放與自由，並嚇阻任何在此區域的強制性及侵略行為。[48]

　　相對於南海而言，中國大陸在北極地區的姿態相對較低。但中國大陸的政治性投資及社會控制工程，仍然引起不少疑慮。再者，美國與北極議題相關的智庫報告，也指出中國大陸對北極政策言行不一，內外有別的現象。在

46 Congressional Research Service. 2022. "Changes in the Arctic: Background and Issues for Congress." CRS Report. https://sgp.fas.org/crs/misc/R41153.pdf. Latest update 6 February 2022.

47 Ibid.

48 US Department of Navy. 2021. "A Blue Arctic." in https://media.defense.gov/2021/Jan/05/2002560338/-1/-1/0/ARCTIC%20BLUE PRINT%202021%20FINAL.PDF/ARCTIC%20BLUEPRINT%202021%20FINAL.PDF. Latest update 6 February 2022.

Brookings Institution出版的《Northern Expedition》報告中，則詳述了中國大陸意圖成為《極地強國》的野心，認為極地問題將成為中國大陸對外政策的重點，並分析了中國大陸內部文件與對外宣傳的差別。極地是中國大陸的「戰略新疆域」。中國大陸認為北極地區是類似無主之地，在軍事上應該首先佔據新高點。科學研究的強化，則能提升中國大陸在該領域的話語權。雖然北歐國家對中國大陸的外交相對採取謹慎態度，但北京方面用粗暴語言及經濟壓迫的工具仍屢見不鮮，北歐國家與中國大陸的關係也漸趨惡化。由於軍民兩用技術的顧慮，中國大陸在北歐設置雷達站與太空合作的計畫受阻。孔子學院也在多國面臨關閉的命運。此外，該報告也指出北歐五國與中國大陸的經貿互賴仍屬有限。北歐國家最主要的貿易夥伴仍是歐盟以及美國，不是中國大陸。[49]總體而言，該報告對解放軍海軍積極拓展北極領域的企圖心及能力頗多著墨，但並未提供實際的證據。有關中國北極論述的內外有別部份，則主要比較北極白皮書發表前的中文文獻，以及發表後漸趨一致的官方北極政策。

　　中國大陸在制訂其北極政策時，採取較謹慎的態度，以避免被他國認為在北極侵門踏戶，但又不希望北極地區成為環北極國家的禁臠，成為排他性的特殊區域。長久以來北極治理的精神在於合作而不是對抗，因此中國大陸亟需找到一種中間策略，作為參與北極治理的基礎。事實上，中國大陸透過聯合國海洋法、聯合國國際海事組織（International Maritime Organization, IMO）及其相關的條約，及其全球環境與氣候變遷相關的公約，可以找到參與北極事務的正當性。作為國際海事組織的成員，中國大陸也聲明將遵守極地準則，主張促進極地海洋通航的順暢。此外，有鑑於氣候變遷及全球暖化造成北極海沿岸魚群的北遷，北極海沿岸諸國開始談判有關中北極海（Central Arctic Ocean）捕魚行為的相關規範，並邀請歐盟、冰島、中國大陸、日本、南韓參與。最終於2018年達成協議，除非特殊條件及狀況，禁止從事商業捕魚。此一協議及談判過程被視為一種對未來北極海域環境治理的預防性治理途徑（Precautionary

---

49 Doshi, Rush, Dale-Huang, Alexis and Zhang, Gaoqi. 2021. "Northern Expedition: China's Arctic Activities and Ambitions." Washington: Brookings Institution.

approach）。[50]

　　中國大陸官方於2017年公布的北極政策白皮書，其基調是尊重北極的制度安排及主權現況，但更積極參與北極相關規則制定及改善，尤其是永續發展與環境保護相關產業。[51]中國大陸學者認為，北極治理本身就隱含地緣政治的因素。俄羅斯插旗事件，間接促使北歐國家對納入中國大陸、日本、韓國等域外國家以觀察員的身分參與北極事務。中國大陸可以在積極參與的大躍進，以及向右轉的戰略收縮之間，找到「創造性介入」的平衡點。根據徐慶超的看法，中國大陸應加強如氣候外交、科技外交、與公共外交等的合作，避免或是少談傳統安全領域的安全問題。參與方式則以聯合國作為平臺，參與急難救助及外交斡旋等工作。[52]誰掌握知識體系，誰就有決策權威。中國大陸應在北極問題上謹言慎行，不給美國可乘之機，並以相對的資金及人員優勢，促進中歐雙方的技術合作，以補足地緣劣勢。大陸學者也建議在中俄合作方面，應將重點放在港口與基礎建設合作上面，暫緩推動衛星系統與北極區域治理的合作。[53]

　　目前中國大陸在北歐國家的投資只佔到在歐洲地區總投資的百分之八左右，有較大的拓展空間。中國大陸與北歐國家在海洋科技創新領域，在藍色經濟通道的理念下，計畫在海上可再生能源、綠色船舶技術、海洋可持續管理、海底礦物提取、藍色生物經濟、以及二氧化碳捕集等北歐先進技術，展開合作。在中國大陸與芬蘭的《關於推進中芬面向未來的新型合作夥伴關係的聯合工作計畫，2019-2023》的規劃下，北極科研合作、技術創新與北極可持續發展等項目將是合作的重點。此外，中國大陸的武昌船舶重工有限責任公司承建

50 Koivurova, Timo, Kopra, Sanna, Lanteigne, Marc, Nojonen, Mattin, Smieszek, Malgorzata (Gosia), and Stepien, Adam. 2020. "China's Arctic Policy." In *Chinese Policy and Presence in the Arctic,* eds. Koivurova, Timo, and Kopra, Sanna. Leiden; Boston: Brill.

51 Leng, Tse-Kang, and Zhao, Zhu-Cheng. 2020. "Partnership on the Ice? Power Politics and Economic Engagement in Sino-Russian Arctic Diplomacy." *Chinese Political Science Review* 70: 1-39; Leng, Tse-Kang. 2018. "China's Arctic Diplomacy: Global and Regional Aspects." In *Decoding the Rise of China: Taiwanese and Japanese Perspectives,* ed. Leng, Tse-Kang and Aoyama, Rumi. New York: Palgrave.
閻宗宗，2021，〈美國北極戰略的變化及與中國的競合〉，《遠景季刊》，21（1），51-106。

52 徐慶超，2021，〈北極安全戰略環境及中國的政策選擇〉，《亞太安全與海洋研究》，1：104-124。

53 李振福、李詩，2021，〈北極問題：治理進程、態勢評估及應對之策〉，《俄羅斯學刊》，11(63)：5-26。

的「挪威海上魚場養魚平臺」，是世界上規模最大的半潛式智慧海上漁場。芬蘭的阿克北極技術公司參與設計中國大陸基地科考破冰船。瓦錫蘭公司為中國的科考船提供主機、廢氣清潔設備以及動力解決方案等。[54]

　　從中國大陸的角度來看，參與北極治理是一種「新疆界」的治理，亦即深海、極地、網絡、外空的治理，強調建構人類命運共同體。例如楊劍主張加強與全球各種行為體的合作，運用外交體系、法律體系、環境治理機制、技術與市場的全球聯繫來抵消霸權政治的阻礙。中國參與新疆域的治理，面臨了治理規範主導權的競爭、保護技術先行國家繼續探索和提供公共產品的積極性等諸多挑戰。任何強國均不能以「公」之名，侵害他國主權。基本上，中國大陸的參與以和平原則為基礎，主權原則為底線，共治原則為路徑，普惠原則為目的。[55]

　　然而，北歐各國對中國大陸在北極的行動缺乏一定程度的互信。對中國大陸的新計畫也保持疑慮。舉例而言，中國大陸曾在挪威北方的Kirkenes參與城市建設規劃。當地多年來缺乏北歐政府的積極投資。中國大陸資金的參與，可望將當地建設成未來的北方航道港口，並連結未來芬蘭的北極鐵路計畫。然而此一計畫受到當地原住民團體的反對而未能實現。中國大陸科研單位在芬蘭Lapland的Kemijarvi租用機場，以支援其極地研究的計畫，也引起了爭議。此一計畫於2018年由中方與芬方Kemijarvi市政府洽商，將擴大機場跑道，以供未來中方大型橫越北極的飛機起降。地方政府支持此一計畫，但軍方基於此一計畫離軍方的基地太近，而保持反對態度。中方代表團除了中國極地研究中心主任，以及國家海洋局極地考察辦公室主任以外，駐芬蘭使館的武官也在列，引起了更大的疑慮。除了中國因素以外，由於此一地點離俄羅斯的Kola半島軍事基地不遠，俄羅斯的安全因素也成為重要的考量。此一計畫過去三年保持高度機密，連與中國極地研究中心有密切聯繫的University of Lapland大學北極

---

54 鄭英琴，2019，〈中國與北歐共建藍色經濟通道：基礎，挑戰與路徑〉，《國際問題研究》，34-49。
55 楊劍，2017，〈深海、極地、網絡、外空：新疆域的治理關乎人類共同未來〉，《世界知識》，10：
　　39-43；楊劍，2020，〈建設海洋命運共同體：知識制度和行動〉，《太平洋學報》，28(1)：94-96。

研究中心也一無所悉。[56]

　　從北歐國家的角度來看，儘管中國大陸在政策聲明上強調尊重既存的規約及法律框架，但從中國在南海的行為來看，中國大陸的行為是不符合北極治理相關規範的。此類行為必需排除在北極治理的機制之外。準此，北歐國家知道針對中國參與北極治理事務，應形成共同的政策分析原則。中國大陸參與北極的問題，也包含了各種區域的網絡，以及次國家層級的互動。合作的重點則為北歐國家最注重的永續發展問題。2019年一月份，北歐部長會議與中國的中國人民對外友好協會，以及中國城鎮化促進協會合作召開了綠色可持續發展會議。除了北歐的企業可以在創新、投資等領域與中方合作外，在教育與觀光等人民交往的層次，會有更多的互動機會。[57]在綠色增長、海洋經濟、生物經濟的商業合作，以及節能減排、清潔能源等項目也將是合作的焦點。[58]在2020年11月舉辦的北歐可持續發展城市項目總結會中，特別提出雙方在醫療部門的合作。會議的主辦方之一楊浦區政府也提出邀請北歐的醫療相關企業在楊浦投資的計畫。[59]

　　此外，北歐智慧城市網絡（Nordic Smart City Network）是由北歐五國的二十個城市組成。其目標試探索以宜居及可持續為基礎的北歐城市發展模式。而其強調的特色是北歐國家堅實的民主社會、高度的社會信任、先進的數位科技以及良善的社會福利政策。在Nordic Innovation（NI）Nordic National Trade Promotion Organization（TPO）以及北歐各國駐華使館的商務部共同推動的北歐健康城市計畫（Nordic Healthy Cities-China Project）即為一個最好的例子。北歐創新是在北歐部長理事會之下，專職推動北歐企業創新與企業競爭力的組

56 Yle News. 2021. "Defence Ministry Blocked Chinese Plans for Research Airbase in Lapland." in https://yle.fi/uutiset/osasto/news/defence_ministry_blocked_chinese_plans_for_research_airbase_in_lapland/11820411. Latest update 9 May 2022.

57 Nordic Innovation. 2019. "Nordic Experiences with Global Challenges can Facilitate Cooperation with China." in https://www.nordicinnovation.org/news/nordic-experiences-global-challenges-can-facilitate-cooperation-china. Latest update 9 May 2022.

58 中國經濟網，2019，〈綠色可持續發展大會在京舉現代工程贏得海地隧道行〉，http://www.ce.cn/xwzx/gnsz/gdxw/201901/21/t20190121_31314406.shtml，查閱時間：2021/7/2。

59 Yang, Jian. 2020. "Nordic Innovation to Drive Sustainable, Smart Yangpu." Shine Website. in https://www.shine.cn/news/metro/2011079325/. Latest update 7 February 2022.

織。此一計畫將北歐的醫療經驗引介中國大陸的都會建設，同時也為北歐廠商創造商機。預計有上百家的北歐與醫療相關的公司，與計畫中的中國大陸城市合作。這些城市包括北京／張家口、成都／重慶、武漢、上海／蘇州，以及長春。此一計畫的規劃，則是由北歐的公私部門合作，共同推動中國大陸健康城市2030計畫、殘疾人扶持，以及改善老人長照機構等。

陸、結論

北極區域當前正面臨重大轉折點。長久以來，北歐中小型國家以多邊主義因應全球鉅變，以民主、人權，以及永續發展為北歐區域主義的核心。北歐國家積極投入多邊外交，但選擇性加入多邊組織。其對外政策一方面致力保持彈性及自主，另一方面將大國權力爭奪及軍事安全問題排除在北極區域之外，以確保北極區域的穩定與發展。就治理北極區域的多邊架構而言，北極理事會是多邊治理的核心，但主要以非正式、共識形成為基本原則，以凝聚北極治理的共同行動綱領。此外，在次國家及地方治理上，也納入地方政府與多元的參與者，例如原住民團體，以共同探究落實北極協調合作的具體措施。北歐與北極治理的多邊機制並非封閉型的區域主義。北歐國家歡迎境外參與者共同打造北極永續家園。近年來，東亞各國以北極理事會觀察員身份，參與北極治理，促進北極地區市場發展，頗引人矚目。

對北極區域治理最重大的影響因素是大國政治的衝擊。美國雖為北極國家，但對北極事務原本並不熱衷。中國大陸自2013年成為北極理事會觀察員，並推動冰上絲綢之路，開始較積極參與北極治理後，引起美國警覺。近十年來美中全球戰略競爭關係加劇，大國的權力爭奪也延燒至北極區域。美國一方面重新在北極區域佈署軍事網絡，另一方面也將中國大陸在北極的活動貼上霸權擴張的標籤。中國大陸方面雖採取尊重現有北極秩序的低調政策，但北歐各國對中國大陸疑慮加深，信任感也降低。俄羅斯在北極區域佔有主場優勢，且控制北方航道。北歐各國長久以來將俄羅斯納入北極治理機制，並以務實態度處理安全問題，與北約的關係也以伙伴而非正式軍事同盟為主。2022年俄國入侵烏克蘭，改變了北歐整體安全架構。大國權力競逐，及高北地區的安全政策，勢必成為未來北極治理的矚目焦點之一。

　　展望未來，北歐標章及開放型多邊主義的持續與昇華仍是北極地區穩定與發展的基石。北歐標章的核心是推動全球及區域的永續發展，並平衡環境保護，經濟成長，以及社會福利的永續發展目標。大國權力政治介入北極區域勢不可免，但北歐中型國家佔有道德的制高點，其遊走於強權政治的空間仍高於其他區域，其說服力及中介角色也凸顯了北歐外交的利基所在。如何維持並強化北極多邊治理機制，並因應快速變遷的國際環境，將為吾人解析區域發展、區域治理，乃至全球治理提供了一個重要的觀察分析案例與主題。

附錄一：深入閱讀書單

錢宗旗，2018，《俄羅斯北極戰略與"冰上絲綢之路"》，北京：時事出版社。

Burke, Danita (ed.). 2020. *Diplomacy and the Arctic Council.* Canada: McGill-Queen's University Press.

Congressional Research Service. 2022. "Changes in the Arctic: Background and Issues for Congress." CRS Report.

Doshi, Rush Doshi, Alexis Dale-Huang, and Gaoqi Zhang. 2021. "Northern Expedition: China's Arctic Activities and Ambitions." Brookings Institution.

Likhacheva, Anastasia (ed.) 2022. *Arctic Fever: Political, Economic & Environmental Aspects.* Palgrave.

附錄二：主要北極研究學術單位

U.S.
>   1. The Arctic Institute
>   2. Wilson Center Polar Institute
>   3. US Arctic Research Commission（USARC）

U.S/Japan
>   1. International Arctic Research Center（IARC）

Canada
>   1. Arctic Institute of North America（AINA）

Denmark
>   1. Arctic Research Centre
>   2. Aarhus University-Arctic Research Centre
>   3. Danish Polar Center（Danish Polar Center）

Finland
>   1. Arctic Centre
>   2. The Barentsinfo.org portal

Norway
>   1. The Fridtjof Nansen Institute
>   2. Norwegian Polar Institute

Sweden
>   1. Polar research secretariat

Iceland
>   1. Stefansson Arctic Institute

Germany
>   1. Alfred Wegener Institute

Circumpolar region（secretariat: Finland）
>   1. U-Arctic

China-Nordic countries

   1. China-Nordic Arctic research Center

   2. 上海國際問題研究院

China

   1. Polar Research Institute of China（PRIC）

Korea

   1. Korea Institute for Maritime Strategy

     *Maritime security strategy

   2. Korea Institute of Ocean Science and Technology

     *Scientific research

   3. Arctic Knowledge Center

     *Comprehensive information portal（government policy, journals, articles latest update）

   4. Korea Polar Portal Service

     *General information, articles and newsletters regarding Arctic, Korea Arctic Policy

   5. Korea Polar Data Center

     *Scientific database

   6. Korea Maritime Institute

     *Ocean policy development and research / logistics and shipping report

附錄三：專有名詞英文、中文對照表

英文	中文
Arctic Corridor	北極廊道
Barents Arctic-Euro Council	巴倫支北極歐洲理事會
Cyber and hybrid threat	網路及混合的新型戰爭
Enhanced Partnership in Northern Europe	北歐強化夥伴關係
Greenpeace	綠色和平組織
Ministries of foreign affairs of Nordic states	北歐外長會議
Nordic diplomacy	北歐外交
North Atlantic Treaty Organization（NATO）	北大西洋公約組織（北約）
Northern sea route	北方航道
Polar Code	極地準則
Scandinavian civil society	斯堪地那維亞公民社會
The Arctic Council	北極理事會
World Wildlife Fund	世界自然基金會

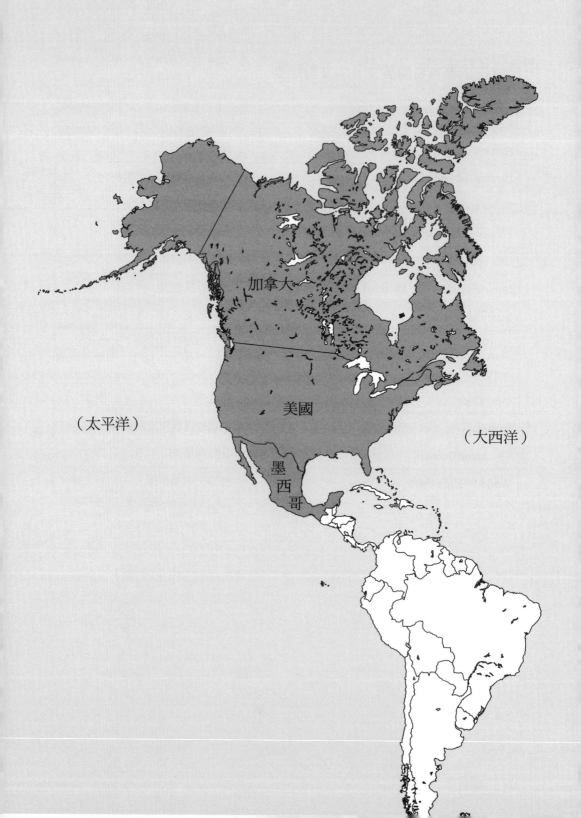

（太平洋）

（大西洋）

加拿大

美國

墨西哥

霸權之後？從《北美自由貿易協定》到《美墨加協定》

盧業中

摘要

　　為實踐「美國優先」的主張，川普政府任內主導北美自由貿易協定之重新談判，以《美墨加協定》取代《北美自由貿易協定》，反映出美國作為霸權國家主導區域性經濟整合的實力。北美地區做為一個同時有全球性霸權、中等強權與發展中國家的區域，如何推動區域化，成為各界關注之焦點。本文以美國推動《北美自由貿易協定》重新談判、並達成《美墨加協定》為個案，探討區域內國家對於霸權主導下的區域整合之看法。

　　關鍵字：北美自由貿易協定、美墨加協定、獨斷霸權、川普

壹、前言

美國川普政府任內主導北美自由貿易協定之重新談判，以《美墨加協定》取代《北美自由貿易協定》，反映出美國作為霸權國家主導區域性經濟整合的實力。北美地區做為一個同時有全球性霸權、中等強權與發展中國家的區域，如何推動區域化，成為各界關注之焦點。

本文以國際關係有關霸權如何發揮影響力之討論作為研究起點，以美國推動《北美自由貿易協定》重新談判、並達成《美墨加協定》為個案，並探討區域內國家對於霸權主導下的區域整合。本文除前言外，第二部分將介紹《北美自由貿易協定》重新談判之歷史背景，第三部分則援引霸權與區域整合理論，並於第四部份進行適用與檢證。本文第五部分討論《美墨加協定》的重要議題，包括美國國內政治、爭端解決安排，以及毒丸條款與美中競爭等；第六部分為結論，將以此個案討論北美區域化的展望。

貳、歷史背景：NAFTA 到 USMCA

美國與加拿大雙邊自由貿易協定自1986年展開談判，1988年兩國正式簽訂《美加自由貿易協定》（Canada-United States Free Trade Agreement），該協定並自1989年1月生效。該協定關鍵內容包括取消關稅、減少非關稅障礙，同時觸及服務業貿易，以及爭端解決機制，及採取公平和迅速的原則解決貿易爭端等。為擴大及強化《美加自由貿易協定》之功能，美國、加拿大與墨西哥於1992年12月17日簽署《北美自由貿易協定》（North America Free Trade Agreement, NAFTA），於1994年1月生效，成立北美自由貿易區，最主要之目標即在於創造就業機會、擴大市場、降低關稅和消除貿易壁壘。該協定之宗旨提到，要創造公平條件、增加投資機會、促進三國多邊合作、建立解決貿易爭端的有效機制。該協定簽署完成後，成為富有開發國家與發展中國家簽署自由貿易協定的首例，亦成為此後美國與其他國家簽署國際貿易協定之重要參照。

川普上任後，為平衡美國對加拿大及墨西哥的貿易關係，並為美國創造就業機會，自2017年8月起由美國主導，進行修訂《北美自由貿易協定》之談判。經歷多回合談判後，三方於2018年9月30日達成協議，以《美國—墨西哥—加拿大協定》（United States–Mexico–Canada Agreement, USMCA）達成共識，並在該年11月30日，由三國領袖在G20高峰會前，於阿根廷布宜諾艾利斯正式簽署該協定；三國並於2019年12月10日簽署修約議定書。在先後完成國內批准程序後，《美墨加協定》正式在2020年7月1日生效。

　　《美墨加協定》共計34章，涉及之內容較其前身更為廣泛；另有13項附件、及16項補充協議（side letters）。相較之下，其前身《北美自由貿易協定》則有22章及9項附件，並無其他補充附件。而《美墨加協定》主要章節包括汽車及零配件原產地及勞動價值要求、投資人與地主國爭端解決機制、智慧財產權保護、藥品及醫材規範、數位貿易、海關程序與貿易便捷化、能源、紡織品、技術性障礙、勞動標準、農業、日落條款、國營企業及防止締約方與非市場經濟體洽簽FTA之機制等。該協定的前言部分指出，美、加、墨三國希望藉由此協定，再次鞏固合作、擴大投資、強化關係，並有助於導向更自由公平的市場，鞏固北美區域經濟增長，推動出口以及北美區域企業在全球市場的競爭力。美國貿易代表署認為，《美墨加協定》可被視為21世紀高標準協定，亦為貿易協定的新典範。其後的修約議定書，也特別關注勞動權益，使得協定為美國國會所接受。

參、霸權與區域整合：理論的回顧與討論

　　國際關係研究中，區域整合相關理論途徑大致以功能主義作為出發點，而後續則以新功能主義繼續補充與強化，以解釋歐洲的區域整合。冷戰結束後，世界貿易組織的成立，為全球自由貿易體制的興起，又驅動個別區域內國家間貿易、生產與投資等的強化與整合，造成市場的區域化現象，或更進一步透過政府間政策合作的導引、規劃，而區域主義更蓬勃發展。

　　相較於全球自由貿易體制，區域間國家之經濟整合，是降低區域內國家交易成本、創造收益，而對區域外國家則藉由關稅等手段形成歧視策略。區域經

濟合作或整合之優點在於所涉國家無論就數量或政經背景而言均相對單純，較易凝聚共識，並有助在國際多邊自由化談判下以集團方式形成共同立場，最終有助於推動全球自由貿易。然全球自由貿易倡議者多認為，區域整合對於貿易創造（trade creation）效果有限，而多將造成貿易移轉（trade diversion）的效果，亦即相關國家會傾向增加與區域內成員的貿易互動、並以此取代與區域外的貿易關係。此等結果無助於推動全球全球貿易，反而易使區域內國家陷入與區域外國家的貿易爭端。

國際政治經濟學的相關分析對上述的討論甚多，但相對而言，該等研究對於區域內國家國力及合作獲利差異會否影響渠等參與區域整合的討論較少。部分論及國力差異的文獻，多認為對中小國家而言，可以利用區域整合作為工具或籌碼，以集團力量在國際多邊貿易談判中取得經貿利益或擴展其政治影響力。

然而，在實務上我們亦可發現，有些合作對象更偏好原本沒有合作的現狀，但為甚麼這些參與者或輸家，會願意成為這種區域貿易安排的一員？強權或霸權國家又如何主導、使得輸家願意參與此等整合？這些輸家知道這份他們不喜歡的協議即使沒有他們也能夠完美地運作，而且也知道在合作的決策結構中有既得利益行為者存在，即使只有這些既得利益者是成員，他們也能繼續受益，因為強權國家在此安排下係屬獨斷強權（go-it-alone power），或是單極強權（unipolar power）。

Lloyd Gruber（2000）即以《北美自由貿易協定》為例，提出了一個同時借鑑現實主義與自由主義有關國家合作主張之論點，認為國家同意加入區域整合時，防禦性動機常常多過於互利動機。Gruber認為，墨西哥和加拿大政府在沒有受到任何欺凌或脅迫的情況下同意參與美國主導的多邊安排，但亦有證據顯示兩國其實都不太喜歡這個安排。[1]當A國與B國決定要基於共同利益建立合作協議或機制時，為甚麼其他國家在不一定有共同利益的情況下會選擇自願加入？因為A、B兩國建立起的合作架構將可能產生排他的效果，讓其他國家面

1　Gruber, Lloyd. 2000. *Ruling the World: Power Politics and the Rise of Supranational Institutions*. New Jersey: Princeton University Press, 143-146, 158-160.

臨相較於原本的地位不利的兩個選擇：加入或不加入，而不加入會蒙受更大的損失，所以會自願加入。依據 Gruber 所言，此等獨斷強權所運用之權力與現實主義者所提的談判權力（bargaining power）或是強制權力（coercive power）不同，因為贏家並不需要強迫對手加入。贏家不會在其他互動領域通過支付補償給輸家來讓輸家默許。輸家之所以默許，是因為他們知道贏家可以在沒有他們的情況下繼續良好運作。

　　在以美國主導的權力結構下，1989 年《美加自由貿易協定》成功促使墨西哥於一年後改變其對於自由貿易的態度。過去，墨西哥社會中反自由貿易組織的反對，對革命制度黨（PRI）的主導政治地位幾乎沒有威脅，但到 1980 年代後期，墨西哥的威權統治者變得越來越容易受到社會反對和異議的影響，所以 1990 年墨西哥向美國主動提議讓人跌破眼鏡。主要原因有兩個，一個是國內政治聯合的結構變得更傾向自由化，一個是墨西哥面臨的外在環境改變。PRI 認為如果墨西哥繼續維持反對自由貿易的路線，正在改變的世界經濟會讓他們無法取得長期投資的資本。

　　在《北美自由貿易協定》談判過程中，美國並未做出威逼的舉動，而是墨西哥出於自願性加入，但這並不代表美國和加拿大沒有關注墨西哥的政策轉彎。最明顯的是，《北美自由貿易協定》不僅增加了老布希總統在美國國內的政治資本，同時也強化了美國在烏拉圭回合談判的討價還價立場。

　　事實上，《美加自由貿易協定》主要改變了墨西哥統治精英的考量。在此之前，墨西哥希望竭盡全力恢復北美最初更具保護主義的現狀。因為在《北美自由貿易協定》之中，美、加、墨三國的互補性對墨西哥看似十分有利，但其中的勞工協議與工作環境協議提高了墨西哥的生產成本，也降低了它的相對優勢。另一方面，該協定的規模經濟效益可能使原本在墨西哥的企業為了最大的美國市場而去美國生產。美國和加拿大確實同意墨西哥在某些敏感品項上階段性去除關稅，另一個對墨西哥的妥協是墨西哥的國有石油公司 PEMEX 可以保有原油探勘的壟斷權，但《北美自由貿易協定》向所有北美公司開放能源相關商品和服務合同的招標，從而確保加拿大和美國的鑽井公司有機會分享墨西哥石油工業未來可能產生的任何利潤。

在討論加拿大參與該協定時經常被忽視的事實是，當加拿大在1993年批准該協定時，其政府由自由黨總理讓‧克雷蒂安（Jean Chrétien）領導，他所屬的政黨乃屬於反對自由貿易的立場，在1988年就曾奮起反抗，防止美加雙邊協定生效。儘管克雷蒂安政府最終同意將加拿大納入三邊體制，但做出這個決定的動機與其說是對自由貿易的政治或經濟利益有新的想法，不如說是擔心如果加拿大自己選擇被忽視並允許美墨自由貿易，而南部鄰國成為美國主導的軸輻式系統的樞紐，可能對加拿大產生不利影響。

此外，亦有學者由國際合作之角度，比較當時《北美自由貿易協定》與歐洲整合以及其他經貿安排的差異。Frederick Abbott認為，該協定旨在促進市場自由化和鼓勵資本流動，而不是建立一個政治聯盟。[2]事實上，加拿大、墨西哥或美國都沒有以在北美大陸建立政治或社會聯盟的想法，也就沒有與歐盟相媲美的政治動機。此外，《北美自由貿易協定》裡精確的法律規則也有助於限制政府的戰略行為，明確規定允許和不允許的行為能有效阻止各方利用不精確的法律的灰色地帶來獲取利益；精確的協議為商業決策者提供了更高的確定性，比起不精確的協議更有效地降低風險溢價，鼓勵各方貿易和投資；協定中精確的條款為商業組織和非政府組織充分提供有關貿易的信息，能讓他們積極參與在其中。

另一方面，《北美自由貿易協定》的明確條款反映出協定對其締約方施加了高標準的義務。高標準的義務具有說服力和強迫性的特徵，以具有約束力的義務來構建法律承諾，該貿易協定是在互惠交換的背景下談判的，即使是不平等的交換，如果每一方都相信對方也會這樣做，那麼便有執行協議的可能。而在《北美自由貿易協定》中，墨西哥提供了對比美、加兩方相對更高標準的讓步，原因在於墨西哥需要試圖說服潛在的投資者，相信其能為投資將提供一個安全的金融環境。

美、加、墨三方對於獨斷霸權的考量亦影響了《北美自由貿易協定》的法制化程度為何不如歐盟整合。加拿大較偏重社會福利政策、強調政府介入以調

---

2 Abbott, Frederick M. 2000. "NAFTA and the Legalization of World Politics: A Case Study." *International Organization* 54(3): 520.

節市場與社會的關係，但美國在外交事務和貿易政策上一直抵制限制其自主權的任何可能性，加上當時係由老布希執政，而共和黨較偏重企業及市場利益，不願政府過度介入商業活動。墨西哥方面對於美、加的市場與影響力所形成的不平等關係相當留意，因此也不願意有一個強有力的制裁機構出現。出於各方對於主權受限的憂慮，北美自由貿易協定的規則並不直接適用於加拿大或美國的法律，讓締約方對仲裁員的選擇和爭端裁決的執行保持有效控制，同時間即使仲裁員是由爭端雙方共同任命，但仲裁員要求締約方遵守的決定是沒有約束力的。另就國內法院能否援引《北美自由貿易協定》方面，美國國會在批准和實施該協定的立法中明確否認該協定對國內產生直接影響的可能性，美國法律亦不得將其作為權利來源；加拿大憲法體系禁止國際協定在國家法律中產生直接影響，也讓《北美自由貿易協定》不能直接作為加拿大援引的來源；墨西哥憲法則允許國際協定的直接影響，其立法機構也沒有採取行動否認《北美自由貿易協定》的潛在直接影響。在高標準義務與牽涉主權的議題上，墨西哥雖為《北美自由貿易協定》的締結方，但其明顯因為渴求經濟利益而處於較不利的地位，相反地，美、加兩國可在協定的架構下享有更大的自由，也主導著協定的執行。

　　2016年美國總統大選期間，共和黨籍候選人川普即多次提到美國的軍事盟邦藉由各項同盟協定，佔美國的便宜，而自由貿易的交易，對美國是不利的。因此，美國必須思考廢除這些承諾、或至少重新談判的可能性，方可能「讓美國再次偉大」。這樣的主張，對於大部分的美國一般民眾而言，頗能引起共鳴，也是川普認為其競選致勝的關鍵之一。川普執政後，在其「美國優先」（America First）、強調美國優勢地位的外交構想下，認為當時各項自由貿易協定對於美國利益均有害而無一利。[3] 川普政府先是宣布退出歐巴馬時期已展開談判的《跨太平洋夥伴協定》，與世界貿易組織的齟齬不斷，同時又宣布將就《美韓自由貿易協定》（KORUS FTA）重新談判。

3　Mayer, Frederick W. & Nicola Phillips. 2019. "Global Inequality and the Trump Administration." *Review of International Studies* 45(3): 504-505.

　　對於川普政府有關自由貿易的政策，建制論學者如Judith Goldstein 與Robert Gulotty指出，川普政府的舉措使得美國喪失了在國際貿易體制下的領導地位。此等措施包括將生產基地拉回美國、設置出口投資的路障、又鼓勵美國企業出口至國外市場，但同一時間並未納入對於勞工的保障，使得美國自二戰以來，試圖在國際間建立的鑲嵌式自由主義（embedded liberalism）更無法實現。[4]現實主義者如David Lake亦認為，美、中之間作為兩大強權的關係急速惡化，將無可避免地導致兩大強權除了在全球層級競爭外，將在各自所屬區域加速區域化。此等區域化將是北美與亞洲各自在美國與中國大陸的領導與權威下，形成並固化既有的層級（hierarchy），而《北美自由貿易協定》轉化為《美墨加協定》就是例證。[5]

　　此外，加拿大對於川普政府提出重新談判之議某種程度上亦覺得意外。Laura Macdonald指出，經過20年的實踐，北美自由貿易區確實有助推動區域內的自由貿易，亦成為全球化的助力，然全球化的成果並非平均由各國所享受、各國國內不同群體受到的影響亦不一樣，其結果就是民粹主義高漲。川普挾著反全球化的民意上臺而提出重新談判，對於杜魯道政府而言，則試圖藉國內勞工立場與自由制度主義強調國家合作的概念，與川普治下的美國於北美自由貿易區的霸權角色相抗衡。[6]

　　綜合上述文獻，本文認為Gruber所形容的獨斷霸權角色與途徑較適合解釋當前北美區域之經濟整合。川普上臺後所主導的《美墨加協定》，正凸顯獨斷霸權在區域整合中的主導角色，亦可藉由加拿大與墨西哥如何建構自身在談判中的優勢以應對美國，來為此途徑提供補充論述。

---

4 Goldstein, Judith & Robert Gulotty. 2021. "America and the Trade Regime: What Went Wrong?" *International Organization* 75(2): 540.

5 Lake, David. 2020. "Whither the Liberal International Order? Authority, Hierarchy, and Institutional Change." *Ethics & International Affairs* 34(4): 468.

6 Macdonald, Laura. 2020. "Canada in the North America Region: Implications of the Trump Presidency." *Canadian Journal of Political Science* 53: 517.

肆、區域化與區域整合進程：《美墨加協定》談判

　　《北美自由貿易協定》原先之主要重點在於促進北美地區三國之間的貿易關係。美國國會研究處的統計顯示，而以貿易量而言，美國自加拿大與墨西哥進口的商品，自1993年的1,509億美元，增長至2019年的6,873億美元，成長3.55倍；而美國對加、墨兩國的商品出口，在同時期亦由1,418億，增長至5,503億美元，成長2.88倍。2020年由於疫情影響，相關數據雖有下滑，但美國在服務業仍維持優勢，對加、墨均有盈餘。[7]川普批評《北美自由貿易協定》讓美國喪失工作機會等，相關的研究則顯示工作機會的轉移有高度的產業差別，如汽車工業確實有轉移至墨西哥的現象，而自1993至2014年之間，美國每年淨損失的工作機會約為15,000個。部分專家認為其中還有中國大陸加入競爭的因素，但川普以此做為重新談判最主要的訴求。[8]

一、美國立場：從自由貿易到公平貿易

　　川普在競選期間，即多次提到對於自由貿易（free trade）的看法。他認為中國大陸之所以經濟崛起，主要就是因為搭著全球自由貿易的便車，因此，川普強調要進行公平貿易（fair trade）而非強調自由貿易。川普對於競爭對手如此，對於盟邦亦提出此等主張，認定全球化與自由貿易有損美國利益，美國應重新談判有利條件或退出相關安排。他要求美國的盟邦要為美國提供的安全保障支付成本，而沙烏地阿拉伯、南韓與科威特是被點名的三個國家。川普對於美國幫助科威特抵抗伊拉克的同時、而科威特商人卻在美國精打細算尋求穩賺不賠的生意機會尤感不滿。其後川普更點名德國、日本、以及英國都應當為美國的保護付出應有的成本。[9]

7　Villarreal, M. Angeles. 2021. *The United States-Mexico-Canada Agreement (USMCA)*, Congressional Research Service R44981, December 28: 6.

8　Chatzky, Andrew, James McBride & Mohammed Aly Sergie. July 1, 2020. "NAFTA and the USMCA: Weighing the Impact of North American Trade." *Council on Foreign Relations Backgrounder*.

9　Trump, Donald J. 2015. *Great Again: How to Fix Our Crippled America*. New York: Simon & Schuster, Inc, 45.

　　除了退出《跨太平洋夥伴協定》外，川普對於南韓亦不假辭色。《韓美自由貿易協定》原係小布希任內2007年所簽訂，後由於南韓內部反彈，美、韓雙方重新談判後於2010年12月簽署修訂後版本，2012年3月正式生效。2017年川普上任後即積極推動與南韓的重新談判、並不惜以片面退出為手段，最終雙方於2018年9月24日簽署重新談判後的自由貿易協定。論者多將此重新談判歸因於川普個人的意識形態與決策風格，如川普強調談判的策略就是：最迫切希望達成交易的那一方，就該是在談判中得到最少的那一方。[10] Jonathan Krieckhaus進一步認為，川普個人傾向保護主義的意識形態、加上透過零和思維理解國際貿易，認為只要對手有透過貿易獲利，就是己方的損失等心態，導致上任後對於各項自由貿易協定都採取翻案的態度。此外，川普內閣人事的快速變化、尤其是全球化支持者在2018年3月以後即離開川普的內閣，其內閣已無法約束川普個人保護主義的本能，更使得川普可以加速其去全球化的政策推進。換言之，影響川普總統貿易政策的最大因素，就是他個人的意識型態，未必是由美國利益驅使。[11] 但此案例亦符合獨斷霸權，有關南韓處於較為弱勢一方、願意妥協的解釋。

　　除上述個人意識型態外，亦有論述認為川普對自由貿易的反感是源自於自戀型人格，導致他國不尊重美國的行為讓他個人覺得受到冒犯。此外，美國在政治上的孤立主義，當二戰後日本和德國經濟復甦並帶來競爭，美國也是用保護主義的手段捍衛其經濟利益，透過在全球經濟體系中佔據主宰地位來達到其目的。另若以重商主義的角度看來，由於該途徑強調經濟服膺於政治，而國家則會自動作出最符合經濟利益的選擇。

　　然而，Valentinas Berziunas認為，全球經濟的結構性限制也是重要因素。[12] 該文以華勒斯坦（Immanuel Wallerstein）的世界體系理論來論述川普的保護主義作為，主要目的是為了回應世界經濟體系中相對經濟權力的平衡改變。透過

---

10 Trump, *op.cit.*: 39-40.

11 Krieckhaus, Jonathan. 2018. "US Trade Policy, President Trump and the KORUS FTA." *Korea Observer* 49(4): 627-629.

12 Berziunas, Valentinas. 2019. "Donald Trump's International Economic Policy from the World System's Perspective." *Lithuanian Annual Strategic Review* (17): 65-66.

世界體系的分析途徑，美國認為新崛起的國家如中國與東南亞國家，以及既有競爭者西歐、日本、南韓等對美構成生產的壓力，最後再加上美國自身工業的衰退，所以才要把工業生產拉回美國。回顧歷史，兩次世界大戰讓美國成為了世界經濟霸權，然20世紀後半期，工業開始從核心區轉移至邊陲區與半邊陲區，而全球體系核心—半邊陲—與邊陲區的工業生產結構，進一步限制並阻止工業生產返回美國。此等發展導致美國的工業與相對經濟實力開始衰退，讓美國在經濟上逐步邊陲化。而後來面對中國在經濟與科技實力的崛起，所以川普政府才推行保護主義措施來限制中國科技部門的發展，讓它沒有機會可以取代美國成為世界霸權。

川普競選期間即多次抨擊《北美自由貿易協定》是有史以來最糟糕的協定，尤其將之訴諸中西部地區選民。美國於2018年8月中開始與加拿大及墨西哥進行首輪磋商，8月底已與墨西哥完成談判，而直至9月30日之最後期限，方與加拿大敲定各項細節。美國、墨、加最後在11月30日於G20峰會期間簽署《美墨加協定》，使北美自由貿易區得到延續。經各方國內程序同意後，該協定於2020年7月正式上路。然而，針對該結果，美國媒體並未給予高度評價。多數評價認為該修訂後協定換湯不換藥，與原來的安排差異不大，甚至有評論認為只是增加了音節，由兩個音節變成 U-S-M-C-A 五個音節。[13]

回顧談判過程，美國對於墨西哥之談判主張主要集中於工廠對環境和勞動標準，要避免後者透過相關競爭主張如降低門檻以強化競爭力；對於加拿大，美國則著重在讓美國的酪農業可以進入加拿大市場。最終《美墨加協定》實際上大幅度地保留了《北美自由貿易協定》中有關關稅減免與經濟整合的目標。

在個別議題上，美國優先關注有關汽車業的限制。《美墨加協定》包括旨在將更多投資和就業機會轉向美國汽車行業的新規則。當交易完全生效時，已完成的汽車和卡車以及核心部件（例如發動機，車身及軸承等）的價值之75%

13 Long, Heather. 2018. "USMCA: Who are the winners and losers of the 'new NAFTA'?" *The Washington Post* (Online), October 1, https://www.washingtonpost.com/business/2018/10/01/winners-losers-usmca-trade-deal/. Latest update 4 August 2022; Dam, Andrew Van. 2018. "USMCA, Trump's NAFTA replacement, is big. And that's just in terms of syllables." in https://www.washingtonpost.com/business/2018/10/02/usmca-trumps-nafta-replacement-is-big-thats-just-terms-syllables. Latest update 4 August 2022.

必須起源於北美，才有資格獲得免稅待遇。先前《北美自由貿易協定》對該項目之規範為62.5%。新協定同時要求汽車價值的40％和輕型卡車總值的45％必須在美國與加拿大的工廠製造，而受薪工人平均每小時至少16美元。美國汽車製造商對此表示歡迎，認為將強化他們的競爭力。美國國際貿易委員會亦預估，隨著製造商開始從國內合作夥伴那裡採購更多供應，《美墨加協定》可能會為美國帶來數千個新工作機會。

在勞工議題方面，《美墨加協定》有助於確保工人的權利得到保護，美國的野生動植物和自然資源得到更好的保護，以及作為美國辛勤工作的骨幹的美國人——從工廠工人到家庭農民——都有機會成功和蓬勃發展。該協定將確保所有三個國家的工資公平，包括解決對行使權利工人的暴力行為的有力條款，並要求墨西哥改革其勞動司法制度，並允許其工人進行真正的集體談判。美國與墨西哥政府原先即希望《北美自由貿易協定》付諸實現後，可以為墨西哥當地創造穩定且有利的工作機會，一方面有助墨西哥推動經濟改革，另方面則希望可以促使墨西哥勞工願意留在當地而非進入美國成為無證移民。本次《美墨加協定》談判過程中，在美國勞工團體的支持下，大多數眾議院民主黨人希望繼續與美國貿易代表Robert Lighthizer合作，探討如何增強協定並確保在墨西哥可以執行新的勞動條款。商界領袖支持眾議院民主黨人和川普政府之間的努力，對執行涉及勞動和環境以及其他問題的規則進行妥協，但他們也希望盡快看到各方談判。

二、加拿大立場：開放市場但互惠互利

加拿大承諾開放農產品及乳製品等，但在談判當下，非常關切美國援引相關規範而對其課徵的鋼鋁稅。如上所述，加拿大關切的是重新談判是否符合加拿大的利益，尤其是其國內個別產業的勞工利益。換言之，開放市場可以，但要避免國內政治效應的可能反撲。

由於加拿大執政黨更替，接續談判的杜魯道政府原先位於相對弱勢，杜魯道亦被國內對手批評為過於謙和有禮、年輕無經驗、過於理想主義等。然而，2018年6月G7峰會期間，川普在一則推文中，說杜魯道是雙面人，在會議期

間「溫順而溫和」，但事後猛烈抨擊他為「非常不誠實和軟弱」。川普的對加拿大的作為是想給其他準備談判的國家如韓國、中國大陸、歐洲等一個信號，連最親近的盟友美國都可以這樣對待，其他人最好做好準備。杜魯道對此作出強勢回應，表示加拿大不會任美國擺布。此次交手反而使得杜魯道在國內的支持攀升，有助加拿大後續以就事論事的方式進行談判。[14] 杜魯道亦針對美國番茄醬課徵關稅，當作對美國課徵鋼鐵稅的回應及談判籌碼。

2018 年 7 月，杜魯道改組內閣，將貿易分散化放在首位，可說是加拿大對美國的貿易政策越來越感到不安的反應，因為它面臨著來自美國的進一步關稅威脅。當時美國商務部對進口鈾是否威脅國家安全展開調查，而加拿大是美國最大的外國鈾供應國；另有汽車關稅的陰影，因為川普承諾要將製造產線帶回美國，這也適用於加拿大製造的汽車與零件。

2018 年 8 月底，美、加雙方開始努力談判，在相關討論被擱置三個月後，加拿大國際貿易部長 Chrystia Freeland 抵達華盛頓，與美國對口會面。就在前一天，川普表示美國和墨西哥已經同意了新的貿易條款，並暗示加拿大幾乎沒有餘地來改變其他各方的協定。然而，美國與墨西哥的協定中有加拿大反對的條款。另一方面，川普政府也面臨了國會的壓力，因為加拿大是美國的第二大貿易夥伴國，如果在新的自由貿易協定中沒有加拿大，國會將不會批准。川普還面臨著時間壓力。在通知國會後，川普必須等待 90 天才能簽署協定，美國希望在墨西哥新政府於 12 月 1 日上臺之前能完成。川普威脅說，如果加拿大不願意妥協，他將對加拿大徵收汽車關稅。

有關工資議題，加拿大對美國和墨西哥取得的進展感到歡迎，尤其肯定墨西哥的重大讓步，且由於許多加拿大汽車工人已經處於新進談判所律定的工資範圍內，因此可能為加拿大工業帶來優勢。此外，美國同意放棄該協定在 5 年後各方無合意展延即到期的要求。美國和墨西哥同意該協定為期 16 年，並在 6 年後進行條款審查。在加拿大和墨西哥堅持下，新的協定取消了落日條款，以

---

14 Ross, Selena. 2018. "Trudeau takes his turn as Trump's principal antagonist, and Canadians rally around him." *The Washington Post (Online)*, June 10, in https://www.washingtonpost.com/world/trudeau-takes-his-turn-as-trumps-principal-antagonist-and-canadians-rally-around/2018/06/10/162edcf8-6cc6-11e8-b4d8-eaf78d4c544c_story.html/. Latest update 4 August 2022.

避免為投資規劃帶來不確定因素。

　　對於加拿大來說，一些癥結仍然存在，其中最主要的是維持爭端解決程序，使獨立小組有權解決貿易衝突。加拿大認為這個小組是對抗來自美國關稅威脅的重要途徑，但是作為美墨協定的一部分，墨西哥原先同意放棄該小組。加拿大重申了這項被稱為第19章的規定，必須在任何經過修訂的貿易協定中出現，才能簽署。

　　此外的分歧集中在農業，川普推動美國酪農業產品更容易進入加拿大市場，抱怨加拿大的乳製品市場制度。依據供應管理（supply management）制度，加拿大國內產品的供應透過配額進行監管，自1990年代初談判《北美自由貿易協定》時即施行至今。美、加雙方就此談判期間，加方曾提出依據《跨太平洋夥伴協定》規定的條件開放其乳製品市場，但為美方拒絕。由於以酪農業而言，魁北克省的產值佔大宗，而該省在國內政治上而言常具有影響聯邦選舉結果的關鍵地位，故對杜魯道政府來說，如何兼顧經濟競爭力與政治選票確實不容易。

　　由於面臨時間壓力，在美國與墨西哥即將完成、而加拿大後續仍有國內選舉的情況下，加拿大與美國在2018年9月底完成初步談判。加拿大做出了一些重大讓步，包括向美國農民部分開放加拿大長期限制的乳製品市場，並為美國製藥公司提供了兩年左右的專利保護。但在同意新協定的條款時，加拿大避免了數月來一直籠罩在國家頭上的世界末日情景，尤其是川普威脅要對汽車進口徵收懲罰性關稅，這可能會造成重大經濟後果。加拿大同時成功推動了協定第19章的特殊爭端程序的完整性，避免直接適用此國際協定作為處理國內產業面臨爭端的法律基礎。對加拿大而言，這或許並非一場勝利，但在美國與墨西哥行將完成談判之際，若是未能達成協議，後續的情況可能有更多的不確定性。這與Gruber所言國家同意加入區域整合時，防禦性動機常常多過於互利動機，且若不加入則該國所面臨情況可能更糟的假設一致。其後，杜魯道政府於2019年10月聯邦選舉再次獲得選民認可，開啟其第二個任期。

三、墨西哥立場：美國市場是首要考量

墨西哥原先在《北美自由貿易協定》架構下，進行國內經濟改革，同時也享受著與美、加貿易量增加所帶來的好處，但與此同時，由於其國內產業結構差異，使得北方較易與該協定有關的工人在薪資上獲益；此外，墨西哥亦常因低廉勞動力、環保規範等，受到來自美國的質疑。新架構的談判中，美國對於原產地證明的關切更為具體，墨西哥也為此向美國表達不同立場。川普上臺後，更以非法移民問題質疑墨西哥，但墨西哥對美國市場的依賴，讓其易受牽制。[15] 2018年6月川普政府宣布課徵鋼鐵業關稅，墨西哥亦在其中；墨西哥則宣布在7月間開始針對美國部分肉品課徵20%的關稅作為回應。

對墨西哥而言，汽車製造工人薪資即是與美、加的重大差異。依據《美墨加協定》規範，30%汽車製造工人的薪資，不得低於每小時16美元，這大約是墨西哥製造業工人普通薪資的3倍，而到2023年，前述所佔比例將調整為40%。此項規範被認為能保護美、加的汽車產業之藍領工人，但會讓汽車市場的選擇變少、汽車單價售價提高，而對墨西哥而言可能引發其他社會問題。

在主要議題方面，墨西哥試圖將貿易協定的勞動條款與美國單方面課徵鋼鐵業關稅掛勾。談判期間，墨西哥總統尼托（Enrique Peña Nieto）多次表示，解決鋼鐵關稅問題是墨西哥推進批准《美墨加協定》批准程序的一個條件。美國工會和民主黨認為墨西哥的低工資代表不公平競爭，此項勞工改革舒緩了民主黨和勞工團體長期以來對墨西哥和美國工人之間的收入差距以及《北美自由貿易協定》未能顯著縮小這種工資差距的擔憂。另外，《美墨加協定》要求墨西哥通過更嚴格的勞動法，以確保墨西哥工人可以自由選擇工會並以無記名投票方式選舉工會領導人。墨西哥在2017年憲法修正案後也接續通過此類立法，強調工會在簽署集體談判合約之前，要能證明他們代表了大多數工人，而非企業或政界人士。美國工會及民主黨認為過去墨西哥工會經常受到企業和政界人士的控制，而他們控制著工人的工資、讓工人處於不利地位。

---

15 Anthony Harrup. 2019. "Mexico Continues Trade Pact Process Despite Trump Tariff Threat." *Wall Street Journal.* in https://www.wsj.com/articles/mexico-continues-trade-pact-process-despite-trump-tariff-threat-11559308905. Latest update 4 August 2022.

表10.1　USMCA與NAFTA章節標題對照表

	《美國－墨西哥－加拿大協定》	《北美自由貿易協定》
第1章	總則和一般定義	目標
第2章	商品國民待遇和市場准入	一般定義
第3章	農業	國民待遇和商品市場准入
第4章	原產地規則	原產地規則
第5章	原產地程序	海關手續
第6章	紡織品與衣服	能源與基礎石化產品
第7章	海關管理和貿易便捷化	農業及衛生和植物檢疫措施
第8章	承認墨西哥對碳氫化合物的所有權	緊急措施
第9章	衛生和植物檢疫措施	標準化相關措施
第10章	貿易救濟	政府採購
第11章	貿易技術障礙	投資
第12章	部門附錄	跨境服務貿易
第13章	政府採購	電信
第14章	投資	金融服務
第15章	跨境服務貿易	競爭策略、壟斷興國營企業
第16章	短期入境	商務人員短期入境
第17章	金融服務	智慧財產權
第18章	電信	法律的公佈、通知和執行
第19章	數位貿易	反傾銷和反補貼稅事項的審查與爭端解決
第20章	智慧財產權	機構安排和爭議解決程序
第21章	競爭策略	其他規定

	《美國－墨西哥－加拿大協定》	《北美自由貿易協定》
第22章	國營企業	最後條款
第23章	勞工	
第24章	環境	
第25章	中小企業	
第26章	競爭力	
第27章	反貪腐	
第28章	良好監管機制	
第29章	出版與管理	
第30章	行政機關規定	
第31章	爭端解決	
第32章	例外與一般規定	
第33章	宏觀經濟政策段匯率事務	
第34章	最終條款	
附錄	I-IV，共13項	附錄 I-VII，共9項
補充協議	16件	無

資料來源：Office of the United States Trade Representative. "UNITED STATES–MEXICO–CANADA TRADE FACT SHEET: Modernizing NAFTA into a 21st Century Trade Agreement." in https://ustr.gov/trade-agreements/free-trade-agreements/united-states-mexico-canada-agreement/fact-sheets/modernizing. Latest update 10 October 2022.

　　川普應對非法移民的強硬政策，也反映在貿易談判的態度上。由於中南美洲人口移入美國的最終門戶就是美墨邊界，川普總統威脅指如果墨西哥不打擊流入美國的移民，將要對墨西哥徵收全面關稅。川普說墨西哥幾十年來一直在利用美國。他強調：「由於民主黨，美國的移民法很糟糕，是時候讓墨西哥做必須做的事情了。」墨西哥外交部長表示就移民問題進行談判時將堅定地捍衛墨西哥的尊嚴，並指如果徵收關稅，人們普遍預計墨西哥將進行報復。墨西哥商業協調委員會的官員指關稅和移民是兩個非常重要的問題，但卻是兩個截然不同的問題，不應將其聯繫起來。美國與墨西哥談判時，堅持要求墨西哥接受「安全第三國」的名義，防止非法移民在美國尋求難民身份，且要求他們在墨西哥尋求永久庇護。墨西哥表示反對，強調墨西哥缺乏所需的資源，而且審批過程可能很漫長，亦不符人道考量。

在協定談判過程，墨西哥最終仍有所妥協，主要是因為貿易協定對墨西哥的出口導向型經濟至關重要。根據美國人口普查局的數據，墨西哥在2018年向美國出口了價值3,460億美元的商品，相當於墨西哥國內生產總值的三分之一左右。墨西哥同意採取必要措施以減少中美洲國家進入美國的移民數量，同時希望避免與美國發生對抗，並強調了貿易協定對墨西哥的重要性，墨西哥的經濟嚴重依賴外國投資和與美國的貿易，美國市場佔墨西哥出口的80%。

2018年12月1日，原先對自由貿易較為疑懼的奧布拉多爾（Andrés Manuel López Obrador）就任墨西哥總統，基本上仍延續前任尼托對該協定的態度。2019年6月，川普威脅墨西哥，若不處理非法移民問題，即將在6月10日對所有墨西哥進口商品課徵5%關稅。川普不認為此加徵關稅的要求將影響墨西哥批准《美墨加協定》，因為「是墨西哥需要我們，我們不需要墨西哥」。墨西哥最主要的考量，除了勞工薪資因素、原產地規範等，最重要的原因即在於需要透過與美、加的市場聯繫，來吸引外資。[16]

伍、《美墨加協定》之重要議題

國際間有關自由貿易協定談判，原先均在經貿考量下進行，而美國由於內部對於自由貿易協定的懷疑，直至1985年方與以色列簽署第一個自由貿易協定，而1989年與加拿大簽署《美加自由貿易協定》，其後納入墨西哥而成《北

---

16 Montes, Juan. 2019. "Mexico's President Urges Quick US Ratification of Trade Deal." *Wall Street Journal*, November 29. in https://www.wsj.com/articles/mexicos-president-urges-quick-u-s-ratification-of-trade-deal-11575039846/. Latest update 4 August 2022.

美自由貿易協定》。除經貿利益外，該協定亦被視為兼具政治與安全意義的貿易協定。此等將經貿與政治、社會、乃至於安全議題同時納入考量，是區域主義發展的重要特徵，而霸權國家對於區域整合及隨後的秩序安排，必然是朝向有利於其發展的方向推動。《美墨加協定》在美國主導談判的情況下，使得北美地區的區域整合必然是在符合美國利益的情況下進行。

　　《美墨加協定》涵蓋範圍廣泛，如前所述，各國基於本國利益，在談判期間對於各項議題亦有不同關注。以美國而言，特別關注有關汽車產業、智慧財產權、政府採購、數位貿易、投資人對地主國爭端解決機制及國營企業等議題在《美墨加協定》及其前身《北美自由貿易協定》之差異。此外，由於本文以討論美國作為霸權國家對於區域整合的影響作為分析《美墨加協定》之主軸，故美國國內政治對該協定之影響亦值得討論，而該協定談判亦受到川普當時發動對中貿易戰之影響，使該協定亦納入禁止成員與非自由市場經濟體洽簽自由貿易協定之毒丸條款。至於加拿大與墨西哥作為經濟實力有差異的成員，如何應對美國作為獨斷霸權的主導及談判結果，則投資人對地主國爭端解決機制僅適用於美、墨之間值得進一步討論。而協定談判亦正值美國國內政治變化之際，該項變化如何影響談判進程、尤其是美方考量，亦是本研究關注焦點。

一、貿易爭端議題

　　爭端解決機制為自由貿易協定的重要組成部分，試圖透過磋商，以合作性的態度來處理貿易爭端。《美墨加協定》有關爭端處理方面之規範，則凸顯出加拿大及墨西哥的差異性，正如在政府採購部份，加拿大主張以世界貿易組織相關規範為主，而美國與墨西哥之間則持續適用原先三方均同意的《北美自由貿易協定》下的規範，而雙邊貿易救濟審查小組的組成更是加拿大的主張。以下本文分別探討以國家為主體以及投資者對地主國間之爭端解決安排。

（一）爭端解決小組

　　依據世界貿易組織之相關規範，爭端發生時當事國須依序採取磋商、調解、成立爭端解決小組（Dispute Settlement Panel）等程序，不得逕行報復。

《北美自由貿易協定》第20章規範爭端解決小組，由5位成員組成，包括當事國雙方各2位成員、及雙方合意推選1位主席。但自1994年至2001年之間，僅有3個爭端解決小組成功組成，主要原因包括：爭端發生後，各當事國選擇以非正式方式解決爭端；當事國更傾向透過世界貿易組織之機制解決爭端；而協定本身對於組成程序的規範不明，給予當事國、尤其是美國獨斷阻擋成立小組的空間。準此，《美墨加協定》第31章對於程序有更具體的規範，同時試圖降低單一國家阻擋小組組成的空間，強調若當事國一方不參與或杯葛組成，則可經由抽籤或由另一方透過相關程序選任小組成員，包括主席。[17] 2022年8月，墨西哥要求成立爭端解決小組，以討論美國對於汽車組件原產地證明過於嚴苛的問題；加拿大隨後亦加入墨西哥此項投訴。墨西哥提出有關零部件區域價值含量（Regional Value Content）的爭議。該項規範由原先《北美自由貿易協定》所規定的62.5%提升至75%，部分卡車及零組件的區域價值含量則提升至70%，且至少70%用於生產汽車的鋼鋁要來自美、加、墨這三個國家。由於美國與其他國家簽訂之協定未有如此嚴格，後續有無可能使美國汽車製造商轉而至其他與美國簽訂自由貿易協定的國家如韓國等地進行製造，有待觀察。

　　另外，《美墨加協定》亦保留了雙邊貿易救濟審查小組（Bi-national Review Panels for Trade Remedies）的設計，針對傾銷與反補貼進行相關救濟，這是加拿大自《北美自由貿易協定》談判以來的重要主張與堅持。基於「美國優先」的主張，美國原先設定的談判目標是要取消《北美自由貿易協定》第19章有關貿易救濟之爭端解決機制，並以國內法的適用來處理貿易夥伴國之傾銷與補貼等貿易救濟議題。其後，在加拿大的堅決反對下，《美墨加協定》維持了爭端解決機制以及雙邊貿易救濟審查小組的設計。[18]

17 Hart, Nina. 2020. "USMCA: A Legal Interpretation of the Panel-Formation Provisions and the Question of Panel Blocking." *CRS In Focus*. January 30.

18 Villarreal, M. Angeles. 2021. *The United States-Mexico-Canada Agreement (USMCA)*, Congressional Research Service R44981, December 28: 32-34.

（二）投資人對地主國爭端解決機制

投資人對地主國爭端解決機制（Investor-State Dispute Settlement, ISDS）係為世界銀行及聯合國國際貿易法委員會所規範之程序，主要目的在於保障跨國投資人之權益，使爭端發生時得向地主國政府請求補償而不需經由當地法院之訴訟程序。此等投資保障多藉由雙邊或多邊協定規範，其特點為有助於地主國吸引外資，且並不妨礙地主國政府基於公共利益或國家安全而對外資有所限制，即便地主國政府確有違反貿易協定情事，也多以金錢作為補償，對地主國主權幾乎無損等。反對者則主張相關機制將不利於地主國出於如環保及國民健康等公共利益，對外資進行限制，或至少將使得地主國不願意進行積極規範。[19] 近年全球趨勢之一即是對於此等機制的反思，甚至包括認為此機制不應持續存在的主張，而包括《區域全面經濟夥伴協定》（RCEP）即未納入此相關安排。據此，有學者認為此一關於鼓勵投資之機制屬於北美特有的安排，甚至也擴散到《全面進步跨太平洋夥伴協定》（CPTPP）的設計。[20]

在《北美自由貿易協定》的架構下，美國及加拿大投資者基本上受益於此制度，而墨西哥常成為投資者投訴的對象。美國原先對此議題高度歡迎，但川普認為此一機制將有損美國主權並促使美商前往他國投資。因此，美方在談判期間提出此機制的替代方案，也就是在爭端發生時，由投資者所屬國與地主國來組成國家層級的小組，取代原先的投資者對地主國的機制。由獨斷霸權的角度而言，美國投資者有國家作為後盾，必然是對美國有利的主張。對加拿大而言，政府在意的是出於公共利益而對外來投資者限制的權力，而過往加拿大也常成為投訴對象而賠償，因此，美國試圖取消此項機制的訴求，受到加拿大的歡迎。而墨西哥尼托政府則認為，此機制的存在有利於墨西哥吸引外資及推動國內經濟改革，保障美國在墨西哥的投資及資產，也使得此機制的存在有其必要性。[21] 換言之，加拿大對於在《美墨加協定》架構下持續此安排的反對最為

---

19 Villarreal, M. Angeles. 2021. *Op. Cit.*: 20-21.

20 Côté, Charles-Emmanuel & Hamza Ali. 2022. "The USMCA and Investment: A New North American Approach?" In Gagne, Gilbert & Michele Rioux, eds. *NAFTA 2.0: From the First NAFTA to the United States-Mexico-Canada Agreement*. Cham: Springer International Publishing: 81-82.

21 Côté, Charles-Emmanuel & Hamza Ali. Op. Cit.: 88-89.

強烈。

　　在加拿大的主張下，加拿大與美國間不再適用投資人對地主國爭端解決機制，而美國及墨西哥適用相關規範亦不得擴及加拿大，加拿大投資者亦無法透過《美墨加協定》對美國或墨西哥提出投訴。美國與墨西哥之間關於此機制的適用，亦限制在與政府有關天然氣、發電、基礎建設、交通、及電訊產業等，或其他已窮盡政府補償措施的產業。至於加拿大與墨西哥之間投資保障問題，則將適用雙方在《全面進步跨太平洋夥伴協定》的相關規範。[22]

二、毒丸條款與美中競爭

　　《美墨加協定》除了規範之效期、檢討與退出等一般協定多數均有的退場機制之外，其特別之處在於若任一方與非市場經濟國家簽訂貿易協定，亦可啟動本協定的退場。根據《美墨加協定》第32.10條款，締約三方中倘若一個國家與非市場經濟國家（non-market economy, NME）簽署貿易協定，其餘兩國可在6個月內自由退出此三邊協定並另行簽署雙邊協定。美國商務部長羅斯（Wilbur Ross）稱此為毒丸條款（poison pill）。對於美國而言，在中國大陸大力擴展與拉丁美洲國家關係之際，列入此一條件將有助遏止其餘兩國與中國大陸簽署貿易協定。然從談判過程可以看出，加拿大與墨西哥對此之立場係受美國主導與牽制。

　　對加拿大而言，第一大貿易夥伴即為美國，而加拿大為美國的第二大貿易夥伴；加拿大與墨西哥均相當依賴美國的市場，使美國可以對渠等採取強硬戰術，也是獨斷霸權在區域整合中的特色。以2021年貨物貿易為例，美國為加拿大與墨西哥的第一大出口市場，對美出口佔加拿大總體出口金額的75.6%、佔墨西哥總體出口金額的85%。相較之下，對加拿大出口僅佔美國整體對外出口的10.6%、對墨西哥出口僅佔美國整體對外出口的9.6%。此外，加拿大與墨西哥亦並非彼此的主要市場：同期墨西哥僅佔加拿大整體出口金額的1.3%，為次於美、中、英、日的第五大市場；加拿大為墨西哥第二大市場，但對加出口僅

---

22 Villarreal, M. Angeles. 2021. *Op. Cit.*: 20.

佔墨西哥整體出口金額的2.8%。

　　國際貿易協定尚欠缺關於非市場經濟的普遍性定義，而多數人認為所有經濟體都有一些國家和私營部門控制的混合型態。當某個國家的政府介入達到一定程度時，其他政府可能會出於反傾銷的目的將該國歸類為非市場經濟，從而對該國進行更嚴厲的對待。根據美國商務部有關反傾銷的相關規範，作出這一認定時考慮的關鍵因素包括：貨幣可兌換性、透過談判確定的工資率、外國投資限制、政府擁有或控制生產的程度以及政府對資源和價格分配的控制和企業的輸出決策。依照美國商務部的公告，被列為非市場經濟國家包括：亞美尼亞、亞塞拜然、白俄羅斯、中國大陸、喬治亞、吉爾吉斯、摩多瓦、塔吉克、土庫曼、烏茲別克及越南等11個國家。此一「毒丸」條款的設計，實際上賦予了美國對加拿大和墨西哥與其他國家簽訂的自貿協定的否決權，以確保自由貿易協定夥伴國家為市場經濟體，而這正是川普政府對中國大陸發動關稅戰最核心的訴求。

　　加拿大已有針對傾銷的反制規則，主要考量為政府介入商品價格制定的情況，而中國大陸已成為這些規則的目標之一。墨西哥雖沒有明確的非市場經濟體清單，而是採取與美國相類似的標準而個案論定。雖然還有其他國家屬於非市場經濟範疇，但中國大陸是各國政府關注的主要非市場經濟體，《美墨加協定》的「毒丸」條款顯然以後續成員國與中國大陸潛在的自由貿易協定為主要關切。

　　加拿大從2017年開始就與中國大陸進行自由貿易協定進行探索性磋商，外界期待在杜魯多任內兩國即可能簽署自由貿易協定。對美國而言，考慮到加、中自貿協定談判可能發生的情況，美國可能擔憂的問題主要有兩大類型：一類涉及加拿大和中國大陸在協定中包含的具體貿易自由化。例如，加拿大可能會就中國大陸農產品市場的優惠准入進行談判，使美國生產商處於不利地位；或者加拿大可能會開放其重工業或高科技產品市場，引起美國生產商的擔憂；或者加拿大可能同意在其反傾銷計算中將中國大陸視為市場經濟體。另一類包括加拿大和中國大陸可能不會解決的問題。例如，與美國的標準做法相比，加拿大可能會同意在勞工權利保護方面對中國大陸更寬鬆；加拿大可能不會推動像美國所希望的那樣強有力的知識產權保護。[23]

　　由於美國和中國大陸自2018年開啟貿易戰，使得加拿大即便對與中國大陸談判貿易協定表現出興趣卻無可能於短期間內簽訂協定，主要原因即在於美國必定會訴諸此第32.10條條款。有論者認為此手段相當於來自華盛頓的否決權，而這一否決權可說是破壞了國家主權，並將成為歐盟或日本等其他貿易協定談判的先例和典範；若其他國家採用這種模式，將更有助於美國推動其對中國大陸的貿易戰，也可藉此形塑其對印太地區的貿易戰略。

　　2018年10月，白宮表示很樂見北美國家團結一致，反對美國所稱的不公平貿易行為，而《美墨加協定》正是向中國大陸發出了一個信號。杜魯道則表示，中國大陸「在全球貿易中是一個重要且不斷增長的參與者，我們將一如既往地尋找與他們接觸、深化和改善貿易關係的方法」，而對此條款反對者亦表示，若接受該條款將使加拿大被外國牽制。然而，加拿大內部亦有另一派聲音認為，此條款最主要是為了防止中國大陸商品透過《美墨加協定》而進入美國，並非針對加拿大；有鑒於加拿大對美國市場的高度依賴，並不值得因此開罪美國。此等務實派的論述最後成為加拿大政府的立場，他們認為與加拿大最大的貿易夥伴達成快速協定比保持與中國大陸的關係更重要；此舉也被認為是對於《美墨加協定》的重大讓步。加拿大最終認為，由於《美墨加協定》仍保有6個月為期的退出條款，是加拿大政府對外貿易關係仍保有完全主權與控制權的明證。墨西哥亦接受了第32.10條「毒丸」條款的嚴格限制，似乎也代表了兩國對各自獨立商業政策的犧牲。

　　由於《美墨加協定》成功加入此條款，未來在美國與其他國家之貿易協定中加入此項條款的可能性將持續增加。誠如美國與日本及歐盟之貿易談判中，後續可能以此條款作為範本，讓美國得以利用本身之經濟優勢地位，使得其他國家與其保持同一立場。若後續如此發展，這將是美國將其獨霸強權在北美地區的地位，運用至其他區域的重要實踐。

---

23 Lester, Simon, Inu Manak, and Huan Zhu. 2019. "The Canada-China FTA in Peril Part 1: The USMCA 'Non-Market Country' Provision." *Georgetown Journal of International Affairs*, February 28, in https://www.georgetownjournalofinternationalaffairs.org/online-edition/2019/2/28/the-canada-china-fta-in-peril-part-1-the-usmca-non-market-country-provision. Latest update 4 August 2022.

不過，值得注意的是，日本、歐盟之經濟量體超越加拿大與墨西哥，各自與中國大陸的貿易關係亦稱密切，後續是否會如《美墨加協定》加入「毒丸」條款尚待觀察。此外，如果日本、加拿大等國都被「毒丸」條款箝制，則《區域全面經濟伙伴協定》未來的施行將蒙上陰霾。該協定包含東協10國，以及中國大陸、日本、澳洲等國，是亞太區域經濟整合的重要協定。中國大陸亦正式遞交了參與《全面進步跨太平洋夥伴協定》的申請，後續會否及如何談判運作，亦有待觀察。

各國內政對《美墨加協定》之影響尚待分析。其中，拜登政府上臺後，對於川普所遺留下的外交及經貿政策尚未有全面性的改弦更張。2021年11月18日，拜登接待加拿大與墨西哥領袖，進行了三方在五年來首度的北美高峰會，希望後續可透過此三位好友高峰會（Three Amigos Summit），強化區域合作。然而，拜登的購買美國貨（Buy American）計劃和移民問題引起其他兩國的疑慮，而加拿大與墨西哥亦有各自的訴求與關切。加拿大對於美國有關油電車的租稅優惠表達不滿，而墨西哥亦要求美國重新釐清如汽車原產地的相關規範。

三、美國國內政治的影響

依照美國《憲法》規範，國會具有管理與外國貿易關係之權限，而以總統為首的行政部門則有締約權。美國對於是否推動自由貿易、亦或該採取保護主義，一直有所爭辯，而自20世紀以來，美國先後透過多項國內立法，授權行政部門對外談判貿易協定的空間，包括《互惠貿易協定法》、給予快速立法權的《1974年貿易法》等，不僅讓美國商品在世界市場更具競爭力，也分別對於催生全球多邊貿易機制有所助益。《1974年貿易法》經過多次延長至1990年代，而在2002年，小布希任內國會通過《兩黨貿易促進授權法案》（Bipartisan Trade Promotion Authority Act），其中將原先的快速立法權（fast-track legislation）改稱為貿易促進授權（Trade Promotion Authority），該項授權至2007年。歐巴馬（Barack Obama）上任，提出《兩黨國會貿易優先及責任法案》（Bipartisan Congressional Trade Priorities and Accountability Act），後於2015年通過，亦為川普任內對外貿易談判所必須遵循的法律。

2015年《兩黨國會貿易優先及責任法》延續2002年貿易促進授權之精神與主要內容，強調對外貿易談判授權由行政部門進行，但在貿易促進授權時特別強調要透過包括諮商、通知、報告等相關方式，向國會增加貿易談判過程的透明度。為此，20115年法律強調美國貿易代表署須就個別貿易協定談判提出「諮詢和參與指南」，並設立透明長（Chief Transparency Officer）與國會聯繫，小型企業得以加入談判以確保其權益，同時責成貿易代表署要定期公布詳盡而全面的談判文本摘要等資訊。在協定簽署前60天，行政部門須向民眾公布協定草案，而其施行法草案最終文字亦須在國會討論前30天送交至國會。[24] 眾議院籌款委員會（U.S. House Committee on Ways and Means）有45天的立法日可以考慮該協定，其後眾議院院會有15天的立法日可進行辯論；在參議院部分，財政委員會（U.S. Senate Committee on Finance）有45天的立法日可以進行聽證，其後參議院院會有15天的立法日可進行辯論再投票。

在美國分別與加拿大及墨西哥之談判接近尾聲時，民主黨及共和黨即針對不同議題表達立場，尤其是在與地方選區關係密切的眾議院內。民主黨籍眾議員表示，有關勞工及環境保護議題，他們希望看到行政部門有更具體的承諾；共和黨籍眾議員則反對加拿大將LGBT等權利保障納入條款的主張。2018年11月30日三方於布宜諾艾利斯簽署《美墨加協定》後，2019年5月30日行政部門將行動聲明送至國會，而眾議院及參議院亦分別於12月13日及16日，著手討論行政部門的施行法草案。眾議院最終於2019年12月19日以385對41票、參議院於2020年1月7日以89對10票，通過有關立法，《美墨加協定》於2020年1月29日經川普總統簽署成為法律，同年7月1日生效；墨西哥於2019年12月12日、加拿大於2020年3月13日分別批准該協定。

《美墨加協定》談判過程中，國會除了具體經貿議題外，更多的焦點也集中在行政部門執政以及川普個人的領導風格。當時參議院由共和黨居多數，眾議院則是民主黨多數，同時伴隨著美國內部政治與社會意見越來越兩極化的現象，民主黨憂心若國會順利通過協定，可能被川普當成重要的政治功績，甚至

24 Fergusson, Ian & Christopher Davis. 2019. *Trade Promotion Authority (TPA): Frequently Asked Questions*, Congressional Research Service R43491. June 21,

將不利民主黨下一次總統大選。共和黨則擔心，若由民主黨佔多數的眾議院杯葛此案，則墨西哥及加拿大在美國之前通過該協定的機會不大，將使得該協定談判功敗垂成。事實上，美國與墨西哥及加拿大談判之際，共和黨在參、眾兩院均掌握多數，但在2018年12月大選後，參議院仍由共和黨維持多數，而民主黨在眾議院的席次由194席躍升至235席而超過半數（總數為435席），並由裴洛西（Nancy Pelosi）出任眾議院議長。

以美、墨、加三方同意之修約議定書來看，各方對於爭端解決、勞工及環境保護條款、智慧財產權保護、汽車產業之鋼鋁生產來源等議題在文字上已有所修訂，可說是對國會兩黨要求的回應。談判過程中，由於川普對包括加拿大及墨西哥等主要貿易夥伴課徵鋼、鋁稅，引起加、墨兩國也採取報復措施，不利美國本身的鋼、鋁製品出口。共和黨議員希望加、墨取消對美國的報復性關稅，此固然與川普的想法有所出入，但三方最終在2019年5月達成取消鋼鋁稅的共識。此外，共和黨對勞動條件之性別平等有所保留，使最終協議的相關規範僅適用於加拿大及墨西哥之間。民主黨議員則對於勞動條件、環境保護、及製藥業的相關條款有意見，但採取與貿易代表署合作的態度，於2019年6月組成工作小組來修訂相關條款，同時納入美國勞工聯盟及工會組織（American Federation of Labor and Congress of Industrial Organizations, AFL-CIO）的意見；協定的修訂條款最終得到該組織的支持。2019年12月10日，美、墨、加三方於墨西哥市簽署修約議定書。

另一值得討論之處在於國會、尤其是民主黨佔多數的眾議院與川普之間的政治競爭關係。川普總統在任內經歷兩次彈劾案，第一次即發生在國會討論《美墨加協定》之際。2019年12月10日，眾議院司法委員會民主黨議員宣布將針對川普在施壓烏克蘭調查拜登之子事件中，涉及濫權及妨礙國會調查等推動兩項彈劾條款。12月18日眾議院就此彈劾進行投票，在民主黨過半數的情形下，兩項指控都獲得通過。然一方面由於《美墨加協定》已納入民主黨的主張，加上眾議院民主黨議員由於自身選區利益的考慮，12月19日眾議院以385票、其中包括193位民主黨籍與192位共和黨籍議員的支持而通過，可說是美國政治兩極化下少見的兩黨一致的決定。

陸、結論

　　由美國主導之北美自由貿易區歷經將近30年之發展，時空均已有所改變，但美國作為獨霸強權的主導地位更形鞏固。依據獨斷霸權在區域事務上的主導性推論，《美墨加協定》的談判與執行，相關國家在美國主導下參與的現象相當明顯。川普由於其個人對於自由貿易的反感與零和認知，自競選期間開始即認定只要在雙邊貿易關係中，美國的對手只要有所得，必定就是美國的損失。川普執政後，內閣成員歷經多次改組，原先較支持自由貿易的全球派人士逐漸淡出，貿易鷹派出線，川普正式將重新談判貿易協定列入政治議程。

　　在此背景下，川普要求南韓重啟《美韓自由貿易協定》談判，同時對中國大陸發動以關稅為主要懲罰手段的貿易戰。而自1994年簽訂以來的《北美自由貿易協定》，也在川普美國優先的重點下重啟談判。對於加拿大及墨西哥而言，美國持續為該兩國之最大出口市場，均擔心若未能配合美國重啟談判，若待美國與另一成員先行完成談判而未及上車，則新的貿易規則可能為自己帶來損失。因此，選擇加入談判賽局而非攪局。獨霸強權主導區域合作或許更有效率，但從加拿大與墨西哥在談判過程中所展現，除了美國市場的吸引力外，渠等之經濟利益亦得以維持，亦是加拿大與墨西哥願意參與整合的原因。

　　獨斷霸權對於區域整合之影響，由本文所選取的三項主要議題可以看出，霸權國家必須考慮國內政治的機會與限制，而在推動主導區域整合的同時，亦將對抗崛起強權或可能挑戰者納入思維。此外，其他參與者在面臨獨霸強權壓力時，一方面擔心區域整合後續將自己排除在外，又或擔心喪失獨霸強權的市場，而將採取配合措施，如同加拿大及墨西哥均接受「毒丸」條款之安排所示。不過，出於自身利益的考慮，其他國家未必會全然接受獨斷霸權的主張，正如加拿大對於爭端解決機制的堅持所示。此等《美墨加協定》的特別安排，其結果可能造成北美地區區域化的進展較其他如歐洲聯盟出現較為不一致、甚至依議題而定零碎化的趨向。

附錄一：深入閱讀書單

左正東，2022。《國際政治經濟學》，臺北：揚智出版社。

Abbott, Frederick M. 2000. "NAFTA and the Legalization of World Politics: A Case Study." *International Organization* 54（3）: 519-547.

Gagne, Gilbert & Michele Rioux, eds. 2022. *NAFTA 2.0: From the First NAFTA to the United States-Mexico-Canada Agreement*. Cham: Springer International Publishing.

Goldstein, Judith & Robert Gulotty. 2021. "America and the Trade Regime: What Went Wrong?" *International Organization* 75（2）: 524-557.

Gruber, Lloyd. 2000. *Ruling the World: Power Politics and the Rise of Supranational Institutions*. New Jersey: Princeton University Press.

附錄二：重要期刊、機構

一、 **學術期刊：**

    1. *International Organization*

    2. *International Studies Quarterly*

    3. *New Political Economy*

    4. *Review of International Political Economy*

    5. *Review of International Studies*

    6. *The World Economy*

    7. *World Trade Review*

二、 **研究中心：**

    (一)美國

        (1) Brookings Institution（USMCA Initiative）

        (2) James A. Baker III Institute for Public Policy（Center for the U.S. and Mexico）

        (3) Peterson Institute for International Economics（USMCA/NAFTA）

        (4) Woodrow Wilson International Center for Scholars（USMCA Resource Page）

    (二)加拿大

        (1) C. D. Howe Institute

        (2) Centre for International Governance Innovation（NAFTA/CUSMA）

        (3) Fraser Institute（Trade and US Relations）

    (三)墨西哥

        (1) Centro de Investigación y Docencia Económicas（Estudios Internacionales）

        (2) Consejo Mexicano de Asuntos Internacionales

        (3) Instituto Mexicano para la Competividad

附錄三：專有名詞英文、中文對照表

英文	中文
Canada-United States Free Trade Agreement	美加自由貿易協定
Comprehensive and Progressive Agreement for Trans-Pacific Partnership（CPTPP）	跨太平洋夥伴全面進步協定
Investor-State Dispute Settlement（ISDS）	投資人對地主國爭端解決機制
North America Free Trade Agreement（NAFTA）	北美自由貿易協定
Regional Comprehensive Economic Partnership（RCEP）	區域全面經濟夥伴協定
Trans Pacific Partnership Agreement（TPP）	跨太平洋夥伴協定
United States–Mexico–Canada Agreement（USMCA）	美國一墨西哥一加拿大協定（美墨加協定）

（太平洋）

（大西洋）

美國

墨西哥

巴哈馬

海地
多明尼加
聖克里斯多福及尼維斯
安地卡及巴布達
多米尼克
聖露西亞
聖文森

古巴

加勒比海

牙買加

美洲

貝里斯
瓜地馬拉
宏都拉斯
尼加拉瓜
哥斯大黎加
巴拿馬

委內瑞拉

哥倫比亞

蓋亞那

蘇利南

巴貝多

格瑞那達
千里達及托巴哥
法屬圭亞那

厄瓜多

秘魯

巴西

玻利維亞

巴拉圭

智利

阿根廷

烏拉圭

拉丁美洲及加勒比地區之區域化和區域整合

馮慕文（Fabricio A. Fonseca）

曾嫩茹 譯

摘要

拉丁美洲及加勒比（拉美加）地區身為世界上在區域化擁有最悠久歷史的地區之一，區域整合的完成卻仍屬未竟之地。欲解決這項謎題，本章介紹了此區域在歷史上，為促進經濟及政治整合所做的各項努力。從19世紀早期，西蒙・波利瓦（Simón Bolívar）對組成聯邦的夢想，到21世紀的新多邊制度，國家始終在「藉由拉丁美洲主義向彼此靠攏以實現統合」、「由美國的權力與想法所主導，促進美洲大陸全體整合」及「優先考量與西歐，甚而擴及至東亞的貿易」三者間相互拉扯。此一對立、矛盾的關係方興未艾，且成為決定拉美加地區的未來以及瞭解與發展該區域研究的重要因素。

關鍵字： 拉丁美洲、加勒比地區、拉丁美洲主義、拉美加

壹、前言

一、拉丁美洲及加勒比地區之地理與文化

　　與世界上其他地區不同的是，拉丁美洲地區的命名可源自於文化，而非純粹的地理學，因此在使用上可能會出現問題。嚴格來說，美洲這個以西班牙為主要語言的地方，有共識地將美洲大陸以地理學的角度區分為三個部分：（1）北美洲，包含加拿大、美國和墨西哥；（2）中美洲及加勒比地區，由位於瓜地馬拉和巴拿馬大陸地峽間小國與加勒比地區的無數小島組成；以及（3）南美洲，包含所有哥倫比亞以南的國家。[1] 然而，自20世紀早期，拉丁美洲一詞越發頻繁地被拿來指涉自劃分墨西哥和美國的格蘭德河，到火地群島的地理區域。20世紀晚期，多半基於政治上的目的，各國的外交機構和國際組織將拉丁美洲一詞涵蓋加勒比地區的島嶼，於是有了拉丁美洲及加勒比（後稱為拉美加）的產生。[2]

　　如同以下章節所示，有關拉丁美洲以及「拉丁美洲主義」作為一個區域的身份認同，仍舊是一個未完的辯論。儘管如此，人們普遍認為，透過「拉丁」一詞的使用，這個區域的人民視自身不同於、甚或是反對大陸上不屬於拉丁的區域，也就是傳統上的盎格魯—撒克遜地區。如同艾倫・魯基（Alain Rouquié）所述，拉丁美洲大致上被用來指涉以非盎格魯—撒克遜殖民和其後的移民為特徵的區域，並以天主教為主要宗教、拉丁語系為主要語言（西班牙文、葡萄牙文與法文）。[3] 按照同樣的邏輯，加勒比海群島上的島嶼，尤其是小安地列斯群島與以英文為主要語言的大安地列斯群島，在殖民的歷史以及種族組成結構上顯得相當特殊，尤其部分地區仍被歐洲強權控制，另一部分於近50年間獨立。因此，雖然拉丁美洲及加勒比地區與加拿大、美國和格陵蘭（丹

1　Justo Fernández. 2018. "Geografía del continente americano." *Hispanoteca*, in http://hispanoteca.eu/Hispanoam%C3%A9rica/Geograf%C3%ADa%20del%20continente%20americano.htm/. Latest update 2018.

2　Thomas Skidmore, Peter Smith, & James Greene. 2014. *Modern Latin America* (8th Edition). Oxford: Oxford University Press, 5.

3　Alain Rouquié. 1998. *Amérique Latine: Introduction à l'Extrême Occident*. Paris: Éditions du Seuil.

麥）共享同一塊大陸，但出於分析上的原因，通常會將其視為不同地區。同樣地，美國在傳統上來說也被拉丁美洲的大多數國家視為區域外強權。[4]

　　拉丁美洲及加勒比地區由33個主權國家以及21個為英國（8）、法國（5）、荷蘭（6）以及美國（2）所控制的屬地組成。[5] 作為一幅源廣闊的區域，拉丁美洲及加勒比地區也依據其地理特徵、文化發展、族群組成劃分成不同的次區域，藉此促進各區之間的對話以及學術的分析。鑑於人口、領土以及經濟規模的龐大，巴西和墨西哥傳統上被視為主要的區域強權以及重要的新興市場，對鄰國有深遠的影響力（以墨西哥而言為中美洲及加勒比地區，以巴西而言則為南美洲），因此，這兩個國家在拉丁美洲都可被視為獨特的研究分析單位。[6] 如上所述，位處大陸地狹，涵蓋許多小國並以中低收入經濟體、中等規模人口為特徵的中美洲屬另一次區域，包含貝里斯、哥斯大黎加、薩爾瓦多、瓜地馬拉、宏都拉斯、尼加拉瓜和巴拿馬。

　　位於加勒比海域上的小島為加勒比次區域，分別為以西班牙文為主要語言的古巴、多明尼加、波多黎各，和以法文和克里奧爾語為主要語言的海地所組成的大安地列斯群島；以英文為主要語言的牙買加和其他較小群島國家則共同構成小安地列斯群島和背風群島。語言、宗教、種族和歷史背景的不同使得以英文為主要語言的加勒比形成複雜且多元的地區，也使該區域的人們和政府發展出不同於拉丁美洲的身份認同。[7] 儘管如此，如以下章節所示，出於地理的鄰近性和日益增加的經濟互賴性，最新一波的多邊區域主義推動了以英文為主要語言的加勒比次區域與拉丁美洲各國進行更密切的合作。再往南走，是取名自南美洲及世界上最長山脈的安地斯次區域，包含玻利維亞、智利、哥倫比亞、厄瓜多以及委內瑞拉；與源自美洲大陸最南端形狀的南錐體次區域，包含

4　Gian Luca Gardini (ed.). 2021. *External Powers in Latin America*. New York: Routledge, 2.

5　這些屬地中有18個是位於加勒比次地區的小島嶼，其餘的位於南美洲，包含：法屬圭亞那、英國控制的亞松森島、福克蘭群島、南喬治亞與南三明治群島。美國擁有被稱為美屬維京群島的領土，並和波多黎哥組成聯邦，其地位為非合併屬地。有時，位於南大西洋中部無人居住的挪威屬地布威島，也被涵蓋在南美洲的範圍內。Encyclopedia Britannica. 2022. "West Indies." in https://www.britannica.com/place/West-Indies-island-group-Atlantic-Ocean/. Latest update 6 October 2022.

6　Miriam G. Saraiva. 2021. "Brazil and Mexico: distance and misunderstandings." in https://latinoamerica21.com/en/brazil-and-mexico-distance-and-misunderstandings/. Latest update 23 August 2021.

7　Encyclopedia Britannica, *op. cit.*

阿根廷、智利、巴拉圭以及烏拉圭。這些國家經歷來自歐洲不同地區的大規模移民浪潮，特別是以食品和其他商品為主要生產品的地中海次區域，因此可確知的是，儘管擁有共通點，拉美加仍然是一個具有諸多差異的地區。[8]

二、拉美區域整合的不同實踐

　　為了能更好地理解21世紀初期拉丁美洲及加勒比區域主義的演進，歷史背景的認識是必要的。兩個世紀以前，在新國家完成其獨立進程後，便開始了整合當前稱為拉丁美洲國家的第一次討論。早在1826年，在玻利瓦的帶領下於巴拿馬市召開美洲議會，其目的在於探索過去曾屬於西班牙帝國，但現已獨立的美洲國家之間建立邦聯或是政治聯盟的可能性，這個想法受北美洲的13個前英國殖民地成功組成美利堅合眾國所啟發，於1790年由弗朗西斯科・德・米蘭達（Francisco de Miranda）首次提出。然而，拉丁美洲各國的領導人對美洲議會抱持不同想法，儘管有來自大哥倫比亞、墨西哥、秘魯以及中美洲聯邦共和國代表的參與，其他國家代表皆未出席會議，對於大陸其他成員，尤其是盎格魯─撒克遜美國或巴西帝國的參與與否也未達成共識，19世紀的拉丁美洲在擺脫西班牙控制後，欲鞏固其獨立並在廣大的領土保持控制權的新獨立國家領導人，難以形成共識並對進一步區域合作機制與政治整合進行談判。[9]

　　大多數新獨立國家都面臨了國內政局不穩定，以及不同派系對建立國家所擁有的不同願景與計畫，這些派系包含了保守派，贊成基於殖民時期所建制度的政治及經濟模式，並與西班牙維持較緊密的關係；及自由派，提議建立仿照美國的新制度，基於開放港口和其他自由的經濟政策，與盎格魯撒克遜等強權建立密切關係。[10] 派系間的持續爭執削弱了建立一個強壯且團結的社會之可能性，而此一新獨立國家所共同面臨的脆弱情況，在19世紀的拉丁美洲相當

8　有趣的是，某些次地區會互相重疊，而特定國家也會被涵蓋在二或三個次地區中。舉例來說，貝里斯被認為是中美洲的一部份，但其包含在以英文為主要語言的加勒比次地區中，而智利在不同時間點也被認為同時屬於安地斯和南錐體次地區。Justo Fernández, *op. cit.*

9　Norberto Galasso. 2011. *América Latina: Unidos o Dominados* (2nd Edition). Buenos Aires: Instituto Superior Dr. Arturo Jauretche.

10 Patricia Funes. 2014. *Historia mínima de las ideas políticas en América Latina*. Mexico City: El Colegio de México.

普遍。一方面，新獨立國家所面臨來自各地區領導人的離心勢力，要求更多自治權以及對資源的控制，從而導致分離及分裂出更小的國家，中美洲的聯邦共和國正是如此，[11] 在1830年代至1850年代間，聯邦分裂成了五個國家（瓜地馬拉、薩爾瓦多、宏都拉斯、尼加拉瓜以及哥斯大黎加）；而大哥倫比亞更是分裂成三至四個國家（哥倫比亞、厄瓜多、委內瑞拉以及之後的巴拿馬）；另一方面，向心勢力試圖抵抗來自不同國家的分裂主義呼聲，並主張和鄰近國家進行更多對話，以期維繫玻利瓦理想中的美洲大陸共同體。[12]

除上述的挑戰之外，拉丁美洲國家也持續面臨來自歐洲強權的威脅。在19世紀依然掌握著古巴和波多黎各的西班牙，仍想要奪回其在19世紀初失去的領土；而依舊控制著加勒比地區許多小島的英國，試圖在此地區尋求更多經濟影響力。特別是在中美洲，其企圖在新獨立國家，如貝里斯以及宏都拉斯與尼加拉瓜的莫斯基托斯海岸，繼續開墾土地；[13] 法國則欲尋求更大的政治及經濟影響力，並在1838年以及1862年至1867年間對墨西哥進行了若干次的軍事干預。因此，拉丁美洲國家領導人最初會對1823年的門羅宣言抱持著歡迎態度，並不在意料之外。這項由美國總統詹姆斯・門羅（James Monroe）在一場演講提及，原先為約翰・昆西・亞當斯（John Quincy Adams）所起草的宣言，當時在拉丁美洲不同國家皆獲得了迴響，其目的在於要求歐洲國家遠離西半球的事務，並禁止其佔領任何已獲致獨立的領土。[14] 然而，身為一個尚在崛起中的國家，至少在南北戰爭於1860年代間結束前，美國尚無法對拉丁美洲國家進行有效地干預。

自從美國在美洲大陸逐漸取得領導地位，擁有足夠力量和歐洲利益相抗衡與穩定的經濟成長和工業化之後，拉丁美洲國家在1880年代後期進入了區域主義的新階段。在這個時期，主要問題不在於他們是否該共組同盟或政治聯盟，許多國家在達到最低程度的政治穩定後，企圖透過自由經濟政策的實施達到穩

---

11 Rodolfo Pastor. 2011. *Historia mínima de Centroamérica*. Mexico City: El Colegio de México.

12 Norberto Galasso, *op. cit.*

13 Rodolfo Pastor, *op. cit.*

14 Michael LaRosa & Frank O. Mora (eds.). 2007. *Neighborly Adversaries: Readings in U.S.-Latin American Relations* (2nd Edition). Lanham: Rowman & Littlefield, 51-80.

定的經濟成長，出口天然資源至西歐以及北美的工業重鎮，這讓傳統上較脆弱的拉丁美洲國家在鞏固民族建構的進程中跨出了第一步，但也讓他們難以抱持犧牲主權並與其他國家共構政治聯盟的理想。[15] 事實上，在19世紀下半葉，拉丁美洲地區各國間發生了許多大型的領土衝突和戰爭，特別是南美洲，造成這些國家民族認同的強化，也產生和鄰近國家不同且獨特的情況。[16]

這波區域主義的新階段係以美國在拉丁美洲及加勒比地區日漸上升的影響力為特徵，透過一系列的美洲會議，美國的外交政策期望能拉近和其南方鄰居之間的距離，藉由談判達成不同協定，以鞏固自身在該地區的影響力，並為美國的產品和在地的投資開闢新市場。[17] 在政治層面，美國擁有建立泛美同盟的願景。第一屆泛美會議於1889年在華盛頓特區舉行，隨後幾年也在不同的拉丁美洲國家首都召開高峰會。[18] 歷次會議的成功導致美洲體系的建立，並由公約和條約為締約國所產生的權利與義務所組成，這些協議的存在也使美國及其盟友在二戰前夕獲得了拉丁美洲國家的支持。而在戰爭結束後，美洲大陸體系的建構持續進行，於1947年簽署了一項集體安全文書，即美洲國家間互助條約或稱里約條約，並於一年後成立美洲國家組織（OAS），1959年創立美洲開發銀行。[19]

自19世紀後期，美國和拉丁美洲國家在創立泛美體系的動機有著很大程度的不同。對華盛頓來說，體系的建立代表其在西半球霸權地位的制度化，保護美洲大陸免於外部勢力的干涉及外來意識形態，如法西斯與共產主義的影響，並投射一良善霸權的形象，除此之外，也被認為有助於維護美國與其周邊地區的安全及穩定。而對拉丁美洲來說，體系的建立為其提供一個制衡美國至高無上權力與集體傳遞對此一美洲大陸霸權所持顧慮的機會，以保護自身免於華盛

15 Janet Burke & Ted Humphrey. 2007. *Nineteenth-Century Nation Building and the Latin American Tradition.* Cambridge, MA: Hackett.

16 巴拉圭和三國同盟（阿根廷、巴西和烏拉圭）於1864年至1870年之間的戰爭；以及1879年至1884年，聯合國家（玻利維亞和秘魯）對上智利的太平洋戰爭，又稱硝石戰爭。Cameron Thies. 2005. "War, Rivalry, and State Building in Latin America." *American Journal of Political Science* 49(3): 451-465.

17 Alan McPherson. 2016. *A Short History of U.S. Interventions in Latin America and the Caribbean.* West Sussex: John Wiley & Sons.

18 Thomas Skidmore *et al., op. cit.*

19 Gregory Weeks. 2015. *U.S. and Latin American Relations* (2nd Edition). West Sussex: John Wiley & Sons.

頓的侵略及干預，或來自西半球外勢力的影響。[20]

　　多年以來，泛美體系持續發揮作用，至今已涵蓋眾多與美洲相關議題的討論及協商，如民主、人權、環境議題、暴力與犯罪等等，[21] 然而，其仍因美國在體系中所佔的巨大影響力與權力而為人所詬病。隨著美國在冷戰期間所直接與間接給予不同國家軍事團體及威權政體的支持造成數千人喪命，更在某些情況助長了阻礙該地區經濟發展的團體，美國在拉丁美洲國家被視為外部勢力的想法逐漸佔上風，[22] 也造成了新一波受不同觀念影響的區域主義及區域整合，將在下一章節詳述。

貳、歷史背景：從進口替代工業化到新自由主義的區域整合

一、後戰時期的區域化及拉丁美洲的進口替代工業化

　　在美洲體系的鞏固之後，拉丁美洲及加勒比地區進入經濟發展的新階段，雖然結果不如預期，但這樣的發展導致區域化的新階段，美洲的某些地區也朝正式整合跨出了第一步。在1930年代初期，倚賴向工業中心的西歐和美國輸出商品的拉美加各國受到經濟大蕭條的嚴重影響，為減輕危機而引入的凱因斯主義政策代表了正統自由主義的終結。該自由經濟主義意識形態在上個世紀極為盛行，廣受拉美加決策菁英所青睞，但在進入發展中國家市場受到阻礙後，該地區的經濟學家和政策制定者開始自我質疑是否需要進行必要的改革，以恢復經濟的成長和社會的穩定。[23]

　　在政治層面，擁有較多人口的國家經歷了基礎工業的適度發展，並有越來越多的工人階級往統合主義靠攏。在那幾年中，巴西、墨西哥及其後的阿根廷，國家機器在大多為民粹主義領導人的帶領下獲得了增強，這些要件促成了

20 Alan McPherson, op. cit.

21 G. Pope Atkins. 1997. *Encyclopedia of the Inter-American System*. Westport, CT: Greenwood Press.

22 Sophia McClennen. 2013. "Inter-American studies or Imperial American studies?" *Comparative American Studies* 4(3): 393-413.

23 Thomas Skidmore et al., *op. cit.*, 350-354.

社會上不同部分的動員，並支持旨在促進經濟成長和在勞工、資本與其他相關團體的利益之間維持良好關係的公共政策，試圖，甚至是渴望，國家在經濟體系中扮演更重要的角色。[24] 因此，凱因斯主義的政策在國際間獲得廣泛的接受後，這些國家對國內市場的擴大採取進一步的措施，目標在於摒棄傳統上對出口初級產品到國外重要市場的依賴，轉而重視內部經濟發展，這些措施也在最終成為進口替代工業化（ISI）模型的一部份。[25]

　　在二戰結束後，聯合國經濟及社會理事會批准了區域性組織的創立，以研究世界上不同地區經濟及社會發展前景，因此，拉丁美洲經濟委員會（後稱拉美經委會）於1948年創立，總部位於智利的聖地亞哥，目的在於分析該地區發展的其他政策選項。委員會很快地由訓練有素的經濟學家所組成，他們在前幾年深受凱因斯主義和經濟制度主義學派所影響，積極參與其本國先前有關進口代替工業化的實施，其中，阿根廷的經濟學家勞爾·普雷比斯（Raúl Prebisch），對拉美經委會的鞏固尤其重要，其亦為拉美加區域發展的重要分析著作《拉丁美洲區域發展及主要問題》的作者之一。[26] 普雷比斯在1950年成為委員會的秘書長，並和其他來自拉美加國家的同事，開啟了該地區經濟政策的新時代，也在發展源自於依賴理論的新觀念和理論中具有影響力，該理論也在後來被併入國際政治經濟學，被稱為結構主義的理論架構中。[27]

　　普雷比斯所提倡的觀念係認為拉丁美洲的低度發展源自殖民時期，以出口初級產品為主的拉丁美洲地區，與出口工業製成品為主的已開發國家工業中心之間，貿易條件逐漸惡化的結果。有鑑於相較製成品長期穩定的價格，原物料國際價格的不穩定，普雷比斯認為對拉丁美洲國家而言，工業化是通往穩定

24 Matthias vom Hau. 2008. "State Infrastructural Power and Nationalism: Comparative Lessons from Mexico and Argentina." *Studies in Comparative International Development* 43(334): 1-21.

25 Albert O. Hirschman. 1968. "La economía política de la industrialización a través de la sustitución de importaciones en América Latina." *El Trimestre Económico* 35(140): 625-658.

26 Raúl Prebisch. 1949. "El desarrollo económico de la América Latina y algunos de sus principales problemas." *El Trimestre Económico* 16(63): 347-431.

27 Ramón Grosfoguel. 2000. "Developmentalism, Modernity, and Dependency Theory in Latin America" *Nepantla* 1(2): 347-374; Adekeye Adebajo. 2014. "Two Prophets of Regional Integration: Prebisch and Adedeji." In *International Development: Ideas, Experience, and Prospects*, eds. B. Currie-Adler et al. Oxford: Oxford University Press, 323-337.

經濟成長與發展的理想道路，並透過關稅與其他產業政策的實施，拉丁美洲地區的國家能夠以鼓勵新產業的創立，代替從已發展國家工業中心進口製成品的依賴，藉此改善拉丁美洲國家的貿易條件，並促進進口替代工業化。[28] 對拉美經委會來說，進口替代工業化適合有著廣大土地及人口的國家，這些國家可利用其龐大的國內市場，達到以國內為主的成長，阿根廷、巴西與墨西哥正是如此，這些國家在1950至1960年代間，成功地在第一及第二級產業實施發展政策，而針對人口數較小的國家，拉美經委會建議創立整合市場，這也展現在1960年代對新一波區域主義跨出的第一步，並延續到現在。[29]

二、首個拉美加區域整合機制

由於拉美地區各國之間的多樣性與地理上的距離，在拉美經委會的建議之下，許多政府開始有關次區域整合的對話。在次區域整合的各個實踐之中，哥斯大黎加、薩爾瓦多、瓜地馬拉、宏都拉斯以及尼加拉瓜的政府於1951年創立了中美洲國家組織（ODECA），旨在討論中美洲區域的經濟及最終的政治整合。在經歷不同回合的協商過後，各國於1960年簽署了中美洲經濟整合總協定，並宣佈創立中美洲共同市場。該組織首要關注的是各成員國經濟部門的逐漸自由化，目的在於增加跨區域的貿易額，並鼓勵新興產業的發展。[30] 為促成上述目的，中美洲銀行（CABEI）也於同年創立，為一促進區域發展的金融機構。

儘管立意良善，由於無法妥協的意識形態立場造成國內政局不穩定，進而導致社會動盪，中美洲各國無法順利地在協商中推進預期的目標。由美國所支持的的殘暴軍人獨裁政體導致許多國家陷入長期的內戰，在尼加拉瓜甚至發生了革命。由美國的角度觀之，這些國家內部的社會運動與游擊隊受到來自古巴及蘇聯的直接支持，因此對西半球的穩定造成了威脅；而由當地的角度觀之，

---

28 Raúl Prebisch, *op. cit.*

29 Adekeye Adebajo, *op. cit.*, 330.

30 María Esther Morales. 2007. "Un repaso a la regionalización y el regionalismo: Los primeros procesos de integración en América Latina." *Confines* 3(6): 65-80; Rodolfo Pastor, *op. cit.*, 315.

部分團體僅僅是在為更多的代表權與社會正義所奮鬥，[31] 因此，有關中美洲國家經濟整合的更進一步討論及尚未完成的和平進程，只能待冷戰結束之後。

　　1960年亦可視為區域整合發展的另一里程碑，拉丁美洲區域大型經濟體的領導人於該年決定藉由在蒙特維多市簽訂的條約，創立一個旨在促進跨區貿易的組織。拉丁美洲自由貿易協會（ALALC，後稱拉美貿協）在條約簽訂後兩年成立，由來自阿根廷、巴西、智利、墨西哥、巴拉圭、秘魯及烏拉圭的代表共同協商，且具有野心勃勃的目標，即在12年內創立一個區域性的自由貿易區。[32] 這項措施也被安地斯地區的國家所模仿，隨後共同創立了次區域的金融機構，以作為更進一步的經濟整合平臺，在1966年，由智利、哥倫比亞、厄瓜多、秘魯、委內瑞拉及之後加入的玻利維亞組成的安地斯開發銀行（CAF，後稱拉丁美洲開發銀行）跨出了第一步，而在1969年，這些國家同意進一步整合，分別在當年創立具有多邊區域機構性質的安地諾集團協定，以及1979年創立涵蓋政治目標但僅具諮詢性質的安地諾議會。[33]

　　為了保持區域整合的目標，安地斯地區的其餘國家在1970年加入了拉美貿協，然而，隨著軍人獨裁政體在許多南美洲國家的出現，及對特定戰略產業的持續保護，各個國家在後續幾年都面臨了來自國內的挑戰，導致原訂在12年內創立拉美加自由貿易的區期限延長。1980年，各國決定進行改組，由拉丁美洲一體化協會（ALADI，後稱拉美一體化協會）取代原本的拉美貿協，[34] 於1980年在蒙特維多市新簽訂的條約架構下，協會內分為三個機制，以達成區域經濟整合的長期目標。第一項機制為區域的優惠關稅，由所有成員國共同實施；第二項機制為包含不同議題的區域多邊協定，例如漸進式的市場自由化、科學和科技的合作、文化財貨及貿易的促進；第三項機制為部分的經濟補充協定，排

---

31 Alan McPherson, *op. cit.*

32 María Esther Morales, *op. cit.*; Helmut Janka. 1975. "ALALC: ¿ilusión o posibilidad?" *Nueva Sociedad* 19/20: 3-19.

33 L. Enrique García. 2016. "Ventajas comparativas y desafíos de los bancos regionales de desarrollo: la experiencia de CAF." *Economía y Desarrollo* 156(1): 6-19.

34 María Esther Morales, *op. cit.*, 72-74.

除了部分會員國並同意給予較低度發展國家更優惠的稅率。[35]

　　另一方面，隨著以英文為主要語言的加勒比地區的去殖民化，新獨立國家認知到經濟整合的益處，一直以來和英國而非西班牙或是以西文為主要語言的小島互動較為密切的盎格魯—加勒比海國家，在1965年建立了加勒比自由貿易組織（CARIFTA），最初由安地卡及巴布達、巴貝多和圭亞那所組成，大英國協的其他加勒比成員也在三年後加入。如同鄰近的其他次區域與西歐，滿懷著希望能進一步整合的各領導人在1973年簽署了《Chaguaramas條約》，決定創建共同市場與政治聯盟，即加勒比共同體（Caricom）。由於這些島嶼有著規模較小的人口與領土，及較早發展的社會化進程，該共同體成為相對成功的整合機制。加勒比共同體在各政策領域由25個機構組成，並於1989年成立加勒比單一市場及經濟體（CSME），長期而言，其企圖透過十二個階段，完成次區域的完全經濟整合。[36]

三、新自由主義的區域化

　　多邊次區域制度的建立反應了跨區域貿易應被刺激的概念，自1940年代協助拉丁美洲地區的工業化進程，然而，在20年過後，進口替代工業化的模式開始顯露出枯竭的跡象。國際信貸在拉丁美洲的擴張及隨後於1982年發生的債務危機，改變了當地區域整合的進程，並引進自經濟大蕭條時代就未曾出現的主流經濟學觀念。在奧古斯圖・皮諾契特（Augusto Pinochet）的獨裁統治以及芝加哥學派的推動下，單邊經濟自由化的政策始於智利並為鄰近的政體所效

---

35 Virginia Corbella & Karla de Souza. 2017. "La integración comercial y productiva de ALADI y su cambio estructural." *Economía UNAM* 14(41): 90-109.

36 除了加勒比自由貿易組織的創始會員國，加勒比共同體也包含了巴哈馬、貝里斯、多明尼加、格瑞納達、海地、牙買加、蒙哲臘、聖克里斯多福、聖露西亞、聖文森國、蘇利南以及千里達。在所有的會員國中，海地、蒙哲臘（現仍然是英國的海外領土）以及巴哈馬並無完全整合至加勒比單一市場及經濟體的打算。Anthony Payne. 2008. *The Political History of CARICOM*. Kingston: Ian Randle Publishers.

仿，但成效甚微。[37] 1980年代，國際金融組織和美國政府機構皆鼓勵拉丁美洲國家實施更自由的政策，也就是著名的新自由主義，期待拉美加經濟體能夠找到償還債務的方法，並重新走上經濟成長的正軌。1980年代末期也出現了著名的華盛頓共識，結束先前的進口替代工業化模式，在拉美地區實施一連串經濟措施，並視自由市場以及小國為發展經濟的完美良方。[38]

拉美加各國經濟的放鬆管制及自由化與全球化的加深恰巧同時發生，而同樣於1970年代晚期，由於債務危機及對該區軍事獨裁政體態度的改變，美國逐漸撤回支持，因此提高了該地區政治自由化的可能性。自1980年代初期，大部分國家的軍事領導人選擇退回軍中，並將權力交還給人民，人民也致力於國家的經濟改革，以期恢復經濟成長。隨著冷戰的結束，國際金融體系的困境及無法獲得新信貸的情況下，該地區國家需要吸引國際投資者的壓力也隨之增加，因此，身為新自由思想的堅定信徒，新世代的領導人視經濟整合為擴大市場、增加出口、獲取更多外幣及外資至自身國家的方式，1980年代晚期，開放式的自由主義模式儼然為拉美加地區的統治菁英所喜愛，除了重新擬定既有的、也創建了其他更有野心的條約及組織。[39]

1991年時，隨著戰亂進入尾聲，中美洲國家政府決定重拾共同市場的想法，同時思考逐漸鞏固政治聯盟，便有了中美洲統合體（SICA）的成立，此一頗具野心的計畫包含成員國之間有關提倡民主、人權、自由及和平的合作，由巴拿馬、其後的貝里斯（2000年）及多明尼加（2013年）所組成。在該統合體之中，於1993年所創立的中美洲統合體秘書處（SIECA）為一相當重要的

37 芝加哥男孩是給予拉丁美洲年輕一代經濟學家的綽號，最初為皮諾契特政權所招募，並於芝加哥大學受訓。在芝加哥大學中，他們成為彌爾頓‧傅利曼（Milton Friedman）的信徒，並受佛列德利赫‧海耶克（Friedrich Hayek）所啟發，透過去制度化與自由化，制定了一系列的經濟改革，旨在限制國家在市場中的角色。時至今日，他們仍備受爭議，部分人將智利經濟的成功歸功於他們，部分人將西半球最不平等的地區—南美洲國家的嚴重經濟差距以及社會不平等歸責於他們。Sebastián Rumié. 2019. "Chicago Boys en Chile: neoliberalismo, saber experto y el auge de una nueva tecnocracia." *Revista Mexicana de Ciencias Políticas y Sociales* 64(235): 139-164.

38 John Williamson. 2009. "A Short History of the Washington Consensus." *Law and Business Review of the Americas* 15(7): 7-23.

39 Héctor Guillén. 2001. "De la integración cepalina a la neoliberal en América Latina." *Comercio Exterior* 51(5): 359-369.

元素，擁有協助國家創立關稅同盟及其後經濟同盟的長期目標。[40] 另一方面，安地諾集團協定的成員於1993年同意安地諾自由貿易區的創立，包含了玻利維亞、哥倫比亞、厄瓜多、委內瑞拉及於四年後加入的秘魯，除此之外，成員國更於1996年宣布將安地諾集團協定轉變為安地諾共同體（CAN）的重大改革，同時成立安地諾整合體系（SAI），伴隨著一系列的次區域制度，近似於中美洲國家的統合體。[41]

大約同一時間，南美洲最大的兩個經濟體─巴西及阿根廷，隨著烏拉圭以及巴拉圭的加入，於1991年創立了自由貿易區，又稱為南方共同市場（Mercosur）。1995年，該組織升格為關稅同盟，持續透過額外的協定和機制進行整合的深化，並如同烏斯懷亞議定書中所示，這些協定和機制促進了民主和人權的保護。所有新成立或經過改革的拉美加次區域組織都有部分的共通點。[42] 中美洲統合體、安蒂諾共同體以及南方共同市場都支持創立自己的次區域議會，分別為中美洲議會（1991）、安地諾議會（1979、1996）以及南方共同市場議會（2006）。這些議會和具諮詢性質的大會，通常由成員國的國會議員而較少由人民直接選舉所組成，但他們的存在能使拉美加區域整合的政治決策有更多合法性基礎，然而，與歐盟的歐洲議會不同的是，拉丁美洲國家的大部分人民仍然不知道這些組織的存在，並對他們的發展以及演進不感興趣。[43]

另一方面，這波新開放式區域主義開啟了美國在後冷戰時期，欲在區域內展開合作的新篇章。由加拿大、墨西哥以及美國所組成的北美自由貿易協定（NAFTA），可視為華盛頓為促進跨美經濟整合所跨出的第一步。[44] 1995年，

---

40 Thomas O'Keefe. 2001. "The Central American Integration System (SICA) at the Dawn of a New Century: Will the Central American Isthmus Finally Be Able to Achieve Economic and Political Unity." *Florida Journal of International Law* 13(3): 243-261.

41 José Antonio Sanahuja. 2008. "Del "regionalismo abierto" al "regionalismo post-liberal". Crisis y cambio en la integración regional en América Latina." *Anuario de la Integración Regional de América Latina y el Gran Caribe* 7: 13.

42 *Ibid*, 15-16.

43 María Victoria Álvarez. 2011. "Origen y evolución de los parlamentos en los procesos de integración regional. Los casos del Parlamento Europeo y el Parlamento del Mercosur." *Colombia Internacional* 74: 207-229.

44 Héctor Guillén, *op. cit.*, 359.

第一屆美洲高峰會於邁阿密展開，立基於NAFTA的模型，柯林頓政府宣佈建立美洲自由貿易區（FTAA，後稱美州自貿區）的願景。[45] 為了與在拉美加創建的所有多邊次區域商業機制保持聯繫，美國提供雙邊的市場進入，並促進從阿拉斯加到巴塔哥尼亞的自由貿易。最初，拉美加各國對這項提議表示興趣，並視新千禧年的開展為美洲之間的合作新紀元，然而，如以下章節所示，該地區的某些部分政治上的變革，使得拉丁美洲及加勒比地區進入區域化的新階段。

參、區域化的持續與區域整合的競爭觀點

一、粉紅浪潮與新整合競爭模型

　　烏戈・查維茲（Hugo Chávez）於1998年當選委內瑞拉總統後，開啟了左派政府在拉丁美洲及加勒比地區執政的時代。如前所述，20世紀以來，拉丁美洲及加勒比地區的政府試圖在美國給予的壓力與本地菁英自身的社會經濟利益之間取得平衡，因此經歷了一段旨在使馬克思主義及社會主義運動與政治家遠離權力中心的多元經濟、政治決策。[46] 1970年代位於南美洲的殘暴軍事政體及其欲藉由官僚威權政體解決問題的想法，可視為該區域欲根除為左派政黨所提倡的馬克思主義的極端行為，因此，在1980年代的信貸危機及政治、經濟的自由化後，拉丁美洲的左派組織視民主化為實踐社會正義與逐漸趨向包容的歷史目標之理想機會。[47] 然而，冷戰的結束使得拉美加左翼運動的觀點與議題逐漸走向多元，部分專家也將拉美地區的左派區分為兩大團體。2000年代初期，身為第一個將左派團體進行分類的學者之一，豪爾赫・卡斯塔尼達（Jorge Castañeda）將之區分為較溫和、進步並致力於改革與民主理想的「新左派」，

45 Jean Santos Lima. 2018. "Latin America's Decentred Economic Regionalism: From the FTAA to the Pacific Alliance." *Contexto Internacional* 40(2): 339-359.

46 Thomas Skidmore et al., *op. cit.*

47 Patricia Funes, *op. cit.*

及仍以民粹、民族主義與馬克思式的改革方式為特徵的「左派」。[48]

隨著查維茲的當選，拉美地區其他國家的左派候選人亦獲得了青睞，媒體及學者視此一現象為「粉紅浪潮」，[49] 選擇此一標籤的原因在於，新左派不同於過去秉持紅色精神的左派傳統，而是軟化其激烈的言論並展現出對民主進程與制度的承諾。2000年代的頭十年，拉丁美洲便有十個左派領導人上任，[50] 在那幾年，大部分的政府都對彼此抱持支持且合作的態度，由次區域組織的創立可見，如南美洲國家聯盟（Unasur，後稱南美國聯），甚至是較為鬆散的為美洲人民之玻利瓦聯盟（ALBA，後稱玻利瓦聯盟）。這些倡議的目標在於使拉美地區擺脫1990年代盛行的新自由經濟議程，並發展「後自由主義」區域秩序。[51]

新自由主義的結果好壞摻半，加之其未能促進大部分國家穩定經濟成長並減少不平等發展，進而導致1990年代後期的新金融危機，左翼政府與組織也因而指責美國與布列頓森林體系強加華盛頓共識到自身國家上，因此，在粉紅浪潮期間，左派領導人採取反美立場並誓言反對美國欲創立的的美洲自由貿易區。2005年於阿根廷舉辦的美洲高峰會上，由於美國拒絕停止對其農業部門的補貼，委內瑞拉、巴西與阿根廷的領導人認為美洲自貿區的概念缺乏永續性，而身為美國在國際出口食品市場上的直接競爭者，巴西與阿根廷更視美國立場為虛偽且對自身國內市場不公。美洲自貿區遭正式宣佈胎死腹中後，便由一連串美國與拉美加多國之間的雙邊與小多邊自由貿易協定所取代，[52] 在21世紀的前20年，以NAFTA為模型，美國與智利（2004）、秘魯（2007）、中美洲與多

48 Jorge Castañeda. 2004. "Latin America's Two Lefts." in https://www.project-syndicate.org/commentary/latin-america-s-two-lefts/. Latest update 21 December 2004.

49 Tom Chodor. 2015. *Neoliberal Hegemony and the Pink Tide in Latin America: Breaking up with TINA?* London: Palgrave-Macmillan.

50 直至2011年，委內瑞拉、巴西、阿根廷、玻利維亞、厄瓜多、尼加拉瓜、薩爾瓦多、烏拉圭、巴拉圭以及多明尼加皆為中間偏左或左派的總統，古巴為美洲大陸僅有的共產黨專政獨裁政體。

51 Tom Chodor & Anthea McCarthy-Jones. 2014. "Post-Liberal Regionalism in Latin America and the Influence of Hugo Chávez." *Journal of Iberian and Latin American Research* 19(2): 211-223.

52 Thomas Skidmore et al., *op. cit.*

明尼加（2009）[53]、哥倫比亞（2012）與巴拿馬（2012）簽訂了深度自由貿易協定。與此同時，自911事件與全球反恐戰爭後，美國對拉美加地區事務的抽離越發明顯，轉而將注意力放在中東、亞洲與歐洲，促成有關拉美加整合願景競爭的興起。

在那些年中，粉紅浪潮的政府試圖提出拉美地區經濟發展的替代方案，在這之中，由查維茲領導的委內瑞拉政府實行積極的對外政策，為回應美洲自貿區而提出的玻利瓦聯盟便包含了整合的替代方案。該聯盟最初由斐代爾‧卡斯楚（Fidel Castro）以及查維茲於2004年所宣布，被視為通往美洲自貿區的新道路，玻利維亞與尼加拉瓜亦於其後加入。各國領導人欲創立旨在探討新型態整合的跨政府組織，並提議有關商業協定的談判應注重人民需求而非跨國公司的利益。[54]

身為擁有最大石油探明儲量的國家，委內瑞拉對玻利瓦聯盟貢獻良多，自2000年代中期，石油的國際價格達到高峰，意即委內瑞拉可利用其石油出口和收益作為外交手段，因此，身為拉美加重要軸心的卡拉卡斯與哈瓦那，成功的接近並支持加勒比地區的小國加入玻利瓦聯盟。為獲得更多支持，委內瑞拉於2005年創立石油加勒比計畫（PetroCaribe），並為許多加勒比共同體的成員所加入。這項計畫旨在以較低的價格提供加勒比及其他中美洲國家石油，做為地區友誼與團結的展現，[55] 然而，據傳委內瑞拉要求石油加勒比計畫的成員在其他區域組織對其表示政治支持，尤其是在美洲國家組織討論有關查維茲政權的議題與措施時。[56] 另一由委內瑞拉資助的區域倡議為南方電視臺（TeleSur），

---

53 除了美國以及多明尼加，該協定的其他成員國包含：哥斯大黎加、薩爾瓦多、瓜地馬拉、宏都拉斯與尼加拉瓜。

54 在不同時間點ALBA為不同國家所加入，但只要左派政黨遭中間或中間偏右的政府所取代，便會退出該組織。直至2022年，ALBA共有10個成員國，包含：安地卡、玻利維亞、古巴、多米尼克、格瑞那達、尼加拉瓜、聖克里斯多福、聖露西亞、聖文森國及委內瑞拉。宏都拉斯於2008年加入，隨後在2010年推翻左派總統曼努埃爾‧賽拉亞後退出。厄瓜多也曾在2009年至2018年為該組織的成員。Tom Chodor & Anthea McCarthy-Jones, op. cit., 214-215.

55 PetroCaribe至2022年有18個成員國：其中12個來自以英文為主要語言的加勒比地區，亦為Caricom的成員國，加上古巴、海地、尼加拉瓜與委內瑞拉。瓜地馬拉與宏都拉斯也曾加入並於之後退出。

56 Gustav Cederlöf & Donald Kingsbury. 2019. "On PetroCaribe: Petropolitics, energopower, and post-neoliberal development in the Caribbean energy region." Political Geography 72: 124-133.

於2005年推出，為一地面與衛星的電視網絡，旨在倡導西方主流媒體以外的敘事方式，並提供24小時的英西語播出。[57]

二、「後自由主義」與「新自由主義重現」的整合

委內瑞拉的激進主義使其於拉美加國家認為自身有回應的必要，而巴西為鞏固其身為南美洲主要行為者的角色，亦採取較激進的外交政策。有關是否有必要將南方共同市場與安蒂諾共同體國家進行整合的爭論甚囂塵上，是否將兩個次區域整合為單一組織的討論始於2004年，四年過後，南美洲所有國家於巴西利亞簽署協定，正式成立南美國聯。在接下來幾年，組織內成立了不同的機構，包含金融機構（南方銀行BancoSur）及每年由國家元首召開的高峰會，反映了成員國對整合的承諾，而有關未來是否成立經濟聯盟的討論，包含區域貨幣的採用及區域議會的建立，皆組織了不同的合作與對話機制。[58] 位於厄瓜多首都—基多的南美國聯的總部，在成立的第一年隱含著不為人知的政治意願，即南美洲的整合，然而，如下所述，這也將會是一沒有結論的計畫。

儘管有著將南方共同市場與安地諾共同體聯合的想法，拉美加的某些國家仍受過去新自由經濟政策影響，而對開放的區域主義策略感興趣。在2011年於利馬舉行的高峰會後，智利、哥倫比亞、墨西哥與秘魯的總統宣佈其建立新貿易區的意圖，增加競爭力以整合入新興亞太地區，並將之命名為太平洋聯盟。不同於南方共同市場與中美洲共同市場，太平洋聯盟宣佈不尋求建立關稅聯盟或跨政府組織，而是向該地區任何國家開放的整合機制，因此，加入太平洋聯盟的主要條件為和成員國共同或分別進行自由貿易協定談判，而另一非官方的條件為美國與成員國之間需具有自由貿易協定。自創立之始，太平洋聯盟主持許多首長級高峰會與跨部門之間的會議，吸引了國際矚目，並擁有超過50個國

---

57 在過去，阿根廷、玻利維亞、厄瓜多與烏拉圭政府曾共同贊助 TeleSur，但上述國家皆於政黨輪替後終止其贊助。直至2022年，該網絡主要由負責國家媒體的委內瑞拉公共機構贊助，加之古巴與尼加拉瓜的協助。理所當地 TeleSur 也與享有共同理念的電視網絡合作，如RT電視臺與中國環球電視網。

58 José Antonio Sanahuja. 2012. "Post-Liberal Regionalism in South America: The Case of UNASUR." in https://cadmus.eui.eu/handle/1814/20394/. Latest update May 2012.

家成為觀察員。[59] 在太平洋聯盟的眾多重要革新中，整合了智利、哥倫比亞、秘魯及待加入的墨西哥證券交易市場為股市交流平臺（MILA），此外，成員國也同意建立聯合外交使節團，以增加在第三方市場的影響力，並整合其在非洲與亞洲等傳統上無法被代表之地區的資源。[60]

　　太平洋聯盟在成立初期所獲致的成功及矚目與南方共同市場的停滯不前形成對比，甚至使部分南方共同市場的較小成員國，尋求連接兩個組織的可能性，然而，兩組織之間的差異性使合併並非易事。跟隨著一體化協會的原始目標及拉美經委會所資助的整合，南方共同市場成功地推動了跨地區的貿易，儘管如此，巴西身為南美洲最大行為者及貿易夥伴，加之阿根廷保護主義浪潮仍然持續，即使程度較低，其他國家的利益不斷地因此而受限；另一方面，太平洋聯盟致力於改善國際競爭力並進入第三方市場，在跨區域貿易上花較少心力，成員國對與世界其他地區的整合較感興趣，該聯盟也被視為促進成員國國家品牌塑造的機制，[61] 可見於對《全面進步跨太平洋夥伴協定》與經濟暨合作發展組織（OECD）的加入。[62]

三、拉美加共同體與多邊區域主義

　　儘管拉丁美洲區域的經濟整合進程有許多既有的意識形態差異，多邊區域主義仍在2010年至2011年間跨出了重大的一步。當時，三個在過去幾十年間促進不同整合機制的領導國家——巴西、墨西哥與委內瑞拉——與其他拉美加國家共同創建了被稱為「旨在促進談話與政治協定的跨政府機制，包含33個來自拉丁美洲及加勒比地區的永久成員，……為一地區性論壇……希望在區域整

---

59 除了 PA 最初的四個成員國之外，哥斯大黎加、巴拿馬及厄瓜多已開始進行成為正式會員的程序，並與先前並無任何協定的 PA 成員國分別協商 FTAs。2022 年 1 月，新加坡在與 PA 的其他成員國歷經五年的 FTAs 協商過後，成為 PA 的第一個準會員國。加拿大、澳洲與紐西蘭也正經歷類似的談判。

60 Marcel Nelson 2022. "The Pacific Alliance: regional integration as neoliberal discipline." *Globalizations* 19(4): 573-574.

61 *Ibid*, 572.

62 在 PA 的會員國中，同時加入 CP-TPP 的國家有智利、墨西哥與秘魯，亦為 APEC 的會員國。另一方面，同時為 OECD 會員國的 PA 成員包含墨西哥（1994）、智利（2010）及哥倫比亞（2020）。2022 年 1 月，秘魯開始了正式加入 OECD 的程序。

合計畫中形成獨特的聲音並結構化政策決策方式」。[63] 在原先於冷戰後期涉及中美洲國家的和解，與偶發性的集結各國以發展區域事務的另一決策角度的里約集團於1986年成立後，創建拉丁美洲暨加勒比共同體（CELAC，後稱拉美加共同體）的基礎，亦為拉丁美洲國家的政治團體。里約集團欲表達其與美國對中美洲事務的處理方式意見相左，利用論壇表達自主權並遠離西半球的強權勢力，而在十幾年的社會化進程後，成員國也逐漸同意將該組織轉為較正式的跨政府組織。[64]

　　拉美加共同體的重大成就在於，其為第一個包含拉丁美洲及加勒比地區33個主權獨立國家的組織，即使同屬美洲大陸，該共同體堅決排除美國與加拿大，強化了該兩國為域外強權概念。拉美加共同體所採取的部分措施可與東協或非洲聯盟相比，在某種程度上來說其均由可共同表達意見的中小型國家所組成，集中火力對域外強權展現一致的立場。透過年度的國家元首高峰會、跨部門會議、組織的國家協調員會議以及每年在成員國之間輪替的主席進行工作，[65]而自拉美加共同體建立後，其與東協、中國大陸、歐盟、印度、日本、俄羅斯、南韓及土耳其皆建立了對話機制，這些國家肯定該區域組織的創立，並促進與拉美加國家的交流。儘管如此，如接下來的章節所示，意識形態的普遍差異將持續影響拉美加共同體的鞏固與發展。

肆、拉美加地區現階段的挑戰與主要議題

一、委內瑞拉危機與其對區域整合的影響

　　2013年，查維茲的突然逝世恰逢國際商品價格的下跌，伴隨著委內瑞拉的經濟與政治危機，拉美加其餘國家開始應付出口收入減少及國際收支壓力所帶

63 CELAC. n.d., "The Community of Latin American and Caribbean States," in https://celacinternational.org/. Latest update 30 June 2022.
64 Denis Kennedy & Brian Beaton. 2016. "Two Steps Forward? Assessing Latin American Regionalism Through CELAC." *Latin American Policy* 7(1): 55-58.
65 *Ibid*, 60-61.

來的經濟衝擊，加之巴西的大型企業集團Odebrecht遭指控賄絡拉美加不同國家的公務人員及政客，以換取有利可圖的基礎建設合約，此一地區性的重大貪污醜聞造成社會動員，並最後導致許多國家內部的政治危機。[66] 在過去十年由左翼政客領導所歷經的經濟繁榮國家，在接下來2015年至2018年的選舉週期中，這些國家將再度轉向中間及右派政黨。[67]

在尼古拉斯・馬杜洛（Nicolas Maduro）的領導下，委內瑞拉走向威權主義，油價下跌所造成的經濟混亂伴隨著川普當選後對委內瑞拉實施的強硬態度，包含經濟制裁，而隨著委內瑞拉的反對派無法將馬杜洛趕下臺及其立場的激進化，社會的壓抑、惡性通貨膨脹與失業，導致數百萬人移民至臨近國家尋求更好的經濟機會。在哥倫比亞、秘魯、智利、巴西與阿根廷，成千上萬委內瑞拉無文件移民數量逐漸增加，對公共機構與當地居民工作機會造成的壓力，使得鄰國中間偏右的領導人提議替代方案以結束委內瑞拉危機，以及潛在的政權更替。[68]

2016年，美洲國家組織討論有關美洲國家民主憲章適用，該憲章旨在維護美洲大陸的民主，在會員國對民主有違憲的干預時，終止或開除會員國的會籍，在此一情況下即為委內瑞拉。這項決議並未順利通過，主要源於加勒比海小國在過去曾得益於石油加勒比計畫，因此對馬杜洛表示支持。其他國家在意識到難以獲得足夠的票數後，於2017年創立利馬集團，即試圖與委內瑞拉反對勢力共同尋找和平解決危機之方法的多邊論壇。該集團由來自阿根廷、巴西、加拿大、智利、哥倫比亞、哥斯大黎加、瓜地馬拉、圭亞那、宏都拉斯、墨西哥、巴拿馬、巴拉圭、秘魯與聖露西亞的代表組成，儘管並非成員，但該集團受到美國的認可，及來自歐盟與美洲國家組織的支持。[69]

66 Yuhui Song. 2021. "El cáncer de la corrupción en Latinoamérica: El caso Odebrecht." *Gestión y Política Pública* 30(3): 237-265.

67 Omar Encarnación. 2018. "The Rise and Fall of the Latin American Left." in https://www.thenation.com/article/archive/the-ebb-and-flow-of-latin-americas-pink-tide/. Latest update 9 May 2018.

68 Luciana Gandini, Fernando Lozano & Victoria Prieto (eds). 2019. *Crisis y migración de población venezolana: entre la desprotección y la seguridad jurídica en Latinoamérica.* Mexico City: UNAM.

69 Carlos Garcia. 2020. "A crise política na Venezuela e o papel do Grupo de Lima: balanço e desafios de sua ação diplomática." *Revista de Relaciones Internacionales, Estrategia y Seguridad* 15(1): 177-193.

　　此一新區域論壇使得委內瑞拉的危機成為拉美加的巨大關切所在，也在該地區的許多國家被政治化，右派與中間偏右政客也利用委內瑞拉的案例，以「警告」選民民粹主義左派領導人當選後可能面臨的危險，此一情況也代表後自由區域主義及其制度的終結。由於委內瑞拉的外交行為受限，玻利瓦聯盟與石油加勒比計畫亦陷入停滯，南美洲的新政府也開始背棄前執政黨所支持的制度，[70] 自2018年，各國宣佈離開南美國聯，而隨著巴西與厄瓜多的退出，也揭示了該組織的終結。

　　那幾年間，新興的溫和保守領導人指控南美國聯為前左派領導人意識形態與查維茲主義的工具，因此提議成立新組織，2019年，智利與哥倫比亞的領導人宣佈創立南美洲進步論壇（PROSUR），取代南美國聯，並強調自由市場政策與民主等價值。[71] 透過一系列的多邊高峰會，各領導人欲吸引鄰近國家加入新組織，同時拒絕將委內瑞拉包含在內，然未獲得玻利維亞與烏拉圭的支持。儘管如此，此一計畫並未成功付諸實行，部分成員國內也再次面臨政治變革的挑戰，2022年，隨著左傾候選人贏得智利總統大選，該政府宣布終止參與南美洲進步論壇，形同扼殺了該論壇成功的機會。[72]

　　同樣地，委內瑞拉危機在2019年有了新轉折，國民議會的多數黨領袖胡安‧瓜伊多（Juan Guaidó）在公開譴責2018年的選舉屬違法後自封為代理總統，並拒絕承認馬杜洛的第二屆任期，美國隨即將承認擴及瓜伊多，利馬集團的多數成員及歐盟也如法炮製，然而，聯合國卻維持其對馬杜洛為委內瑞拉總統的承認。[73] 兩位皆獲國際承認的委內瑞拉總統複雜化區域整合與拉美加的交流，其中受影響程度最高的區域機制當屬拉美加共同體，由於成員國支持委內

70 Pedro Barros & Julia Gonçalves. 2021. "Crisis in South American regionalism and Brazilian protagonism in Unasur, the Lima Group and Prosur." *Revista Brasileira de Política Internacional* 64(2): e009.

71 Deutsche-Welle. 2019. "South American leaders form Prosur to replace defunct Unasur bloc." in https://www.dw.com/en/south-america-leaders-form-prosur-to-replace-defunct-unasur-bloc/a-48034988/. Latest update 23 March 2019; Pedro Barros & Julia Gonçalves, *op. cit.*

72 Miguel García-Miguel. 2022. "El triunfo de Boric deja a Prosur con un futuro incierto." in https://www.unav.edu/web/global-affairs/el-triunfo-de-boric-en-chile-deja-a-prosur-con-un-futuro-incierto/. Latest update 2 February 2022.

73 Gilberto Aranda & Alberto Bórquez. 2020. "La cuestión venezolana y la fractura del regionalismo latinoamericano." *Historia 396* 10(1): 33-72.

瑞拉的不同政府當局，使得該共同體無法順利運作，而此一極具爭議的問題也使得原本預計於2018年至2020年召開的高峰會不得不取消。[74] 委內瑞拉在拉美地區最親近的盟友─玻利維亞，也發生了憲政危機，尼加拉瓜的親威權主義亦複雜化了美洲國家組織和其他拉美國家之間的關係。雖然墨西哥於2021年擔任臨時主席恢復了拉美加共同體高峰會的傳統，許多政府首長仍抱怨馬杜洛的參與，[75] 同樣地，巴西極右派總統雅伊爾・波索納洛（Bolsonaro）的參與也使得委內瑞拉宣布不再參加拉美加共同體，[76] 意味著此一區域內的最大國將可能不再支持任何有關區域整合的辯論。

二、與其他強權的關係及懸而未決的挑戰

　　委內瑞拉危機在美洲各國的政治化提高了該區國際關係與地緣政治戰略的複雜性，然在幾年的有限關注後，拉美加各國對區域主義重新產生興趣，川普政府也對拉丁美洲採取了較堅定的態度，並以自身的「美國優先」為前提。美國對委內瑞拉的強硬立場，部分係源於共和黨自身的利益考量，川普與其他高階官員，視伯尼・桑德斯（Bernie Sanders）及喬・拜登為欲使美國成為新委內瑞拉的社會主義者，[77] 其他拉丁美洲的右派候選人也在選舉週期時採用這項說詞攻擊左派或激進對手，此一態度亦使利馬集團內的部分國家轉而接近美國在拉丁美洲及加勒比地區的利益。然而相當矛盾的是，川普領導下的美國並沒有在任何與美國國內議程直接相關的議題以外對該區域表示更多的興趣，如移民、販毒與雙邊自由貿易協定，特別是美國對古巴、尼加拉瓜和委內瑞拉的政策。[78]

---

74 Milagro Mengana. 2019. "CELAC: De la convergencia a la parálisis." in http://observatorio.repri. org/2019/05/06/celac-de-la-convergencia-a-la-paralisis/. Latest update 6 May 2019.

75 Vanessa Campa. 2021. "Mexico Seeks to Consolidate CELAC as a Regional Benchmark." in https:// latinarepublic.com/2021/09/28/mexico-seeks-to-consolidate-celac-as-a-regional-benchmark/. Latest update 28 September 2021.

76 Reuters. 2020. "Brasil abandona la CELAC, critica falta de resultados en "defensa de la democracia"." in https://www.reuters.com/article/brasil-celac-idLTAKBN1ZF2V5/. Latest update 17 January 2020.

77 Courtney Weaver, Lauren Fedor & Katrina Manson. 2020. "Joe Biden's socialism problem with Latinos." in https://www.ft.com/content/f5fd8720-3ecb-4f57-96f8-28029915dce7/. Latest update 5 November 2020.

78 Tom Long. 2021. "From Trump to Biden in Latin America." *NACLA Report on the Americas* 53(2): 121-126.

卡拉卡斯與域外強權的和解反映了馬杜洛政府在西半球逐漸增加的孤立，儘管在2010年代後期，拉美加各國重新調整與美國的利益關係，但與前幾年相比，美國在拉丁美洲的主導地位仍明顯呈現下降的趨勢，來自俄羅斯、伊朗與土耳其對馬杜洛的公開支持，意味著自冷戰結束以來，區域外強權首次在拉美加找到更好的空間以挑戰美國的霸權。[79] 俄羅斯的情況尤其引人注目，鑒於其對友好盟友如委內瑞拉與尼加拉瓜提供的有限軍事協助，[80] 及在川普的總統任期結束後，在巴西與阿根廷等大國獲得的同情心，大部分拉美加政府因此受影響並在俄羅斯侵略烏克蘭後表現出中立態度，即使最初對攻擊表示譴責，也拒絕參與由西方強權主導的經濟制裁。[81]

儘管如此，美國對拉美政策最大的關切當屬中國大陸在該區日漸增加的影響力。2000年代的經濟景氣，對自然資源的需求使中國大陸成為拉丁美洲大部分國家的第一或第二大貿易夥伴及主要的債權人與投資者，來自北京的積極公眾外交，包含與該區不同國家成為策略夥伴、與拉美加共同體建立對話機制、將拉美加地區包含在「一帶一路」內及與超過18個國家簽署諒解備忘錄，此舉在華盛頓的某些決策圈內引起擔憂。[82] 美中關係在川普的領導下更為惡化，駐在拉美加的美國外交官警告各國與中國大陸交易背後的「債務陷阱」。美國通過臺灣友邦國際保護及加強倡議法（Taipei Act），皆降低了與臺灣具官方外交關係的國家轉而承認中國大陸的機會。[83] 另一方面，中美之間的貿易戰間接地得利於拉美國家，北京對來自美國的農產品加徵關稅後，使得從南美洲進口的產品量明顯增加；反之，美國對中國大陸製造業的關稅增加了中國大陸與美國

---

79 Gian Luca Gardini, *op. cit.*

80 Raylí Luján. 2022. "Russia-Venezuela Relations Remain Deep Despite Global Isolation of Moscow." in https://www.bloomberglinea.com/2022/03/24/russia-venezuela-relations-remain-deep-despite-global-isolation-of-moscow/. Latest update 24 March 2022.

81 Andrea Moncada. 2022. "Will Russian Influence in Latin America Grow in 2022?" *Americas Quarterly*, in https://www.americasquarterly.org/article/will-russian-influence-in-latin-america-grow-in-2022/. Latest update 30 March 2022.

82 Carol Wise. 2020. *Dragonomics: How Latin America Is Maximizing (or Missing Out) on China's International Development Strategy*. New Haven: Yale University Press.

83 He Li & Antonio Hsiang (eds.). 2021. *Taiwan's Relations with Latin America: A Strategic Rivalry between the United States, China, and Taiwan*. Lanham: Lexington Books.

於墨西哥產業的外資。[84]

　　然而，中國大陸在拉美加的角色與影響力在近幾年似乎停滯不前，儘管雙邊貿易增加，投資與信貸層級仍維持不變，中國大陸雖未被大多拉美加地區的領導人，不論是左派或右派，視為安全威脅，但其仍無法成功取代美國的傳統領導地位。可想而知，地理上與美國鄰近的國家正利用這次機會增進與華盛頓的關係。拜登政府及其繼任者需要來自墨西哥與中美洲的協助以解決可能威脅任何黨派持續執政的敏感議題，如無文件的移民與幫派犯罪，在此情況下，拉美加各國的領導人得以把握機會與美國建立更密切的合作，甚至是進行利益交換以獲得共同的繁榮與安全。[85]

　　對拉美加地區來說，2020年代最大的挑戰之一莫過於新冠疫情及其後續影響。作為全球經濟整合度最高，但仍以收入極度不平等與脆弱的民主制度為特徵，該地區的國家與美國及印度有著世界最高的傳染率及致死率，已開發經濟體倡導囤積疫苗促使該地區的領導人制定替代方案，相互合作以減輕疫情的影響。[86] 另一方面，新冠疫情在拉美加造成的經濟衝擊使經濟成長的復甦顯得渺茫，因此，部分地區的社會動盪加劇，導致新的政治佈局與其他結構性問題的深化，進而需要更多的區域合作。

　　在這些問題之中，自拉美加移民至美國為一巨大的挑戰，需要移民輸出國、過境國與接受國當局間的協調。同樣地，只要政府視軍事化為唯一的解決毒品的辦法，而不考慮其他補充措施如，尋求人權的保護、對受害者的賠償及造成此一議題的根本經濟與社會的結構性問題，與犯罪有關的暴力問題仍會是地區性的挑戰。[87] 與移民議題相似的是，與犯罪有關的暴力通常摻雜毒品、移民與人口販賣等問題，仰賴需求與供給國之間的合作，既有的組織（如包含全

84 Felipe Larraín & Pepe Zhang. 2021. "How Latin America Should Navigate US-China Tensions." in https://www.project-syndicate.org/commentary/impact-of-us-china-trade-war-on-latin-america-by-felipe-larrain-and-pepe-zhang-2021-06/. Latest update 15 June 2021.

85 Tom Long, *op. cit.*

86 Laura Acosta. 2020. "Capacidad de respuesta frente a la pandemia de Covid-19 en América Latina y el Caribe." *Revista Panamericana de Salud Pública* 44: e109.

87 Gustavo Flores-Macías. 2018. "The Consequences of Militarizing Anti-Drug Efforts for State Capacity in Latin America: Evidence from Mexico." *Comparative Politics* 51(1): 1-20.

美洲的美洲國家組織與拉美加地區的拉美加共同體）已將該議題納入議程內，並協調外交手段以進行討論，然而仍有許多不足，尤其是在拉美加的案例中，因意識形態考量所產生的不必要障礙，使距離共同議程的產生仍有大段距離。

伍、結論

　　拉丁美州及加勒比可謂世界上最早開始整合的區域之一，但卻仍屬未竟之地，其經驗也仍落後其他較晚開始的區域。米蘭達與玻利瓦整合西班牙前殖民地的美洲，甚至是所有拉丁美洲國家共同組成聯盟的夢想，在200年後仍存在該區域的領導人與人民心中。拉丁美洲意識形態的創建已有百年之久，也是該區長久以來的特色之一，來自拉丁美洲的人民在世界的另個角落遇見彼此時，便會立刻感受到來自共通語言、相似傳統與共同歷史的自然親切感，反映了拉丁美洲的情誼與精神。然而，當涉及區域內所有國家發展共同議程以鞏固一真正的區域計畫時，不同世代未能持續舊有的制度，反而因著意識形態的改變而傾向創立新計畫或組織。

　　拉丁美洲主義始於20世紀初，旨在加強區域性的身份認同，並與籠罩美洲其他地區的盎格魯・薩克遜傳統——包含逐漸崛起成西半球霸權且其意圖被南方鄰居所恐懼與艷羨摻半的美國——有所區別，對此，美國以泛美主義作為回應，使得地理上被稱為拉丁美洲及加勒比的地區陷入雙邊的窘境。一方面，其支持建立涵蓋所有美洲國家的機構，以美洲國家組織為中心並複製聯合國的目標，被視為與世界上最強大國家互動制度化的方式，另一方面，該地區的領導人也欲維持拉丁美洲區域整合的夢想，首先受進口替代工業化政策與拉美經委會的建議所啟發，對該世紀末席捲美洲大陸的新自由主義浪潮做出回應。

　　21世紀初是美國將其注意力由拉美加轉移至其他戰略地區的時期，恰逢區域性的左傾，以及因為區域出口增加的經濟繁榮，上述因素使該區的領導人將重心放在新區域機構的創立，以真實反映拉美加人民的利益所在。拉美加共同體於2010年的建立被視為拉丁美洲主義的重要時刻，來自不同意識形態背景的領導人共同創立包含拉丁美洲及加勒比各國的機構，並堅決排除美國與加拿大。然而，自2013年在拉美加不同地區所發生的經濟、社會與政治危機，尤其是委內瑞拉危機的區域化與政治化，再度為區域整合進程畫上休止符。

委內瑞拉危機在美國的政治化使任何拉美加地區整合的新嘗試都遭到川普政府的質疑，這也是該區重新調整利益的因素之一。然而，新冠疫情帶來的未知情況也促成了該地區的政治重組，左派政黨正在拉美加部分地區捲土重來，但似乎正學習與右派勢力共存。儘管遭遇挫折與某些國家的威權治理，民主鞏固仍為多數拉美加地區人民的共同目標，若該地區的大多數國家持續往民主更替的方向前進，政府間更有可能拋開意識形態競爭並與彼此協商，使區域整合的長期願景成為可能，經濟的穩定與持續成長也能增加該區域市場對國內製造業的吸引力，進而有效地提升跨區域的貿易量。

目前為止，除了南方共同市場的成員之外，該區域大部分國家的最大貿易夥伴都在拉丁美洲域外，這強化了拉美加各國視彼此為競爭對手，而非潛在夥伴的觀點，故在此情況下也很難想像長期經濟整合的成功。然而現實是，該區域各國正面臨不同的挑戰，如無文件移民、與犯罪相關的暴力行為與不安全，及日益增加的與氣候變遷相關的自然災害，皆需拉美地區各國間的合作與協調，可能將會使各國更傾向強化區域機構，如拉美加共同體。

除此之外，拉美加共同體作為與其他域外強權溝通平臺的功能不容忽視。非傳統強權對此區域日益增加的興趣，主要為中國大陸，但也包含俄羅斯、伊朗、印度及土耳其，為拉美加提供機會以平衡美國所帶來的潛在威脅，尤其當美國境內的政治分歧在未來幾年仍無法平息。因此，未來拉美加地區的區域整合仍須依賴自身領導人的政治意願，以及美國的社會政治發展。總括而言，由美國主導的泛美體系與由當地菁英振興的拉丁美洲主義之共存，在未來幾年將仍為拉美加區域化的標誌。

附錄一：深入閱讀書單

向駿，陳敬忠（主編），2020，《橫議拉丁美洲》，臺北：政大出版社。

愛德華多・加萊亞諾（Eduardo Galeano），2013，《拉丁美洲：被切開的血管（修訂版）》（譯者：王玫、張小強、韓曉雁、張倉吉、吳國平），臺北：南方家園出版。

Cardoso, Fernando H. and Enzo Faletto. 1979. *Dependency and Development in Latin America*, (Trans. Marjory M. Uriquidi) . Berkeley: University of California Press.

Nuccetelli, Susana. 2020. *An Introduction to Latin American Philosophy*. Cambridge, UK: Cambridge University Press.

Skidmore, T.E., P.H. Smith, & J.N. Greene. 2018. *Modern Latin America* (9th Edition). Oxford: Oxford University Press.

附錄二：拉丁美洲及加勒比地區重要期刊、機構

　　西班牙文作為拉丁美洲大多數國家的官方語言，其主導地位使其自然而然地被用以作為最專門的出版物。以西文所撰寫的文獻也較易被西班牙與葡萄牙的機構所接受。因此，部分研究拉丁美洲及加勒比地區的智庫與期刊便位於該地區：

聯合國拉丁美洲和加勒比經濟委員會 United Nations Economic Commission for Latin America and the Caribbean（ECLAC / CEPAL）

研究期刊：*CEPAL Review*

拉丁美洲社會科學學院 Facultad Latinoamericana de Ciencias Sociales（FLACSO）

研究期刊：*Perfiles Latinoamericanos*

墨西哥國立自治大學拉丁美洲研究學院 Colegio de Estudios Latinoamericanos – Universidad Nacional Autónoma de México（CELA-UNAM）

研究期刊：*Estudios Latinoamericanos*

阿根廷布宜諾斯艾利斯大學拉丁美洲研究所 Instituto de Estudios de América Latina y el Caribe – Universidad de Buenos Aires（IEALC-UBA）

研究期刊：*Observatorio Latinoamericano y Caribeño*

巴西拉丁美洲研究中心 Centro Brasileiro de Estudos da América Latina（CBEAL）

研究期刊：*Nossa América*

　　出於地理鄰近性及貫穿本篇文章的──美國在西半球的霸權地位及其對泛美體系的支持，沒有西班牙文基礎的學生也可從位於美國或英國的拉丁美洲研

究中心或出版物獲取知識。近十年以來，許多拉美地區的的研究生畢業後選擇美國為發展其學術職涯的據點，貢獻了大量有關該地區的英文資料，如：

拉丁美洲研究協會 Latin American Studies Association（LASA）

研究期刊：*Latin American Research Review*

柏克萊加利福尼亞大學拉丁美洲研究中心 Center for Latin American Studies at University of California-Berkeley（CLAS-UCB）

研究期刊：*Berkeley Review of Latin American Studies*

邁阿密大學拉丁美洲研究中心 Center for Latin American Studies at University of Miami

研究期刊：*Latin American Politics and Society*

倫敦大學高級研究學院拉丁美洲及加勒比研究中心 Center for Latin American and Caribbean Studies at the School of Advanced Studies-University of London（CLACS）

研究期刊：*Journal of Latin American Studies*

加利福尼亞大學河濱分校拉丁裔及拉丁美洲研究中心 Latino and Latin American Studies Research Center at University of California-Riverside（UCR）

研究期刊：*Latin American Perspectives*

　　在以中文為主要語言的地區，位於中國大陸的政府自冷戰以來便致力於發展拉丁美洲研究，隨著一帶一路政策的建立也開設了更多的研究中心。有鑒於相當多的中國大陸學者精通西班牙語，因此部分的作品以西文撰寫，也持續創立研究中心及智庫。最著名的研究機構包含：

中國社會科學學院拉丁美洲研究所｜中國社科院大學拉丁美洲研究係

復旦大學國際問題研究院拉丁美洲研究室

研究機構：北京大學亞太研究院拉丁美洲研究中心

南開大學歷史學院拉丁美洲研究中心

上海大學全球問題研究院拉美研究中心

安徽大學拉丁美洲研究所

浙江外國語學院拉丁美洲研究所

中拉教科文中心

北京語言大學國別和區域研究院拉丁美洲研究中心

在中華民國，對拉丁美洲及加勒比地區的研究興趣仍不甚明顯，但仍有努力不懈地學者在過去數十年間發表學術刊物，並積極在年輕一輩中推動有關該地區的研究。包含：

國立政治大學國際事務學院拉丁美洲研究中心

淡江大學國際事務學院拉丁美洲及加勒比海研究中心

致理科技大學商貿外語學院拉丁美洲經貿研究中心

研究期刊：拉丁美洲經貿季刊

附錄三：拉丁美洲及加勒比地區專有名詞英文、中文對照表

英文	中文	西班牙文
Andean Community of Nations（CAN）	安地諾共同體	Comunidad Andina de Naciones（CAN）
Andean Integration System（SAI）	安地諾整合體系	Sistema Andino de Integración（SAI）
Bolivarian Alliance for the Peoples of Our America（ALBA）	玻利瓦聯盟	Alianza Bolivariana para los Pueblos de Nuestra América（ALBA）
CAF-Development Bank of Latin America	拉丁美洲開發銀行	CAF-Banco de Desarrollo de América Latina
Caribbean Community（Caricom）	加勒比共同體	Comunidad del Caribe（Caricom）
Caribbean Free Trade Association（CARIFTA）	加勒比自由貿易組織	Asociación Caribeña de Libre Comercio（CARIFTA）
Caribbean Single Market and Economy（CSME）	加勒比單一市場及經濟體	Mercado Común y Unión Económica del Caribe（CSME）
Central America Bank for Economic Integration（CABEI）	中美洲銀行	Banco Centroamericano de Integración Económica（BCIE）
Central American Economic Integration Secretariat（SIECA）	中美洲統合體秘書處	Secretaría de Integración Económica Centroamericana（SIECA）
Central American Integration System（SICA）	中美洲統合體	Sistema de la Integración Centroamericana（SICA）
Central American Parliament（Parlacen）	中美洲議會	Parlamento Cen-troamericano（Parlacen）
Community of Latin American and Caribbean States（CELAC）	拉丁美洲暨加勒比共同體	Comunidad de Estados Latinoamericanos y Caribeños（CELAC）

英文	中文	西班牙文
Economic Commission for Latin America and the Caribbean（ECLAC）	拉丁美洲及加勒比經濟委員會	Comisión Económica para América Latina y el Caribe（CEPAL）
Forum for the Progress and Integration of South America（Prosur）	南美洲進步論壇	Foro para el Progreso de América del Sur（Prosur）
Free Trade Area of the Americas（FTAA）	美洲自由貿易區	Área de Libre Comercio de las Américas（ALCA）
Import-substituting industrialization（ISI）	進口替代工業化	Industrialización por substitución de importaciones（ISI）
Latin American Free Trade Association（ALALC）	拉丁美洲自由貿易協會	Asociación Latinoamericana de Libre Comercio（ALALC）
Latin American Integration Association（ALADI）	拉丁美洲一體化協會	Asociación Latinoamericana de Integración（ALADI）
North America Free Trade Agreement（NAFTA）	北美自由貿易協定	Tratado de Libre Comercio de América del Norte（TLCAN）
Organization of American States（OAS）	美洲國家組織	Organización de Estados Americanos（OEA）
Organization of Central American Sates（ODECA）	中美洲國家組織	Organización de Estados Centroamericanos（ODECA）
Pacific Alliance（PA）	太平洋聯盟	Alianza del Pacífico（AP）
PetroCaribe	石油加勒比計畫	Petrocaribe
Southern Common Market（Mercosur）	南方共同市場	Mercado Común del Sur（Mercosur）
Union of South American Nations（USAN/Unasur）	南美洲國家聯盟	Unión de Naciones Suramericanas（Unasur）

第四篇

環印度洋地區

南亞區域化的歷程及挑戰

方天賜

摘要

　　南亞地區包括印度、巴基斯坦、孟加拉、尼泊爾、不丹、斯里蘭卡、馬爾地夫及阿富汗等國所屬地區。　除了地理的鄰接性外，南亞各國間有著悠久的歷史、文化、社會和經濟聯繫，不僅具備相當的區域整合條件，也已成立南亞自由貿易區。然而，南亞國家之間互信不足及衝突不斷，加上經濟保護主義等因素，導致區域內的合作交流程度受限。為進一步釐清南亞區域化的發展，本文擬從「區域內整合」、「次區域整合」及「跨區域整合」三個主要面向討論南亞地區的區域化歷程及評析其發展面臨的挑戰，藉以勾勒當前南亞區域化的發展現狀並評估其展望。

　　關鍵字：南亞區域合作協會、孟不印尼倡議、孟加拉灣技術及經濟合作倡議、一帶一路

壹、前言

本文所指的南亞地區，主要包括印度、巴基斯坦、孟加拉、尼泊爾、不丹、斯里蘭卡、馬爾地夫及阿富汗等國所屬地區。[1]除了地理的鄰接性外，南亞八國間有著悠久的歷史、文化、社會和經濟聯繫，其實已具備區域整合的基礎條件。事實上，南亞地區也已創建相關的區域組織，並已成立南亞自由貿易區（The South Asian Free Trade Area, SAFTA）。

然而，成員國之間的互信不足且衝突不斷，加上經濟保護主義等因素，導致區域內的合作交流程度受限。南亞雖然不是全球開發程度最落後的地區，卻是亞洲整合最低的地區。相關統計發現，南亞區域內的貿易額只佔該區全部貿易總額的5%。[2]諷刺的是，印度某些物品與南美洲巴西的貿易成本反倒比輸往鄰國巴基斯坦還低20%。[3]然而，南亞整合的經濟發展及潛力仍被高度肯定。舉例而言，根據評估，如果印度與孟加拉簽署自由貿易協定，孟加拉對印度的貿易額可以增加182%，印度對孟加拉的貿易額也可增加126%。如果雙方再改善一下交通運輸的聯繫，孟加拉對印度的貿易可望增加297%，印度對孟加拉的額度則可以增加172%。[4]由此可見，南亞區域整合可能衍生的經濟紅利。換言之，如何強化南亞整合值得思索。

在此背景下，本文擬從「區域內整合」、「次區域整合」及「跨區域整合」這三個主要面向討論南亞地區的區域化歷程及評析其發展面臨的挑戰。本文首先將回顧南亞地區相關區域整合計畫的發展，特別著重在南亞區域合作協會

1　傳統上，南亞國家包括印度、巴基斯坦、孟加拉、尼泊爾、斯里蘭卡、不丹、馬爾地夫等七國。但世界銀行等單位也將阿富汗列為南亞國家之一。本文採用世界銀行的分類方法，將阿富汗也列為南亞國家。參閱圖一。

2　The Asian Development Bank. 2022. "Regional: Support for South Asia Regional Economic Cooperation." in https://www.adb.org/projects/37549-012/main. Latest update 9 June 2022.

3　The Word Bank. 2016. "The Potential of Intra-regional Trade for South Asia." in https://www.worldbank.org/en/news/infographic/2016/05/24/the-potential-of-intra-regional-trade-for-south-asia. Latest update 9 June 2022.

4　Matías Herrera Dappe and Charles Kunaka. 2021. "Overview." In *Connecting to Thrive: Challenges and Opportunities of Transport Integration in Eastern South Asia,* eds. Matías Herrera Dappe and Charles Kunaka. Washington, DC: The World Bank Group, 4.

（South Asian Association for Regional Cooperation, SAARC，以下簡稱「南協」）
的發展及限制。其次，則進一步探討南亞區域內次區域整合及跨區域整合這兩
種途徑，藉以勾勒當前南亞區域化的發展現狀並評估其展望。

貳、南亞區域整合的發展及實踐：以南亞區域合作協會為例

　　相較於歐洲及東南亞，南亞開始進行區域整合的啟動時間較晚。事實上，
建立南亞區域論壇的想法可以追溯到1947年4月時，當時印度主導召開亞洲關
係會議（the Asian Relations Conference），便是強化凝聚亞洲國家的企圖。之
後，南亞領導人也不時就此議題交換看法，但一直沒有具體行動。直到1970年
末期，在孟加拉的推動下，南亞整合才出現比較積極的作為。孟加拉總統拉曼
（Ziaur Rahman）在1979年與相關國家討論過後，於1980年5月2日致函給南亞
國家領導人，正式提案建立南亞區域組織。[5] 值得一提的是，南亞國家對成立
此組織的態度冷熱有別。印度和巴基斯坦這兩個大國當時的態度較為保留，擔
心加入後會陷入所謂的區域主義陷阱（regionalist entrapment），限制其外交上
的自由度和自主性。[6] 相對地，孟加拉等中小國則熱烈支持此項提議。在印度
的反對下，孟加拉只好妥協，放棄將安全事務納入該組織的構想。[7]

　　歷經數年談判後，南亞的孟加拉、不丹、印度、馬爾地夫、尼泊爾、巴
基斯坦、斯里蘭卡等七國領袖於1985年12月在孟加拉首都達卡（Dhaka）集
會，通過《達卡宣言》（*The Dhaka Declaration*）和《南亞區域合作協會憲
章》（SAARC Charter），宣告「南協」正式成立。根據《南亞區域合作協會憲
章》，該組織有八項主要目標，包括（1）促進南亞人民的福祉並提升其生活品
質；（2）加速地區的經濟成長、社會進步和文化發展，並為所有人提供有尊
嚴的生活和充分發揮潛力的機會；（3）促進和加強南亞各國的集體自力更生

5　Kishore C. Dash. 2008. *Regionalism in South Asia: Negotiating Cooperation, Institutional Structures*.
　　Abingdon: Routledge, 82.

6　*Ibid.*, 87.

7　*Ibid.*, 116.

（collective self-reliance）；（4）促進相互信任和理解彼此的問題；（5）促進經濟、社會、文化、技術和科學領域的積極合作和互助；（6）加強與其他發展中國家的合作；（7）在國際論壇上就共同關心的問題加強合作；（8）與具有相似目標和宗旨的國際和區域組織合作。而南亞區域合作協會的發展歷程，基本就是南亞區域化的縮影。

協會從成立之始，便希望排除政治性的爭議。因此在憲章中明列協會運作的三點原則，包括：（1）在協會框架內的合作應以尊重主權平等、領土完整、政治獨立、不干涉他國內政和互利的原則為基礎。（2）這種合作不應替代雙邊和多邊合作，而應作為輔佐。（3）此類合作不得與雙邊和多邊義務相抵觸。在組織架構上，憲章規定包括元首峰會（Meetings of the Heads of State or Government）、部長理事會（Council of Ministers）、常設理事會（Standing Committee）、技術委員會（Technical Committees）、行動委員會（Action Committees）等。但實際運作上，後來又加上計劃委員會（The Programming Committee）及工作小組（Working Group）。

其中，元首峰會是最高權力機構，原定每年至少舉行一次，必要時可隨時召開，輪流在各成員國舉行。但會員國在2014年時同意改成每兩年舉辦一次峰會。部長理事會則是由成員國外長所組成，主要任務為制定協會的政策、審查合作進展狀況、訂定新的合作領域、視需要建立額外機制，並就協會關切的事項作出相關決定。此外，部長理事會也負責指派協會的秘書長人選，目前共召開過37次會議。此外，自1997年以來，部長理事會也會利用在紐約聯合國大會期間舉行非正式會議。常務委員會則是由成員國的外交次長所組成，負責監督和協調各項計畫的進行、批准項目和方案，包括融資方式、確定跨部門優先事項、分配區域和外部資源、在適當研究的基礎上確定新的合作領域等，迄今已經舉行過42次會議。此外，由會員國代表組成各類的技術委員會，負責在各自合作領域內實施、協調和監督計畫運作。目前設有農業和農村發展、健康與人口活動、婦女、青年暨兒童、科學技術、運輸科技、環境科技等技術委員會。

協會的秘書處設於尼泊爾首都加德滿都，負責日常會務。秘書長任期三年，目前的理事長是斯里蘭卡籍的維拉孔（Esala Ruwan Weerakoon），

2020年3月就任，任期3年。協會也設立相關的功能性組織，依性質分為三大類。第一類稱南協最高組織（SAARC Apex Bodies），此類組織需下轄四個以上南亞國家區域子單位。這類組織包括：南協工商會（SAARC Chamber of Commerce & Industry, SCCI）、南亞區域法律合作協會（South Asian Association for Regional Cooperation in Law, SAARCLAW）、南亞會計聯盟（South Asian Federation of Accountants, SAFA）、南亞基金會（South Asia Foundation, SAF）、南協作家及文學基金會（Foundation of SAARC Writers and Literature, FOSWAL）、南亞終止兒童暴力倡議（South Asia Initiative to End Violence Against Children, SAIEVAC）等。第二類稱為南協認可組織（SAARC Recognized Bodies），數量較多，包括南亞管理及發展機構協會（Association of Management and Development Institutions in South Asia, AMDISA）等18個單位。[8] 第三類則是功能性組織（SAARC Specialized Bodies），包括南協開發基金（SAARC Development Fund）、南亞大學（South Asian University）、南亞區域畫標準組織（South Asian Regional Standards Organization）、南協仲裁委員會（SAARC Arbitration Council）。其中，特別值得一提的是南亞大學。它是2005年11月由會員國同意設置，校址位於印度首都德里，並由印度提供主要的資金，已從2010正式招生運作。

　　南協成立迄今有兩個主要的具體成果。第一個是成員國的擴大。協會在

8　這些組織為：南亞管理與發展機構協會（Association of Management and Development Institutions in South Asia, AMDISA）、南亞建築師區域合作協會（South Asian Association for Regional Cooperation of Architects, SAARCH）、南協國家保險組織聯盟（Federation of State Insurance Organizations of SAARC Countries, FSIO）、南協證照工程師論壇（SAARC Diploma Engineers Forum, SDEF）、南協國家放射學會（Radiological Society of SAARC Countries, RSSC）、南協教師聯盟（SAARC Teachers Federation, STF）、南協外科護理協會（SAARC Surgical Care Society, SSCS）、南亞自由媒體協會（South Asian Free Media Association, SAFMA）、斯里蘭卡南協婦女協會（SAARC Women's Association in Sri Lanka, SWA）、興都庫什喜馬拉雅基層婦女自然資源管理會（Hindukush Himalayan Grassroots Women's Natural Resources Management, HIMAWANTI）、南協國家兒科醫師協會聯盟（Federation of Association of Paediatric Surgeons of SAARC Countries, FAPSS）、南亞交易所聯盟（South Asian Federation of Exchanges, SAFE）、南協腫瘤學家聯盟（SAARC Federation of Oncologists, SFO）、南亞國家童軍組織協會（South Asian Association of National Scout Organization, SAANSO）、南亞經濟研究所網絡（South Asian Network of Economic Research Institute, SANEI）、南協眼科研究院（SAARC Academy of Ophthalmology, SAO）、南亞婦女發展論壇（South Asian Women Development Forum, SAWDF）、自僱婦女協會（Self Employed Women Association, SEWA）。

2005年11月時，同意接納阿富汗成為第八個會員國，這也是協會成立以來第一次擴大及接納新成員。協會也在2006年的第14屆峰會時首次邀請中國大陸、美國、歐洲聯盟、日本和南韓以觀察員身分與會，建立觀察員制度。伊朗、模里西斯、澳洲、緬甸等國也在之後獲得觀察員地位。

　　第二個成果則是推動成立南亞自由貿易區。成員國在2004年簽署成立南亞自由貿易區協定，並於2006年1月1日生效，取代1993年簽署的《優惠貿易安排》（Preferential Trading Arrangement）。較晚入會的阿富汗也在2011年簽署批准該協議成為南亞自由貿易區的一員。根據協議內容，印度、巴基斯坦和斯里蘭卡等發展程度相對較高的國家，必須在2007年前將其協議貨品的關稅降至20%，並在在2012年時降至零，也就是取消這些貨品的關稅。其餘國家因為發展程度較慢，則額外有三年的緩衝執行時間，但仍需在2016年將所有貿易商品的關稅降為零，達到成員國之間貿易自由化的目的。

　　除了上述兩個主要發展，遺憾的是，南亞區域合作協會的實際整合程度很有限。如前所述，南亞國家之間某些貨物的貿易成本，可能還高於這些國家與巴西進行貿易。[9]這是因為南亞自由貿易區的實質開放程度並不高。根據協議的規定，相關國家在加入南亞自由貿易區時都可以提出「敏感清單」（Sensitive List），將自己需要保留的相關貨品排除在關稅減免的措施之外。因此，每個成員國都在敏感清單上列上許多保留產品。根據統計，若以成員國從南亞國家進口的產品來看，大約有6%至45%屬於受保護的敏感產品。以國別來看，孟加拉、斯里蘭卡和尼泊爾從其他南亞國家進口的敏感產品的比例最高。相對地，南亞國家向成員國出口的5%至48%產品便無法獲得對方進口國的關稅優惠，其中馬爾地夫、印度和巴基斯坦的出口產品所佔比例最高。整體而言，南亞約36%的物品貿易並不在優惠關稅制度內。相較之下，東協國家已對96%的產品實行零進口關稅。由此可見，雖然南協已經建立自由貿易區，但實際上在物品貿易上的自由化程度並不高，有點名不符實。

　　其次，南亞國家常見所謂的「類關稅」（para tariff）障礙。也就是僅對進

9　Sanjay Kathuria and Priya Mathur. 2018. "South Asia: A Work in Progress." In *A Glass Half Full: The Promise of Regional Trade in South Asia,* ed. Sanjay Kathuria. Washington, DC: World Bank, 41.

口物品加徵的賦稅。例如，孟加拉國有所謂的補充稅（supplementary duty）、監管稅（regulatory duty）；斯里蘭卡有港口和機場開發稅（port and airports development levy, cess）；巴基斯坦也有監管稅（regulatory duty）和附加稅（additional duty）的制度。[10]但南亞自由貿易區在談判時，並未納入「類關稅」的協商，也就沒有對這類的措施進行管制，成為南亞經貿自由化的障礙。

　　從經濟面上來看，如果要讓南亞自由貿易區有實質成效，則需要確實解決上述兩個問題。此外，南亞自由貿易區也未涵蓋服務貿易、投資保障等非貨品項目。會員國家若與其他成員有嚴重之貿易逆差時，甚至可暫時免除執行自由貿易區協定的義務。換言之，成員國其實都還保有濃厚的保護主義心態。

　　印度是區域內最大的國家，其領導意願至關重要。莫迪（Narendra Modi）總理上臺後推出鄰里優先（Neighbourhood First）政策，似乎為區域整合帶來新的契機。印度也展現出帶頭推動區域經濟整合的意願，包括承諾設立特殊設施（Special Purpose Facility），為該地區的基礎設施項目提供資金。莫迪總理在第18屆南協峰會上也宣布幾項單邊舉措。包括設立核給三到五年的商務簽證的南協商務旅行卡（SAARC Business Traveller Card）機制、推動跨境工業走廊、在鄰國投資以減少貿易差距等，被認為是印度願意承擔「不對稱責任」（asymmetric responsibility）的象徵。[11]

　　南協在創建時，便已經意識到政治因素的可能阻礙。所以憲章第十條規定，各項決策以一致決（unanimity）作為基礎，並排除雙邊和有爭議性的議題。然而，會員國之間的衝突，還是很容易讓經貿關係受挫。舉例而言，巴基斯坦便在2019年8月以抗議印度廢除喀什米爾（Kashmir）的自治地位為由，逕行中斷與印度的貿易。

　　事實上，印巴對立正是造成南亞經濟整合困難的關鍵因素之一。南亞區域合作協會在2014年於尼泊爾加德滿都召開峰會時，曾強調要加速區域整合建

---

10 Sanjay Kathuria and Nadeem Rizwan. 2019. "How South Asia can become a free trade area." in https://blogs.worldbank.org/endpovertyinsouthasia/how-south-asia-can-become-free-trade-area. Latest update 9 June 2022.

11 Smruti S. Pattanaik. 2016. "Sub-regionalism as New Regionalism in South Asia: India's Role." *Strategic Analysis* 40(3): 210-217.

設，並強化會員國在貿易、投資、金融、能源、安全、基礎設施建設、互聯互通以及文化領域的合作，也承諾優先推進區域和次區域內專案。第18屆南協高峰會原定由巴基斯坦在2016年主辦，因該年9月18日發生印度喀什米爾軍營遭到恐怖攻擊事件而受阻。印度認為巴基斯坦須為前述恐怖攻擊事件負責，故抵制巴基斯坦舉辦南協峰會。孟加拉、不丹、阿富汗也附和印度立場，導致南協的峰會因此延宕迄今。換言之，南協從2014年的加德滿都高峰會之後，便未曾再舉行過高峰會，徹底反映出這個組織發展的停滯狀態。巴基斯坦外交部長庫瑞許（Shah Mahmood Qureshi）曾在2022年表示，該國已做好舉辦峰會的準備，如果印度不想實體與會，也可以視訊方式出席，但此項建議也已經遭到印度拒絕。[12]

　　另一個影響南亞區域整合的新變數是阿富汗問題。塔里班（Taliban，或譯神學士）政權在2021年8月重新執掌阿富汗後，還未完全得到國際社會的接納。南亞國家中，印度向來與塔里班的關係不佳，對阿富汗塔里班並無好感；巴基斯坦則與之維持不錯關係。由於許多國家都未承認阿富汗塔里班繼承阿富汗政府的合法代表性，導致其國際參與有所爭議。阿富汗代表權的問題也發生在南亞區域國家協會內。南協的外長們原本要在2021年9月舉行會晤，但因為巴基斯坦堅持邀請塔里班政府代表阿富汗與會，而遭印度等國反對。由於無法就塔里班的代表性達成共識，最終只好取消會議。由此可見，當主導大國缺乏化解紛爭的意願時，導致南亞國家之間的雙邊問題演變成為區域整合的障礙。

　　印巴是南亞區域內最大的兩個國家，一旦這兩個國家的雙邊關係惡化，很自然便會影響到南亞區域合作協會的運作和發展。南亞被列為為世界上整合程度最低的地區之一。會員國間的貿易額僅佔全部貿易額的5%，遠低於東亞的35%和歐洲的60%。[13]但根據世界銀行報告，南亞的區域內商品貿易有相當大

---

12 Press Trust of India (PTI). 2022. "Pakistan ready to host SAARC Summit, India can join virtually: Foreign Minister." in https://www.thehindu.com/news/international/pakistan-ready-to-host-saarc-summit-india-can-join-virtually-foreign-minister/article38099853.ece. Latest update 9 June 2022.

13 The Word Bank. 2016 "The Potential of Intra-regional Trade for South Asia." in https://www.worldbank.org/en/news/infographic/2016/05/24/the-potential-of-intra-regional-trade-for-south-asia. Latest update 9 June 2022.

的成展潛能，可以從目前的230億美元增至670億美元。[14] 光以印巴貿易來看，巴基斯坦和印度於2019年8月斷絕雙邊貿易之前，雙邊總額達20億美元。但雙方如果可以採取自由化措施，估計可以成長至370億美元。[15] 鑒於貿易和投資之間的關係，更有效的自由貿易制度也可以吸引外國直接投資。但在目前的情勢下，許多分析都對南亞區域合作協會的發展前景持悲觀看法。[16] 因此，如何另闢蹊徑避開印巴衝突的制約，成為南亞國家們的思考方向。在此背景下，南亞地區的次區域整合及走出南亞的跨區域整合，反倒成為兩個蓬勃發展的取向。

參、南亞區域內的次區域整合

在南亞地區的整體整合不順遂的情況下，南亞區域內的「次區域」整合成為另一個可能的選項。事實上，南亞區域合作協會原本就鼓勵成員國進行次區域合作。1997年4月，印度、孟加拉、尼泊爾和不丹四國便宣布成立「南亞增長四角」（The South Asian Growth Quadrangle, SAGQ）的機制，希望強化四國之間的經濟交流和合作。此項倡議是在南協機制之外進行，推動多元交通和通訊、能源、貿易和投資便利化、旅遊業、自然資源和環境的優化利用等。此外，「南亞增長四角」並不是以市場整合為目標，而是強調計畫性的合作。[17] 但此倡議初期的進展並不明顯，孟加拉國內對此計畫也有疑義，[18] 直到獲得亞洲開發銀行（Asian Development Bank, ADB）的資助後，才有具體的進展。

為促進「南亞增長四角」的次區域經濟合作，亞洲開發銀行同意設立「南亞次區域經濟合作」（South Asian Sub Regional Economic Cooperation, SASEC）

14 Sanjay Kathuria and Priya Mathur. 2018. "Overview." In *A Glass Half Full: The Promise of Regional Trade in South Asia,* ed. Sanjay Kathuria. Washington, DC: World Bank, 7.

15 Sanjay Kathuria. 2018. "Foreword," in *A Glass Half Full: The Promise of Regional Trade in South Asia*, ed. Sanjay Kathuria. Washington, DC: World Bank, xvi.

16 Shishir Gupta. 2022. "India goes bilateral after Pak shot SAARC in 2016." in https://www.hindustantimes.com/india-news/india-goes-bilateral-after-pak-shot-saarc-in-2016-101652921321338.html. Latest update 9 June 2022.

17 Isher Judge Ahluwalia. "Economic Cooperation in South Asia." *JCIA Research Institute. Research Papers* 16: 321.

18 Pattanaik, op, cit., 215-216.

計畫，並選定交通、能源、旅遊、環境、貿易投資等領域的跨境計畫進行援
助，希望促進相關地區的發展及提升生活品質。[19] 另一方面，「南亞次區域經
濟合作」計畫的範圍國家也不限於原先的印度、孟加拉、尼泊爾和不丹四國，
而進一步納入馬爾地夫、斯里蘭卡及緬甸，使其涵蓋範圍擴大。成員國代表定
期聚會討論和解決共同關切事項，並由亞洲開發銀行承辦秘書處的角色。

　　根據亞洲開發銀行的構想，此計畫可以提升參與國家的貿易和能源安全。
並希望強化多元跨境運輸網絡（multimodal cross-border transport networks），
以促進區域內貿易並拓展與東亞和東南亞的貿易機會。該計畫也希望建立現代
化和更有效率的海關行政管理，以加快貨物、車輛和人員跨境運輸的時間並降
低成本，藉以釋放合作國家的貿易交流潛力。此計畫也透過發展基礎設施和促
進區域內電力貿易來幫助成員國提高能源安全，以降低成本和進口依賴。這個
計畫在2016年通過2016-2025運作計畫書（SASEC Operational Plan 2016-2025）
為期10年的路線圖，並將開發經濟走廊發展作為重點領域之一。截至2020年6
月，相關國家已在能源、經濟走廊建設、交通運輸、貿易便利化以及資訊和通
訊技術領域實施61個區域項目，總值超過135億美元，具有一定的成效。[20]

　　在「南亞增長四角」的運作經驗下，孟加拉、不丹、印度、尼泊爾等四國
也尋求其他的區域合作整合計畫，依各國的英文字母字首成立所謂的「孟不印
尼」（BBIN）集團。「孟不印尼」四國於2015年6月15日簽署「孟不印尼」機
動車協議（Motor Vehicles Agreement. MVA），作為啟動合作的指標性協議。其
實，南亞區域合作協會原本就已推動相關協議，但進展不佳。在2007年舉行的
第14屆南協峰會上，成員國便開始就南協的機動車協議討論，原本要在2014
年簽署，但因為有成員國反對而中輟。由於難以在所有成員國中達成共識。於
是這四個國家就索性跳出來，改談判只涉及這四國範圍的合作方式。根據「孟
不印尼」機動車協議，會員國的車輛經申請核准後，在進行這四國內的跨境運
輸時就不需要重新裝卸貨物和轉運，可以節省時間和成本。目前除了不丹之

19 Ahluwalia, op, cit., 323.
20 The Asian Development Bank. 2022. "South Asia Subregional Economic Cooperation (SASEC)." in https://
www.adb.org/what-we-do/themes/regional-cooperation/overview/sasec. Latest update 9 June 2022.

外，另外三個國家都已經批准協議。印度、孟加拉國和尼泊爾等簽署國於2022年3月7日至8日在新德里集會討論實施備忘錄，不丹則作為觀察員參加會議。三國也期待不丹可以早日批准此協議。[21]此外，孟、不、印、尼這四國也開始討論鐵路運輸合作。

雖然「孟不印尼」的合作協議尚未實施，但其雛型和發展潛力已引起許多重視。「孟不印尼」國家也在2015年舉辦一場跨境汽車競賽，並協商《乘客和個人車輛移動議定書》（The Protocol for Movement of Passenger and Personal Vehicles, PMPPV），藉以促進車輛及人員的交流。[22]在南亞區域合作協會難以推進的領域，「孟不印尼」被認為可以作為簡版的替代方案。印度方面便對此模式寄予厚望，認為既可以排除巴基斯坦這個政治障礙，又可以實質促進區域整合及開發印度的東北地區。但印度學者也注意到，印度作為南亞地區最具主導地位的國家，在排除了巴基斯坦和斯里蘭卡之後，印度相對於「孟不印尼」集團中的另外三國的國力對比就更懸殊，也因此更容易導致其他國家的擔憂。[23]事實上，成員國之一的不丹便對「孟不印尼」機動車協議有所保留。不丹國會的調查報告便認為，行政當局並未和相關方面進行完整磋商，因此簽署該協議的風險並不明確，不認為此協議會對不丹帶來明確的利益。[24]

肆、南亞與跨區域整合

在南亞區域內整合缺乏亮眼成效的背景下，另一種思路是採取開放性區域主義（open regionalism）思維走出南亞，與「延伸周邊地區」（extended

---

21 Ministry of External Affairs, Government of India. 2022. "Meeting of Bangladesh, Bhutan, India and Nepal Motor Vehicles Agreement (BBIN MVA)." in https://www.mea.gov.in/press-releases.htm?dtl/34935/Meeting+of+Bangladesh+Bhutan+India+and+Nepal+Motor+Vehicles+Agreement+BBIN+MVA. Latest update 9 June 2022.

22 Pattanaik, op, cit., 215.

23 Parthapratim Pal. 2016. "Intra-BBIN Trade: Opportunities and Challenges." *ORF Issue Brief* 135: 6.

24 Legislative Committee, The National Council of Bhutan. 2016. "Review Report on Motor Vehicles Agreement for the Regulation of Passenger and Cargo Vehicular Traffic between Bangladesh, Bhutan, India and Nepal." in https://www.nationalcouncil.bt/assets/uploads/files/BBIN%20Report%20Final(1).pdf . Latest update 9 June 2022.

neighbourhood）的夥伴進行合作交流。目前可見的案例包括環印度洋聯盟（Indian Ocean Rim Association）、孟加拉灣多部門技術和經濟合作倡議（Bay of Bengal Initiative for Multi-Sectoral Technical and Economic Cooperation, BIMSTEC）、「湄公河－恒河合作倡議」、一帶一路倡議（The Belt and Road Initiative, BRI）等。

一、環印度洋聯盟

環印度洋合作的相關概念最早是由南非所提出，希望與印度建立相關的貿易集團，稱《環印度洋地區倡議》（Indian Ocean Rim Initiative）。1995年4月18日，南非便聯合印度與與澳洲、肯亞、模里西斯、新加坡和阿曼等另外五個國家在模里西斯發表推動環印度洋經濟圈計劃的聯合聲明。1997年3月，環印度洋區域合作聯盟（Indian Ocean Rim Association for Regional Cooperation, IOR-ARC）正式啟動，並加入印尼、斯里蘭卡、馬來西亞、葉門、坦桑尼亞、馬達加斯加和莫桑比克等七國。該組織於2014年更名為「環印度洋聯盟」。秘書處設在模里西斯的瓦科阿（Vacoas），目前共有23個會員國，包括孟加拉、印度、斯里蘭卡等三個南亞國家。此外，中國大陸、埃及、德國、義大利、日本、南韓、俄羅斯、土耳其、英國、美國等10國為該組織的對話夥伴。 該聯盟設有兩個專門機構，分別是位於伊朗德黑蘭的區域科學技術移轉中心（The Regional Centre for Science and Technology Transfer, RCSTT）及設在阿曼馬斯喀特（Musca）的漁業支持單位（the Fisheries Support Unit, FSU）。

環印度洋聯盟的最高機構是由成員國外交部長所組成的部長理事會（Council of〔Foreign〕Ministers, COM），每年召開一次會議。高級官員委員會（A Committee of Senior Officials〔CSO〕meets）則是每兩年召開一次，藉以審查相關活動。部長理事會也會推選出主席國，任期兩年。目前的主席國是由斯里蘭卡擔任。

環印度洋地區的幅員廣大，成員國的發展程度和屬性也有極大差異，相關的區域整合仍過於理想化。雖然環太平洋聯盟也時常發表相關聲明及行動計畫，但實際的進展有限。目前的互動層級也止於部長級，還有很多擴展的空間。但隨著印太戰略的推動，印度洋的能見度獲得更多的重視，該聯盟的發展潛力值得關注。

二、孟加拉灣多部門技術和經濟合作倡議

「孟加拉灣多部門技術及經濟合作倡議」是由七個孟加拉灣沿岸及鄰接國家所組成，包括孟加拉、不丹、印度、尼泊爾及斯里蘭卡五個南亞國家及泰國、越南兩個東南亞國家。這個區域組織成立於1994年，原來只有印度、孟加拉、斯里蘭卡及泰國等四個成員國，稱為「孟印斯太經濟合作組織」（Bangladesh, India, Sri Lanka and Thailand Economic Cooperation, BIST-EC）。該組織後來在1997年納入緬甸，並在2004年時再度擴大，增加尼泊爾與不丹這兩個會員，也因此改為今名。

該組織的宗旨是希望透過成員國的相互合作來促進成長。特點之一是強調以個別的部門合作為推動基礎，目前共有貿易暨投資、科技、能源、交通、觀光、漁業，農業、公共衛生、消除貧窮、反恐及跨境犯罪、環境及災害管理、文化、人民交流、氣候變遷等項目。為了推動經濟整合，成員國於2004年簽署自由貿易區架構協定（Free Trade Area Framework Agreement），並成立貿易談判委員會。但歷經多輪談判後，還未達成共識。此外，孟加拉灣多部門技術及經濟合作倡議也正推動印緬泰三方快速道路（India-Myanmar-Thailand Trilateral Highway, IMT Highway）、加叻丹多模式交通運輸（Kaladan Multi-Modal Transit Transport Project, KMMTTP）等多項計畫，希望透過海運、河運與陸運的複合方式連結印度的加爾各答（Kolkata）與緬甸的實兌港（Sittwe），並通往印度的東北地區。

在架構上，孟加拉灣技術及經濟合作倡議包含四個層級的組織：元首峰會、部長級會議、高級官員、高級官員會議及常設工作委員會。秘書處設於孟加拉的達卡。孟加拉灣技術及經濟合作倡議的主席國按照成員國英文名稱的字母順序輪換。最近一次的高峰會議於2022年3月30日由斯里蘭卡辦理。從組織架構及計畫來看，孟加拉灣技術及經濟合作倡議亦具備進一步發展的雛型及潛力。

三、湄公河－恒河合作倡議

「湄公河－恒河合作」（Mekong Ganga Cooperation, MGC）倡議是2000年由印度和泰國發起，於2000年11月10日在寮國永珍（Vientiane）舉行的第一屆部長級會議而成立。它由六個成員國組成，包括恆河流域的印度及湄公河流域的泰國、緬甸、柬埔寨、寮國和越南。

「湄公河－恒河合作」倡議的組織包括年度部長級會議、高級官員會議和旅遊、教育、文化、交通運輸、行動計畫五個工作組。最近的一次部長會議（第十一次會議）於2021年7月21日以視訊方式舉行。「湄公河－恒河合作」倡議的原始合作領域包括旅遊、文化、教育和交通與通訊。後來進一步擴展至醫療和傳統醫學、農業、中小企業、水資源管理、科學技術、技能發展和能力建設等新領域。

印度是唯一參與的南亞國家。對印度而言，可以藉此進入東南亞地區進行交流，也藉此平衡中國大陸與泰、緬、寮國簽署的《大湄公河次區域合作協定》。不過，這個倡議的媒體能見度並不高，在此機制下的整合程度並不明顯。[25]

四、一帶一路倡議

中國大陸於2013年末開始提出建設「絲綢之路經濟帶」（the Silk Road Economic Belt）和「21世紀海上絲綢之路」（the 21st-Century Maritime Silk Road，簡稱「一帶一路倡議」）的構想，並逐漸成為中國大陸當前對外的主要戰略方針。在這項規劃中，南亞地區是中國大陸「一帶一路」計畫往西的必經之路。巴基斯坦、孟加拉、斯里蘭卡、尼泊爾、馬爾地夫等五個國家都已經同意參與一帶一路計畫。印度、不丹、阿富汗則尚未正式加入。其中，中國大陸與巴基斯坦共同開發的「中巴經濟走廊」（China-Pakistan Economic Corridor, CPEC）計畫，被列為一帶一路的旗艦計畫之一。若以單一國家來看，巴基斯

---

25 Rajaram Panda. 2021. "Significance Of The Mekong-Ganga Cooperation Initiative." in https://www.eurasiareview.com/05082021-significance-of-the-mekong-ganga-cooperation-initiative-analysis/. Latest update 9 June 2022.

坦亦是全球獲得一帶一路最多資金挹注的國家，估計超過600億美金。中巴經濟走廊計畫延伸至阿富汗，中國大陸方面也將孟中印緬經濟走廊（Bangladesh, China, India and Myanmar Economic Corridor, BCIM-EC）列為一帶一路倡議的一部分，雖並未獲得印度認同。因此，除了不丹之外，南亞國家都在某種程度上參與了一帶一路相關計畫。

中巴經濟走廊被列為一帶一路內的六大走廊計畫之一，北起新疆喀什，南至阿拉伯海的瓜達爾（Gwadar）港，以長達3000公里的公路、鐵路和管道網絡相連接。一旦完工，中巴經濟走廊可以將中國大陸與中東或非洲之間的運輸路線減少6000公里的距離。利用中巴經濟走廊及瓜達爾港，中國大陸西部到中東和非洲的行程時間將從45天大幅縮短至10天左右。由於鄰近中東地區，它也可能成為中國大陸重要的能源供應路線。

事實上，建立中巴經濟走廊的構想最早出現在2012年，早於一帶一路正式公布之前。2013年5月，中國大陸國務院總理李克強訪問巴基斯坦期間，雙方正式同意訂定中巴經濟走廊長程計畫。2013年7月，時任巴基斯坦總理謝里夫（Muhammad Nawaz Sharif）訪中時，雙方再簽署中巴經濟走廊的合作備忘錄。中巴經濟走廊的建設因為一帶一路的提出而獲得新的動力。中國大陸官方在2015年3月發布的《推動共建絲綢之路經濟帶和21世紀海上絲綢之路的願景與行動》文件中提到，中巴經濟走廊和孟中印緬經濟走廊與一帶一路倡議密切相關。幾週之後，中國大陸國家主席習近平訪問巴基斯坦，宣布針對為中巴經濟走廊投資460億美元基礎設施建設計畫。從巴基斯坦的角度來看，中巴經濟走廊的建設有助它的經濟開發與對外連結。但印度認為中巴經濟走廊貫穿巴基斯坦控制的喀什米爾地區，形同侵犯印度的主權，因此反對該項計畫。

中巴經濟走廊是否會延伸至阿富汗，也是國際關注的議題。阿富汗在2016年便與中國大陸簽署一帶一路合作備忘錄。2017年6月，阿富汗政府致函希望加入中巴經濟走廊。2017年12月26日，中國大陸外交部長王毅首次與阿富汗外交部長拉巴尼（Salahuddin Rabbani）、巴基斯坦外交部長哈瓦賈阿西夫（Khawaja Muhammad Asif）舉行三方會晤，同意將將中巴經濟走廊往阿富汗延伸。在塔里班重新掌權後，雖然北京尚未正式承認塔里班政權，中巴並未就此改變看法。中國大陸外長王毅於2022年3月突然訪問阿富汗時便表示，歡迎阿富汗積極參與共建一帶一路，願推動中巴經濟走廊向阿富汗延伸。

孟中印緬經濟走廊的起源也早於一帶一路。中國大陸雲南省社會科學院和雲南省經濟技術研究中心於1999年邀請中、印、緬、孟等國學者舉行中印緬孟地區經濟合作國際研討會，並在會後發表《昆明倡議》（Kunming Initiative），希望發展區域經濟論壇、推動基礎建設，以加強聯繫促進區域經濟合作。[26]其目的是希望中國大陸雲南與印度的東北地區及西孟加拉省、孟加拉、緬甸等國形成次區域經濟整合。估計涵蓋面積約165萬平方公里，人口達4.4億。2002年在孟加拉首都達卡召開第三次孟中印緬地區經濟合作與發展大會時，通過《達卡聲明》，同意把中印緬孟地區經濟合作與發展會議更名為「孟中印緬地區經濟合作論壇」（BCIM Regional Economic Cooperation Forum）。2013年5月中國大陸總理李克強訪印時，說服印方正式同意推動孟中印緬經濟走廊。該年12月，孟中印緬經濟走廊四方聯合工作組第一次會議在昆明召開，印度方面由外交部東亞司司長班浩然（Gautam Bambawale）、印度駐廣州總領事高志遠（K. Nagaraj Naidu）代表印方與會。聯合工作組第二次會議則於2014年12月在孟加拉考克斯巴紮（Cox's Bazar）召開。2014年9月習近平訪問印度及2015年5月莫迪總理訪中所發表的中印聯合聲明中，雖然提及要落實孟中印緬經濟走廊聯合工作組的會議，但整體而言並沒有明顯進展。2017年4月於印度加爾各達召開第三次會議後，更呈現停滯狀態。

印度是孟中印緬經濟走廊進展緩慢的關鍵之一。印度當局因為考量東北地區的情勢，對此計畫並不積極，加上中方後來把這個計畫納入一帶一路倡議中，印方的態度也就更為保守及冷淡。由於中國大陸在中緬經濟走廊及中國大陸與斯里蘭卡的經濟合作持續發展，使得孟中印緬經濟走廊出現替代路線，中國或許不再積極尋求與孟加拉建設經濟走廊。[27]但印度東北地區對孟中印緬項目其實是有所期待，認為有助當地的開發。一旦中印能化解猜忌，孟中印緬的次區域合作仍有其發展前景。

26 1999，〈昆明倡議〉，《南亞研究》，2：94。
27 陳秉達，2019，〈一帶一路與南亞中印關係與孟加拉灣經濟走廊前景〉，《歐亞研究》，3：47-54。

　　除了上述兩個廊路計畫後，尼泊爾與中國大陸也在洽商推動跨喜馬拉雅經濟走廊（Trans-Himalayan Economic Corridor, THEC），特別是鐵路相關的建設。尼泊爾總理奧利（K. P. Oli）於2016年3月訪中時，雙方簽署興建中尼鐵路協議，計畫興建從日喀則延伸到加德滿都，全長515.8公里的跨境鐵路。其中，中國大陸境內約443.8公里，尼泊爾段則為72公里。中國大陸和尼泊爾也邀請印度參與，構建成「中尼印經濟走廊」。但基於中印關係不睦，加上印度不樂見中國大陸勢力進入尼泊爾，邀請印度參加跨喜馬拉雅經濟走廊或中尼印經濟走廊的想法都過於樂觀。

　　另外值得一提的是美國的態度及影響。美國持續關注南亞地區的發展，也是南亞的主要貿易夥伴之一、南亞區域合作協會觀察員和環印度洋聯盟的對話夥伴國。在中美戰略競爭的態勢下，美國對於中國大陸一帶一路的發展也抱持警惕的心態。美國也透過「千禧年挑戰計畫」（Millennium Challenge Compact）協助斯里蘭卡及尼泊爾進行基礎建設。美國之所以支持這些南亞國家的基礎設施建設，不僅是為了加強美國與南亞國家之間的合作關係，更大的戰略目的就是為了稀釋中國大陸一帶一路的影響力。此外，美國也在2022年推動印太經濟架構（Indo-Pacific Economic Framework），邀請印度參與，作為美國印太戰略的經貿措施及平衡中國大陸主導的《區域全面經濟夥伴協定》。若中美對抗持續加劇，美國可能會進一步強化與南亞國家的交流合作力道。

伍、結論

　　從發展歷程來看，南亞區域化呈現出區域主義、次區域主義及跨區域主義三種模式。南亞區域合作協會可說是南亞區域主義發展的最典型代表。但南協受制於印巴對立及各國保護主義等因素，導致代表傳統區域主義模式的南協發展並不順遂。但是相關國家仍有經濟整合的需求，除了尋求雙邊交流方式外，便積極發展次區域整合及跨區域整合的兩種模式作為因應。

　　在次區域主義方面，先後出現南亞增長四角、亞洲開發銀行「南亞次區域經濟合作」計畫、「孟不印尼」四國倡議等。這些倡議的主要的特色是由印度主導並排除巴基斯坦。但相關的發展仍是計畫性質居多，還未出現全面性的整合成效。

在跨區域主義途徑方面，與南亞國家相關的包括環印度洋聯盟、孟加拉灣多部門技術和經濟合作倡議、湄公河－恆河合作倡議及一帶一路倡議。這些組織的性質和層次都不相同，一方面代表有合作的潛能，但也可能出現疊床架屋的現象。其中，一帶一路因為是中國大陸主導，引起的關注和爭議較多。在印度不願意積極參與的情況下，一帶一路在南亞的發展也有其侷限性，目前仍是以中巴經濟走廊作為主要重心。

整體而言，南亞區域整合的發展需要克服的問題仍多。政治上，南亞國家之間的關係並非都非常和睦，影響促進合作及交流的意願。就現狀而言，南亞的區域化發展有「板塊化」的現象，印度與巴基斯坦這兩個最主要國家的關係對立，在整合過程中各自為政，難以見容彼此，不利南亞整體區域的整合。換言之，印巴關係將是影響南亞整合的關鍵因素之一。不過，南亞地區不僅有印度與巴基斯坦的雙邊衝突，其它國家之間也偶有嚴重爭議。舉例而言，印度在2015年時便曾經變相封鎖尼泊爾邊界，藉此向後者施壓，要求修改憲法以提升親印度的馬德西族（Madhesis）的行政地位。

經濟上，南亞國家的保護主義色彩仍重。印度在2019年12月退出談判多年的《區域全面經濟夥伴協定》、不丹對於「孟不印尼」的保留態度，都跟各自的國內保護主義有關。此外，南亞國家目前也缺乏共同的南亞主義或南亞認同，彼此之間仍有種族、宗教、語言、經濟發展程度上的隔閡。

另一方面，南亞地區也存在深化整合的契機。從南亞的發展歷程來看，經濟發展的需求仍是主要的動力。南亞仍屬開發中地區，若以聯合國的人類發展指數（Human Development Index）來看，多屬於後半段國家。適當的經濟整合有助區域內的經貿交流，不管是貿易創造或者貿易移轉等效益，都是相當大的誘因。另外，區域外的力量也會對南亞帶來刺激效果，包括中國大陸的一帶一路計畫等。南亞地區未來的整合步伐與成效，便看正反拉力的交互激盪結果。

表12.1　相關南亞區域整合組織及倡議

組織/倡議	成立時間	南亞會員國	非南亞會員國	最高會議機制	秘書處	性質
南亞區域合作協會（SAARC）	1985	阿富汗、孟加拉、不丹、印度、馬爾地夫、尼泊爾、巴基斯坦、斯里蘭卡		元首峰會	有	區域
南亞成長四角（SAGQ）	1997	孟加拉、不丹、印度、尼泊爾				次區域
南亞次區域經濟合作（SASEC）	2001	孟加拉、不丹、印度、尼泊爾、斯里蘭卡、馬爾地夫	緬甸	官員會議	亞洲開發銀行	次區域
孟不印尼（BBIN）倡議	2015	孟加拉、不丹、印度、尼泊爾		次長級會議		次區域
環印度洋聯盟（IORA）	1996	孟加拉、印度、斯里蘭卡	南非等20國	部長級	有	跨區域
孟加拉灣多部門技術及經濟合作倡議（BIMSTEC）	1997	孟加拉、不丹、印度、尼泊爾、斯里蘭卡	緬甸、泰國	元首峰會	有	跨區域
湄公河-恆河合作（Mekong-Ganga Cooperation）	2000	印度	柬埔寨、寮國、緬甸、泰國、越南	部長級會議	印度外交部	跨區域
一帶一路（BRI）	2013	巴基斯坦、尼泊爾、孟加拉、斯里蘭卡、馬爾地夫、阿富汗	中國大陸	元首級		跨區域
孟中印緬經濟走廊（BCIM）	1999/2013	孟加拉、印度	中國大陸、緬甸	司長級		跨區域/次區域
中巴經濟走廊（CPEC）	2013	巴基斯坦	中國大陸	元首級	中巴經濟走廊理事會	跨區域/次區域

附錄一：深入閱讀書單

陳秉逵，2019。〈一帶一路與南亞中印關係與孟加拉灣經濟走廊前景〉，《歐亞研究》(3): 247-254。

Dappe, Matías Herrera and Charles Kunaka eds. 2021. *Connecting to Thrive: Challenges and Opportunities of Transport Integration in Eastern South Asia*. Washington, DC: The World Bank Group.

Dash, Kishore C. 2008. *Regionalism in South Asia: Negotiating Cooperation, Institutional Structures*. Abingdon: Routledge.

Kathuria, Sanjay, ed. 2018. *A Glass Half Full: The Promise of Regional Trade in South Asia*. Washington, DC: World Bank.

Pattanaik, Smruti S. 2016. "Sub-regionalism as New Regionalism in South Asia: India's Role," *Strategic Analysis* 40(3): 210-217.

附錄二：南亞區域研究重要機構及期刊

- 印度觀察家研究基金會（Observer Research Foundation, ORF）：1990年成立，總部位於印度新德里，並在孟買，清奈、加爾各答、美國華府等地設立區域中心。該智庫的研究領域相當廣泛，包括氣候、國防安全、發展、國內政治與治理、經濟財政、能源、性別、醫療、國際事務、媒體與網路等。近年來則負責承辦瑞辛納對話（Raisina Dialogue），討論國際情勢。該基金會的出版包括專書、議題簡介（Issues Briefs）及報告等。

- 印度曼諾哈爾・帕裡卡爾國防研究暨分析研究所（Manohar Parrikar Institute for Defence Studies and Analyses, MP—IDSA）：成立於1965年，為印度國防部資助成立的智庫。該研究所下轄東亞、南亞、西亞、北美、東南亞與大洋洲、歐洲與歐亞大陸、國內安全、戰略科技、核武暨軍備管制、國防經濟與工業、軍事事務、反恐、非傳統安全、「非洲、拉丁美洲、加勒比海與聯合國」等中心。主要出版品包括《戰略分析》（*Strategic Analysis*）、《國防研究期刊》（*Journal of Defence Studies*）、《非洲趨勢》（*Africa Trends*）、《化學暨生物武器雜誌》（*CBW Magazine*）等。

- 印度國際經濟研究委員會（Indian Council for Research on International Economic Research, ICRIER）：成立於1981年，主要研究領域為「增長、就業和總體經濟學」、「貿易、投資和對外關係」、「農業政策、可持續性和創新」、「數字經濟、初創企業和創新」、「氣候變化、城市化和可持續性」。該委員會的出版型式非常豐富，涵蓋專書、研究報告、政策簡介等等。

- 印度世界事務委員會（Indian Council of World Affairs, ICWA），成立於1943年，是印度第一個國際研究智庫，原來隸屬於印度國大黨，目前則轉型為國家智庫，由印度副總統擔任委員會主席，外交部長擔任副主席。除了專書、報告之外，自1945年起發行《印度季刊》（*India Quarterly*）。

- 維韋卡南達國際基金會（Vivekananda International Foundation, VIF）
  （India）：創立於2009年。研究領域包括國家安全與戰略研究、國際關係與外交、科技及科學研究、鄰國研究、治理及政治研究、經濟研究、歷史及文明研究、媒體研究等。出版品非常多元，包括評論、報告、簡介、專書等等。

- 巴基斯坦永續發展政策研究所（Sustainable Development Policy Institute, SDPI）：創立於1992年，研究議題涵蓋環境、能源、食品安全、性別、治理等面向。出版品相當豐富，包括《發展政策、研究暨實踐期刊》（*Journal of Development Policy, Research & Practice, JoDPRP*）等。

- 巴基斯坦國際事務研究所（Pakistan Institute of International Affairs, PIIS）：創立於1947年，主要在促進對國際事務的瞭解。該所所出版的《巴基斯坦視野》（*Pakistan Horizon*）期刊，創始於1948年，是南亞地區歷史最悠久的國際關係期刊，深具代表性。

- 巴基斯坦政策研究所（Institute of Policy Studies, IPS）：於1979年設立。主要的研究領域包括巴基斯坦事務、國際關係、信念與社會（Faith and Society）三大區塊。其中，國際關係領域的研究子題包括全球化、全球議題及事務、穆斯林世界、巴基斯坦與鄰邦等。主要的刊物包括英語的《政策視角》（*Policy Perspectives*）雙年刊及烏爾都語（Urdu）出版品。

- 孟加拉國際暨戰略研究所（Bangladesh Institute of International and Strategic Studies, BIISS）：是孟加拉政府於於1978年6月25日成立的官方智庫，藉以該研析國際事務、安全和發展等相關問題。其出版品包括《孟加拉國際暨戰略研究所期刊》（*BIISS Journal*）、《孟加拉外交政策調查》（*Bangladesh Foreign Policy Survey, BFPS*）等。

- 孟加拉國法律與國際事務研究所（Bangladesh Institute of Law and International Affairs）：成立於孟加拉獨立的翌年（1972年），旨在開展和促進法律和國際事務的相關研究，是孟加拉最悠久的民間智庫。該中心以「法律、法理學和人權」、「和平與安全研究」為主要兩大研究範疇。除了專書之外，主要的出版品為《孟加拉法律期刊》（*Bangladesh Journal of Law*）、《國際事務期刊》（*Journal of International Affairs*）。

- 孟加拉政策對話中心（Centre for Policy Dialogue, CPD）：創立於1993，主要研究領域包括「總體經濟表現分析」、「資源調動和財政政策」、「包容性成長和勞工問題」、「貿易、區域合作和全球一體化」、「投資促進、基礎設施和企業發展」、「農業、氣候變化和環境」、「性別、人類發展和社會保護」、「可持續發展目標（SDG）」、「治理和機構」。此外，還執行「孟加拉發展獨立研究」（Independent Review of Bangladesh's Development, IRBD）的旗艦計畫。其研究成果以專書、報告、政策分析等方式呈現。

- 孟加拉國和平與安全研究所（Bangladesh Institute of Peace and Security Studies, BIPSS）：創立於2007年，主要是研究區域及國際的和平與安全研究議題。該所另設有孟加拉恐怖主義研究中心（Bangladesh Centre for Terrorism Research, BCTR）及孟加拉中國研究中心（Bangladesh Centre for China Studies, BCCS）。主要的出版品為期刊《和平與安全評論》（*Peace and Security Review*），另外尚有報告、通訊、評論等。

- 斯里蘭卡區域戰略研究中心（The Regional Centre for Strategic Studies, RCSS）：創立於1992年，研究傳統安全與非傳統安全的區域智庫。目前的主要研究領域包括南亞跨區域安全及區域主義、南亞氣候變遷暨人類安全、南亞極端主義、南亞民間交流及治理、印太區域中的南亞及發展中安全架構、全球政治中的南亞等。該中心也發行電子通訊（E-Newsletter）以呈現其研究活動。

- 尼泊爾經濟論壇（Nepal Economic Forum, NEF）：創立於2009年，主要在研究與尼泊爾社會及經濟有關的發展議題。旗下包括喜馬拉雅循環經濟論壇（Himalayan Circular Economy Forum）、再生能源中心、數位轉型中心、全球尼泊爾網絡、尼泊爾與世界計畫、私營部門發展中心等。該論壇也發行名為NEFPorts的研究報告。

- 南亞主要期刊：（1）《南亞經濟期刊》（*The South Asia Economic Journal*）：探南亞區域整合、南亞各國經濟政策等議題。（2）《南亞：南亞研究期刊》（*South Asia: Journal of South Asian Studies*）：由澳洲南亞研究協會（South Asian Studies Association of Australia）所出版，探討南亞相關議題。（3）《南亞研究》（*South Asia Research*）：由英國倫敦大學亞非學院（School of Oriental and African Studies, SOAS）的研究人員在1980年所創立，涵跨南亞各領域議題。（4）《亞洲調查》（*Asian Survey*）：為加州大學出版社所出版的雙月刊，主要是涵蓋亞洲相關議題。（5）《戰略分析》（*Strategic Analysis*）：為印度曼諾哈爾・帕裡卡爾國防研究暨分析研究所（Manohar Parrikar Institute for Defence Studies and Analyses, MP-IDSA）所出版，主要提供印度對國際事務的觀點。（6）《印度季刊》（*India Quarterly*），由印度世界事務委員會（Indian Council of World Affairs, ICWA）所出版，探討與印度相關的國際議題。（7）《國際事務期刊》（*Journal of International Affairs*），由尼泊爾特里布萬大學（Tribhuvan University）國際關係系所出版，聚焦從尼泊爾角度探討國際事務。

附錄三：專有名詞英文、中文對照表

英文	中文
Bangladesh, China, India and Myanmar Economic Corridor（BCIM）	孟中印緬經濟走廊
Bay of Bengal Initiative for Multi-Sectoral Technical and Economic Cooperation（BIMSTEC）	孟加拉灣多部門技術及經濟合作倡議
BBIN（Bangladesh, Bhutan, India, Nepal）Initiative	孟不印尼倡議
China-Pakistan Economic Corridor（CPEC）	中巴經濟走廊
Indian Ocean Rim Association（IORA）	環印度洋聯盟
Mekong - Ganga Cooperation	湄公河－恒河合作倡議
South Asian Association for Regional Cooperation（SAARC）	南亞區域合作協會（南協）
South Asian Sub Regional Economic Cooperation（SASEC）	南亞次區域經濟合作
The South Asian Growth Quadrangle（SAGQ）	南亞增長四角

（地中海）

摩洛哥

突尼西亞

阿爾及利亞　北非　利比亞　埃及

西撒哈拉

維德角島

茅利塔尼亞

塞內加爾

幾內亞

馬利

尼日

查德

蘇丹

厄利垂亞

吉布地

索馬利亞

西非　布吉那法索　拉

象牙海岸　迦納

多哥

貝南

奈及利亞

中非

南蘇丹

衣索比亞

聖多美普林西比

喀麥隆

東非

肯亞

烏干達

（印度洋）

中非

賴比瑞亞

獅子山

幾內亞比索

甘比亞

加彭

赤道幾內亞

剛果　剛果民主共和國

盧安達

蒲隆地

坦尚尼亞

馬拉威

葛麻

馬約特

塞席爾

安哥拉

尚比亞

莫三比克

馬達加斯加

模里西斯

（大西洋）

那米比亞

辛巴威

波札那

史瓦濟蘭

南非

南非

賴索托

13

21世紀非洲區域化與區域整合

嚴震生

摘要

　　非洲區域主義最早出現於泛非主義（Pan Africanism）的主張及非洲合眾國（United States of Africa）的倡議，是一個以認同為基礎的概念。在這些前歐洲殖民地於1960年代紛紛獨立之際，以團結新興國家同時繼續爭取其他地區完成去殖民化（de-colonization）的非洲團結組織應運而生。非洲長期存在一些次區域的經濟整合，直到2019年出現的非洲大陸自由貿易區（African Continental Free Trade Area），非洲區域主義得以完整呈現。

　　關鍵字：非洲團結組織、非洲聯盟、區域經濟共同體、非洲大陸自由貿易區

壹、前言

2018年3月，非洲聯盟（African Union，AU）55個成員中的44個在盧安達首都基加利（Kigali）簽署《非洲大陸自由貿易區協定》（African Continental Free Trade Area Agreement），建立了會員國數最多的區域自由貿易區。根據該協定，當聯盟的四成會員國批准此協定時，它就正式生效。2019年5月，在甘比亞及西撒哈拉分別成為第22個批准此協議及繳交批准文件的國家後，新的非洲大陸自由貿易區（African Continental Free Trade Area, AfCFTA）正式生效。

這是自1963年非洲團結組織（Organization of African Unity, OAU）成立、並在2002年改名為非洲聯盟後，非洲區域整合又跨向一個新的層次，涵蓋外交、政治、軍事、及國際合作等層面，非洲大陸自由貿易區則是專注於自由貿易的區域經濟整合，惟成立後剛巧碰到COVID-19病毒的全球肆虐，非洲也不例外，因此其成效尚待觀察。

貳、非洲區域主義的濫殤及實踐

事實上，非洲區域主義（African Regionalism）或是泛非主義的概念，應是目前全球區域主義的先驅。早在19世紀歐洲帝國殖民這個大陸之前，泛非主義的思想或主張就已出現，但較為諷刺地是泛非主義源於美洲，而不是非洲本身。

最早期的泛非主義思想來自於主張廢奴的美國自由黑人德蘭尼（Martin Delaney）[1]，加上牧師和教育家庫倫梅爾（Alexander Crummell），[2] 和出身於西印度群島聖湯瑪斯島、但返回西非賴比瑞亞的新聞記者布萊登（Edward Blyden）。[3] 這幾位19世紀的泛非主義者，並不認為黑奴在取得自由後能夠與白人共存、成就其福祉，而是要與其分開，擁有自己的國度。他們認為黑

1　Dorothy Sterling. 1971. *The Making of an Afro-American: Martin Robinson Delany, 1812-1885*. Garden City, New York: Doubleday.

2　Gregory U. Rigsby. 1987. *Alexander Crummell: Pioneer in the Nineteenth-Century Pan-African Thought*. New York: Greenwood Press.

3　Hollis R. Lynch. 1967. *Edward Wilmot Blyden: Pan-Negro Patriot, 1832-1912*. New York: Oxford University Press.

人應當重返非洲，建立新的國家。德蘭尼主張「非洲是非洲人的」（Africa for Africans），庫倫梅爾則移居賴比瑞亞宣教長達20年，並長期呼籲美國及西印度群島的黑人，應當要團結為同一種族的非洲人；布萊登受到猶太人錫安主義（Zionism）的影響，提出「非洲性格」（African personality）的概念及「非洲種族」（African race）的特殊性，為其重返非洲建立自己國度的立論基礎，被稱為泛非主義之父。

另一外泛非主義者則是19世紀末出身在牙買加的賈維（Marcus Garvey），[4] 受到布萊登的影響，他強力支持重返非洲運動（Back to Africa Movement），主張成立「世界非洲人的非洲合眾國」（United Africa for the Africans of the World）。他認為美國的歐洲人後裔永遠不會容忍所謂的社會融合（social integration），達到美國黑人領袖杜波伊（W. E. B. Du Bois）所主張的融合運動，僅會刺激反對黑人的暴動及私刑。賈維坦承美國是一個白人的國家，認為非洲裔在美國不可能期待種族平等，因此才會希望能夠建立一個屬於非洲人自己的合眾國。

與其他區域以經濟整合為基礎所發展出的區域主義，非洲在本質上有所不同。這也是為何非洲首先出現的高度具政治性的團結組織，其次是個次區域的區域經濟共同體、然後是非洲聯盟，最後才是真正以經濟整合為目標的自由貿易區。同時，儘管有這些實質的國際組織存在，泛非主義的討論並沒有因此而不再受到重視。[5]

非洲團結組織這個1963年成立的非洲區域組織，在2002年才改名為非盟，應此它存在一直到本世紀初，是非洲第一代獨立運動領導人、迦納總統恩克魯瑪（Kwame Nkruma）的創想，[6]於1963年成立，總部設在衣索匹亞首都阿迪斯亞貝巴，其目標是完成去殖民化（de-colonization），並確保各國主權的獨

4　Rupert Lewis. 2018. *Marcus Garvey*. Kingston, Jamaica: The University of West Indies Press; John Henrik Clarke with Amy Jacques Garvey ed. 1974. *Marcus Garvey and the Vision of Africa*. Baltimore: Black Classic Press; Amy Jacques Garvy. ed. 2006. *Philosophy and Opinions of Marcus Garvey or Africa for Africans*. New York: Routledge.

5　Reiland Rabaka. ed. 2020. *Routledge Handbook on Pan-Africanism*. New York: Routledge.

6　Kwame Nkrumah. 1963. *Africa Must Unite*. London: Heinemann.

立完整，以及推動非洲國家在國際關係中的團結力量為主要職志。[7]事實上，團結組織並非恩克魯瑪的原始創想，而是由19世紀末、20世紀初在美國與加勒比海的非洲裔人士所提倡的泛非主義衍生而來的。[8]在21世紀之初，這個泛非主義透過非盟的成立，有更完整及具體的呈現。[9]除了傳統的泛非思想及過去團結組織實際運作所面臨困境迫使非洲領導人有新的思維外，另一個促成非盟的重要因素是南非總統姆貝基（Thabo Mbeki）所倡導的非洲復興（African Renaissance）[10]主張，非盟乃是實現此具體主張的重要機制。

非洲團結組織在成立之初，就在憲章上訂下7個基本的原則：（1）所有會員國的主權平等；（2）不干預會員國的內部事務；（3）尊重各國的主權與領土完整及不可侵犯的獨立權利；（4）藉由交涉、調停、斡旋及仲裁達成爭端的和平解決：（5）對鄰國或任何其他國家的政治暗殺或顛覆行為的毫不保留之譴責；（6）全心致力於非洲仍屬保護國的領土之完全獨立；（7）堅持對任何一個集團採取不結盟政策。[11]我們可以將此七個原則化簡為以下五個大的方向及

7 Dennis Austin and Ronald Nagel. 1966. "The Organization of African Unity." *The World Today* 22(12): 520-529; T. O. Elias. 1965. "The Charter of the OAU." *American Journal of International Law* 59(2): 243-276; Zdenek Cervenka. 1968. *The Organization of African Unity and Its Charter* New York: Praeger.

8 有關泛非主義的文獻，參見Immanuel Geiss. 1974. *The Pan-Africanism Movement.* London: Methuen; Ayodele Langley. 1973. *Pan-Africanism and nationalism in West Africa, 1900-1945* Oxford: Clarendon Press; Colin Legum. 1962. *Pan-Africanism: A Short Political Guide.* London: Pall Mall; Joseph Nye, Jr. 1966. *Pan-Africanism and East African Integration.* Cambridge, Massachusetts: Harvard University Press; Ronald W. Walters. 1993. *Pan Africanism in the African Diaspora: An Analysis of Modern Afrocentric Political Movements.* Detroit: Wayne State University Press; Jon Woronoff. 1970. *Organizing African Unity.* Lanham, Maryland: Rowman and Littlefield Publisher, Inc..

9 Tajudeen Raheem-Abdul. 1996. *Pan-Africanism: Politics, Economy and Social Change in the Twenty-First Century.* New York: New York University.

10 有關非洲文藝復興的重要討論，參見Semou Pathe Gueye. 1999. "African Renaissance as an Historical Challenge" In *African Renaissance: The New Struggle*, ed. Malegapuru William Makgoba Sandton. South Africa: Mafube Publishing, 243-265; Reuel J. Khoza. 1999. "The Institutional Structures That Should Underpin African Renaissance." In *African Renaissance: The New Struggle*, ed. Malegapuru William Makgoba, 279-288; Bernard Makhorsezwe Magubane. 1999. "The African Renaissance in Historical Perspective." In *African Renaissance: The New Struggle*, ed. Malegapuru William Makgoba, 10-36; Mukanda M. Mulemfo. 2000. *Thabo Mbeki and the African Renaissance: The Emergence of a New African Leadership.* Pretoria, South Africa: Actua Press; Mogobe B. Ramose. 2000. " 'African Renaissance': A Northbound Gaze." *Politeia* 19(3): 47-61; Willem van Vuuren. 2000. "African Renaissance: A Monochrome or Rainbow Vision." *Politeia* 19(3): 62-80; Johan Myburgh and Sibusiso Vil-Nkomo. 1999. "The Political Economy of an African Renaissance: The New Struggle" In *African Renaissance: The New Struggle*, ed. Malegapuru William Makgoba, 266-278.

11 T. O. Elias. 1965. "The Charter of the OAU." *American Journal of International Law* 59(2): 247-248.

指導方針：（1）去殖民化、（2）尊重主權完整、（3）不干預原則、（4）和平解決爭端、（5）不結盟政策。

一、去殖民化

在去殖民化的過程中，團結組織成立之前非洲已有獨立國家33個，隨後又陸續有英國的幾個殖民地如馬拉威、尚比亞、甘比亞、波札納、賴索托、史瓦弟尼、模里西斯與西班牙殖民地赤道幾內亞的獨立。[12]然而，這些都是殖民國家一個漸進式的安排，團結組織並不是主導力量。不過，團結組織所成立的非洲解放委員會（African Liberation Committee, ALC）倒是在後續的去殖民化過程中，發揮了影響力。在1970年代中期葡屬殖民地維德角、幾內亞比索、聖多美普林西比、安哥拉、及莫三比克的獨立戰爭中，團結組織的解放委員會持續支持各地爭取獨立、與殖民政府對抗的政治勢力，是促成葡屬殖民地獨立的重要力量之一。[13]

解放委員會推動獨立及去殖民化最成功的三個例子，皆發生在南部非洲。第一個是羅德西亞的少數白人政府一直遭受團結組織的杯葛，直到1980年成為多數黑人統治的辛巴威後，才正式成為團結組織的一員。在這期間，解放委員會對該國黑人反對勢力的支持，具舉足輕重的地位。另一個殖民地納米比亞的殖民國並非歐洲國家，而是隔鄰的南非。納米比亞的游擊隊西南非人民組織（South West African People's Organization, SWAPO）與南非周旋十多年後，終於在1990年達成獨立的目標。最後，國際社會比較熟悉的就是團結組織與施行「種族隔離」（apartheid）的南非之間的長期抗爭，也在1994年曼德拉（Nelson Mandela）當選總統、南非重回國際社會後，告一段落。[14]

表面上看來，非洲的殖民地皆已獲得獨立。若是由去殖民化是要讓白人統治的非洲殖民地獲得自治獨立，這樣的認知是正確的。但事實上，非洲仍

---

12 這些國家獨立時間分別為馬拉威(1964)、尚比亞(1964)、甘比亞(1965)、波札納(1966)、賴索托(1966)、史瓦濟蘭(1968)、模里西斯(1968)與赤道幾內亞(1968)

13 更重要的力量可能是葡萄牙本身(1974)發生的軍事政變和新政府對海外屬地的認知。葡屬非洲國家獨立時間分別為維德角(1975)、幾內亞比索(1974)、聖多美普林西比(1975)、安哥拉(1975)、及莫三比克(1975)。

14 William Tordoff. 1997. *Government and Politics in Africa*, 3rd Edition. London: Macmillan Press, 281.

然有一個在爭取獨立的殖民地，就是在西北非的西撒哈拉。該國的人民陣線Polisario（Popular Front for the Liberation of Saguia el-Hamra and Rio de Oro）持續與摩洛哥作軍事周旋，企圖尋求政治的獨立。[15] 雖然團結組織在1980年代中期將西撒哈拉正式列為其會員國，並接受其新的國名撒拉維阿拉伯民主共和國（Sahrawi Arab Democratic Republic, SADR）為會員國名，但卻無法迫使摩洛哥讓步，後者甚至在西撒哈拉要舉行公民投票前，大量將其國民移入，企圖影響投票結果，導致公民投票遲遲無法舉行。同時，摩洛哥也因不滿團結組織的立場而退出此國際組織，成為非洲地區唯一未加入團結組織及非盟的主權國家。[16] 因此，團結組織轉型成非盟之前，未能促成摩洛哥政府放棄西撒哈拉，讓這個自1975年脫離西班牙統治的殖民地順利完成獨立，使團結組織自創立以來所揭櫫的去殖民化未竟全功，也是一件憾事。

二、尊重主權完整

非洲地區雖然經歷了殖民解放的戰爭（如阿爾及利亞、安哥拉、莫三比克、納米比亞等），分離主義（separatism）的戰爭（如奈及利亞、剛果、衣索匹亞、蘇丹、查德[17]等），盧安達及蒲隆地的種族滅絕（genocide），賴比瑞亞、獅子山、安哥拉、幾內亞比索、剛果共和國、及剛果民主共和國等的內戰（civil war），但是鮮少有國際的衝突。衣索匹亞與索馬利亞間的奧加丹戰爭（Ogadan War）、[18] 利比亞與查德為了奧索走廊（Aouzou Strip）的衝突、[19] 以

15 參見Thomas A. Marks. 1976. "Spanish Sahara – Background to Conflict." *African Affairs* 75(298): 3-13; John Mercer. 1976. "The Cycle of Invasion and Unification in the Western Sahara." *African Affairs* 75(301): 498-510; Anthony G. Pazzanita. 1994. "Morocco versus Polisario: A Political Interpretation." *Journal of Modern African Studies* 32(2): 265-278; Yahia H. Zoubir. 1990. "The Western Sahara Conflict: Regional and International Dimensions" *Journal of Modern African Studies* 28(2): 225-243.

16 William J. Durch. 1993. "Building on Sand: UN Peacekeeping in the Western Sahara." *International Security* 17(4): 156.

17 Samuel Decalo. 1980. "Chad: The Roots of Centre-Periphery Strife." *African Affairs* 79(317): 490-509.

18 Francis M. Deng, Sadikiel Kimaro, Terrence Lyons, Donald Rothchild, and I. William Zartman. 1996. *Sovereignty as Responsibility: Conflict Management in Africa.* Washington, D. C.: The Brookings Institution, 154-156; OAU 尊重衣索匹亞的主權，並未承認索馬利亞的領土宣示，參見 Peter Schwab. 1978. "Cold War on the Horn of Africa" *African Affairs* 77(306): 10.

19 Francis M. Deng, Sadikiel Kimaro, Terrence Lyons, Donald Rothchild, and I. William Zartman. 1996. *Sovereignty as Responsibility: Conflict Management in Africa*, 156-157.

及衣索匹亞與由其分離出的厄利垂亞（Eritrea）為了義爾加三角地帶（Yirga Triangle）主權爭議而在最近興起的戰事，[20]可以說是少數國與國間的衝突。非洲各國間衝突極少的原因之一，就是自團結組織成立以來，一直強調要尊重殖民母國遺留下的疆界，任何企圖以武力更動疆界的做法，都不會受到承認。[21]

　　雖然非洲各國間的衝突並不太多，但是各國間接介入鄰國內戰、支持該國叛軍的情況倒是司空見慣。[22]獅子山的內戰持續，乃是因為賴比瑞亞不斷支持叛軍的革命聯合陣線（Revolution United Front, RUF）[23]；南非過去曾支持安哥拉的叛軍—安哥拉獨立全國聯盟（União Nacional para a Independencia Total de Angola, UNITA）來牽制安哥拉政府軍對納米比亞游擊隊的支持[24]；盧安達與烏干達（Uganda）先是支持叛軍領導人卡畢拉（Laurent Kabila）對抗莫布杜（Mobutu Sese Seko）領導下的薩伊政府，但在卡畢拉成功推翻莫布杜政權另建剛果民主共和國後，這兩個國家又支持新的叛軍與卡畢拉對抗，而辛巴威、安哥拉、納米比亞、查德及蘇丹則是支持卡畢拉；幾內亞比索執政黨在爭取由葡萄牙統治獲得獨立時，曾以塞內加爾（Senegal）南部的卡薩曼斯省（Casamance）為避難地，卡薩曼斯的分離主義游擊隊也在幾內亞比索獨立建國後，以其為庇護所。[25]以上這類間接介入鄰國內戰的例子可以說是不勝枚舉，而其中的一個原因就是殖民國家在建立殖民地時，並沒有對不同族群的分佈有很清楚的認識，往往會將一個族群打散分佈到不同的國家，或是將屬於世仇的

20 Washington Post. 1999. "Ethiopia-Eritrea: A Troubled Relationship." in http://www.washingtonpost.com/wp-srv/inatl/longterm/eritrea/overview.htm. Latest update 14 October 2022.

21 Onyeonoro S. Kamanju. 1974. "Succession and the Right of Self-Determination: An OAU Dilemma." *Journal of Modern African Studies* 12(3): 355-376.

22 有關1970至1980年代的介入，參見S. N. MacFarlane. 1983-1984. "Intervention and Security in Africa." *International Affairs* 60(1): 53-73; S. Neil MacFarlane. 1984. "Africa's Decaying Security System and the Rise of Intervention." *International Security* 8(4): 127-151.

23 嚴震生，1999，〈90年代獅子山的衝突及內戰—國內因素及國際介入〉，《問題與研究》，38(12)：48-49；Yekutiel Gershoni. 1997. "War Without End and an End to a War: The Prolonged Wars in Liberia and Sierra Leone." *African Studies Review* 40(3): 55-76; Stephen Riley. 1996. "Liberia and Sierra Leone: Anarchy or Peace in West Africa?" *Conflict Studies* 287: 1-28.

24 Robin Hallet. 1978. "The South African Intervention in Angola, 1975-76." *African Affairs* 77(308): 347-386; 嚴震生，2004，〈安哥拉的內戰與和平協議(1975—2002年)〉，《問題與研究》，43(2)：46-47。

25 Martin Evans. 2000. "Briefing: Senegal Wade and the Casamance Dossier." *African Affairs* 99(397): 649-651.

族群歸劃在同一國家內，當然會引起紛爭及衝突。在此同時，由於團結組織對各國疆界的不可更動及領土完整的不可侵犯有所堅持，因此各國多半選擇暗中支持鄰國的反對勢力，而不與該國政府直接衝突。

即使是存在著不干涉內政的原則，許多會員國並沒有完全遵照團結組織的既定政策，而選擇公開地介入他國的內部事務。舉例來說，在奈及利亞於1960年代末期發生內戰時，坦尚尼亞、尚比亞、象牙海岸及加彭選擇承認分離運動的比弗拉（Biafra）有權獨立，與團結組織維持奈及利亞領土完整的主張相悖。[26] 之後，奈及利亞也在1979年時譴責坦尚尼亞政府入侵鄰國烏干達，干涉該國內政。坦尚尼亞的領導人尼瑞爾（Julius Nyerere）則是予以反駁，認為團結組織的信用已經破產，因為它坐視烏干達總統阿敏（Idi Amin）濫殺無辜百姓而未採取行動予以制止，反倒是坦尚尼亞的干預，被視為是人道干預（humanitarian intervention），是值得肯定的。[27]

除了比弗拉的分離主義獨立戰爭外，非洲另一個比較著名也是唯一成功的分離主義運動就是厄利垂亞的脫離衣索匹亞獨立。不過，在爭取獨立期間，團結組織從未給予任何的支持或承認，同時團結組織是在衣索匹亞都已承認厄利垂亞的新政府後，才接受其為會員國。團結組織堅持會員國主權及領土完整的原則，與民族自決（self-determination）的理想是相互牴觸的。厄利垂亞的經歷，讓想要追求民族自決的分離主義運動者認識到團結組織不可能會雪中送炭，而只會錦上添花。

三、不干預原則

根據團結組織憲章的規定，會員國應遵守「不干預它國國內事務」的原則，但這個原則的負面影響就是當一國政府有明顯違反人權的作為時，其他國家和團結組織不太會採取批判的立場或是發言譴責。[28]

---

26 Olajide Aluko. "Nigeria's Role in Inter-African Relations: With Special Reference to the Organization of African Unity." *African Affairs* 72(287): 160.

27 K. Mills. 2000. "Sovereignty Eclipsed? The Legitimacy of Humanitarian Access and Intervention." *Journal of Humanitarian Assistance* 8. in http://www.jha.ac/articles/a019.htm. Latest update 14 October 2022.

28 U. O. Umozurike. 1979. "The Domestic Jurisdiction Clause in the OAU Charter." *African Affairs* 78(311): 198.

　　雖然各個國家應遵守不干預的原則，不過團結組織卻接受區域性的組織在不穩定的國家進行干預，以確保人民生命財產的安全與政治經濟的穩定。西非經濟共同體（Economic Community of West African States, ECOWAS）在1990年的成立了監督停火團（ECOWAS Cease-fire Monitoring Group, ECOMOG），在賴比瑞亞與獅子山的內戰中進行干預。[29]南非也透過南部非洲發展共同體（Southern African Development Community, SADC）介入鄰國賴索托的國內事務，防止軍事政變的發生。[30]另外，團結組織本身也曾擁有維持和平部隊，參與查德內戰時的維和行動，但成效不佳。在盧安達發生種族滅絕危機時，團結組織遲遲未能組成維和部隊介入，以致於慘絕人寰的悲劇重覆發生。

　　除了因坐視盧安達的種族滅絕而束手無策，以至於遭受嚴厲的批判外，團結組織不干預原則的另一個為人詬病之處，就是它不但未能公開譴責那些採取非民主選舉手段取得政權的作法，同時也包容會員國政府對基本人權的迫害，讓軍事政變及威權統治可以合理的存在於非洲大陸。中非的卜卡薩（Jean-Bedel Bokassa）、烏干達的阿敏及赤道幾內亞的恩奎瑪（Francisco Macias Nguema）、薩伊的莫布杜都是1970及／或1980年代惡名昭彰的獨裁政權，但是基於不干涉內政的原則，團結組織並未積極採取任何嚴厲的制裁作為。

　　團結組織也未對造成非洲政權更替頻頻的軍事政變作強烈譴責，各國領袖在前一年的團結組織大會中與某國的民選總統共同討論區域問題，又在第二年和推翻此國家元首的軍事政變領導人平起平坐，合影留念，而完全沒有任何的

29 參見Ademola Adeleke. 1995. "The Politics and Diplomacy of Peacekeeping in West Africa: the ECOWAS Operation in Liberia." *Journal of Modern African Studies* 33(4): 569-593; Yekutiel Gershoni. 1993. "From Ecowas to Ecomog: The Liberian Crisis and the Struggle for Political Hegemony in West Africa." *Liberian Studies Journal* 18(1): 21-43; Herbert Howe. 1996-1997. "Lessons of Liberia: ECOMOG and Regional Peacekeeping." *International Security* 21(3) (Winter 1996/1997):145-176; Anthony Ofodile. 1994. "Recent Development: The Legality of ECOWAS Intervention in Liberia." *Columbia Journal of Transnational Law* 32(2): 413-416; W. Ofuatey-Kodjoe. 1994. "Regional Organizations and the Resolution on Internal Conflict: The ECOWAS Intervention in Liberia." *International Peacekeeping* 1(3): 261-302; S. Byron Tarr. 1993. "The ECOMOG Initiative in Liberia: A Liberian Perspective." *Issue: A Journal of Opinion* 21(1&2): 79-80; Christopher Tuck. 2000. "'Every Car or Moving Object Gone': The ECOMOG Intervention in Liberia." *African Studies Quarterly* 4(4): 17.
30 Khabele Matlosa. 1994. "The Recent Crisis in Lesotho and the Role of External Forces." *Africa Insight* 24(4): 225-229.

不自在。團結組織對會員國內部人權問題及民主程序的袖手旁觀態度，讓它在對南非的白人統治及其種族隔離政策作譴責時，失去了道德的優越性。

即使是在第三波民主化已衝擊到非洲的1990年代，團結組織也未對1993年奈及利亞軍人拒絕接受民主選舉結果，交出政權，反倒逮捕總統當選人阿比歐拉（Moshood K. O. Abiola）的違反民主潮流作法，採取任何行動。同樣地，當甘比亞在1994年發生了該國有史以來的第一次軍事政變，[31]新軍事強人賈梅（Yahya Jammeh）也毫無爭議地為團結組織所接受。此外，團結組織對於長期執政的威權領導人雖然回應民主聲浪舉行多黨選舉，卻又透過不規則的選舉行為，企圖延續其政權的作法，並未施加任何的壓力。喀麥隆的畢亞（Paul Biya）及加彭的邦戈（Omar Bongo），前者在持續統治數十多年後於2006年死於任上，後者執政至今將滿40年。[32]多哥的艾岱瑪（Gnassingbe Eyadema）亦得以眷戀權位到2005年初方才壽終正寢。[33]這一方面最嚴重的例子就是2002年3月在辛巴威的選舉，儘管大部份的西方觀察家皆認為穆加比（Robert Mugabe）是靠著選舉舞弊才得以連任成功，但團結組織卻願意接受這樣一個具爭議的選舉結果，也未對穆加比不斷地打壓反對黨及國際媒體有所批判。

四、和平解決爭端

雖然團結組織在憲章中強調和平解決爭端的原則，同時也設計了一個有二十一個成員的調停、斡旋及仲裁委員會，來解決非洲國家間的衝突。不過，由於大部份的非洲國家領導人並不願意團結組織總部有這樣一個可以主導和平解

---

31 Abdoulaye Saine. 1996. "The Coup d'Etat in The Gambia, 1994: The End of the First Republic." *Armed Forces and Society* 23(1): 97-111; John A. Wiseman and Elizabeth Vidler. 1995. "The July 1994 Coup d'Etat in The Gambia: The End of an Era?" *Round Table: The Commonwealth Journal of International Affairs* 333: 53-65.

32 畢亞在1982年掌權，並在2004年10月四度贏得選舉，任期至二2011年，參見 BBC News. 2004. "Landslide Win for Cameroon Leader." in http://news.bbc.co.uk/2/hi/africa/3746686.stm. Latest update 14 October 2022; 班戈則是在1967年開始執政，在連續執政超過38年後，仍可在2005年再繼續參選，參見 BBC News. 2003. "Gabon's Leader to Rule 'For Life'." in http://news.bbc.co.uk/2/hi/africa/ 3074931. stm. Latest update 14 October 2022.

33 BBC News. 2005. "Togolese President Eyadema Dies." in http://news.bbc.co.uk/2/hi/africa/ country_ profiles/1021448.stm. Latest update 14 October 2022.

決爭端的機制，因此這個委員會僅僅是停留在紙上作業階段，並沒有真正的付諸實現，和平解決爭端最終還是靠部份國家領導人的個人影響力及奔走，而非一個固定的機制，其結果則是成效不彰。少數值得一提的成功的實例，是1972年時索馬利亞總統塞伊德‧巴赫（Siyad Barre）所促成坦尚尼亞與烏干達間的五點和平協議。惟兩國未在當時發生戰爭，七年之後衝突仍無法避免，雙方還是兵戎相見。[34]

先前所提到西撒哈拉獨立問題的爭議，就是團結組織未能以和平方式解決爭端的一個例子。另一個未竟全功的情況則是團結組織介入利比亞與查德間的衝突，但無法讓雙方達成協議，甚至奈及利亞協助下所派遣的近四千名團結組織維和部隊，也因財務困難及任務目標不清，在進駐查德六個月後就主動撤出。[35]

團結組織並非完全無視於設立解決衝突機制的必要，因此它在1992年提出了新的構想，就是預防、管理、及解決衝突的機制（Mechanism for Preventing, Managing and Resolving Conflicts），但在1993年成立後，卻因財務困難而沒有任何作為。[36]雖然團結組織本身在和平解決爭端方面的成效不佳，但是它往往是透過決議，支持聯合國在這方面的作為，有時也願意讓區域性的組織如非洲經濟共同體及南部非洲發展共同體扮演較為積極的角色，以彌補本身的力不從心，並避免無謂的爭端。

五、不結盟政策

團結組織的創始人迦納的恩克魯瑪及埃及的納瑟（Gamal Abdul Nasser）是先前不結盟運動（Non-Aligned Movement, NAM）的主導力量，因此團結組織採取一個不結盟的立場可以說是有跡可循。在東西冷戰期間，部份國家如衣索匹亞、索馬利亞、安哥拉、薩伊等國和美蘇間關係非常緊密，但基本上團結組織及大部份的非洲國家是採取一個不結盟的立場。事實上，許多非洲國家倒

---

34 William Tordoff. 1997. *Government and Politics in Africa*, 3rd Edition. London: Macmillan Press, 281.

35 參見S. C. Nolutshungu. 1996. *Limits of Anarchy: Intervention and State Formation in Chad*. Charlottesville: University of Virginia.

36 William Tordoff. 1997. *Government and Politics in Africa*, 282.

是與殖民母國保持密切的關係，英語非洲國家大都是大英國協的會員國，而法語國家也和法國保持年度（1998年後改為兩年一次）的高峰會議。

美國與蘇聯在冷戰期間一度以非洲為國際競爭角力的戰場，也直接或間接地介入少部份國家的國內事務，支持或反對特定的政治領導人。[37]冷戰結束後，這些特殊關係已不復存在，不過非洲仍然和歐洲各國保持較密切的關係。另外，包括日本、中國大陸、韓國、印度、土耳其、俄羅斯、及美國，在21世紀開始紛紛與非洲地區成立雙邊的合作峰會。非洲絕大多數國家至今仍奉行不結盟主義，也讓這個區域能夠成為各方爭取的對象。

團結組織的重要性是除了羅德西亞和南非因少數白人執政遭到排除、摩洛哥因西撒哈拉問題退出外，幾乎所有非洲國家在取得獨立後都加入這個組織，有點類似非洲的聯合國，會員資格遵從普遍性（universality）原則。雖然這個組織對會員國內部衝突及破壞人權、或是非經憲法程序的軍事政變取得政權，儘量採取不干涉的原則，沒有改善非洲的治理問題。不過，透過去殖民化的堅持及民族主義的強調，非洲新興國家的區域認同得以鞏固，非洲區域主義隨之而生。至於經濟的整合，則是由次區域的經濟共同體開展。

參、非洲次區域經濟共同體

相對於歐美先進國家，非洲各國的經濟發展相對落後，也不及另外兩個開發中國家的東南亞和拉丁美洲，這也說明為何即使早在1960年代就有非洲次區域經濟共同體的出現，且持續到1990年代末期，但卻成效不彰。根據南非學者的研究，次區域整合的因素至少包括了下列7個重要因素中的4至5個：（1）地理位置的接近、（2）相當程度的文化與政治的同質性、（3）貿易、投資、及產業結構的整合及優勢、（4）共同的相關安全考量、（5）共同的政治價值、（6）沒有次區域性的重大政治及安全方面的歧見、及（7）有實力的次區

---

37 參見嚴震生，2002，〈美國對非洲外交政策的回顧與展望〉，《問題與研究》，41(6)：125-150。

域領導者。[38]不過，對非洲而言，次區域主義和次區域整合的發展，卻是循著另一個軌跡進行。

1990年代之前的非洲，由於幅員遼闊、各國文化與政治存在著極大的差異、經濟發展始終遲滯不前、軍事政權及一黨獨大仍多於民主政治、兩大超級強國的冷戰亦左右了各國政治和經濟政策的選擇、奈及利亞和南非尚未走出威權專制及少數統治的陰霾，因此整個非洲大陸的區域整合，從來就不是非洲各國領導人見面時所要討論的重點議題。1960年代初期成立團結組織，基本上是一個政治的區域組織，雖然它有區域主義的一些要素，但和理想中的區域整合有一大段距離。

不過，非洲的各個次區域倒是有經濟的區域組織出現，包括東南非共同市場（Common Market of Eastern and Southern Africa, COMESA）、[39]東非共同體（East African Community, EAC）、[40]薩赫爾—撒哈拉國家共同體（Community of Sahel-Saharan States, CEN-SAD）、[41]中非國家經濟共同體（Economic Community of Central African States, ECCAS）、[42]西非國家經濟共同體（ECOWAS）、[43]政府

---

38 Greg Mills and Elizabeth Sidropoulos. 2001. "Introduction and Acknowledgements: Trade, Problems and Projections in Southern African Integration." In *Regional Integration in Southern Africa: Comparative International Perspectives*, eds. Christopher Clapham, Greg Mills, Anna Morner & Elizabeth Sidripoulos. Johannesburg, South Africa: The South African Institute of International Affairs, 4-5.

39 成立於1994年，前身為1981年成立的優惠貿易區（Preferential Trade Area，簡稱PTA），目前成員為蒲隆地、葛摩、剛果民主共和國、吉布地、埃及、厄利垂亞、史瓦帝尼、衣索匹亞、肯亞、利比亞、馬達加斯加、馬拉威、模里西斯、盧安達、塞席爾、索馬利亞、蘇丹、突尼西亞、烏干達、尚比亞、及辛巴威。在2008年後COMESA與EAC及SADC成為自由貿易區。

40 成立於1967年，成員為肯亞、坦尚尼亞、及烏干達，1977年解散；1993年此3國又成立了東非經濟合作組織（East African Co-operation），2000年又開始以東非經濟共同體的名義運作。除了原始3國外，目前新增成員包括蒲隆地(2007)、盧安達(2007)、南蘇丹(2012)、及剛果民主共和國(2022)。

41 成立於1988年，是非洲所有RECs中會員國最多、但卻是最沒有成效的次區域組織，目前成員包括貝南、布吉納法索、維德角、中非共和國、查德、葛摩、吉布地、埃及、厄立垂亞、甘比亞、迦納、幾內亞、幾內亞比索、象牙海岸、肯亞、賴比瑞亞、利比亞、馬利、茅利塔尼亞、摩洛哥、尼日、奈及利亞、聖多美普林西比、塞內加爾、獅子山、索馬利亞、蘇丹、多哥、突尼西亞等西非、北非、東非、及中非共19個國家。

42 成立於1983年，前身為1964年成立的中非關稅與經濟聯盟（Central African Custom and Economic Union，簡稱UDEAC），目前成員為安哥拉、蒲隆地、喀麥隆、中非共和國、查德、剛果共和國、剛果民主共和國、赤道幾內亞、加彭、盧安達、及聖多美普林西比。

43 成立於1975年，目前成員為貝南、布吉納法索、維德角、象牙海岸、甘比亞、迦納、幾內亞、幾內亞比索、賴比瑞亞、馬利、尼日、奈及利亞、塞內加爾、獅子山、及多哥。

間發展組織（Inter-Governmental Authority on Development, IGAD）、[44]南部非洲發展共同體（SADC）、[45]阿拉伯馬格里布聯盟（Arab Maghreb Union, AMU）。[46]

　　在這些次區域組織中，有整合較為緊密者如非洲經濟共同體和南部非洲發展共同體，有不是積極運作者如薩赫爾—撒哈拉國家共同體和中非國家經濟共同體，也有會員重疊性極高的如薩赫爾—撒哈拉國家共同體和非洲經濟共同體。這些次區域組織有一共同特色，就是除了東南非共同市場及薩赫爾—撒哈拉國家共同體外，其他的組織至少具有地理鄰近這個區域整合所應有的基本條件。但是由於除了南非外，大多數非洲國家的經濟發展層次偏低，且主要貿易國長期為殖民母國，因此次區域整合的進展緩慢。除了有八個次區域經濟共同體外，還包括一些較小規模的次區域經濟組織，如以流通幾內亞、賴比瑞亞、獅子山三國河流命名的曼諾河域同盟（Mano River Union）等。

　　在此情況下，非洲地區整合的推動就必須提高層次，由代表整個非洲的團結組織來推動整合。透過這個組織和其他國際組織發展互動和尋求援助，是較為合適的。不過，團結組織並非為區域整合而設計，因而必須有所轉型，方能肩負這項任務。從這個觀點來看，我們不能用歐盟或東協的角度來衡量團結組織或是其繼承者非盟，因此任何用區域主義的理論和經驗來看非洲的整合，仍嫌不夠成熟。

　　此外，若非洲地區本身的各項衝突及動亂無法獲得有效的化解或平復，勢必會影響到這個地區的經濟發展和外援的取得。過去非洲國家的互動是透過團結組織的架構和規範來運作，在非盟成立後，這些架構和規範已作了部份的調整。無論是團結組織或非盟，非洲的次區域組織都必須要先移除那些促成區域整合的障礙，並建立足夠誘因，讓外援和投資能夠進入非洲，協助經濟發展，為未來的整合立下基礎。

---

44 成立於1996年，前身為1986年成立的國際乾旱與開發管理局（Inter-Governmental Authority on Drought and Development，簡稱IGADD），成員為吉布地、厄利垂亞、衣索匹亞、肯亞、索馬利亞、蘇丹、南蘇丹及烏干達。南蘇丹在2021年被暫時停權。

45 成立於1992年，前身為1980年成立的南部非洲發展協調會議（South African Development Coordination Conference），成員為安哥拉、波扎那、葛摩、剛果民主共和國、史瓦帝尼、賴索托、馬達加斯加、馬拉威、模里西斯、莫三比克、納米比亞、塞席爾、南非、坦尚尼亞、尚比亞、及辛巴威。

46 成立於1989年，成員為阿爾及利亞、利比亞、茅利塔尼亞、摩洛哥、及突尼西亞。

肆、非洲聯盟（AU）[47]

　　相較於團結組織的7項原則，非盟揭櫫了16項原則，包括（1）聯盟會員國的主權平等及相互依存；（2）尊重各國在獨立時的既存疆界；（3）非洲人民參與聯盟的活動；（4）建立非洲大陸的共同防衛政策；（5）透過大會視為合適的方式，達成聯盟會員國間衝突的和平解決；（6）禁止聯盟會員國使用武力或威脅使用武力；（7）會員國不干預其他國家的內部事務；（8）聯盟干預會員國的權利，來自於大會在情況極為嚴重如戰爭罪行、種族滅絕、或侵犯人類罪行時的議決；（9）會員國間應和平共存，也應有權在和平及安全中生存；（10）會員國有權要求聯盟干預介入，以恢復和平及安全；（11）在聯盟架構下推動自我倚賴；（12）推動性別平等；（13）尊重民主原則、人權、法治及善治；（14）推動社會正義以確保經濟的平衡發展；（15）尊重人生命的尊嚴，譴責並拒絕政治暗殺、恐怖主義行為、及顛覆行動；（16）譴責並拒絕非依憲法規定產生的政府更替。[48]

　　很明顯地，團結組織的去殖民化及不結盟政策，已因時空的變遷而沒有再納入的必要。雖然不干預原則及尊重主權完整的基本理念仍然存在，但若非洲聯盟的大會認為有戰爭罪行（war crimes）、種族滅絕、及侵犯人類罪行（crimes against humanity）等嚴重情況時，可以逕行干預。相較於40年前團結組織的7個原則，非盟有更多以民為本、尊重基本人權的主張。這可由第3、第8、第12、第13、第14及第15等6個原則中，得到印證。此外，在非洲超過40多個國家已採行多黨民主選舉的今天，非盟的第16項原則—譴責並拒絕非依憲法規定產生的政府更替，實在有其必要。這無疑會對想要透過軍事政變取得政權的野心政客，及想要藉著和憲法牴觸的作為來延續政治生命的威權領導人，有嚇阻的作用。

---

47 以下有關非洲聯盟及非洲發展新夥伴關係的討論，是以個人已發表相關議題的論文為基礎，並加以更新及略微修正，參見嚴震生，2005，〈非洲聯盟與非洲發展新夥伴計畫〉，《問題與研究》，44(6)：49-77。

48 Article 4: Principles, Constitutive Act of the African Union, in https://au.int/sites/default/files/pages/34873-file-constitutiveact_en.pdf. Latest update 14 October 2022.

和平安全理事會（Peace and Security Council）及非洲維持和平部隊的成立，是化解衝突、和平解決爭端的新機制。非洲法院的設置，讓衝突的各方，援用司法程序解決爭端，而避免訴諸於武力。當然司法機制的存在，也會對保障人權有正面的作用。那些從事戰爭罪行、種族滅絕或是侵犯人類罪行的軍閥、政客及劊子手將會面臨司法正義的檢驗。這些原則與機制意味著非洲國家亟欲化解衝突，並一改過去縱容各國政府的迫害人權及違反民主程序及機制的姑息態度，而願意積極地自清門戶。

若是AU能夠促成非洲國家民主政治步入正軌、基本人權受到尊重、國際衝突得到化解，這將是非洲國家走出貧窮、進入發展的一個契機。除了政治穩定能創造較佳的經濟環境外，若是非洲國家能達成善治（good governance），將有助於西方國家更加願意提供經濟及其他相關援助，來促成非洲的經濟發展。

非洲發展新夥伴計畫（New Partnership for Africa's Develop-ment, NEPAD）在2001年10月正式開始運作之前，有其較長時間的理論背景之發展，和較為具體的計畫措施。在理論背景方面，南非總統於1990年代末期所提出的「非洲復興」概念，雖然並未形成具體的新典範（paradigm），但卻成為決策者、政府官員和知識份子能夠共同支持一個非洲自我尊重、具有尊嚴、和引以為傲的概念。非洲復興的概念，提供了制訂新政策的哲理基礎。在實際運作方面，非洲發展新夥伴計畫的前身是非洲新計畫（New Africa Initiative, NAI），是更早的千禧年非洲復興計畫（Millennium Africa Recovery Plan, MAP）和奧米加計畫（Omega Plan）合併而成。[49]

千禧年非洲復興計畫是公元兩千年八大工業國在日本沖繩島（Okinawa）的高峰會議中，與會第三世界國際組織的輪值主席──不結盟運動（NAM）的南非總統姆貝基、77國集團（Group of 77）的奈及利亞總統奧巴桑喬

---

49 有關NEPAD前身部分的討論，參見 Stephen Gelb. 2002. "The New Partnership for Africa's Development (NEPAD): A Brief Overview." *Global Insight* 19: 1-4; Sipho Pityana. 2002. "Charting a New Course: Globalisation, African Recovery and the *New Africa Initiative*." In *Charting a New Course: Globalisation, African Recovery and the New Africa Initiative*, eds. Richard Gibb, Tim Hughes, Greg Mills & Tapani Vaahtoranta. Johannesburg, South Africa: South African Institute of International Affairs, 39-54; Alex de Waal. 2002. "What's New in the 'New Partnership for Africa's Development'?" *International Affairs* 78(3): 464-467.

（Olusegun Obasanjo）及非洲團結組織的阿爾及利亞布特費里加（Abdelaziz Bouteflika）3位非洲國家領導人的共同提議。在沖繩會議之後，團結組織要求這3位領袖提出一個非洲大陸的開發草案。2001年1月世界經濟論壇（World Economic Forum）在瑞士達佛斯（Davos）集會，姆貝基、奧巴桑喬及其他一些非洲國家領導人在一場有關非洲的會議中，勾勒出具體千禧年非洲復興計畫的綱要。

在此同時，塞內加爾總統瓦德（Abdoulaye Wade）亦在2001年1月於喀麥隆舉行的法語非洲國家高峰會議（Francophone Summit）中，提出了奧米加計畫。隨後，千禧年非洲復興計畫邀請塞內加爾和埃及加入其指導委員會（Steering Committee），而此兩國亦投入千禧年非洲復興計畫的全部過程。不過，瓦德仍然持續倡議奧米加計畫，並未因加入了千禧年非洲復興計畫而予以放棄。

2001年7月於尚比亞首都盧沙卡（Lusaka）的團結組織高峰會中，公佈了一份將千禧年非洲復興計畫和奧米加計畫合併的單一文件——個新非洲計畫（NAI）。同年10月，15位執行委員會的國家領導人在奈及利亞首都阿布加（Abuja）舉行的第一次執行委員會會議中，將此計畫重新命名為非洲發展新夥伴計畫。在2002年7月於南非德班（Durban）舉行的非洲聯盟成立大會上，非洲發展新夥伴計畫正式成為非盟的經濟計畫。

非洲發展新夥伴計畫計畫乃是針對目前非洲大陸所面臨的各項挑戰而設計的，其主要目標包括以下數點：（1）消滅貧窮、（2）讓非洲個別國家和整個非洲都能步上永續成長和發展的坦途、（3）停止在全球化過程中非洲地區持續的邊緣化、（4）加速非洲女性權力的提升，及（5）讓非洲完全融入全球的經濟體系。[50]

在基本原則方面，非洲發展新夥伴計畫所堅持者則是（1）非洲對此計畫的擁有權和主導地位，及社會所有部門的全面及深度參與；（2）非洲大陸的重新發展必須以非洲的資源及人民豐富的想像力為基礎；（3）非洲人民相互間必

---

50 NEPAD. 2004. *New Partnership for Africa's Development (NEPAD) Annual Report 2003/2004*. in http://www.eisa.org/aprm/pdf/NEPAD_%20Annual_ Report_ 2004.pdf. Latest update 14 October 2022.

須存在一個夥伴關係；（4）非洲的區域和次區域整合速度必需加快腳步；（5）提升非洲大陸和非洲個別國家的競爭力；（6）建立非洲大陸與已開發世界的新夥伴關係，並徹底改變過去存在的不平等關係；及（7）確保所有和非洲發展新夥伴計畫的夥伴關係與千禧年發展目標[51]，和其他有共識的發展標的結合。[52]

2003年成立非洲同儕評鑑機制（African Peer Review Mechanism, APRM）可以說是非洲發展新夥伴計畫極為重要的創意，由於非洲國家認知到和平、安全、民主、良善的政治、經濟和公司治理，是非洲國家達成永續發展的先決條件，因此決定設立一個評鑑制度，以協助非洲國家滿足這些先決條件。過去國際組織或西方國家用各自的標準來評量非洲國家，甚至以評量結果作為提供援助的條件，非洲同儕評鑑機制乃是非洲國家主動自己評量，一來顯示這個區域對治理的重視，二來則是彰顯非洲的主體性，最後這個機制展現非洲的治理，有其自己的標準，無需國際社會說三道四。

基本上，它是屬於自願性質，由一個國家選擇讓其他國家對自己作系統性的檢驗和評估。非洲同儕評鑑機制的主要的目標就是協助被評鑑國家改進其決策、採取最佳措施、遵守既有的標準、原則、法規和其他已同意的承諾。同儕檢驗與評估是在沒有敵意的情況下進行，被評鑑與評鑑雙方都必須有高度的互信，才能夠順利進行。評鑑的項目包括（1）民主和政治治理、（2）經濟治理與管理、（3）公司治理、和（4）社會經濟發展。[53]任何一個非洲國家若是想接受評鑑，須（1）簽署民主、政治、經濟暨公司治理宣言（Declaration on Democracy, Political, Economic and Corporate Governance）、（2）同意接受已設立的良善治理標準、（3）選擇接受非洲同儕評鑑機制並加入其國家領導人的論壇。

---

51 這些目標包括（一）消滅極度貧窮和饑餓、（二）達到小學教育的普及、（三）推動兩性平等及賦予女性權力、（四）降低嬰兒死亡率、（五）提升孕婦健康、（六）對抗HIV/愛滋、瘧疾、和其他傳染並、（七）確保環境的永續發展、（八）建立全球的發展夥伴關係。

52 NEPAD. 2004. *New Partnership for Africa's Development (NEPAD) Annual Report 2003/2004.* in http://www.eisa.org/aprm/pdf/NEPAD_%20Annual_ Report_ 2004.pdf. 13-14. Latest update 14 October 2022; Prega Ramsamy. 2004. "Nepad's Path to Progress." *South African Journal of International Affairs* 11(1): 40; Brett Bowes and Steuart Pennington. 2002. "NEPAD: Changing the Perspective on Africa." In *South Africa: The Good News*, eds. by Brett Bowes and Steuart Pennington. Cape Town, South Africa: The Good News Ltd., 261-268.

53 Jakkie Cilliers. 2002. "NEPAD's Peer Review Mechanism." *Institute for Security Studies Paper* 64: 3.

　　截至目前為止，已有42國加入非洲同儕評鑑機制，其中有納米比亞、獅子山、和尚比亞已完成評鑑，南非、莫三比克、肯亞、烏干達、和奈及利亞則是經歷過兩次的評鑑，另外有17國做過一次評鑑，10多個國家尚未完成這項程序。[54] 儘管非洲同儕評鑑機制原先希望在2023年讓所有非洲國家加入這個機制的目標可能無法達成，但在區域內仍有許多國家面臨軍事政變、內戰衝突、貪腐等治理問體的挑戰時，這個機制持續運作近20年已屬不易。

　　非洲發展新夥伴計畫及非洲同儕評鑑機制的設立，當然有助於非洲與區域外國家或國際組織援助議題的對話。非洲發展新夥伴計畫成立後，其代表的四個國家阿爾及利亞、奈及利亞、塞內加爾、及南非的領導人就固定受邀參與經濟合作暨發展組織、世界七大工業國和二十國集團及世界經濟論壇等峰會。此外，非洲發展新夥伴計畫也和國際貨幣基金會及世界銀行也有很密切的互動。最後，和非洲關係密切的歐盟，也和非洲聯盟維持固定的歐非高峰會。

　　不過，即使沒有非洲發展新夥伴計畫，非洲大陸也因為有重要的石化能源及豐富的金屬礦物蘊藏，一直是重要大國透過援助，想要拉攏的對象。上世紀90年日本受聯合國發展計畫（United Nations Development Programme, UNDP）的委託，展開每5年1次的東京非洲發展國際會議（Tokyo International Conference on African Development, TICAD），並在2016年後，改為每3年1次，且不僅在東京開會，也移師到非洲舉行。2022年8月的峰會，將在突尼西亞舉行。

　　本世紀開始的2000年，美國透過非洲成長暨機會法（Africa Growth and Opportunity Act, AGOA），展開與漠南非洲地區近50國的互動關係，中國大陸則是成立中非合作論壇（Forum on China-Africa Cooperation, FOCAC），透過每3年1次的部長級會議或元首峰會，成為非洲最重要的貿易夥伴。亞洲的韓國及印度也分別在2006及2008年，成立韓國—非洲論壇（Korea-Africa Forum）及非洲—印度合作架構（Africa-India Framework for Cooperation, AIFC），前者是

---

54 Steve Gruzd and Cayley Clifford. 2022. "APRM @ 19 – How Far so Far?" *South African Institute of International Affairs*. in https://saiia.org.za/research/aprm-19-how-far-so-far/. Latest update 18 October 2022.

每3到5年舉行1次部長級的會議，2022年3月在首爾舉行了第五次的會議，後者則是透過每3年1次的印度—非洲論壇峰會（India-Africa Forum Summit）。此外，和非洲有一些地緣關係的土耳其，不僅是非盟的觀察員，也在2008年成立土耳其—非洲夥伴關係峰會（Turkey-Africa Partnership Summit），至今已舉行了3次峰會。

歐巴馬執政時期，美國與非洲舉行了美國—非洲領導人峰會（United States-Africa Leaders Summit），但川普總統基本上不重視非洲，甚至謔稱其為茅坑（shit hole）或茅房（shit house）。拜登總統有感於美國在非洲的經營遠遠落後中國大陸，因此在2022年12月舉行第2次的峰會，但仍維持民主價值的堅持，不讓幾個發生軍事政變的西非國家如馬利、幾內亞、布吉納法索等國與會。非洲國家則是更關心貿易的議題，希望它們能夠發展製造業，且在價值鏈的地位提升後，產品能夠進入美國的市場，但對美國所關心的安全議題並不如華府的在意。[55]

冷戰期間美國宿敵的俄羅斯，在2019年成立了俄羅斯—非洲峰會（Russia-Africa Summit），第1屆峰會在黑海度假勝地索契（Sochi）展開，有40個非洲國家領導人及代表與會。第2屆將於2023年7月，在聖彼得堡舉行。俄羅斯入侵烏克蘭在聯合國大會有關停止其在人權委員會資格的表決案中，反對的24票中，9張來自非洲國家，後者另有23國棄權、11國缺席，僅友10國投下贊成票，顯然這個峰會還是起了一些作用。[56]

這些非盟與大國、或是非洲發展新夥伴計畫與國際組織互動的機制，雖然不脫非洲最重要的經濟發展和援助議題，但也展現出整個非洲大陸對外關係的團結及政策的一一貫性，非洲大陸的區域主義，透過這些國際場合的參與，有了更深的認同。

---

55 Hippolyte Fofack. 2022. "US-Africa Leaders Summit Could Make History – If Leaders Recalibrate Trade Relations," Atlantic Council, in https://www.atlanticcouncil.org/blogs/africasource/us-africa- leaders-summit-could-make-history-if-leaders-recalibrate-trade-relations/. Latest update 15 December 2022.

56 The Conversation. 2022. "African Countries Showed Disunity in UN Votes on Russia: South Africa's Role Was Pivotal," in https://theconversation.com/african-countries-showed-disunity- in-un-votes-on-russia-south-africas-role-was-pivotal-180799. Latest update 18 February 2023.

伍、非洲大陸自由貿易區

　　非洲大陸幅員廣大，儘管在上世紀就有八個區域經濟共同體的成立，但整個大陸的區域組織團結組織並沒有自由貿易區的概念，非盟也是在成立後12年才於2012年提出非洲單一市場的構想。在此同時，非盟也在2013年推出了《2063議程》（Agenda 2063），[57]就是在團結組織／非盟成立50周年之際，構思下一個50年非洲發展的目標，其中包括建立非洲大陸自由貿易區（AfCFTA）及發行非洲聯盟護照。

　　2015年在南非約堡舉行的非盟高峰會，通過展開非洲大陸自由貿易區談判的決議。2018年3月盧安達基加利（Kigali）的高峰會，會員國簽署了三項協議：（1）非洲大陸自由貿易協議、（2）基加利宣言（Kigali Declaration）、（3）人民自由流動協定（Protocol for Free Move-ment of Persons）。肯亞和迦納是最先簽署自由貿易協定的兩個國家，1年後的2018年4月，當獅子山和西撒哈拉完成簽署後，非洲大陸自由貿易區正式生效，全非洲僅有厄立垂亞不是這個泛非洲自由貿易組織的成員。另外的宣言和協定，則有超過40個國家批准。這是1994年世界貿易組織成立以來，成員國最多的一個國際組織。

　　非洲大陸自由貿易區目前有54個成員國，人口總數高達13億，不僅是貨物及服務的單一市場，也是資本及商業人士自由流動的關稅同盟。非洲大陸自由貿易區一共有四項主要協定：（1）貨物貿易協定、（2）服務貿易協定、（3）爭端解決協定、（4）第2階段談判。貨貿協定包括廢除進口貨物的關稅及數量限制、進口貨物與國內貨物的平等待遇、廢除非關稅的壁壘、海關的合作、貨物的流暢及轉口、保護新興工業、貨物標準和規定的合作、技術援助及能力建構的合作等。服貿協定則涵蓋服務法規的透明、對服務提供的標準及證照的相互承認、服務部門的逐步自由化、已開放部門中來自境外的服務提供不得遭到歧視、及明確列出特殊的例外。

---

57 The African Union Commission. 2022. "Agenda 2063: The Africa We Want." in https://au.int/en/agenda2063/overview. Latest update 18 October 2022.

至於爭端解決的規範，則是要求以《爭端解決規則與程序的協定》（Protocol on Rules and Procedures on the Settlement of Disputes）為依據，而此協定又是以世界貿易組織的相關規定為基礎所制定者。非洲大陸自由貿易區成員國可選擇透過仲裁，解決相關爭端。最後，第2階段的談判，將以智慧財產權、投資、及期貨政策為重點。

在非洲大陸自由貿易區成立後，各個區域的區域經濟共同體承擔了以下的幾項整合的責任：（一）協調談判的立場及協助會員國落實協議；（二）在會員國間有爭議時，以解決問題為導向進行調解；（三）在關稅一體化及邊境保護管制方面，支持會員國達成一體化；（四）推動非洲大陸自由貿易區通報程序的使用，以降低非關稅壁壘。[58] 換句話說，非洲大陸自由貿易區並未完全取代區域經濟共同體的角色及功能，反倒是希望透過後者的機制及運作，更能夠發揮其功能。

根據布魯斯金研究院（Brookings Institution）資深研究員席格尼（Landry Signé）在美國眾議院外交委員會聽證會的說法，如果非洲大陸自由貿易區順利運作，非洲消費及商業支出在2030年將是6.7兆美元，並在2050年達到16.12兆美元，他引用聯合國非洲經濟委員會（UNECA）數據，指出非洲區域內貿易將在2040年時成長15%-25%，或是500-700億美元；世界銀行估計非洲大陸自由貿易區能夠讓3,000萬非洲人脫貧、增加貧窮線邊緣6,800萬非洲人的收入；國際貨幣基金會則是主張一個擴大及更有效率的貨物及勞工市場，會大幅提升非洲在全球競爭指標（Global Competitive Index）的排名。[59]

由於非洲大陸自由貿易區是在2021年1月開始正式運作，至今剛滿2年，且期間又遇到新冠疫情的大流行，以及俄烏戰爭帶來的非洲糧食缺口，影響到非洲區域內和對外的貿易，因此相關的討論在目前仍不成熟，可能還要再一、

---

[58] Christian Ule. 2023. "The African Continental Free Trade Area (AfCFTA)," Legalmondo, in https://www.legalmondo.com/2023/01/african-continental-free-trade-area-afcfta/. Latest update 12 February 2023.

[59] Landry Signé, 2022. "Understanding the African Continental Free Trade Area and How the U.S. Can Promote its Success." Testimony before the United States House Foreign Affairs Committee: Subcommittee on Africa, Global Health, and Global Human Rights. https://www.brookings.edu/wp-content/uploads/2022/05/Landry-Signe-Testimony-April-27-2022.pdf. Latest update 14 October 2022.

兩年才能看出其進展和成效，或許這也是為何在2023年2月的AU峰會將大會主題訂為「非洲大陸自由貿易區年：加速非洲大陸自由貿易區的落實」，就是希望能夠獲得更多政治承諾，達成《2063議程》的目標。[60]

陸、結論

從早期泛非主義的民族認同，到團結組織時期的持續去殖民化、外交立場的協調、及不干涉各國內政，以至於21世紀非盟對內戰衝突的調停與化解、對民主程序和基本人權的重視、即持續以區域組織為主體和國際社會進行對話，甚至是成立非洲發展新夥伴計畫和非洲同儕評鑑機制的機制主導參與外來的援助，非洲區域主義及區域化的內聚力愈來愈強，可能超過其他國際區域的整合。

然而，誠如本文所強調者，非洲區域主義和以經濟整合為基礎的歐洲區域主義，在發展的順序上完全不同。歐洲乃是先有經濟整合，然後才有政策的整合及歐洲認同的出現，非洲則是先有強烈的區域認同及一致性包括外援的外交政策，才開始進入整個非洲大陸的經濟整合。不過，在非洲大陸自由貿易區出現之前，非洲各次區域早有次區域經濟共同體的出現，未來兩者將會相輔相成，讓非洲超著歐盟經濟整合的目標邁進。

非洲地區重大的議題如公衛醫療、經濟發展、軍事政變、糧食安全、外來援助、國際融資、恐怖組織、及極端伊斯蘭主義等，不見得每一項都和經濟整合有直接的關連，但非盟及非洲發展新夥伴計畫可協助解決這些問題，排除經濟整合的部分障礙，透過非洲大陸自由貿易區的運作，加速非洲的經濟發展，以完成非洲區域化與區域整合的最後一塊拼圖。

---

60 United Nations, 2023. "AU Summit 2023: Powering Trade through AfCFTA," in https://www.un. org/africarenewal/magazine/february-2023/au-summit-2023-powering-trade-through-afcfta. Latest update 17 February 2023.

附錄一：深入閱讀書單

嚴震生，2005，〈非洲聯盟和非洲發展新夥伴計畫〉，《問題與研究》，44（6）：49-77。

Adetula, V. B. and Obi, C. eds. 2021. *Regional Economic Communities and Peacebuilding in Africa: Lessons from ECOWAS and IGAD*. New York: Routledge.

Adi, Hakim. 2018. *Pan-Africanism: A History*. London: Bloomsbury.

Aniche, E. T. 2020. "African Continental Free Trade Area and African Union Agenda 2063: the roads to Addis Ababa and Kigali," *Journal of Contemporary African Studies* online article, at https://invenio.unidep.org/ invenio//record/ 25533/files/African%20 Continental%20Free%20Trade% 20Area.pdf

Grilli, M. and Gerits, F. eds. 2021. *Visions of African Unity: New Perspectives on the History of Pan-Africanism*. London: Palgrave Macmillan.

Magliveras, K. D. and Naldi, G. J. 2018. *African Union*, 2nd Edition. The Netherlands: Wolter Kluwer.

Reiss, M. 2022. *Constructing the East African Community: Diffusion from African and European Regional Organizations*. New York: Routledge.

Woronoff, J. 1970. *Organizing African Unity*. Lanham, Maryland: Rowman and Littlefield Publisher.

附錄二：非洲研究重要期刊、機構

Important Journals

    Africa Confidential

    Africa Report

    Africa Research Bulletin

    Africa Review

    African Affairs

    African Integration and Development Review

    African Journal of Political Science and International Affairs

    African Today

    Journal of African Union Studies

    Journal of Modern African Studies

    Politique Africaine

    Review of African Political Economy

    South African Journal of International Affairs

    《非洲研究》，浙江師範大學非洲研究院

    《西亞非洲》，中國社科院西亞非研究所

    《中國非洲學刊》，中國社科院西亞非研究所

Important Online News Source

    www.africanews.com

    www.aljazeera.com

    www.allafrica.com

    www.theafricareport.com

Important African Research and Studies Institutions

Africa

    Council for the Development of Social Science Research in Africa（DODESRIA），
        Dakar, Senegal

    Institut français de recherche en Afrique（IFRA）at Nairobi（Kenya），Ibadan（Nigeria）

Institute for Security Studies（ISS）at Addis Ababa（Ethiopia）, Dakar（Senegal）, Nairobi（Kenya）and Pretoria（South Africa）

South African Institute of International Affairs（SAIIA）, Johannesburg（South Africa）

China

Center for African Studies, Beijing University 北京大學非洲研究中心

Center for African Studies, Yunnan University 雲南大學非洲研究中心

Institute of African Studies, Zhejiang Normal University 浙江大學非洲研究中心

Institute of West Asian and African Studies, Chinese Academy of Social Sciences 中國社會科學院西亞非研究所

Europe

Center for African Studies, School of African and Oriental Studies（SOAS）, London（United Kingdom）

Sub-Saharan Center, French Institute of International Relations, Paris（France）

The GIGA for African Studies, Hamburg（Germany）

The Nordic Africa Institute, Uppsala（Sweden）

United States

African Studies Center, University of California, Los Angeles

African Studies Program, University of Wisconsin

Center for African Studies, University of Florida

Institute of African Studies, Columbia University

附錄三：專有名詞英文、中文對照表

英文	中文	法文
Africa Growth and Opportunity Act（AGOA）	非洲經濟暨機會成長法	Loi sur la Croissance et les Opportunités Économiques en Afrique
African Continental Free Trade Areas（AfCFTA）	非洲大陸自由貿易區	Zone de Libre-échange Continentale Africaine (ZLECAf)
African Peer Review Mechanism（APRM）	非洲同儕評鑑機制	Mécanisme Africain d'Evaluation par les Pairs (MAEP)
African Union（AU）	非洲聯盟	Union Africaine (UA)
Arab Maghreb Union（AMU）	阿拉伯馬格里布聯盟	Union du Maghreb Arabe（UMA）
Common Market of Eastern and Southern Africa（COMESA）	東南非洲共同市場	Marché Commun de l'Afrique Orientale et Australe
Community of Sahel-Saharan States（CEN-SAD）	薩赫爾—撒哈拉國家共同體	Communauté des Etats Sahélo-Sahariens
East African Community	東非經濟共同體	Communauté d'Afrique de l'Est
Economic Community of Central African States（ECCAS）	中非國家經濟共同體	Communauté Économique des États de l'Afrique Centrale（CEEAC）

英文	中文	法文
Economic Community of West African States（ECOWAS）	西非國家經濟共同體	Communauté économique des États de l'Afrique de l'Ouest (CEDEAO)
ECOWAS Cease-fire Monitor-ing Group （ECOMOG）	非洲國家經濟共同體監督停火團	Groupe de Surveillance du Cessez-le-feu de la CEDEAO
Forum on China-Africa Cooperation （FOCAC）	中非合作論壇	Forum sur la Coopération Sino-Africaine
Inter-Governmental Authority on Development（IGAD）	政府間發展組織	Autorité Intergouvernementale pour le Développement
New Economic Partnership for Africa's Development（NEPAD）	非洲發展新夥伴計畫	Nouveau Partenariat pour le Développement de l'Afrique
Millennium Africa Recovery Partnership（MAP）	千禧年非洲復興計畫	Le Partenariat du Millénaire pour le Programme de redressement de l'Afrique
New Africa Initiative（NAI）	非洲新計畫	Nouvelle Initiative pour l'Afrique
Organization of African Unity（OAU）	非洲團結組織	Organisation de l'Unité Africaine (OUA)

英文	中文	法文
Southern African Develop-ment Community（SADC）	南部非洲發展共同體	Communauté de Développement de l'Afrique Australe
Tokyo International Conference on African Development（TICAD）	東京非洲發展國際會議	Conférence Internationale de Tokyo sur le Développement de l'Afrique (TICAD)

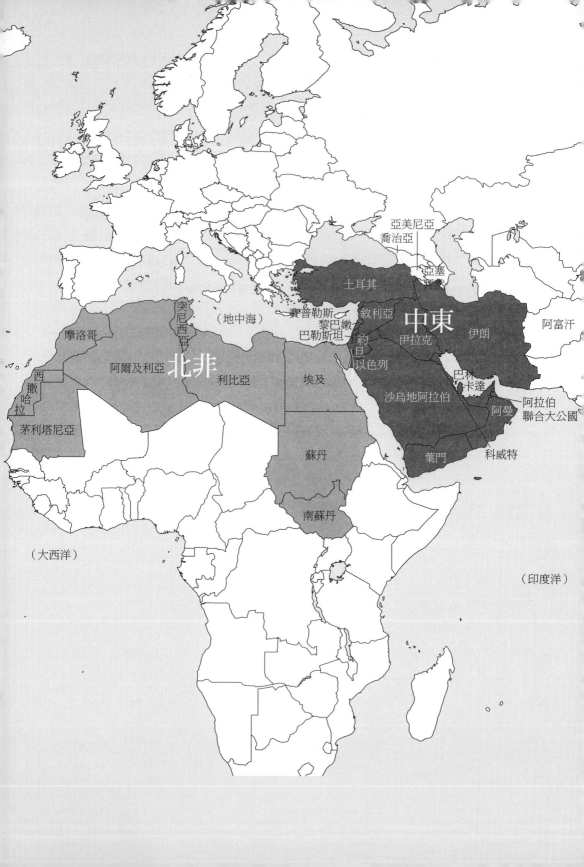

中東區域主義之發展與挑戰[*]

張景安

摘要

就回顧中東區域近百年多之歷史來看，除於鄂圖曼帝國時期統治下的中東區域外，自帝國解體後，區域主義一詞對該區域來說是相對陌生或未能有效實現的。本章將分別討論此區域之歷史背景、區域化與區域整合進程及區域間之重要議題。為能更明確的探討中東區域主義之發展，在區域間之重要議題將以恐怖主義及難民兩個跨國、跨區域之議題作為研究進行討論，以協助梳理該區域之區域主義發展。

關鍵字：中東，恐怖主義，難民，區域主義

＊本研究感謝國科會「新秀學者研究計畫」（MOST 111-2628-H-004-015 -）支持。

壹、中東一詞的由來、基本概況及其重要性

今日學界對中東之探討多將其與北非結合在一起進行討論，簡稱為中東北非（MENA , Middle East and North Africa）。此乃因該兩區塊在歷史、文化、宗教、民族、語言及政治上連結緊密並具高相近度，使得兩區自古以來關係上幾近密不可分。中東國家包涵沙烏地阿拉伯、科威特、巴林、阿拉伯聯合大公國、卡達、阿曼、葉門、敘利亞、黎巴嫩、伊拉克、約旦、巴勒斯坦、以色列、土耳其以及伊朗；而北非國家則有埃及、蘇丹、南蘇丹、利比亞、突尼西亞、阿爾及利亞、摩洛哥以及茅利塔尼亞。[1]中東國家又可依照不同的地理位置，再進一步劃分為兩河流域（Fertile Crescent）及阿拉伯半島（Arabian Peninsula）兩個次區域。[2]而兩河流域次區域又可再細劃分為埃及、大敘利亞（Levant）、美索不達米亞（Mesopotamia）、安納托利亞（Anatolia）南部以及伊朗西南部五個更小的區塊。

中東一詞於今日廣泛的被使用於各類學術或媒體報導中，然如同我們所處的「遠東」以及離歐洲大陸相對較近的「近東」，中東的概念也是一個以英國為中心的視角下所衍伸出之產物。最早使用中東一詞可追溯至1902年9月美國海軍上校Alfred Thayer Mahan所著的 *The Persian Gulf and International Relations*。[3]然Mahan並未明確說明其意指之中東範圍，而是在一個海軍背景的脈絡下大略說明中東包涵了地中海到印度洋間的這塊區域，是從蘇伊士運河到新加坡，以提醒美國需要關注此區域。[4]繼Mahan出版後的幾個月，*The Times* 外事處處長Valentine Chirol撰寫一系列其對所謂中東的討論，並出版為 *The Middle Eastern Question, or Some Political Problems of Indian Defence*。[5]Chirol同

---

1 Yom, S. 2020. *Government and Politics of the Middle East and North Africa: Development, Democracy, and Dictatorship*. London & New York: Routledge.

2 Volk , L. 2015. *The Middle East in the World: An Introduction*. New York: Routledge.

3 Mahan, A. T. 1902. *The Persian Gulf and international relations*. London: Robert Theobald.

4 Davison, R. 1960. "Where Is the Middle East?" *Foreign Affairs* 38(4): 665-675.

5 Koppes, C. 1976. "Captain Mahan, General Gordon, and the origins of the term 'Middle East'." *Middle Eastern Studies* 12(1): 95-98.

意Mahan對中東一詞之定義，並將先前的中東範圍擴張到印度。[6]由此可見，中東一詞是一個相對新穎且歷經不同變化的一個詞彙，以往對中東一詞的使用及定義與今日所認知的範圍也有所不同。

中東及北非（以下簡稱為中東）區域所含人口超過4億6千萬人。[7]雖此區域之總人口數相較於世界上其他區域來說不是非常的龐大，然此區域卻於國際政治上時常扮演著／或被扮演著重要的角色。中東區域之所以重要，可以從以下三方面來解釋，第一，中東地區的多元民族、語言與宗教文化背景；第二，中東區域所居之戰略地位；第三，中東區域於20世紀初期的天然資源發現與探勘。在此廣大的區域下，中東富有多元的民族、語言及宗教文化。民族上來說，該區域最大宗的民族為阿拉伯、波斯以及土耳其，另外該區域亦包含其他少數民族諸如庫德、猶太、亞美尼亞、切爾克斯等。而在語言的使用上，該區域除土耳其、伊朗以及以色列不使用阿拉伯語外（分別使用土耳其語、波斯語以及希伯來語），其他國家的官方語言皆為阿拉伯語（或部分國家有列入其他特殊當地語言和阿語並列為官方語言）。在宗教方面，此區域為世界上三大一神教信仰的發源地，對猶太教、基督宗教及伊斯蘭教三大信仰者來說，此區域在信仰上無非是異常重要，更遑論區域中所包含的麥加、麥地那以及耶路撒冷三大宗教聖城。而從中東區域之地理位置來看，因其幅員橫跨歐亞非三洲，而又有地中海、黑海、裏海、波斯灣及紅海之環繞，故被稱為「三洲五海」之地。[8]因此地理位置之重要性，使得中東區域一直是東西方交會下首當其衝的必經之地。於絲路時期中東扮演橫跨歐亞間必經之橋梁，作為東西方商旅、貨品的轉運地；[9]在西方殖民主義擴張階段，歐洲國家為能更加確實的掌控航道，分別於中東不同區塊建立殖民地；[10]而在兩次世界大戰到冷戰期間，

---

6 Davison, op. cit.

7 World Bank. 2020. "Population, total - Middle East & North Africa." in https://data.worldbank.org/indicator/SP.POP.TOTL?locations=ZQ. Latest update 19 June 2022.

8 哈全安，2010，《中東史610-2000》，天津：天津人民出版社。

9 Frankopan, P. 2017. *The Silk Roads: A new history of the world*. New York: Vintage.

10 Choueiri, Y. 2002. "The Middle East: colonialism, Islam and the nation state." *Journal of Contemporary History* 37(4): 649-663.

中東亦被世界兩大敵對勢力作為權力競逐的戰場或盟友拉攏之處。[11] 最後，該區域的石油及天然氣儲量於2021年分別佔據目前世界上已發現之48.3%及40.3%。[12] 由於該區域石油及天然氣資源的發掘，及迄今人類未能找到完善的替代能源，此區域之資源重要性可說是短時間內無可取代。從中東區域於國際政治中所扮演的重要性可發現的是，在世界上無論是哪一個強權（或想要成為強權的）國家，都不得不參與這塊區域的瓜分、拉攏或競逐。

本章欲探討中東區域主義之發展。即便部分學者強調區域主義或區域化是可以使區域內之國家更有效的發展甚或更加強大；然就回顧中東區域近百年多之歷史來看，除於鄂圖曼帝國時期（1299-1923）統治下的中東區域外，自鄂圖曼帝國解體後，區域主義一詞對該區域來說是相對陌生或未能有效實現的。在短述中東一詞之發展、該區域之基本概況及重要性後，本章將進一步分別討論此區域之歷史背景、區域化與區域整合進程及區域間之重要議題。為能更明確的探討中東區域主義之發展，在區域間之重要議題將針對恐怖主義及難民兩個跨國、跨區域之議題進行討論，以協助梳理該區域之區域主義發展。

貳、歷史背景：鄂圖曼帝國、殖民主義與當代中東國家的形成

中東國家在當代歷史的發展上有三個特點，分別可從其國家的形成、區域內部及國際層面三方面觀之。第一，從國家形成來看，中東國家多被視為是國際體系中較晚形成國家的晚到者（latecomers）。[13] 因為國家的形成時間相較於歐美大國來得晚，故在國際社會中之競逐上多處於相對弱勢的一方。第二，就區域層面而言，中東區域在1922年前多在單一鄂圖曼帝國的統治之下，除當今之伊朗、阿拉伯半島東半部區塊及阿爾及利亞以西外。而在1922年鄂圖曼帝國

11 Cleveland, W. L. & Bunton, M. 2016. *A history of the modern Middle East*. New York: Routledge.

12 BP. 2021. "Statistical Review of World Energy 2021 | 70th edition." in https://www.bp.com/content/dam/bp/business-sites/en/global/corporate/pdfs/energy-economics/statistical-review/bp-stats-review-2021-full-report.pdf. Latest update 21 June 2022.

13 Lustick, I. 1997. "The Absence of Middle Eastern Great Powers: Political 'Backwardness' in Historical Perspective." *International Organization* 51(4): 653-683.

解體後，方進而獨立出為數近20多個不同的國家。第三，從國際層面來說，中東區域之發展深受西方列強殖民或西方大國作為而影響，也就是在此殖民或強權勢力的外部影響下，其政治活動的發展多不是可以自主決定內部事務。此三層面之歷史因素與中東區域主義發展有深刻關係，所展現出的是中東區域主義在單一伊斯蘭帝國領導下，進而轉為以阿拉伯民族主義為主又晚形成的國家。現今雖有阿拉伯聯盟以及海灣合作理事會兩個區域間的組織仍在運作，但可以說中東區域目前幾乎沒有一個有效率且能涵括整個區域的區域主義；另外，區域內國家在許多國家行為上仍受國際強權影響。

一、鄂圖曼帝國的中東—相對高漲的中東區域主義

鄂圖曼帝國統治中東區域六百多年（1299-1922），除今日的伊朗、阿拉伯半島東半部區塊及阿爾及利亞以西外，幾乎所有自20世紀後獨立之中東國家皆在帝國的領轄下。而鄂圖曼帝國是一個土耳其人所創立、領導的帝國，然因其轄下橫跨大片土地，故其內部存有許多不同民族。在此長時間單一帝國的領導下，該時期之區域主義可說是相對高於今日。鑒於鄂圖曼帝國所轄領土之大，內部多元民族共生，然在宗教上以穆斯林為主要組成人口，該帝國所奉行之圭臬為以伊斯蘭作為一個官方宗教以統治廣袤帝國。[14]同時，為能有效統治其境內的少數宗教族群，帝國採行米列特（Millet）制度，因此帝國內部大致上來說並未有因不同人種或宗教因素所產生之不利帝國運行的情形。[15]然因帝國晚期國勢衰弱，加上西方國家對該區域之覬覦，鄂圖曼帝國於1839至1876年間開始施行一連串的Tanzimat運動，試圖以在軍事和行政上的西化改革方式，增進帝國內部的實力。[16]在改革的失敗下，為能撫平其帝國內部分土耳其民族領導人之不滿，改而以泛土耳其主義（Pan-Turkism）作為號召。然此一從大方

---

14 Howard, D. A. 2017. *A history of the Ottoman Empire*. Cambridge: Cambridge University Press.

15 米列特制度對於人民之管理不以民族為劃分基礎，而是以宗教作為劃分管理人民之手段，尊重並容許不同米列特內部之百姓依照其所屬之宗教模式生活及遵循個別宗教法規。詳見Barkey, K. & Gavrillis, G. 2016. "The Ottoman Millet System: Non-Territorial Autonomy and its Contemporary Legacy." *Ethnopolitics* 15(1): 24-42.

16 Kawtharani, W. 2018. "The Ottoman Tanzimat and the Constitution." *AlMuntaqa* 1(1): 51-65.

向的伊斯蘭作為號召，進而轉為以土耳其民族做為帝國領導旗幟的舉動，使得帝國內部面臨更多不同的反帝國主義活動出現。[17]在此情形下，鄂圖曼帝國領導人試圖再回歸於以伊斯蘭標誌來團結帝國內部之分歧，因而採行泛伊斯蘭主義。但因帝國內部不同族群之不滿，加上外部勢力漸強之手段，鄂圖曼帝國仍無法挽回幾近瓦解之頹勢。從鄂圖曼帝國統治下的中東可見的是，此時期多數中東區域是在帝國以伊斯蘭作為官方宗教的大前提下，凝聚了內部不同族群之相異性。

二、殖民主義的中東—瓜分下的四分五裂

　　中東區域自19世紀中期開始面對歐洲殖民主義入侵，最早可追溯至1830年法國征服阿爾及利亞為開端。[18]在西方殖民主義勢力的擴張下，除今日的土耳其、伊朗及沙烏地阿拉伯外，其他地區無一倖免於外來勢力的直接控制。[19]在殖民期間西方國家有以下幾種名義管控各區域，分別是託管（mandate）、保護國（protectorate）或共管國（condominium）以及殖民地（colony）。[20]託管和保護國或共管國在原則上和直接入侵佔領的殖民地有些許不同。在託管的部分，西方國家需要對國際聯盟負責並每年回報其於託管地在制度上的進展，以利託管地日後的獨立。[21]而在保護國或共管國方面，前者則是需要獲得當地人的同意下方能施行保護，而後者則是當有兩個或兩個以上的國家對於某領土同時有爭議時而施行。[22]

---

17 Landau, J. M. 1995. *Pan-Turkism: from irredentism to cooperation*. London: Hurst & Company.

18 Sluglett, P. 2005. "Colonialism, the Ottomans, the Qajars, and the Struggle for Independence The Arab World, Turkey, and Iran." In *A Companion to the History of the Middle East*, ed. Youssef M. Choueiri. Oxford: Blackwell Publishing, 248-265.

19 Ibid.

20 Rogan, E. L. 2019. "The emergence of the Middle East into the modern state system." In International Relations of the Middle East, ed. Louise Fawcett. Oxford: Oxford University Press, 51.

21 Hébié, M. & da Cruz, P. B. M. 2019. "The Legacy of the Mandates System of the League of Nations." In *Peace Through Law: The Versailles Peace Treaty and Dispute Settlement After World War I*, eds. Dres. h.c. Burkhard Hess & Hélène Ruiz Fabri. Baden-Baden: Nomos, 99-122.

22 Harris, N. 1913. "New Moroccan protectorate." *American Journal of International Law* 7(2): 245-267; Samuels, J. H. 2008. "Condominium arrangements in international practice: reviving an abandoned concept of boundary dispute resolution." *Michigan Journal of International Law* 29(4): 727-776.

　　即便在名稱上不同，這些殖民者對殖民地的管理方式可歸納為以下三項：在管理上，培育當地少數的效忠者；在經濟上，以最少的資源獲得最大的利益；在政治上，多是採一分而治之（divide and rule）的方式進行管理。為能適當撫平當地人之反抗情緒，故殖民者除母國所派遣之官員外，亦會培育當地願意協助殖民政策之人士，協助宣傳並實踐殖民政策。諸如於英國1921年分別任命出生於阿拉伯半島的費瑟（Faisal）為伊拉克王國的國王以及指派阿布杜拉（Abdullah）為外約旦酋長國（今天的約旦）的國王，而法國於1922指派土耳其出生的Subhi Barakat為敘利亞聯邦的總統。[23]另外，殖民母國會以最少的支出來達到最大的利益化，諸如藉由培訓部分在地人口擁有特殊的專業或建設部份基礎設施，以減少派遣母國人士至當地的支出，並能提高當地經濟資源的產量以運送回母國。[24]最後，為能避免當地人集結對抗殖民者，分化或賦予當地部份少數族群政治實力是常見的殖民手段。如同今日所見之伊拉克，實為在鄂圖曼帝國統治下三個不同省份所組成，包含北部的摩蘇爾（Mosul）主要是由庫德族的遜尼派所組成，中部的巴格達（Baghdad）則是由阿拉伯的遜尼派為主，而南方的巴斯拉（Basra）則為阿拉伯的什葉派為多數。三省份之百姓於幾百年來為相同等級之行政省分，然在英國的操縱下突然合為一個國家，這也使得英國在殖民上更有效率利用三省間人民的互鬥，削弱當地的反抗勢力。而在敘利亞方面，法國將西北部的阿拉維派以及西南部的德魯茲派相繼提升至等同於大馬士革和阿勒坡的兩個行政省份。前兩者在鄂圖曼時期皆為極少數的宗派，然法國賦予兩者和大馬士革及阿勒坡相等權力的原因，便是試圖拉攏少數及分化多數的一個手段。即便西方殖民國家於中東區域直接殖民時間長達一百多年，然在一戰後威爾斯總統所提的民族自決及兩次世界大戰的耗損下，殖民母國面對的是國內民生之不滿及中東當地四起的反殖民浪潮。

23 Bromley, S. "The State-system in the Middle East: Origins, Development, and Prospects." In *A Companion to the History of the Middle East*, ed. Youssef M. Choueiri. Oxford: Blackwell Publishing, 504-532; Khoury, P. S. 1987. *Syria and the French Mandate: the Politics of Arab Nationalism, 1920-1945*. Princeton: Princeton University Press.

24 Hartnett, A. S. "Colonial legacies of uneven state development in MENA." Social Policy in the Middle East and North Africa, *POMEPS Studies* 31, 7-10; Macqueen, B. 2013. An Introduction to Middle East Politics. London: SAGE Publishing.

三、中東國家的建立—阿拉伯民族主義的起落

在國際的反殖民浪潮及西方殖民國家面對戰爭後所需撫平內部政治穩定的情況下，中東國家自20世紀初期紛紛開始獨立成為國際體系中的相對晚到者。在獨立過程中可以發現的是，與前節中所述被殖民與未被殖民前提下，衍伸出了兩類國家在獨立後享有不同程度之政治自主性。對先前被殖民再獨立的中東國家來說，其新政府之政治決策仍未能擺脫其與殖民母國之關係；而未被殖民但在20世紀獨立的土耳其、沙烏地及伊朗，相對的在決定其國家本身之政治上有較大的話語權。此外，從《賽克斯皮科協定》（Sykes–Picot Agreement）及《貝爾福宣言》（Balfour Declaration）兩項西方強權（不包含美國）所制定協議的出現，可見當代中東國家的邊界形成或國家建立上－特別是在敘利亞、黎巴嫩、伊拉克、巴勒斯坦以及以色列，是完全受制於西方強權本身之利益而劃分。即便當地中東新政權或人民歷經了所謂的獨立建國，然在獨立初期在政治上是薄弱的，在經濟上也非強健，在社會上亦有對新領導人不同的聲音。阿拉伯國家的新領導人為能強化人民對其之支持，先是於1945年成立了的一個區域內的阿拉伯國家聯盟組織——阿拉伯聯盟（League of Arab States，或稱 Arab League），試圖轉而以阿拉伯民族主義填補在鄂圖曼帝國以伊斯蘭為號召之消逝下的區域權力真空。特別是在1948年以色列獨立戰爭後，這樣的阿拉伯民族主義不僅可做為是團結區域內的阿拉伯民族，以抗衡以色列及其背後西方勢力的一種有效口號，更能平反國內對新領導人不滿之情緒進一步鞏固內部政權。然在日後阿拉伯國家歷經1956年蘇伊士運河戰爭、1967年六日戰爭、1973十月戰爭以及1978年埃及和以色列簽訂的大衛協定，種種對抗以色列的衝突皆以失敗收場後，阿拉伯民族主義之號召力漸日落西山，甚至有學者認為阿拉伯民民族主義之影響已逐漸消逝。[25]

就當代中東之歷史回顧來看，中東區域主義分別歷經了以下幾個階段：（1）在鄂圖曼帝國統治下的以宗教伊斯蘭作為最大公約數集結老百姓的一個號召，而非以民族作為號召；（2）到後來面對殖民主義入侵四分五裂下的脆弱反

---

25 Ajami, F. 1978. "The End of Pan-Arabism." *Foreign Affairs* 57(2): 355-373.

殖民活動，以及不健全的地方政治制度的立基；再進入到（3）身為晚到者獨立建國後一度崛起的阿拉伯民族主義，而在三次阿以衝突皆失敗且埃及與以色列簽訂和平協議所導致的阿拉伯民族主義的式微。由以上觀之，當代中東區域的形成脈絡，無論是於單一帝國時期或是至殖民到獨立建國時期，皆受到西方強權對該區域的直接或間接影響而發展。這也不難理解為何今日的中東區域會充斥著許多衝突與戰爭，亦可解釋為何中東國家在建國時期沒有一個良好的政治體制以接軌國際體系，而又為何至今中東區域主義之建立幾乎是希望渺茫。

參、區域化與區域整合進程

　　中東區域自鄂圖曼帝國解體後，在區域化及區域主義相較於其他地方來的不顯著，然這不代表該區域未有區域整合之活動或組織。以中東既有及曾經成立過之區域組織來看，該區域之區域整合相關組織可概分為兩類，分別是區域內的整合以及跨區域的國際整合。在區域內的整合部分，可以看到有1945年二戰結束後所形成的阿拉伯聯盟（Arab League）以及1981年所成立的海灣合作理事會（Gulf Cooperation Council, GCC）；而在跨區域的國際整合方面，有1955年的《巴格達公約》（Baghdad Pact）以及1960年成立的石油輸出國組織（Organization of the Petroleum Exporting Countries, OPEC）兩個跨國組織。從分析這四個組織可以發現的是，中東區域整合主要是在一個安全導向的驅使下所形成之產物，而政治和經濟因素則為該區域國家投入區域化或區域整合的次要因素。

一、阿拉伯聯盟

　　對阿拉伯民族主義者來說，成立一個阿拉伯聯盟或聯邦的想法是一直存在的，然在鄂圖曼帝國結束統治後，所面臨的卻是西方帝國主義以及其他成員對該地區的控制。[26]在二戰後西方勢力的短暫衰落、民族自決風潮的傳遞以及部

---

26 Khadduri, M. 1946. "Towards an Arab union: the League of Arab States." *The American Political Science Review* 40(1): 90-100.

分阿拉伯國家新興獨立的背景下，這提供了阿拉伯國家建立一個區域內組織的可能性。阿拉伯聯盟（以下稱為阿盟）一開始是由七個阿拉伯國家（埃及、敘利亞、黎巴嫩、伊拉克、約旦、沙烏地阿拉伯以及葉門）於1945年埃及開羅成立，而後又有其他十五個阿拉伯國家加入，目標是要發展阿拉伯國家的經濟並解決其間之紛爭。[27]另外，Barnett指出其組織的一個重要原則就是不干涉他國內政。[28]不同於其他區域組織來說，它的建立並非是以地理位置來做為區分，而是以共同的民族作為單位而建立的一個組織；[29]也因此，該組織的成員國涵括所有除土耳其、伊朗以及以色列外的中東阿拉伯國家。在建立的前幾年，該組織就被視為沒有足夠資源或力量去達成其任務，[30]抑或後來被稱為的「沒有牙齒的老虎」或「紙老虎」，後在經濟整合上也被評為沒有效率的。[31]即便阿盟在成立後的幾十年無特別建樹的持續運作，然在2010年底阿拉伯之春爆發後，該組織似乎重新復甦意圖有所實踐其一開始為排解區域內衝突的目標。在面對其成員國政府對人民的暴力舉動下，阿盟決定分別對利比亞及敘利亞兩國進行制裁，並暫停敘利亞於阿盟的會員資格（距阿盟上一次暫停其會員國資格是在1979年埃及和以色列簽訂和平協議）。[32]此外，阿盟於2011年支持聯合國於利比亞建立禁航區、要求敘利亞總統阿賽德下臺、支持對話以解決葉門的政治危機一連串行動。[33]特別是在2015年後，阿盟成立一支四萬人的聯合部隊，

27 League of Arab States. 2022. "The Charter of the League of Arab States." in www.lasportal.org/ar/aboutlas/Pages/Charter.aspx. Last update 19 June 2022.

28 Barnett, M. N. 1995. "Sovereignty, nationalism, and regional order in the Arab states system." *International Organization* 49(3): 479-510.

29 Toffolo, C. 2008. *Global Organizations: The Arab League*. New York: Chelsea House, 7.

30 Seabury, P. 1949. "The League of Arab States: Debacle of a Regional Arrangement." *International Organization* 3(4): 633-642.

31 Amin, R. M., Z. Hamid & N. M. Saad. 2005. "Economic integration among the members of the League of Arab States: an empirical evidence." *Journal of Economic Cooperation* 26(3): 77-102; Beck, M. (2015) "The End of Regional Middle Eastern Exceptionalism? The Arab League and the Gulf Cooperation Council after the Arab Uprisings." *Democracy and Security* 11(2): 190-207; Toffolo, op. cit.

32 Hellquist, E. 2014. *Regional organizations and sanctions against members: explaining the different trajectories of the African Union, the League of Arab States, and the Association of Southeast Asian Nations*. KFG Working Paper Series, 59. Berlin: Freie Universitat Berlin.

33 Fawcett, L 2019. "Regionalism and alliances in the Middle East." In *International Relations of the Middle East*, ed. Louise Fawcett. Oxford: Oxford University Press, 218-219.

試圖為區域內的衝突以及抗衡伊朗的發展作準備。[34]即便阿盟在阿拉伯之春爆發後看似更加積極處理其成員國間之衝突或欲維護成員國內部之穩定，然這些不同的舉動似乎未能對區域間不平靜地事實造成任何改變，這也意謂著阿盟並未在其本質上有太多的變革，仍然無法達成實質的區域整合之目的。

二、海灣合作理事會

　　除阿盟這個幾乎包含所有中東國家的區域內組織外，海灣合作理事會（以下簡稱海合會）是另一個包含六個中東國家會員國的區域內組織。其組織會員除了與阿盟相同都是以阿拉伯國家為組成外，其不同於阿盟的地方在於會員國相近的地理位置及國家政體。海合會於1981年成立，其所包含的會員國有沙烏地阿拉伯、科威特、阿拉伯聯合大公國、卡達、阿曼以及巴林。會員國除都來自波斯灣（Gulf）區域外，在政體上全部都是王室政權。海合會的成立背景是在一個海灣區域失去既有權力平衡下的產物。回顧海灣地區自二戰後到1979年的發展來看，當地兩大強權沙烏地和伊朗多處於一個和平共生或些微競爭下的情勢，並皆與美國維持良好關係。特別是在冷戰時期1968年英國宣布決定撤出其於海灣所部署之軍隊後，美國擔心該區域的權力真空會給予蘇聯入侵的機會，故提出了所謂的「雙柱政策」（twin-pillar policy），試圖以扶植伊朗和沙烏地為該區域的兩大平衡強權，以鞏固西方勢力於該區域的權力。[35]即便雙柱政策似乎為美國在海灣之利益及該區域的平穩提供了短暫幾年的安穩，然1979年伊朗的伊斯蘭革命打破了美國為該區域所設下的平衡狀況，也就是一個先前親美並受美國援助的伊朗政權轉而成為反西方帶有所謂宗教色彩的伊斯蘭共和國政權。未預料到的轉變不僅使美國對該區域之權力轉換措手不及，首當其衝的乃其他坐落於海灣的阿拉伯國家，由原先的沙烏地－伊朗競合關係，變成了雙邊的直接競爭狀態；加上1980年開始的兩伊戰爭，使得海灣國家如坐針氈，擔

---

34 Mohamedou, M. O. (2016) "Arab agency and the UN project: the League of Arab States between universality and regionalism." *Third World Quarterly* 37(7): 1219-1233.

35 Sick, G. 2018. "The United States in the Persian Gulf: from twin pillars to dual containment." In *The Middle East and the United States: history, politics, and ideologies*, eds. David W. Lesch & Mark L. Haas. New York & London: Routledge, 237-252.

心自身國土安全或政權穩定性受到影響。[36]在這樣的一個政權安全因素考量下 -特別是來自伊朗的威脅，中東區域比鄰的六個阿拉伯王室政權集結成立了海合會，以面對區域內不確定的潛在安全危機。鑒於安全的威脅，加上海灣六國對其本身依賴外部國家的軍事支持，於1984年決議成立半島盾牌部隊（Peninsula Shield Force），以維護其成員國之安全。[37]然此部隊受限於結構性的差異、不同的威脅認知、內部限制及對外依賴的情形下，使得該部隊並未達到其建置之目的。[38]該部隊最為詬病之處在於，當成員國科威特於1990年面對伊拉克的入侵時，海合會並未被派遣出兵協防成員國。[39]但在2011年阿拉伯之春的擴散下，成員國巴林王室政權面臨危機，這也是唯一一次派遣該部隊進行實際武裝的行動（針對巴林境內反抗者）。[40]然這不代表六個成員國間的關係是一直維持和平的交往。在沙烏地為首的帶領下，於2017年包含阿拉伯聯合大公國、巴林及埃及決定對卡達進行圍堵並撤回大使，主要原因乃是出於前者對卡達支持所謂的伊斯蘭主義者、卡達半島電臺對其他國家事務的報導、以及卡達對伊朗的政策的不滿；[41]而這場圍堵歷經四年於2021年結束。[42]

三、《巴格達公約》

在冷戰背景下的東西對抗中，因為中東國家地理位置的戰略性，使得中東區域國家即便非主動參與此兩極間的對抗，然也不可避免地被拉攏進入此競爭

36 Kechichian, J. 1985. "The Gulf Cooperation Council: Search for Security." *Third World Quarterly* 7(4): 853-881.

37 Boussois, S. 2019. "Iran and Qatar: A Forced Rapprochement." In *Divided Gulf: The Anatomy of a Crisis*, ed. Andreas Krieg. Singapore: Palgrave Macmillan, 220.

38 Guzansky, Y. 2014. "Defence Cooperation in the Arabian Gulf: The Peninsula Shield Force Put to the Test." *Middle Eastern Studies* 50(4): 651-652.

39 Reder, J. 2017. "The Peninsula Shield Force: The Gulf Cooperation Council's Vestigial Organ." in https://intpolicydigest.org/peninsula-shield-force-gulf-cooperation-council-s-vestigial-organ/. Latest update 19 June 2020.

40 Farouk, Y. 2019. *The Middle East Strategic Alliance*. Carnegie Middle East Center: 4.

41 MacDonald, A. 2021. "Qatar blockade: What caused it and why is it coming to an end?" in https://www.middleeasteye.net/news/qatar-blockade-saudi-arabia-lift-cause-end. Latest update 19 June 2022.

42 Ulrichsen, K. C. 2021. "Analysis: Has the Gulf reconciled after the Qatar blockade?" in https://www.aljazeera.com/features/2021/6/5/has-the-gulf-reconciled-after-the-end-of-the-qatar-blockade. Latest update19 June 2022.

中。巴格達公約的形成也就是在美蘇對抗及中東戰略位置的脈絡下而形成。蘇聯自二戰後開始擴張其勢力至中東國家，像是要求土耳其部分領土及駐紮權，或是鼓勵伊朗境內的分離主義。[43]而美國所做出的回應則是自1950年代初起試圖於中東區域建立一個北層（Northern Tier）以圍堵蘇聯共產勢力進入該區。[44]美國國務院認知到中東缺乏一個區域性的防禦組織，故其認為找尋那些認知蘇聯是一個威脅且又親西方的國家，像是土耳其、伊拉克、伊朗以及巴基斯坦組成一個抗衡蘇聯的組織是最為適當的。[45]該公約之出現，是在土耳其與伊拉克簽訂協議，被稱之為《巴格達公約》後，相繼由英國、巴基斯坦及伊朗加入而形成。[46]公約的目的不僅是一個諮詢性的組織，而是在中東建立一個防衛性的合作。[47]然巴格達公約不僅未能得到其所有成員國的支持，更被視為是激起了非成員國對成員國的敵對態度。[48]比如說埃及納瑟總統與伊拉克總理Nuri間的競爭，兩者皆為阿拉伯民族主義支持者，然在親西方路線上的差異及兩者於區域內權力上的競逐，使得前者對後者產生了不滿，並進而多次對伊拉克加入西方促成下的公約大肆抨擊。[49]而伊拉克在1958年歷經革命後，原先親西方的政權下臺，而改由Abdel Karim Qasim民族主義派領導。在此情況下，伊拉克內的民族主義者結合了內部的共產主義者聯合決議於1959年退出了西方領導下的巴格達公約。[50]在伊拉克退出後，該組織宣布將組織名稱更改為中部公約組織（Central Treaty Organization, CENTO），而其其他成員組成不變，美國雖不是成員國但仍像先前一樣參與並提供支援。[51]但該組織在1979年伊斯蘭革命後伊朗

43 Yesilbursa, B. K. 2005. *The Baghdad Pact: Anglo-American defence policies in the Middle East, 1950-1959.* London and New York: Frank Cass.

44 U.S. Department of State. 2022. "The Baghdad Pact (1955) and the Central Treaty Organization (CENTO)." in https://2001-2009.state.gov/r/pa/ho/time/lw/98683.htm. Latest update 19 June 2022.

45 Yesilbursa, op. cit., 24.

46 Ibid.

47 Jasse, R. L. 1991. "The Baghdad Pact: Cold War or Colonialism?" *Middle Eastern Studies* 27(1): 140-156.

48 Fawcett, op, cit., 211.

49 Podeh, E. 1995. *The quest for hegemony in the Arab world: the struggle over the Baghdad Pact.* Leiden: Brill.

50 Stork, J. 1991. "The Soviet Union the Great Powers and Iraq." In *The Iraqi Revolution of 1958*, eds. Robert A. Fernea and Wm. Roger Louis. London & New York: I.B. Tauris.

51 Ye ilbursa, B. K. 2020. "CENTO: the forgotten alliance in the Middle East (1959-1979)." *Middle Eastern Studies* 56(6): 854-877.

及巴基斯坦相繼宣布退出後而解體。綜觀不同學者對巴格達公約及其後的中部
公約組織兩組織的評價來看，多數是認為該兩組織皆未能有效的提供所謂的軍
事上的防禦能力，而是以失敗收場的。[52] 但值得注意的是，中部公約組織因為
其存在的時間較長，即便在軍事上是失敗的，但在經濟、文化及科技合作上則
是成功的。[53]

四、石油輸出國組織

　　石油輸出國組織於1960年由伊朗、伊拉克、沙烏地阿拉伯、科威特及委
內瑞拉成立；在成立後又有卡達、印尼、阿爾及利亞、利比亞、阿聯酋、奈
及利亞、厄瓜多、加彭、安哥拉、赤道幾內亞以及剛果的加入，而厄瓜多、
印尼、加彭和卡達分別於不同時間先後終止其會員國身分。[54] 就其創始會員國
的組成來看，中東國家佔了五分之四，而在今日的十三個國家中，中東國家佔
了半數以上，可見中東國家於此組織內之重要性。在1950年代期間，七姐妹
（Standard Oil of New Jersey、Texaco、Standard Oil of California、Mobil Oil、
Gulf Oil、Royal Dutch/Shell Group 以及 British Petroleum）及法國所屬的石油公
司決定近百分之90美國以外的非共產地區的石油生產、提煉及行銷。[55] 即便中
東產油國坐落於黑金之上，然自石油發現之初起，該區域之石油採集、買賣
等權力實掌控於國際石油公司的「七姊妹」手中。[56] 由此可知，該組織成立原
因，乃歸因於石油生產國試圖改變無法獨立、自主經營其石油產業之窘境。創
始國對於成立一個石油國際組織的目標很明確，就是希望能夠提升其石油收益
及促進工業發展，以利產油國之經濟發展。[57] 石油輸出國組織的成立在國際上

52 Jasse, op. cit.; Kent, J. 2020. "British foreign policy and military strategy: the contradictions of declining imperial power and the Baghdad Pact, 1947-55." *Middle Eastern Studies* 56(5): 730-743. Podeh, op. cit.;
53 Ye ilbursa, op. cit., 876-877.
54 OPEC. 2022. "Memebr Countries." in https://www.opec.org/opec_web/en/about_us/25.htm. Latest update 19 June 2022.
55 Seymour, I. 1980. OPEC: *instrument of change*. New York: Palgrave Macmillan.
56 Fattouh, B. & Lavan Mahadeva. 2013. "OPEC: what difference has it made?" *Annual Review of Resource Economics* 5: 427-443.
57 Atabaki, T. 2020. "Trade not aid: OPEC and its contribution towards restructuring the Iranian economy in the 1960s." In *Handbook of OPEC and the Global Energy Order*, eds Dag Harald Claes & Giuliano Garavini.

有幾個重要意義，第一，其為南方世界第一個國際組織。[58]第二，石油輸出國組織成員國之石油儲量佔世界已知石油儲量的百分之79.4，而其中東國家的成員之石油儲量又佔所有組織成員的百分之64.5。[59]由此可見，其成員國在世界石油資源的角色上扮演重要性。第三，石油輸出國組織對石油價格之決定有舉足輕重之能力。[60]然部分學者認為，這高估了石油輸出國組織對石油價格決定之能力，其實僅成員國中的沙烏地對於油價有較大的影響力。[61]但就中東區域的成員國來說，該組織之成立則被區域內其他非成員國視為是一個以石油資源結盟非阿拉伯國家的作為，而背離阿拉伯民族主義之行徑。[62]在50年代阿拉伯民族主義高漲時期，「阿拉伯石油給阿拉伯人」的這個概念盛行；而石油輸出國組織的成立也在這波阿拉伯國家間的競爭變作為另一個政治攻訐的標的。[63]在石油輸出國組織成立的前十年成員國雖未能完全達成其成立的目標，然在1973年的石油禁運後、1979年伊朗伊斯蘭革命以及1980年兩伊戰爭後，石油輸出國組織成員國對石油的掌控逐漸提升。[64]1973年的石油禁運背景是在阿拉伯和以色列的衝突背景下所形成。阿拉伯產油國於1973年阿以戰爭時宣布對親以色列之國家進行石油禁運。然石油禁運的效果並沒有想像中的顯著，一方面是因為石油禁運非石油輸出國組織所有成員國所施行，而僅有阿拉伯國家成員透過阿拉伯石油輸出國組織（Organization of Arab Petroleum Exporting

New York: Routledge, 46-56.

58 Garavini, G. 2019. *The rise and fall of OPEC in the twentieth century*. Oxford: Oxford University Press, 89.

59 OPEC. 2022. "OPEC share of world crude oil reserves, 2018." in https://www.opec.org/opec_web/en/data_graphs/330.htm. Latest update 19 June 2022.

60 Kaufmann, R. K. et al. 2004. "Does OPEC Matter? An Econometric Analysis of Oil Prices." *The Energy Journal* 25(4): 67-90.

61 Colgan, J. D. 2014. "The Emperor Has No Clothes: The Limits of OPEC in the Global Oil Market." *International Organization* 68(3): 599-632.

62 Citino, N. J. 2002. *From Arab Nationalism to OPEC: Eisenhower, King Saud, and the Making of U.S.-Saudi Relations*. Bloomington & Indianapolis: Indiana University Press.

63 Fuccaro, N. 2020. "Oilmen, Petroleum Arabism and OPEC: New political and public cultures of oil in the Arab world, 1959-1964." In *Handbook of OPEC and the Global Energy Order*, eds Dag Harald Claes & Giuliano Garavini. New York: Routledge, 15-30.

64 Nakhle, Carole & Petrini, F. 2020. "The changing relationship between OPEC countries and international oil companies: the dynamics of bargaining power in an evolving market." In *Handbook of OPEC and the Global Energy Order*, eds Dag Harald Claes & Giuliano Garavini. New York: Routledge, 155-170.

Countries, OAPEC）所採行；而另一方面，主要被禁運的國家諸如美國或荷蘭其實對中東石油之依存度不高或有其他替代油源。[65]

　　由此四個區域內及跨區域的組織可以看到的是，中東區域國家如同世界其他區域一般，會成立一些區域性組織來應對不同問題。而這些組織的成因主要也是為了維繫區域內國家之安全，舉凡區域內之衝突協調（阿盟和海灣理事合作會）、資源安全的穩定（石油輸出國組織）以及區域安全（《巴格達公約》）。除了安全因素影響外，中東區域組織之成立與發展也與西方國家之作為有關，像是巴格達公約是在冷戰兩極的對抗、石油輸出國組織則是為了與西方石油公司抗衡及阿盟多少受了民族自決風潮而啟發。然綜觀該四組織以往之活動，每個組織都歷經了區域內成員國之退出或成員國間之緊張狀態，且似乎除石油輸出國組織外，其他三個組織未能達到個組織於創立時所設定之目標。

肆、連結區域的兩個議題：恐怖主義與難民

　　中東區域國家組成多元，在區域化進程上也非如已開發國家來的成熟。即便如此，恐怖主義和難民兩項課題對該區域內所有國家來說，皆為不可避免又需謹慎面對的其中兩項議題。這兩項議題對中東區域的共通性是，（1）兩者的發展及影響都是跨越所有區域內國家的邊界，且擴及國際層面。在此情形下，此兩議題不僅對區域內國家形成不同程度之影響，也使得西方國家不得不正視中東區域之問題。（2）區域內國家可能同時是此兩議題的主要輸出者或輸入者。一方面為人所熟知的九一一雙子星大樓恐怖攻擊及當前最龐大的敘利亞難民潮，兩項事件的行為者（恐怖分子、難民）皆來自中東國家；而世界上遭受最多恐攻的區域以及接受最大量難民的區域也皆在中東。[66]更重要的是，此兩議題本質上也是相互連結，因為難民的產生常被連帶認為會提升收容國的恐攻

---

65 Garavini, op. cit., 219.

66 Tin et al. 2022. "Terrorist Attacks in the Middle East: A Counter-Terrorism Medicine Analysis. Terrorist Attacks in the Middle East: A Counter-Terrorism Medicine Analysis." *Prehospital and Disaster Medicine* 37(2): 212-216.

危機，或外溢效應使得後者內部安全問題產生威脅。[67]本節將分別針對此兩課題先做簡短介紹，再依其發展脈絡、所形成之影響及區域間國家的作為進行討論。

一、恐怖主義

　　恐怖主義一詞在學界中存有不同之定義，然目前較能被接受之廣泛定義，意指那些使造成恐懼、帶有政治目的以及暴力手段三個元素所組成之行為。[68]恐怖主義時常被與中東區域作為連結，特別是在1990年代以後，而使得該區域給人恐怖、不安或是發源地的印象。此類刻板印象可見於西方不同領導人物的話語、媒體報導或好萊塢影視產業作品。[69]也因西方國家所遭受恐怖攻擊事件主事者的宗教背景，更讓許多西方世界對恐怖主義的討論指向中東的主要宗教伊斯蘭。[70]然值得注意的是，恐攻的發生與中東多數國家維持威權體制兩者間的關聯度並不是太高。[71]除將恐怖主義之發生是因為宗教所致的論述外，阿拉伯裔的背景或人種也時常被貼上恐怖主義者的標籤。[72]然此類將恐怖主義與阿拉伯標籤化的結果，會更加深對這類被賦予刻板印象者的反感或敵視。[73]況且當代中東的第一起恐攻事件，也非阿拉伯穆斯林所發動，而是於1946年猶太人因為對英國於巴勒斯坦問題之處置不甚滿意，而在耶路撒冷的大衛王酒店

---

67 Leenders, R. 2008. "Iraqi Refugees in Syria: causing a spillover of the Iraqi conflict?" *Third World Quarterly* 29(8): 1563-1584; Salloukh, B. 2017. "The Syrian war: spillover effects on Lebanon." *Middle East Policy* 24(1): 62-78.

68 Chaliand, G. & Blin, A. eds, 2016. *The History of Terrorism From Antiquity to ISIS*. California: University of California Press.

69 Ismael, T. Y. & Rippin, A. eds. 2010. *Islam in the eyes of the West: images and realities in an age of terror*. London & New York: Routledge.

70 Harr, G. & Busuttil, J. 2005. *Bridge or Barrier: Religion, Violence and Visions for Peace*. Leiden & Boston: Brill.

71 Dalacoura, K. 2011. *Islamist Terrorism and Democracy in the Middle East*. Cambridge: Cambridge University Press.

72 D'Orazio, V. & Salehyan, I. 2018. "Who is a Terrorist? Ethnicity, Group Affiliation, and Understandings of Political Violence." *International Interactions* 44(6): 1017-1039.

73 Saleem, M. & Anderson, C. A. 2013. "Arabs as Terrorists: Effects of Stereotypes Within Violent Contexts." *Psychology of Violence* 3(1): 84-99.

（King David Hotel）所發動之爆炸案，造成幾十位無辜非武裝人士喪生。[74]因此，此類帶有成見的想法不僅未能說明恐怖主義之發展及影響，甚至會造成更多對中東區域之成見，特別是阿拉伯民族以及伊斯蘭。在中東區域來看，該區域所發生之恐攻事件佔歷史上的近四分之一。[75]這也意謂中東區域所受之恐攻不亞於世界上其他區塊，而我們也必需要對恐怖主義於中東區域之發展及影響有更深入的認識。

（一）發展脈絡：從聖戰到伊斯蘭國

「聖戰」一詞經常被解釋為中東區域相關恐怖攻擊的原因。然該詞彙的運用本身就帶有許多的問題。該辭彙從阿拉伯語直接依照發音英譯為jihad，而英文則是翻譯作holy war。然該詞彙於阿拉伯語中的意思是奮鬥，其實與戰爭、衝突並未有太直接的關係。而在宗教的解釋中，jihad又有分為大的jihad及小的jihad。前者為穆斯林在宗教事務上本身之努力與心靈層面的追求，而後者則是一種在面對外部攻擊下的防禦性作為。[76]目前多數文獻對於jihad的討論多僅重視在小的jihad，而忽略了前者更為重要的大的jihad。從阿文解釋來看，jihad一詞似乎與戰爭的關係並不是那麼密切，反倒要求的是信仰者本身對宗教在心靈實踐上之努力有更多著墨。華語世界之翻譯為直接從英文holy war一詞而來，在這樣的情況下，也會誤使讀者將伊斯蘭與戰爭直接進行了連結。然更重要的事，jihad的使用在1979年前的好幾個世紀未曾被穆斯林世界所使用，其再度浮上檯面則是出於冷戰背景下的國際強權競逐所產生。[77]在冷戰兩極的對抗下，蘇聯於1979年入侵阿富汗試圖以此進一步擴張其影響力到中東區域；同時美國甫結束越戰，加上出師不利而國內不滿聲音充斥，因此美方無法出兵阿富汗以抗衡蘇聯之侵入。在此情況下，美方中央情報局藉由對世界極端伊斯蘭

---

74 Hoffman, B. 2020. "The bombing of The King David Hotel, July 1946." *Small Wars & Insurgencies*, 31(3): 594–611.

75 Tin et al., op. cit.

76 Hillenbrand, C. 2015. *Islam: A New Historical Introduction*. London: Thames & Hudson, 127.

77 Mamdani, M. 2004. *Good muslim, bad muslim: America, the Cold War, and the roots of terror*. New York: Pantheon.

份子之招募、軍事訓練及裝備和金錢的援助，試圖以此對抗蘇聯於阿富汗之作為；[78]一個新的名詞——「全球聖戰」（global jihad）也應運而生。[79]值得一提的是，此時期參與對抗蘇聯的所謂「聖戰士」（mujahedeen）被時任美國總統雷根稱為「道德等同於（美國）開國元勳」（"the moral equivalent of the Founding fathers"）。[80]即便美國藉由全球聖戰的名義得以和蘇聯在阿富汗進行抗衡，然在阿富汗戰事結束後，這些被培植出來的激進戰士中的部分人士，於1998年組建了惡名昭彰的蓋達組織（Al-Qaeda），目標為支持世界上的穆斯林對抗穆斯林世界中的背教（apostate）政權。[81]而三年後的九一一攻擊便是由蓋達組織所發起的恐怖攻擊。然中東區域的恐怖主義並未因蘇聯入侵阿富汗的結束或日後賓拉登的消逝而終止。在九一一的十年後，伊斯蘭國（Islamic State of Syria and Iraq, ISIS）出現，而ISIS前身的ISI（Islamic State of Iraq）之領導人物，也與蓋達組織或1979阿富汗戰爭有關連，像是Abu Musab al-Zarqawi。[82]就上述恐怖主義之發展來看，1979年美蘇於阿富汗的競逐無非是激發了近代恐怖主義之起源。從美國中央情報局對極端恐怖分子之援助，到蓋達組織之產生，以及日後伊斯蘭國之興起，這三件事件實為一連續性且相關之發展。特別的是，當1979年的聖戰士在對抗蘇聯的期間，是被美國讚許成一種英勇抗爭的行為；然當所謂的英勇戰士轉而對抗美國時，則是被評價為一種恐怖主義的行徑。

（二）影響：經濟與政治

恐怖主義所造成之恐怖攻擊行為早在80年代就被視為是一個全世界的威脅。[83]其所影響之層面除對國家安全造成直接的衝擊外，對國家的經濟及政治

---

78 Ibid.

79 Robinson, G. E. 2021. *Global jihad: a brief history*. Stanford: Stanford University Press.

80 Hoodbhoy, P. 2005. "Afghanistan and the genesis of global jihad." *Peace Research* 37(1): 15-30.

81 Byman, D. 2015. *Al-Qaeda, the Islamic state, and the global jihadist movement: what everyone needs to know*. Oxford: Oxford University Press, 6-10.

82 Hassan, H. 2018. "The True Origins of ISIS A secret biography suggests that Abu Ali al-Anbari defined the group's radical approach more than any other person." in https://www.theatlantic.com/ideas/archive/2018/11/isis-origins-anbari-zarqawi/577030/. Latest update 22 June 2022; Hashim, A. 2014. "The Islamic state: from al-Qaeda affiliate to caliphate." *Middle East Policy* 21(4): 69-83.

83 Kupperman, R., van Opstal, D. & David Williamson, Jr. 1982. "Terror, the strategic tool Response and

也會有嚴重的負面影響。恐攻對經濟的影響除對受攻擊的國家在經濟成長不利外，[84]可以分別從其在石油價格、金融市場、觀光業三方面做討論。恐攻的事件若是發生於產油國，會使油價上升。[85]進一步分析恐攻如何影響油價的發現是，恐攻時間發生的地點與產油區域的距離、恐攻的規模及形式會對恐攻當天的油價有所影響。[86]在金融方面，九一一事件不僅衝擊了美國的金融市場，連帶歐洲地區也受影響；這不僅是因為實體的金融建築摧毀而無法運作，也使投資人對市場的不明確而感到信心下降。[87]然若金融市場是多元、流動且完整，則可對恐攻所造成的負面影響做出良好回應。[88]在旅遊業方面，因為恐攻的發生會形朔受攻擊國家為不安全地方的形象，這也連帶衝擊了外國觀光客赴該地區旅遊的意願。更重要的是，這樣的影響不僅是受限於被攻擊的國家，也會進而影響觀光客前往受攻擊國家周邊國家的旅遊意願。[89]即便航空業者試圖以降價方式來提升觀光客的旅遊意願，然這樣的方式在受恐攻的背景下效用似乎也不大。[90]從政治觀點來看，恐攻不僅會造成受攻擊國的內部不安定，更重要的是還會進一步提升受攻擊國政權的不穩定性。另外，在媒體的傳播下，恐攻也可能會影響到一個國家的外交政策產出。[91]如前所述，有鑒於部分恐怖組織（像是蓋達）成立的目標之一，便是要能夠推翻它所認為是腐敗、背教的中東政權；[92]在這樣的情況下，這類恐怖組織所做的宣傳或零星的攻擊事件，某種

control." *The Annals of the American Academy of Political and Social Science* 463: 24-38.

84 Bayar, Y. & Gavriletea, M. D. 2018. "Peace, terrorism and economic growth in Middle East and North African countries." *Quality & Quantity: International Journal of Methodology* 52(5): 2373-2392.

85 Orbaneja, J. S. R., Iyer, S. R., & Simkins, B. J. 2018. "Terrorism and oil markets: A cross-sectional evaluation." *Finance Research Letters* 24: 42-48.

86 Barsky, R. & Kilian, L. 2004. "Oil and the macroeconomy since the 1970s." *Journal of Economic Perspectives* 18(4): 115-134.

87 Johnston, R. B. & Nedelescu, O. M. 2006. "The impact of terrorism on financial markets." *Journal of Financial Crime* 13(1): 7-25.

88 Ibid.

89 Bassil, C. 2014. "The Effect of Terrorism on Tourism Demand in the Middle East." Peace Economics, *Peace Science, and Public Policy* 20(4): 1-16.

90 Corbet, et al. 2019. "The impact of terrorism on European tourism." *Annals of Tourism Research* 75: 1-17.

91 Gadarian, S. K. 2010. "The Politics of Threat: How Terrorism News Shapes Foreign Policy Attitudes." *Journal of Politics* 72(2): 469-483.

92 Byman, D. & Williams, J. R. 2015. "ISIS vs. Al Qaeda: Jihadism's global civil war." in https://www.brookings.edu/articles/isis-vs-al-qaeda-jihadisms-global-civil-war/. Latest update 20 June 2022.

程度上可能會影響當地民眾對其政權的信任度。另外，中東部分政權也因恐攻事件而面臨挑戰。舉例而言，自1970到2019年間，中東前五個累計最多恐攻次數國家的排序分別為伊拉克23,426起、葉門3,929起、土耳其3,428起、埃及2,114起，以及敘利亞2,006起。[93]而上述五個國家在面臨2010年底開始的阿拉伯之春人民起義時，也分別遇到不同事件對國家政權的直接挑戰，包含政權更換（伊拉克、葉門、埃及）、軍政變（土耳其）以及長期內戰（敘利亞）。由此可見，恐怖主義於中東區域之散播，對當地政權的生存是有直接的影響的。

（三）區域間作為

有鑑於恐攻對中東區域國家的影響甚鉅，區域內國家嘗試以不同的方式來應對並降低攻擊事件。在這些不同的反恐政策中，又可分為單一國家內的及區域內國家間的反恐政策。中東區域國家雖有其共通性，然各國內部因本身之國情情況不同，其內部恐攻之起源有時也不甚相同。故在面對恐攻問題上所需面對的對象也存有各自的獨特性。舉例而言，以土耳其來說，該國自建國以來所面對的恐攻大致上有三類，分別是左派共產主義、宗教基本教義派者以及庫德族工人黨；而從當前狀況來看，前兩者已不再是土國主要的恐攻威脅來源。[94]土耳其政府所採取的應對境內庫德族工人黨的措施除增加防禦性花費外，也提升境內庫德族族群的權力，試圖以此降低雙方間的衝突性。[95]對沙烏地來說，其反恐政策的開端則是因2001年九一一後在國際壓力下而開始；而其境內和恐攻相關的來源則是蓋達組織或自阿拉伯之春後胡希組織中的激進分子為主。[96]沙烏地政府的應對措施則是以懷柔及武裝手段以打擊其境內恐怖分子；然此政

---

93 Tin et al., op. cit., 213.

94 Sözen, A. 2006. "Terrorism and politics of anti-terrorism in Turkey." In *National counter terrorism strategies: Legal, institutional, and public policy dimensions in the US, UK, France, Turkey and Russia*, eds R. W. Orttung & A. Makarychev. Amsterdam: IOS Press, 131-144.

95 Feridun, M. & Shahbaz, M. 2010. "Fighting terrorism: are military measures effective? Empirical evidence from Turkey." *Defence and Peace Economics* 21(2): 193-205.

96 Aljazeera. 2022. "Saudi Aramco's Jeddah oil depot hit by Houthi attack." in https://www.aljazeera.com/news/2022/3/25/saudi-aramco-jeddah-storage-facility-hit-by-attack. Latest update 20 June 2022; Gendron, A. 2010. "Confronting Terrorism in Saudi Arabia." *International Journal of Intelligence and CounterIntelligence* 23(3): 487-508.

策的效度似乎仍有不足。[97]而伊拉克的恐攻則是緣起於2003年美國入侵後對新
政權的不滿以及之後政權的政治不穩定性而成，繼於2014年形成所謂的伊斯
蘭國。[98]此外，恐怖主義有時會被區域內國家作為箝制對手國家的一個談判籌
碼。如土耳其及敘利亞持續了四十多年的水資源衝突，後又有敘利亞政府收容
庫德族工人黨領導人Abdullah Ocalan於敘利亞做為政治籌碼與土耳其談判，再
到1998年敘利亞政府驅逐Abdullah以利和土耳其進行水資源的妥協一事。[99]

　　除區域內各國單獨的對抗恐怖主義外，在區域上也可見到1998年由阿
盟成員國所通過的《阿拉伯抑止恐怖主義公約》（Arab Convention for the
Suppression of Terrorism）。該公約中明訂其簽約國在安全及司法兩方面進行合
作，以抑制恐怖主義於該區域成員國內之發展，諸如引渡、資訊交換等。[100]該
公約之簽訂早於2001年九一一後的國際反恐行動，這也被視為阿拉伯國家在施
行反恐法規的原因並不一定是受國際間的擴散（diffusion）而開始，反而是區
域或國家內部之安全因素使然。[101]因此，就該公約之法律面向來看，主要仍是
以為應對區域內之恐怖活動而非依照國際法所制定。[102]另外，對海合會的成員
國來說，該組織成員國對於應對恐怖主義之立法目標多是站在回應那些對其政
權之政治和大眾合法性（political and popular legitimacy）有威脅的情事。[103]因
此，該組織成員國在面對共同恐怖主義相關議題之威脅上，更可能會是出於自
身國家利益之考量，而未能作出一致之決定。[104]更有甚者，恐怖主義之議題還
可能衍伸為成員國間政治角力之工具，進而分裂區域組織內部成員國間之關

97 Gendron, op. cit.

98 Nance, M. W. 2015. *The Terrorists of Iraq: Inside the Strategy and Tactics of the Iraq Insurgency 2003-2014.*
New York: CRC Press; Patel, D. S. 2015. "ISIS in Iraq: What We Get Wrong and Why 2015 Is Not 2007
Redux." *Middle East Brief* 87.

99 Daoudy, M. 2008. "Hydro-hegemony and international water law: laying claims to water rights." *Water
Policy* 10(2): 89-102.

100 UNODC. 2000. "The Arab Convention For The Suppression Of Terrorism." in https://www.unodc.org/
images/tldb-f/conv_arab_terrorism.en.pdf. Latest update 20 June 2022.

101 Josua, M. 2021. "What Drives Diffusion? Anti-Terrorism Legislation in the Arab Middle East and North
Africa." *Journal of Global Security Studies* 6(3).

102 Ibid.

103 Ulrichsen, K. C. 2009. "Internal and external security in the Arab Gulf states." *Middle East Policy* 16(2).

104 Miller, R. 2022. "The Gulf Cooperation Council and counter-terror cooperation in the post-9/11: a regional
organization in comparative perspective." *Middle Eastern Studies* 58(3).

係。像是近期導致卡達外交危機事件的原因之一，便是成員國中的沙烏地、巴林和阿拉伯聯合大公國控訴卡達對恐怖主義支持。[105]最後，中東區域的反恐政策，時常被批評為是違反人權精神的。[106]在某種程度上來說，中東國家的反恐法規在某些時候確實是被當地政府作為迫害人權的一個手段。已有許多研究和報告指出，因為部分國家所施行的反恐相關法規，使其政府能夠以反恐法規之名義恣意囚禁或限制人民的自由。[107]然而更多的事實是，這些所謂在「打擊恐怖主義」名號下的行動，多數是針對反政府的異議人士而行，或僅是為創造恐懼而使人民禁聲。這類的行為不僅限於中東區域內，反觀西方部分國家的行徑，像是2003年美國入侵伊拉克或是以色列對巴勒斯坦人的攻擊許多時候也是以打擊恐怖份子作為主要名義。就區域內國家單一或是區域組織對於恐怖主義之政策制定及施行來看，該區域內之國家或是組織並未能有效的產出一個全體會員國或是區域內國家可共同實踐以應對恐怖主義之策略。此乃歸因於該區域內國家多數是以各國政權穩定為出發點，而在各自政權的利益上，較難找到一個區域內各國或是區域組織內成員國皆可共同實踐的方向。

二、難民

早自人類一開始的出現便有人類移動的紀錄。而在這些移動的人群中，依其移動原因又可分為自願性（voluntary）及被迫性（forced）的移民。前者主要出於經濟因素而移動前往他國，而後者則是因為母國（home country）內衝突或天災因素影響到人身安全而需逃離原居住地。在被迫移民中，又可再分

---

105 Baabood, A. 2019. "The future of the GCC amid the Gulf divide." In *Divided Gulf: The Anatomy of a Crisis*, ed Andreas Krieg, Singapore: Palgrave Macmillan, 161-178; Bianco, C. and Stansfield, G. 2018. "The intra-GCC crises: mapping GCC fragmentation after 2011." *International Affairs* 94(3).

106 Amnesty International. 2022. "The Arab Convention for the Suppression of Terrorism: A serious threat to human rights." in https://www.amnesty.org/en/documents/ior51/001/2002/en/. Latest update 20 June 2022.

107 ADHRB. 2016. "Negative Effect of Terrorism on Human Rights in Bahrain, Saudi Arabia, and the United Arab Emirates." in https://www.ohchr.org/sites/default/files/Documents/Issues/RuleOfLaw/NegativeEffectsTerrorism/ADHRB.pdf. Latest update 20 June 2022; BBC. 2020. "Syrian President Bashar al-Assad: Facing down rebellion." in https://www.bbc.com/news/10338256. Latest update 20 June 2022; Welchman, L. 2012. "Rocks, hard places and human rights: anti-terrorism law and policy in Arab states." In *Global Anti-Terrorism Law and Policy*, eds Victor V. Ramraj, Michael Hor & Kent Roach, Cambridge: Cambridge University Press, 621-654.

為未離開母國但是逃離原本居住地而至母國內其他地方居住的國內流離失所者
（internally displaced person, IDP），以及逃離母國到收容國（host country）的難
民。被迫移民在本質上也是具區域面向，舉凡其成因、結果及應對各方面與區
域息息相關。[108]對中東區域而言，國內流離失所者和難民絕非陌生名詞。特別
是在難民方面，就其於中東的數量上、時間上、對母國的影響以及跨國的影響
四方面來看，對中東區域來說非常重要。首先，目前世界上共計有兩千六百多
萬的難民，而來自中東區域的難民人數約九百萬人，[109]特別是敘利亞的難民問
題更被視為是人類自二戰以來最為嚴重的人道危機事件，因此中東區域普遍性
的面對龐大難民數量的問題。再者，該區域的難民問題至少有三件都為歷時長
久未能解決的。巴勒斯坦難民自1948年至今已經七十多年、伊拉克在2003年
美國入侵後至今也過了19年、而敘利亞難民問題也已超過了11年。對區域內
國家來說，難民的到來或出走也對母國及收容國造成在安全、經濟、政治及社
會的不同程度的影響。特別在中東難民多數是流亡於區域內其他鄰近國家，這
對該區域來說影響更加深刻。最後，因為部分中東難民收容國在難民收容上已
漸不堪負荷，部分難民希望能夠有更良好的未來發展，而進一步尋求歐洲國家
的收容。這也使得原本是區域性的難民問題，擴展成了一個跨區域的議題。

（一）發展脈絡：最早的難民機制到最多的難民收容

　　中東區域的鄂圖曼帝國曾於1860年代制定了可能是人類歷史上最早的一
個管理移民事務的移民委員會（Muhacirin Komisyonu）。[110]該委員會的出現是
因為帝國於1860年代前的不同時期接收了韃靼人、切爾克斯人、匈牙利人、
波蘭人及波西米亞等不同的被迫移民至帝國內。[111]而鄂圖曼帝國也早在19世

---

108 Betts, A. 2009. *Forced Migration and Global Politics*. West Sussex: Wiley-Blackwell, 174-175.

109 World Bank. 2020. "Refugee population by country or territory of asylum." in https://data.worldbank.org/indicator/SM.POP.REFG. Latest update 20 June 2022.

110 Karpat, K. 1996. "Muslim migration: a response to Aldeed Abu-Sahlieh." *International Migration Review* 30(1): 88.

111 Chatty, D. 2013. "Refugees, exiles, and other forced migrants in the late Ottoman Empire." *Refugee Survey Quarterly* 32(2): 43.

紀初期後的不同期間，收容數十萬猶太難民至其領土內。[112]由此可見，中東區域在這兩百多年內對難民的收容及移動並不陌生。難民的起因除了少部分是因自然環境的變動所致外，主要還是出於國家內部的衝突問題而起。對中東區域來說，其於不同時期面臨不同規模的衝突，而致使難民產生的衝突種類又可依其規模分為三類，分別是區域內國家的衝突、區域間國家的衝突以及區域外國家的入侵。2010年阿拉伯之春後的敘利亞、葉門、利比亞屬於區域內國家的衝突；而1948年以色列獨立戰爭、1990年伊拉克入侵科威特則是區域間國家的衝突；2003年美國入侵伊拉克則是區域外國家入侵類的衝突。在中東難民的移動上，有兩個共通特徵，第一，多數難民在逃離母國後多選擇前往鄰近母國的國家；第二，難民在逃亡至收容國後，城市中的難民（urban refugee）數量是遠多於難民營中的難民（camp refugee）數量。以當前最大宗的敘利亞難民來看，自2013年至2022年間共計有約六百八十萬出走的難民，而在中東國家的土耳其、黎巴嫩、約旦、伊拉克、埃及以及北非國家收容了五百七十多萬。[113]土耳其更是扮演著世界上最大的敘利亞難民收容國的角色，[114]而黎巴嫩的敘利亞難民數量更佔了近該國人口的四分之一。[115]這樣的數據意味著難民的產生及出走，對中東區域來說有非常直接的影響。此外，世界上40%的難民居住於難民營中，然在中東的難民則是僅有10%-20%為難民營中的難民。[116]在多數難民皆居住於城市中的前提下來看，這也不可避免地使得母國人民與難民有更多的接觸機會，並共生於同一個空間中而無城市與難民營的劃分形式。部分的中東難民在中東收容國寄居一段時間後，為了尋求更理想的生活而試圖再度流亡至歐洲國家。歐洲國家其實並未在敘利亞難民潮開始時便面對難民前往歐洲的情

---

112 Karpat, K. 2002. *Studies on Ottoman Social and Political History: Selected Articles and Essays*. Leiden: Brill.

113 Operational data portal. 2022. "Syrian Regional Refugee Response." in https://data.unhcr.org/en/situations/syria?id=224%5C%20. Latest update 20 June 2022.

114 Ibid.

115 Kayali, Y. 2022. "Lebanon need help and protection, not more pressure to leave." in https://www.thenewhumanitarian.org/opinion/2022/1/18/Syrian-refugees-Lebanon-help-protection-pressure-leave. Latest update 20 June 2022.

116 World Bank. 2017. *Cities of refuge in the Middle East: bringing an urban lens to the forced displacement challenge*. Policy Note.

況，而是在2015年9月後，方能從數據中顯示較大規模的敘利亞難民赴歐洲尋求庇護的情形。[117] 目前可見，歐洲國家收容約一百萬名的敘利亞難民，且德國佔了近六成的收容數，而瑞典佔了11%。[118] 然歐洲國家在此人道議題上所受的國際抨擊，是因其於2016年3月和土耳其簽署了關於難民自土耳其入境歐洲的條約。此項聲明的目的主要在於，土耳其承諾會加強控管邊境不讓難民自其邊境偷渡至歐洲，且即便抵達也會被遣返至土耳其；歐盟更承諾會給予土耳其60億之補助以協助其改善境內人道問題。[119]

（二）影響：安全、經濟、政治、社會

難民在進入收容國後得面臨許多不同問題，諸如認同與適應等議題；同時，難民的出現不僅對收容國有直接的影響，對其母國來說也會造成不同的刺激。多數探討難民影響的報導或文獻對於難民的影響多採負面角度進行討論，而又多著重於安全、政治、經濟與社會四個面向。在安全上來說，難民被視為是在一個衝突下所產生的族群，也就是因為他們的生成背景是與衝突有關，也連帶被認為會將其自母國的衝突因素擴散至收容國內，這也被稱為「外溢」。[120] 在此情況下，大量難民的出現被視為是可能會提高收容國遭受恐攻的機會。[121] 在經濟上來說，因為難民多被視為是於衝突中逃難出來的一群人，可以直觀的認為他們在經濟能力上屬於弱勢，且未能順利地融入收容國的經濟市場中。故難民多僅能在以勞力為基礎的職業上取得工作機會。因此，這被視為是可能與收容國當地勞工形成在勞工市場上的競爭，進而提升當地的失業

---

117 Balanche, F. 2016. "The Worst of the Syrian Refugee Crisis Is Coming for Europe." in https://www.washingtoninstitute.org/policy-analysis/worst-syrian-refugee-crisis-coming-europe. Latest update 20 June 2022.

118 UNHCR. 2021. "Syria Refugee Crisis – Globally, in Europe and in Cyprus Meet some of the Syrian refugees living in Cyprus." in https://www.unhcr.org/cy/2021/03/18/syria-refugee-crisis-globally-in-europe-and-in-cyprus-meet-some-syrian-refugees-in-cyprus/. Latest update 20 June 2022.

119 International Rescue Committee. 2022. "What is the EU-Turkey deal?" in https://eu.rescue.org/article/what-eu-turkey-deal. Latest update 20 June 2022.

120 Leenders, op. cit.; Salloukh, op. cit.

121 Milton, D., Spencer, M. & Findley, M. 2013. "Radicalism of the Hopeless: Refugee Flows and Transnational Terrorism." *International Interactions: Empirical and Theoretical Research in International Relations* 39(5): 621-645.

率。[122] 此外，城市中人口因為難民的到來而突升，基本物價諸如食物、房屋租金等的上漲也被歸咎於是難民的到來所致。[123] 而對母國來說，這些難民的出走則被視為是一個人才流失（brain drain）的損失，進而影響到母國許多的基礎工業發展。[124] 然在經濟方面也有部分學者提出不同看法，認為勞工市場的衝擊與否似乎未能直接與難民的到來作為連結。[125] 另外，部分難民在成為難民前便屬於其母國內的經濟菁英份子，在成為難民後也可利用其所擁有之資本促進收容國的經濟，即便不一定是巨大的正面效應。[126] 而從政治方面來說，難民可能會對收容國的國內政治造成直接的影響。像是1975年黎巴嫩的內戰，部分原因乃出於1970年約旦驅逐其境內巴勒斯坦解放組織至黎巴嫩。[127] 而在土耳其國內政治來看，敘利亞難民議題則被反對黨做為用以攻訐執政黨之手段。這也進一步使得土耳其執政黨不得不逐漸改變其對待敘利亞難民之政策。[128] 對母國來說，難民的出走並流亡於收容國中，部分政治參與度較高的難民也會持續地參與反抗母國的政治活動，試圖在海外集結力量以抗衡母國的政權。[129] 最後，在

---

122 Ceritoglu, E., Yüncüler, B.G., Torun, H. & Tumen, S. 2015. "The impact of Syrian refugees on natives' labor market outcomes in Turkey: Evidence from a quasi-experimental design." IZA Discussion Paper No: 9348; Orhan, O. 2014. "The situation of Syrian refugees in the neighboring countries: findings, conclusions and recommendations." Ankara: ORSAM.

123 Ibid.

124 Azadi, P., Mirramezani, M. & Mesgaran, M. B. 2020. "Migration and Brain Drain from Iran." Stanford Iran 2040 Project; Chand, M. 2019. "Brain Drain, Brain Circulation, and the African Diaspora in the United States." *Journal of African Business* 20(1): 6-19.

125 Akgündüz, Y., Berg, M. & Hassink, W. 2015. "The Impact of Refugee Crises on Host Labor Markets: The Case of the Syrian Refugee Crisis in Turkey." The Institute for the Study of Labor; Azevedo, J.P., Yang, J.S. & Inan, O.K. 2016. "What are the impacts of Syrian Refugees on host community welfare in Turkey?" A Subnational Poverty Analysis. Policy Research Working Paper, 7542. Washington D.C.: World Bank Group.

126 Chang, C.A. 2021 "The economically rich refugees: A case study of the business operations of Istanbul-based Syrian refugee businesspeople." *International Migration*: 00: 1–14.

127 Hudson, M. C. 1978. "The Palestinian Factor in the Lebanese Civil War." *Middle East Journal* 32(3): 261-278.

128 Daily Sabah. 2015. "CHP's Latest Election Promise of Sending Back Syrian Refugees in Turkey Comes under Criticism." in https://www.dailysabah.com/politics/2015/04/23/chps-latest-election-promise-of-sending-back-syrian-refugees-in-turkey-comes-under-criticism. Latest update 20 June 2022.

129 Endale, E. 2016. "Integration and Homeland Engagement: A Case of Ethiopian Refugees Residing in Atlanta." *Journal of Peacebuilding & Development* 11(3): 114-119; Østergaard-Nielsen, E. K. 2001. "Transnational political practices and the receiving state: Turks and Kurds in Germany and the Netherlands." *Global Networks: A Journal of Transnational Affairs* 1(3): 261-282.

社會方面來說，難民進入收容國後，也被認為在某種程度上會因其不同文化而造成社會問題。即便難民多是在原本的區域內尋求收容國，但不同的國家仍會存有相異的文化。在敘利亞難民的例子來說，即便土耳其一度被評為敘利亞難民的天堂，[130]但不同的社會問題仍因時間的拉長及難民的龐大數量而產生。像是敘利亞人的多妻制以及慣於熬夜的生活型態，則被土耳其人認為是破壞其原有善良風俗或打擾生活模式的惡習。[131]在這樣的社會文化差異下，也進而加深了後者對前者的敵視。而對母國來說，難民的回歸雖可促進其都市化的發展；但以伊拉克難民回歸來說，因為國內的衝突依舊，這也使得這些回歸的難民又得再面對另一次的被迫遷移。[132]

(三)區域間作為：難民機制及政策

在區域間對難民之作為方面來說，可從該區域的難民機制、區域組織及個別國家對難民政策來作討論。自1951年《難民地位公約》（Convention relating to the Status of Refugees）及1967年《難民地位議定書》（Protocol relating to the Status of Refugees）兩者的簽署以來，共計有142個國家同時批准上述兩議案，可見難民問題及難民法在國際上多是遵循國際機制而行。[133]然在中東的二十三個國家中，僅有十個不到總數一半的國家簽署（簽署國包含阿爾及利亞、埃及、以色列、摩洛哥、蘇丹、南蘇丹、突尼西亞、土耳其、葉門以及伊朗）。[134]另外值得注意的是，即便土耳其批准了上述公約及議定書，然其對難民的定義僅限於那些因為「歐洲發生的事件」（events occurring in Europe）下所

---

130 Eqtsad. 2013. "Turkiyā "jannat" al-Sūrīyīn···? mā bayna al-mumtali'īn māliyyan wa-l-lājin...li-mādhā? wa ilā matā? (2-2)," [Turkey Syrians paradise..? what between the financial overflowing and the refugees.. why? And until when?(2-2)] in https://www.eqtsad.net/news/article/5392/. Latest update 20 June 2022.

131 Makovsky, A. 2019. "Turkey's Refugee Dilemma: Tiptoeing Toward Integration." in https://www.americanprogress.org/article/turkeys-refugee-dilemma/. Latest update 20 June 2022; Nawa, F. & Sebzeci, O. 2016. "Syrian influx in Turkey prompts upsurge in polygamy." in https://theworld.org/stories/2016-07-25/syrian-influx-turkey-prompts-upsurge-polygamy. Latest update 20 June 2022.

132 Zetter, R. 2020. "Refugees and Their Return Home: Unsettling Matters." *Journal of Refugee Studies* 34(1): 18.

133 UNHCR. 2020. "States Parties to the 1951 Convention relating to the Status of Refugees and the 1967 Protocol." in https://www.unhcr.org/protect/PROTECTION/3b73b0d63.pdf. Latest update 20 June 2022.

134 Ibid.

產生的難民。[135]也就是說，其他因非歐洲國家衝突遭受迫害而逃離至土耳其的人，並不適用於難民法。從中東國家不積極的批准國際難民協議的態度來看，該區域單就法律層面來說，似乎是沒有一個健全的機制來應對該區域的難民流動。這樣缺乏健全機制以應對難民的情形，也可從該區域的阿盟和海合會兩個區域組織對於難民的應對方式見得。阿盟雖對巴勒斯坦和敘利亞兩大難民議題皆有做出回應，但該組織的回應及作為也都無法提出一個對於難民收容以及其他諸如教育、工作或國籍等重要事項的一致性決議或實踐。[136]此外，海合會則是沒有任何一個成員國簽署該兩議案，該組織成員國多是選擇以直接物質援助的方式來回應區域間難民問題。[137]但就該區域所收容的難民數量上來看，難民機制的存在與否和區域組織對難民的應對態度，似乎也非扮演決定性的因素，因為該區域實際上收容難民的比例就佔了世界上難民數量的近三分之一。[138]即便中東區域收容龐大數量的難民，但從難民收容的分布可看出，區域內的難民多是分布在土耳其、黎巴嫩以及約旦三個國家中（即便伊朗、蘇丹所收容之難民數量也分別趨近百萬，然就其所收容之難民組成來看，多非來自中東區域，故不再此作討論）。[139]而其他有收容難民的國家，在難民收容的數量上來說並不是那麼顯著（像是埃及），且部分國家幾乎未收容難民。大致上來說，中東

---

135 Human Rights Watch. 2000. "Protecting refugees." in https://www.hrw.org/reports/2000/turkey2/Turk009-10.htm#P469_114196. Latest update 20 June 2022.

136 Al Husseini, J. 2007. "The Arab States and the Refugee Issue: A Retrospective View." In *Israel and the Palestinian Refugees*, eds Benvenisti, E., Gans, C. and Hanafi, S., Heidelberg: Springer, pp.435-463; Almakky, R. G. "The protection of human rights and the Arab League: a case study on the Syrian Arab Republic." *Journal of Islamic State Practice in International Law* 11(2); Fábos, A. 2015. "Refugees in the Arab Middle East: Academic and Policy Perspectives." *Digest of Middle East Studies* 24; Fakhoury, T. 2019. "Multi-level governance and migration politics in the Arab world: the case of Syria's displacement." *Journal of Ethnic and Migration Studies* 45(8); Plascov, A. 2017. The Palestinian Refugees in Jordan 1948-1957. New York: Routledge.

137 Sullivan, D. J. and Hawkins, A. 2019. "Migrants and Refugees: Crisis Responses from the Middle East, the Balkans, and the EU." *Horizons: Journal of International Relations and Sustainable Development* 13; Valenta, M. 2017. "A comparative analysis of migration systems and migration policies in the European Union and in the Gulf Cooperation Council Countries." *Migration and Development* 6(3).

138 World Bank. "Refugee population by country or territory of asylum - Middle East & North Africa." in https://data.worldbank.org/indicator/SM.POP.REFG?locations=ZQ. Latest update 20 June 2022.

139 Fanak. 2021. "Refugees in the Middle East and North Africa." in https://fanack.com/international-affairs-of-the-middle-east-and-north-africa/refugees-of-and-in-the-middle-east-and-north-africa/. Latest update 20 June 2022.

國家可依難民收容的數量，來劃分為開放接受難民以及不收容難民的兩類國家，前者為土耳其、黎巴嫩及約旦，而後者則為多數的海灣國家。就敘利亞難民之情形來看，開放接受難民的國家在敘利亞衝突的開始多採取一門戶開放政策，願意無條件容許敘難民進入其境內。但此情形也因這些國家面臨長時間大量難民的進入，國家內部受到不同程度及面向的影響，而不得不改採為緊縮政策，甚至關閉邊境。對於不收容難民的國家來說，其政策則是始終如一，不論是在哪個時間點皆未對敘難民開放邊境。最後，難民的收容亦可能被收容國作為一種政治手段，特別是當收容數量達到一個相對於其他國家來的高的時候。就土耳其而言，該國曾試圖以警告歐盟將開放邊境讓敘難民至歐洲的方式，來做為籌碼與歐盟談判。[140] 即便最後這個策略似乎未起太大的作用，但在某種程度上來說，土耳其仍能與歐盟達成雙方在2016年所簽訂的難民協議。另外，因土耳其所收容的難民數量不僅為世界上最高的國家，同時也是區域內最高，這也變相帶給區域內的潛在競爭國家同儕壓力，也使土耳其在區域內能建立更良好的形象。而海灣國家不願意收容敘難民也可從其既有的龐大外籍勞工組成見得。海灣國家在2019年共計有3500百萬外籍勞工，佔了世界上約21%的外籍勞工數。[141] 一項2002年的數據指出，在1250萬的海灣外籍移工中，僅350萬來自非海灣的阿拉伯國家，而其他的外籍勞工則是來自印度、巴基斯坦、孟加拉、斯里蘭卡、菲律賓等亞洲國家。[142] 會有如此亞洲化的外籍勞工於海灣國家的現象，被歸因於海灣國家為維持其政治穩定，而不希望有太多同種的阿拉伯移工進入當地，影響各國安全問題。[143] 從這樣的脈絡下來看，也可以理解為何海灣國家不願意收容難民進入該國國內。由此可見，該區域針對這個跨國的難

---

140 DW. 2019. "Turkey threatens to 'open the gates' to Europe for refugees." in https://www.dw.com/en/turkey-threatens-to-open-the-gates-to-europe-for-refugees/a-50317804. Latest update 20 June 2022.

141 Aslan, H. K. 2022. "Dynamics of labor migration in the Gulf region." in https://menaaffairs.com/dynamics-of-labor-migration-in-the-gulf-region/. Latest update 23 June 2022.

142 Rahman, A. 2010. "Migration and Human Rights in the Gulf." in https://www.mei.edu/publications/migration-and-human-rights-gulf#edn5. Latest update 23 June 2022.

143 Salisbury, P. 2015. "Yemen and the Saudi–Iranian 'Cold War'." in https://www.chathamhouse.org/sites/default/files/field/field_document/20150218YemenIranSaudi.pdf. Latest update 23 June 2022; Thiollet, H. 2007. "Refugees and Migrants from Eritrea to the Arab World: the cases of Sudan, Yemen and Saudi Arabia 1991-2007." HAL.

民問題，無論是單一國家或是區域組織，在面對難民的應對政策上，還是以本身國家的利益考量為出發點，各自發展出符合自身國家利益的策略。也是因為如此，各國所審視對於難民之回應方式也不甚相同，使得該區域未能有一個一致性的對應難民的政策。

綜觀恐怖主義與難民於中東之發展脈絡、影響及區域間國家之應對，可以瞭解的是，兩議題皆對該區域有重大的影響力，甚至是跨越區域邊界對其他區域也有深刻影響。即便該兩議題皆為區域內國家所需面對，然無論是單一國家或是區域組織，至今仍未可見實質的區域機制以共同面對此兩議題可能衍伸出之問題。同時，該兩議題在不同的情況下，也有可能被操作為政治工具，被當地政權（甚或區域外的國家政府）作為打擊對手或增進本身談判籌碼的手段。

伍、結論

本章藉由回顧中東區域的四個區域內及跨區域組織並分析兩個區域內及跨區域的課題，以探討中東區域主義之發展。對於中東區域主義的三個研究發現是，（1）該區域是有區域化的相關活動，然其區域化之相關活動是薄弱的。當代中東區域主義的發展上，可看到不同的區域組織於該地區的出現，多數已然消逝而部分仍舊持續。無論是就目前仍在運作或已解體之組織來看，組織內部的中東國家成員多有存在競爭甚至是交惡的關係發生。除此之外，多數組織的運行未能確實地達到各組織於建立時所設定的目標，諸如區域內國家的衝突解決或區域的共同經濟發展。在面對跨區域的恐怖攻擊或難民問題時，區域內也未能有一健全的機制來面對這兩項議題所可能產生的問題。（2）該區域主義低落的原因，可歸咎於其特殊的歷史背景和國家形成，多是在受西方國家影響下而進行。有鑑於中東國家在獨立建國前受西方世界長達一百多年的殖民，而又相對於已開發國家獨立的時間來的晚，在此前提下，這使得中東國家內部的政治體制及經濟發展（除海灣國家外）較不能自主或健全發展。加上西方國家不間斷地直接或間接參與中東國家事務，這也使得已經發育不良的區域內國家

體制面臨更多的挑戰，更遑論區域內國家邁向區域主義發展的可能性。另外，
（3）促使該區域的區域主義活動發展最主要原因為區域內或與區域外國家相關
之安全問題。從不同組織建立的背景來看，能夠促使該區域部分國家建立區域
組織的原因，多是在成員國面臨共同安全威脅的前提下所形成。在跨區域的組
織來說，也是在區域內國家或是西方國家認識到對既有國家的安全威脅後，方
能進一步成立相關區域組織以因應該些安全問題。這意謂該區域國家願意共同
對話的主題範圍具侷限性，目前似乎多只能因政權安全因素而使區域內國家提
高意願參與區域內的區域主義相關活動。綜上而論，歸因於既有的薄弱區域主
義發展歷程、西方國家先前的殖民及至今仍持續不間斷的對該區域的參與、以
及多以安全問題出發的中東區域主義經驗，該區域在短期內似乎是無法能夠出
現一個強而有效的區域化進程。另外，若持續標籤化該區域的恐怖主義問題及
排拒接受該區域的難民，這不僅會使中東繼續陷於該兩問題的無解泥淖，也有
可能會再進一步威脅世界上的其他區域。

附錄一：深入閱讀書單

Charles, L., ,Pappé, I. & Ronchi, M.（Eds）2021. *Researching the Middle East Cultural, Conceptual, Theoretical and Practical Issues*. Edinburgh: Edinburgh University Press.

Clark, J. A. & Cavatorta, F. 2018. *Political Science Research in the Middle East & North Africa: Methodological and Ethical Challenges*. New York: Oxford University Press.

Lynch, M. Schwedler, J & Yom, S.（Eds）2022. *The Political Science of the Middle East: Theory and Research since the Arab Uprisings*. New York: Oxford University Press.

Tessler, M., Nachtwey, J. & Dressel, A. 1999. *Area Studies and Social Science: Strategies for Understanding Middle East Politics*. Bloomington & Indianapolis: Indiana University Press.

附錄二：中東區域研究重要機構、期刊

1. 智庫與研究中心：
　　(1)土耳其：
　　　　a. Center for Middle Eastern Studies（ORSAM）
　　　　b. SETA
　　(2)沙烏地：
　　　　a. King Faisal Center for Research and Islamic Studies
　　　　b. Gulf Research Center
　　(3)埃及：
　　　　a. Economic Research Forum
　　　　b. The Egyptain Center for Economic Studies
　　(4)黎巴嫩：
　　The Lebanese Center for Poicy Studies
　　(5)卡達：
　　Arab Center for Research & Policy Studies
　　(6)科威特：
　　Arab Planning Institute

2.　期刊：
　　(1) British Journal of Middle Eastern Studies
　　(2) International Journal of Middle East Studies
　　(3) Middle East Policy
　　(4) Middle East Critique
　　(5) The Middle East Journal

附錄三：專有名詞英文、中文對照表

英文	中文	阿拉伯文
Baghdad Pact	巴格達公約	حلف بغداد
Gulf Cooperation Council（GCC）	海灣合作理事會	مجلس التعاون الخليجي
League of Arab States（LAS）	阿拉伯聯盟	جامعة الدول العربية
Organization of the Petroleum Exporting Countries（OPEC）	石油輸出國組織	منظمة الدول المصدرة للنفط

全球視野

分裂的世界？：21世紀全球區域化崛起

2023年10月初版　　　　　　　　　　　　　　　定價：新臺幣560元
有著作權‧翻印必究
Printed in Taiwan.

主　　　編	蘇	宏	達
	張	景	安
特約編輯	謝	達	文
內文排版	林	婕	瀅
封面設計	劉	耘	桑

出　　版　　者	聯經出版事業股份有限公司	副總編輯	陳	逸	華
地　　　　　址	新北市汐止區大同路一段369號1樓	總 編 輯	涂	豐	恩
叢書主編電話	(02)86925588轉5395	總 經 理	陳	芝	宇
台北聯經書房	台北市新生南路三段94號	社　　長	羅	國	俊
電　　　　　話	(02)23620308	發 行 人	林	載	爵
郵 政 劃 撥 帳 戶 第 0 1 0 0 5 5 9 - 3 號				
郵 撥 電 話 (02)23620308				
印　刷　者　世 和 印 製 企 業 有 限 公 司				
總　經　銷　聯 合 發 行 股 份 有 限 公 司				
發　行　所　新北市新店區寶橋路235巷6弄6號2樓				
電　　　話　(02)29178022				

行政院新聞局出版事業登記證局版臺業字第0130號

本書如有缺頁，破損，倒裝請寄回台北聯經書房更換。　　ISBN　978-957-08-6985-9 (平裝)
聯經網址：www.linkingbooks.com.tw
電子信箱：linking@udngroup.com

國家圖書館出版品預行編目資料

分裂的世界？：21世紀全球區域化崛起/蘇宏達、張景安主編 .
初版 . 新北市 . 聯經 . 2023年10月 . 512面 . 17×23公分（全球視野）
ISBN　978-957-08-6985-9（平裝）

1.CST：國際關係　2.CST：區域研究　3.CST：國際政治經濟學

578　　　　　　　　　　　　　　　　　　　　112009574